FOKUS DEUTSCH

FOKUS DEUTSCH

INTERMEDIATE GERMAN

DANIELA DOSCH FRITZ

STEPHEN L. NEWTON
University of California, Berkeley

LIDA DAVES-SCHNEIDER
Chino Valley (CA) Unified School District

KARL SCHNEIDER
Chino Valley (CA) Unified School District

Chief Academic and Series Developer
ROBERT DI DONATO
Miami University, Oxford, Ohio

Boston   Burr Ridge, IL   Dubuque, IA   Madison, WI   New York   San Francisco   St. Louis
Bangkok   Bogotá   Caracas   Lisbon   London   Madrid
Mexico City   Milan   New Delhi   Seoul   Singapore   Sydney   Taipei   Toronto

McGraw-Hill Higher Education

*A Division of The **McGraw-Hill** Companies*

This is an  book.

Fokus Deutsch
Intermediate German

This book is printed on acid-free paper.

2 3 4 5 6 7 8 9 0 VNH VNH 9 0 9 8 7 6 5 4 3 2 1 0

ISBN 0-07-027595-5

Vice-President/Editor-in-Chief: Thalia Dorwick
Senior sponsoring editor: Leslie Hines
Development editors: Sean Ketchem
Senior marketing manager: Karen W. Black
Project manager: Michelle Munn
Production supervisor: Pam Augspurger
Designer: Francis Owens
Cover designer: Vargas/Williams Design
Illustrators: Wolfgang Horsch, Manfred von Papan, Eldon Doty, Anica Gibson, Carol Faulkner, maps by Lori Heckelman
Art editor: Nora Agbayani
Editorial assistant: Matthew Goldstein
Supplement coordinators: Louis Swaim, Florence Fong
Compositor: York Graphic Services, Inc.
Typeface: New Aster
Printer and binder: Von Hoffmann Press

Cover photographs Center image © Jeff Hunter/Image Bank; bottom photographs are from the ***Fokus Deutsch*** video series.

Library of Congress Catalog Card Number: 99-65678

http://www.mhhe.com

CONTENTS

Preface xviii

Maps xxxi

EINFÜHRUNG 1

Vokabeln 2
  Begrüßungen 2
  Universität 2
  Im Klassenzimmer 2

Strukturen 3
  Review of the nominative and accusative
    cases: Marking subjects and direct
    objects 3
    Kurz notiert: **-n** and **-en** endings 3
    Kurz notiert: **es gibt** 3
  Review of infinitives and the present tense:
    Talking about doing things 4
    Kurz notiert: Present tense 6
  Two-part verbs: More on doing things 7

Perspektiven 8
  Städte in der Schweiz, Österreich und
    Deutschland 8
  Deutschland und Europa 8

WORTSCHATZ 9

MITEINANDER
10

Eine Familiengeschichte 12
 Sprachspiegel: Talking
  about the family 12
 Wortschatz zum Video 12

Lebensstile 13

Family and marriage 14
 Kulturspiegel: Marriages and
  partnerships 15

JUGEND
30

Jugend in Bewegung 32
 Wortschatz zum Video 32

Drei Jugendporträts 33
 Kulturspiegel: Young people
  in eastern Germany 33

Youth 34
 Kulturspiegel: Young people's
  goals in life 35

STRUKTUREN

The simple past tense: Telling about past
  events 16
  Sprachspiegel: Strong, weak, and mixed
    verbs 17

Conjunctions: Connecting words, sentences, and
  ideas 19
  Kurz notiert: **und** and **oder** 19
  Kurz notiert: **als** and **wenn** 20

Negation: Negating words, sentences, and
  concepts 20
  Kurz notiert: Negative answers to questions
    with **schon** and **noch** 21

The accusative and dative cases: Marking direct
  and indirect objects 36
  Kurz notiert: Special endings for masculine
    nouns 36
  Kurz notiert: **wer**, **wen**, and **wem** 38

Genitive case: Showing relationships and
  possession 38
  Sprachspiegel: Noun modifiers in the genitive
    case 40

Accusative, dative, and accusative/dative
  prepositions: Combining words and
  connecting ideas 41
  Kurz notiert: Idiomatic expressions with
    dative prepositions 42

PERSPEKTIVEN

Hören Sie zu!: Die Familie Mendelssohn 22
  Wortschatz zum Hörtext 22
  Tipp zum Hören 22

Landeskunde in Kürze: die Familie heute 24

Lesen Sie!: meine grossmutter hatte kein
  gesicht 26
  Kulturspiegel: Annemarie Zornack 26
  Wortschatz zum Lesen 26

Kulturprojekt: damals und jetzt 28

WORTSCHATZ 29

Hören Sie zu!: Neuer Erziehungsstil in
  Österreich 44
  Wortschatz zum Hörtext 44
  Tipp zum Hören 44

Landeskunde in Kürze: Jugendliche im Osten
  und im Westen 44

Lesen Sie!: Ein Vater, 36 ... 45
  Wortschatz zum Lesen 46
  Kulturspiegel: Peter Sichrovsky 46

Kulturprojekt: Wie funktioniert eine
  Familie? 48

WORTSCHATZ 49

SCHULALLTAG
50

WIEDERHOLUNG 9
70

VIDEOTHEK

Geschichte eines
   Gymnasiums 52
   Wortschatz zum Video 52

Der Schulalltag 53
   Kulturspiegel:
      Gesamtschulen 53

VOKABELN

School life 54
   Kulturspiegel: The German
      school system 55

UNIVERSITÄT
76

Geschichte einer
   Universität 78
   Wortschatz zum Video 78

Ein Student aus Kamerun 79
   Fokus Internet:
      International students 79

University life 80
   Kulturspiegel: Favorite
      subjects in college 81
   Fokus Internet: Education in
      Germany 81

STRUKTUREN

Der- and **ein-** words: Referring to specific or general persons or things 56
  Kurz notiert: Accusative case in expressions that refer to specific time 57

Adjectives: Describing people, objects, places, and ideas 58

Indefinite numerals and the interrogative pronoun **was für (ein):** Talking about amounts and asking about things 61

PERSPEKTIVEN

Hören Sie zu!: Einsteins frühe Jahre 62
  Wortschatz zum Hörtext 62

Landeskunde in Kürze: Schulpsychologische Beratungsstelle 63
  Wortschatz zum Lesen 63

Lesen Sie!: Unterm Rad 65
  Tipp zum Lesen 64
  Wortschatz zum Lesen 65
  Sind Sie wortschlau? 65
  Kulturspiegel: Hermann Hesse 66
  Tipp zum Schreiben 67

Kulturprojekt: Schulalltag und Geschichte der Schule 68

WORTSCHATZ 69

Subjunctive: Expressing polite requests and unreal situations 82
  Sprachspiegel: **wäre** and *were* 83
  Kurz notiert: **an (deiner) Stelle** 84

Present subjunctive of weak and strong verbs: More on expressing unreal events 84
  Kurz notiert: **wollte** or **wünschte** 85
  Kurz notiert: **(doch) nur** 86

Past subjunctive: Talking about unreal events in the past 86
  Kurz notiert: **als ob** 87

Hören Sie zu!: Entdecken Sie Kamerun! 88
  Wortschatz zum Hörtext 88

Landeskunde in Kürze: Wohnen an der Uni 89
  Wortschatz zum Lesen 90

Lesen Sie!: Die Freiheitspost 91
  Wortschatz zum Lesen 91

Kulturprojekt: Studium im Ausland 93

WORTSCHATZ 95

ARBEIT UND WIRTSCHAFT
96

VIDEOTHEK

Wirtschaft im Wandel 98
Wortschatz zum Video 98

Eine Arbeitsvermittlerin 99
Kulturspiegel: The
economic situation in
eastern Germany 99

VOKABELN

Work and economic life 100
Kulturspiegel: The
apprenticeship system 101

FRAUEN UND MÄNNER
116

Die Frauenbewegung 118
Wortschatz zum Video 118

Im Auftrag der Frauen 119
Kulturspiegel: Career and
family 119

Women and equal rights 120
Kulturspiegel: Female
politicians 121

WIEDERHOLUNG 10
136

STRUKTUREN

Comparatives: Comparing people and things 102
  Sprachspiegel: Comparative of adjectives with **-er** 103

Superlatives: Expressing the highest degree 104

Verbs as adjectives; participial constructions; extended modifiers: More on describing people and things 106

PERSPEKTIVEN

Hören Sie zu!: Eine Ahnung von Tuten und Blasen 108
  Kulturspiegel: The musical city of Mackenbach 108

Landeskunde in Kürze: Beratung im Arbeitsamt 108
  Wortschatz zum Lesen 109

Lesen Sie!: Der Lacher 111
  Wortschatz zum Lesen 111
  Sind Sie wortschlau? 111
  Kulturspiegel: Heinrich Böll 112

Kulturprojekt: zum Thema „Beruf" 114

WORTSCHATZ 115

Indirect discourse: Reporting what others say 122
  Sprachspiegel: Contrasting subjunctive forms 122
  Kurz notiert: Subjunctive II forms in speech 123

Indirect questions: Reporting what other people ask 124

Imperatives: Making direct requests 125

Hören Sie zu!: Ein Flugblatt aus einem Frauenbuchladen 128
  Wortschatz zum Hören 128

Landeskunde in Kürze: Frauen vor der Frauenbewegung 129
  Wortschatz zum Lesen 129

Lesen Sie!: Emanzipation 131
  Wortschatz zum Lesen 132

Kulturprojekt 134

WORTSCHATZ 135

FREIZEIT
142

VIDEOTHEK

Ein grünes Hobby 144
  Wortschatz zum Video 144

Weiterbilden in der
  Freizeit 145
  Fokus Internet: Leisure
  time 145

VOKABELN

Leisure time activities 146

FERIEN UND URLAUB
162

VIDEOTHEK

Urlaub gestern und heute 164
  Wortschatz zum Video 164

Abenteuerurlaub 165
  Kulturspiegel: Thirty-day
  vacation 165

VOKABELN

Vacation activities 166

STRUKTUREN

Modal Verbs I: Expressing abilities, likes, intentions, and desires 148
  Kurz notiert: Subjunctive II forms of **sollen** and **wollen** 149

Modal Verbs II: Expressing permission or obligation 151
  Sprachspiegel: **können** and **dürfen** 151

Da- and **wo-** compounds: Referring to things and ideas 152
  Kurz notiert: Modal verbs 152
  Sprachspiegel: *there* and *where* compounds in English 152

PERSPEKTIVEN

Hören Sie zu!: Fragen Sie Professor Cato! 154
  Wortschatz zum Hörtext 154
  Tipp zum Hören 154

Landeskunde in Kürze: Hundert Jahre Münchner Volkshochschule 155
  Wortschatz zum Lesen 155

Lesen Sie!: Die erste Begegnung 157
  Wortschatz zum Lesen 157
  Tipp zum Schreiben 159
  Kulturspiegel: Elke Heidenreich 160
  Tipp zum Lesen 160

Kulturprojekt: In der Freizeit 160

WORTSCHATZ 161

The present perfect tense I: Talking about the past 168

The present perfect tense II: More on talking about the past 170
  Sind Sie wortschlau? 170
  Kurz notiert: Verbs of motion or change 170

Modal verbs in the perfect tense: Expressing desires, talents, and obligations in the past 172

Hören Sie zu!: Club Natura 174
  Wortschatz zum Hörtext 174

Landeskunde in Kürze: Die Naturfreunde 175
  Wortschatz zum Lesen 176

Lesen Sie!: Eine glückliche Nacht 177
  Wortschatz zum Lesen 179
  Kulturspiegel: Thomas Valentin 180

Kulturprojekt: Vorurteile 180

WORTSCHATZ 181

GESUNDHEIT UND KRANKHEIT
182

WIEDERHOLUNG 11
202

VIDEOTHEK

Ein Kurort 184
Wortschatz zum Video 184

Ein Arztbesuch 185
Kulturspiegel: Government
health insurance 185

VOKABELN

Health care and fitness 186

MULTI-KULTI?
208

VIDEOTHEK

Typisch deutsch? 210
Wortschatz zum Video 210

Vom Sauerkraut zur
Pizza 211
Kulturspiegel: International
employees in
Germany 211

VOKABELN

Nationality and
multiculturalism 212
Kulturspiegel: The right to
political asylum 213

STRUKTUREN

Reflexive verbs and pronouns: Doing something
for oneself 188
   Kurz notiert: Reflexive verbs 188

Two-way prepositions: Talking about direction
and location 190

Verbs with two-way prepositions: More on
contrasting direction and location 192

PERSPEKTIVEN

Hören Sie zu!: Lieber Gast 194
   Wortschatz zum Hörtext 194

Landeskunde in Kürze: Die Schrothkur 194
   Wortschatz zum Lesen 195

Lesen Sie!: Ein kleiner Junge unterwegs 196
   Wortschatz zum Lesen 196
   Kulturspiegel: Erich Kästner 199

Kulturprojekt: Kur 200

WORTSCHATZ 201

Relative clauses I: Describing people and
things 214

Relative clauses II: Using prepositions with
relative clauses 216
   Kurz notiert: **da-** and **wo-** compounds 216

Infinitive clauses with **zu:** Stating goals and
intentions 218

Hören Sie zu!: Ausländische Studenten zu Gast
in Würzburg 220
   Wortschatz zum Hörtext 220

Landeskunde in Kürze: Die Kopftuch-
Entscheidung 220
   Wortschatz zum Lesen 221
   Kulturspiegel: Partner universities 221

Lesen Sie!: Die Suche nach den Deutschen 222
   Wortschatz zum Lesen 223
   Kulturspiegel: João Ubaldo Ribeiro 223
   Kulturspiegel: DAAD 225
   Tipp zum Schreiben 225

Kulturprojekt: Nationalität 226

WORTSCHATZ 227

	VIDEOTHEK	**VOKABELN**

DER UMWELT ZULIEBE
228

Auf Kosten der Umwelt 230
Wortschatz zum Video 230

Umweltschutz zu Hause 231
Kulturspiegel: Damaged
forests 231

Protecting the environment 232
Kulturspiegel: Tourism and
the environment 233

FOKUS AUF KULTUR
248

Theater für Jugendliche 250
Wortschatz zum Video 250

Hundert Jahre deutscher
Film 251
Kulturspiegel: German and
Austrian film
directors 251

Theater and film 252
Fokus Internet: Theater and
film in Germany 253

WIEDERHOLUNG 12
268

STRUKTUREN

The passive voice I: Focusing on the effect of the action 234

The passive voice II: Focusing on events in the past 237

The future tense: Talking about what will happen 238
Kurz notiert: The conjugated form of **werden** 239

PERSPEKTIVEN

Hören Sie zu!: Umwelt kennt keine Grenzen 240
Wortschatz zum Hörtext 240

Landeskunde in Kürze: Wandern—mit offenen Augen 240
Wortschatz zum Lesen 241

Lesen Sie!: Herr Munzel hort das Gras wachsen 243
Wortschatz zum Lesen 242

Kulturprojekt: Eine Inszenierung 246

WORTSCHATZ 247

The past perfect tense: Talking about a sequence of events in the past 254
Kurz notiert: Present perfect and simple past tense 254

Alternatives to the passive: Focusing on actions and states 256

Word order with verbs: Expressing action 257
Kurz notiert: **Nicht** 258

Hören Sie zu!: Biedermann und die Brandstifter 260
Wortschatz zum Hörtext 260

Landeskunde in Kürze: Dreissig Jahre GRIPS Theater 260
Wortschatz zum Lesen 261

Lesen Sie!: Der Tiberbiber 263; Nach Ihnen! 263; Von wo zieht's . . . ? 264; Der verdrehte Schmetterling 264
Wortschatz zum Lesen 264

Kulturprojekt: Stichwort „Kultur" 266

WORTSCHATZ 267

PREFACE

Welcome to **Fokus Deutsch** *Intermediate German*, the third part of a complete video-based course for beginning and intermediate learners of German. **Fokus Deutsch** brings German language and culture to life with a video series that spans three levels of instruction. Whether you have used **Fokus Deutsch** *Beginning German 1* and *2*, or are just starting with **Fokus Deutsch** *Intermediate German*, you will find that the approach offers a seamless transition for using the textbook and the video series. The textbook features a uniquely clear and user-friendly organization, with a chapter structure similar to both *Beginning German 1* and *2*, while the video series begins a new format. Of course, *Intermediate German* can also follow any beginning German program. Overall, the self-contained modules of the **Fokus Deutsch** series maximize flexibility for your German course.

THE FOKUS DEUTSCH SERIES

WHAT IS *FOKUS DEUTSCH*?

A video-based course for German language and culture, **Fokus Deutsch** consists of three levels that span the introductory and intermediate stages of learning. Each level of the video series consists of twelve fifteen-minute episodes and four fifteen-minute reviews. A total of twelve hours of video across the three levels of the series brings the richness of German language and culture to beginning and intermediate learners.

The video series for **Fokus Deutsch** Level 1 follows the lives of the fictional Koslowski family: Marion, her brother Lars, and their parents Vera and Heinz. Level 2 presents a number of mini-dramas that offer insights into the lives of other speakers of German. Level 3 offers cultural, historical, and personal perspectives on themes of interest to instructors as well as learners. This intermediate course can follow any beginning level program.

THE CONCEPT OF THE VIDEO SERIES

Fokus Deutsch integrates mini-dramas, authentic cultural and historical footage, and personal testimonials to provide learners with an in-depth view of German language, society, culture, and history. The *Fokus Deutsch* series develops a simple concept: A young German student (Marion Koslowski) comes to the United States to help an American professor (Dr. Robert Di Donato) develop a contemporary German language course that focuses on historical and cultural studies. Together through the videos, they teach German language and culture as they present a variety of issues important to German-speaking people today and offer insights into the historical contexts of these topics.

A "GERMAN STUDIES" APPROACH

Fokus Deutsch develops a "German studies" approach; that is, the series teaches language while covering a wide array of cultural and historical topics from many different perspectives. Topics range from everyday life, family, work, and daily routines to political and social issues that affect German-speaking people today. Themes also include the worlds of art, theater, and film. In Levels 1 and 2, Professor Di Donato and Marion introduce the topics, which unfold within the context of the mini-dramas and through commentaries of speakers of German from Austria, Switzerland, and Germany. Cultural footage, interspersed throughout, provides actual views of life in various geographical locations and authentic treatment of topics such as the **Abitur** and **Karneval**. Level 3 picks up the topics introduced in Levels 1 and 2 and explores them from a documentary perspective through historical and contemporary cultural footage. This German studies approach to language learning enables viewers (1) to gain a wide variety of insights into the culture, society, and history of speakers of German; (2) to explore topics from multiple perspectives; and (3) to learn gradually to understand and communicate in German.

Fokus Deutsch enables students to focus on the following "Five Cs of Foreign Language Education" outlined in *Standards for Foreign Language Learning: Preparing for the 21st Century* (1996; National Standards in Foreign Language Education Project, a collaboration of ACTFL, AATG, AATF, and AATSP). *Communication* and *Cultures:* With the *Fokus Deutsch* approach, students communicate in German in meaningful contexts, as they learn about and develop an understanding of German-speaking cultures. *Connections:* The videos, readings, activities, and exercises all encourage students to connect their German language study with other disciplines and with their personal lives. *Comparisons: Fokus Deutsch* helps students realize the interrelationships between language and culture and compare the German-speaking world with their own. *Community: Fokus Deutsch* offers many opportunities for learners to relate to communities of German-speaking peoples through a variety of interactive resources, including the Internet.

HOW TO USE FOKUS DEUTSCH

Fokus Deutsch offers several options for using the materials in a traditional classroom setting. For example, an instructor may:

- use both the Textbook and video series in the class, assign most of the material in the Workbook and Laboratory Manual for homework, and follow up with selected activities and discussions in class.

- use only the Textbook in class and have students view the video episodes at home, in the media center, or in the language laboratory.

Fokus Deutsch is also designed as a complete college-credit telecourse for the distant ("at-home") learner. Telecourse students watch each episode and complete all sections of the Textbook and Workbook and Laboratory Manual.

In all cases, students should watch each episode from beginning to end without interruption. They can replay and review selected segments once they are familiar with the content of an episode. The Instructor's Manual provides more detailed suggestions for using the Fokus Deutsch materials.

OTHER OPTIONS FOR USING FOKUS DEUTSCH VIDEO SERIES

The Fokus Deutsch materials can also be used

- as the foundation for a classroom-based beginning and intermediate German course at the college level.

- as an offering for adult or continuing education students.

- as the foundation for a classroom-based first-, second-, and third-year German course at the high school level.

- as a supplement to beginning, intermediate, or advanced courses at all levels of instruction.

- as a resource for informal learning.

- as training materials for German-language classes in business and industry.

- as an important addition to library video collections.

THE VIDEO SERIES

The Fokus Deutsch video series consists of 36 fifteen-minute episodes. A review video follows every third episode. The videos are time-coded for easier classroom use.

STRUCTURE OF LEVEL 3

Whereas Levels 1 and 2 of Fokus Deutsch rely primarily on the story lines of various mini-dramas, Level 3 develops from documentary footage. The documentaries present a cultural or social topic in its historical as well as its contemporary contexts. Each episode—usually four to five minutes in length—contains two perspectives: The historical view presents a retrospective survey, whereas the contemporary view usually focuses on one particular aspect of the topic. Thus, for example, the episode **"Urlaub gestern und heute"** explores the Germans' love of vacation and its historical development. Viewers then experience the excitement of a virtual **"Abenteuerurlaub"** (*adventure vacation*).

Professor Di Donato guides learners through Level 3. He usually introduces the cultural footage and then offers comments that provide a transition from historical to contemporary viewpoints. Finally, he summarizes the topic at the end of the episode and often poses a question to provoke thought. For example, he might ask viewers to ponder the differences and similarities between going to school in a German-speaking country and in their own country. Throughout Level 3 native speakers comment on the topics at hand, either by elaborating on specific aspects and thereby providing further cultural information, or by addressing the topic from a personal perspective.

CAST OF CHARACTERS

CHARACTERS IN THE FRAMEWORK OF *FOKUS DEUTSCH*

Robert Di Donato, an American professor of German, continues his role from Levels 1 and 2 of presenting German language and culture to students through a video-based program.

Susanne Dyrchs, who plays the role of Marion Koslowski in Levels 1 and 2, speaks as herself in Level 3 and offers commentary on various contemporary issues and topics.

PERSONS IN THE LEVEL 3 DOCUMENTARIES

The people who appear throughout the Level 3 documentaries play themselves. They exemplify and personalize the topics.

Meta Heyn narrates her family history to her granddaughter. The family album simultaneously tells the history of the Heyn family and elucidates German life through two world wars and reconstruction.

Sybilla Heyn looks at photos with her grandmother, Meta Heyn.

Sabine and **Peter Schenk** discuss why they decided to marry and have children. Each had different reasons for wanting to marry. They discuss what family means to them.

Nora Bausch talks about being single and what her life is like as a single person.

Ulla, 19 years old, talks about what she wants to do after she finishes her **Abitur.**

Ramona, an apprentice in a floral shop in Erfurt, tells why she wants to be a florist.

Kristian, whose family originally came from Croatia, works as an apprentice in a bank in Frankfurt. He talks about how he sees his future.

Karolin attends a **Gesamtschule** (similar to an American high school) about forty kilometers from Frankfurt. She takes viewers through a typical school day, which includes her classes and extracurricular activities.

Guy, a student from Cameroon who is studying in Aachen, writes a letter to his brother Eric. Through the letter viewers learn about Guy's daily life at the university and how he feels as a foreign student in Germany.

Monika Schneider works as a representative of the employment bureau in Cologne. She assists unemployed workers in their search for a job. Viewers meet Monika Schneider as she is interviewing a client, Herr Weinert.

Julia works in a feminist bookstore, where she combines her political activities with her job. Julia compares her situation today with that of her mother, grandmother, and great-grandmother.

Christa Piper lives in Saarbrücken and works to resolve women's issues in the workplace.

Ergün Çevik takes viewers on a tour of things German from the perspective of a Turk living in Germany. He presents stereotypical ideas of German culture and calls them into question.

Frau Vogtlander, acting director of the **Volkshochschule** (similar to a community college) in Potsdam, describes the types of courses adults can take at the school in their free time.

Bärbel Barmbeck shows viewers her specially built, environmentally friendly house. Not only does the house save energy, but the family tries to protect the environment through their various domestic activities.

Birgit wants to go on an adventure vacation. She goes "canyoning" and afterward describes her experiences.

Volker Ludwig talks about the "Grips," a children's theater in Berlin, and describes a performance of the musical **"Linie 1."**

Sven Schuder goes to the doctor for preventative health care. His exam is covered by the health care system, which is interested in making sure that people lead healthy lives.

THE TEXTBOOKS: A GUIDED TOUR

Three main textbooks correspond to the three levels of the ***Fokus Deutsch*** video series. Each textbook contains twelve regular chapters and four review chapters. Each chapter corresponds to one episode of the video series. Review chapters, in which learners review the video story line, vocabulary, and grammatical structures, follow every third regular chapter.

ORGANIZATION OF INTERMEDIATE GERMAN

Fokus Deutsch features a uniquely clear and user-friendly organization. Each regular chapter consists of the following self-contained teaching modules that maximize flexibility in designing a German course.

KAPITEL 30 FRAUEN UND MÄNNER

Heute steht jegliche Berufsmöglichkeit offen.

Wie geht es den Frauen von heute? Leben sie immer noch in einer Männerwelt?

In diesem Kapitel
- lernen Sie Julia, eine Buchhändlerin in einem Frauenbuchladen, kennen.
- diskutieren Sie über das Thema Gleichberechtigung.
- lernen Sie Christa Piper, eine Frauenbeauftragte in Saarbrücken, kennen.

Sie werden auch
- lernen, wie man die indirekte Rede gebraucht.
- lernen, wie man indirekte Fragen stellt.
- die Formen des Imperativs wiederholen.
- eine Geschichte über Emanzipation lesen.

Vor 1900 durften nur Männer höhere Schulen besuchen.

116   117

CHAPTER OPENER

Chapter learning goals prepare learners for what is to come in the chapter and in the accompanying video episode. The photos illustrate both historical and contemporary aspects of the chapter themes.

VIDEOTHEK

Pre- and post-viewing activities coordinate directly with the video episode to help learners gain a thorough comprehension of what they see and hear.

VOKABELN

A section of thematic vocabulary linked to the two video episodes, offers abundant activities for vocabulary development.

STRUKTUREN

Three sections, each introducing a single grammar point through clear and concise explanations, offer a wide range of practice, from controlled and form-focused exercises to open-ended and creative activities.

PERSPEKTIVEN

The chapter culminates in four-skills development through this final section, which includes the following features.

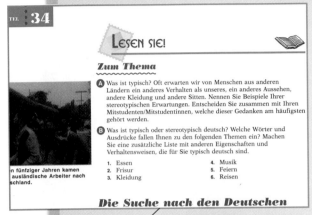

TEL 34

LESEN SIE!

Zum Thema

A Was ist typisch? Oft erwarten wir von Menschen aus anderen Ländern ein anderes Verhalten als unseres, ein anderes Aussehen, andere Kleidung und andere Sitten. Nennen Sie Beispiele Ihrer stereotypischen Erwartungen. Entscheiden Sie zusammen mit Ihren Mitstudenten/Mitstudentinnen, welche dieser Gedanken am häufigsten gehört werden.

B Was ist typisch oder stereotypisch deutsch? Welche Wörter und Ausdrücke fallen Ihnen zu den folgenden Themen ein? Machen Sie eine zusätzliche Liste mit anderen Eigenschaften und Verhaltensweisen, die für Sie typisch deutsch sind.

1. Essen   4. Musik
2. Frisur   5. Feiern
3. Kleidung   6. Reisen

Die Suche nach den Deutschen

n fünfziger Jahren kamen
ausländische Arbeiter nach
schland.

LESEN SIE! exposes learners to a wide variety of German texts, including author-written passages, as well as authentic literary and non-literary reading selections.

HÖREN SIE ZU! develops listening comprehension skills as it features testimonials, interviews, narratives, and other types of listening passages, along with follow-up comprehension exercises.

TEL 31

PERSPEKTIVEN

HÖREN SIE ZU!
FRAGEN SIE PROFESSOR CATO!

Die live gesendete Radiosendung „Fragen Sie Professor Cato!" erfreut sich immer größerer Beliebtheit. Hier hören Sie Auszüge interessanter Fragen und Antworten.

WORTSCHATZ ZUM HÖRTEXT

inig
sache   four-legged
fmerksamkeit   cause
rein   attention
uss ich mir   housebroken
bitten   I won't put up
lich   with that
ststätte   in reference to
ine   rest area
               leash

PERSPEKTIVEN **KAPITEL**

LANDESKUNDE IN KÜRZE
HUNDERT JAHRE MÜNCHNER VOLKSHOCHSCHULE

Es lebe die Münchner Volkshochschule! Weiterbilden in der Freizeit ist kein neues Thema. Wie Sie lesen, hat die Volkshochschule in München Arbeitern und Arbeiterinnen schon jahrzehntelang verschiedene Kurse angeboten.

1896 wurde der „Volks-Hochschul-Verein München e.V." gegründet, der als einer der Vorläufer der Münchner Volkshochschule gilt. 1906 wurden die „Akademischen Arbeiterkurse e.V." ins Leben gerufen. Beide Institutionen vereinigten sich 1923 und nannten

5

10

WORTSCHA
ZUM

e.V.

der Vorläufer
die Geschäftsstelle

Teilnehmer an einem Abendkurs an der

LANDESKUNDE IN KÜRZE offers further insights into cultural points raised in the video. A cultural text and accompanying activities deepen students' awareness and understanding of cultural aspects suggested in the chapter.

KULTURPROJEKT, a capstone activity involving out of class work, gives students a chance to integrate what they have learned in real communication with others.

TEL 30

KULTURPROJEKT

1. **Generationen.** Wie hat sich in den letzten Jahrzehnten oder im letzten Jahrhundert die Rolle und das Leben von Frauen verändert? Vergleichen Sie das Leben Ihrer Großmutter mit dem Ihrer Mutter und dem von Ihnen oder Ihrer Schwester, Frau oder Freundin.
2. **Andere Länder.** Gibt es Unterschiede zur Situation der Frau in verschiedenen Ländern, die Sie kennen? Machen Sie eine Liste mit den Ländern, von denen Sie Informationen haben, und erklären Sie der Klasse, wie Sie die Situation der Frau in diesen Ländern sehen.
3. **Gleichberechtigung.** Finden Sie das Thema „Emanzipation" oder „Gleichberechtigung von Frauen und Männern" wichtig? Wird es in Ihrer Schule/Universität/Gemeinde/Stadt diskutiert? Welche Argumente haben Sie gehört?
4. **Gesetze.** Wie hat sich das öffentliche Leben verändert? Was hat der Staat getan, um Frauen Gleichberechtigung zu ermöglichen? Welche Gesetze kennen Sie in Ihrem Land oder aus einem deutschsprachigen Land, die direkt oder indirekt mit Emanzipation oder Gleichberechtigung zu tun haben?
5. **Gestern und heute.** Gestalten Sie zusammen mit Ihren

OTHER FEATURES

Many other features round out the chapters of *Fokus Deutsch*. The linguistic notes in **Sprachspiegel** offer practical insights into the similarities between German and English. **Tipp zum Hören, Tipp zum Lesen,** and **Tipp zum Schreiben** tips aid learners in developing listening, reading, and writing skills.

SIND SIE WORTSCHLAU? The endings **-heit** and **-keit** change adjectives to feminine nouns.

heiter → die Heiterkeit, -en
verlegen → die Verlegenheit, -en

SIND SIE WORTSCHLAU? Vocabulary notes offer tips for learning and expanding vocabulary in German.

KURZ NOTIERT

The conjuctions **als** and **wenn** can both mean "when." **Als** refers to a single fact or event in the past. **Wenn** refers to habitual actions in the past or present.

Als es regnete, wurde ich völlig nass.
When it rained, I got completely wet.
Wenn es regnete, ging ich spazieren.
When(ever) it rained, I would go for a walk.
Wenn es regnet, gehe ich spazieren.
When(ever) it rains, I go for a walk.

KURZ NOTIERT Grammar notes provide brief but essential information for understanding language structures and/or for carrying out a particular activity.

KULTURSPIEGEL

Mit der Wiedervereinigung veränderte sich das Leben für Jugendliche im Osten wie Ramona Baum. Die staatlichen Jugendorganisationen, wie zum Beispiel die Freie Deutsche Jugend (FDJ), verschwanden. Auch wegen Veränderungen in der Regierung und in der Wirtschaft hatten junge Leute nicht mehr die Garantie eines zukünftligen Jobs. Während viele junge Leute sich über ihr neues Leben freuten, hatten sie auch Angst vor den Unsicherheiten der Zukunft.

KULTURSPIEGEL Cultural notes provide information pertaining to concepts presented in the videos, readings, or activities.

FOKUS INTERNET Cues direct learners to the *Fokus Deutsch* Web Site where they can connect to sites on the World Wide Web and explore cultural concepts more fully.

FOKUS INTERNET

For more information on international students in Germany, visit the Fokus Internet Web Site at
http://www.mhhe.com/german

WORTSCHATZ ZUM VIDEO

über einen Kamm scheren	to treat everyone alike
die fünfziger Jahre	the Fifties
träg	lazy; sluggish
das Bestehende	the prevailing situation
auf Tour	on the road
schick	chic; stylish

WORTSCHATZ ZUM VIDEO / WORTSCHATZ ZUM HÖRTEXT / WORTSCHATZ ZUM LESEN Brief vocabulary lists aid viewing, listening, and reading comprehension.

PROGRAM COMPONENTS

BOOKS AND MULTIMEDIA MATERIALS AVAILABLE TO ADOPTERS *AND* TO STUDENTS

STUDENT EDITION

The Intermediate German textbook correlates to the third level of the video series and contains viewing activities, vocabulary activities, grammar explanations and exercises, cultural and historical readings, listening comprehension activities, and reading and writing activities.

LISTENING COMPREHENSION—
AUDIO CD OR CASSETTE

The forty-five minute listening comprehension Audio CD or Cassette correlates to the listening comprehension activities in the Student Edition.

WORKBOOK AND LABORATORY MANUAL

A combined Workbook and Laboratory Manual accompanies the Student Edition. Each chapter is divided into sections that mirror the sections in the main textbook, and each section, as appropriate, may contain both laboratory and workbook exercises. All sections provide practice in global listening comprehension, pronunciation, speaking, reading, and writing.

STUDENT AUDIO PROGRAM—
AUDIO CDs OR CASSETTES

Correlated with the Laboratory Manual portions of the combined Workbook and Laboratory Manual, each set of Audio CDs or Cassettes offers six hours of additional listening material.

STUDENT VIEWER'S HANDBOOK

Ideal for those courses in which the video supplements other course materials, the Handbook offers a variety of viewing activities for use with all three levels of the *Fokus Deutsch* videos.

McGRAW-HILL ELECTRONIC LANGUAGE TUTOR

Available in both Mac and IBM formats, this optional software program by John Underwood (Western Washington University), features comprehension, vocabulary, and grammar activities that supplement those in the Student Edition and Workbook and Laboratory Manual.

WORLD WIDE WEB

Correlated with the **Fokus Internet** feature in the Student Edition, this feature allows students to explore interesting links by connecting to the *Fokus Deutsch* Web Site (http://www.mhhe.com/german). Available in fall 1999, this site also includes engaging web-based activities.

BOOKS AND MULTIMEDIA MATERIALS AVAILABLE TO ADOPTERS ONLY

INSTRUCTOR'S EDITION

The Instructor's Edition is identical to the corresponding Student Edition, except that it contains suggestions and other annotations pertaining to the many features throughout each chapter.

INSTRUCTOR'S MANUAL

The Instructor's Manual provides additional background information on the *Fokus Deutsch* series as well as syllabus planning, sample lesson plans, and an answer key for the student edition. It also offers suggestions for working with the videos in the classroom and in distance-learning environments.

INSTRUCTOR'S AUDIO PROGRAM— AUDIO CDS OR CASSETTES

The Instructor's Audio Program contains the same material as the Student Audio Program, but the package includes an Audio Script.

AUDIO SCRIPT

Packaged with the Instructor's Audio Program, the Audio Script contains the complete recording script of the Audio Program.

INSTRUCTOR'S RESOURCE CD-ROM

The Instructor's Resource CD-ROM contains visuals—from all three levels of the main textbooks and videos—for use in creating overhead transparencies, Power Point™ slides for classroom use, and the complete Testing Program in Microsoft Word 97 format. The Testing Program consists of chapter quizzes, review tests, and a final exam.

INSTRUCTOR'S VIDEO GUIDE

The Instructor's Video Guide provides information on the structure for each of the three levels of the video series, a complete list of the characters as well as a summary for each of the episodes. In addition, there are suggestions and helpful hints for using the videos in the classroom.

DISTANCE LEARNING FACULTY GUIDE

The Distance Learning Faculty Guide contains useful information on implementing a distance learning course and how to incorporate the *Fokus Deutsch* video series and the print materials in that environment.

ACKNOWLEDGMENTS

A project of this magnitude takes on a life of its own. So many people have helped with the video series and print materials that it is impossible to acknowledge the work and contributions of all of them in detail. Here are some of the highlights.

MEMBERS OF THE ADVISORY BOARD, THE ANNENBERG/CPB PROJECT AND WGBH

Robert Di Donato, Chief Academic and Series Developer
Professor of German
Miami University of Ohio

Thalia Dorwick
Vice-President and Editor-in-Chief—Humanities, Social Sciences, World Languages and ESOL
The McGraw-Hill Companies, Inc.

Gregory Trauth
Senior Development Editor, World Languages
The McGraw-Hill Companies, Inc.

Keith Anderson
Professor Emeritus and Acting Director of International Studies
St. Olaf College

Thomas Keith Cothrun
Past President, American Association of Teachers of German
Las Cruces High School

Richard Kalfus
German Instructor and Foreign Language Administrator
Community College District, St. Louis, Missouri

Beverly Harris-Schenz
Vice Provost for Faculty Affairs and Associate
  Professor of German
University of Pittsburgh

Marlies Stueart
Wellesley High School

Dr. Claudia Hahn-Raabe
Deputy Director and Director of the Language
  Program
Goethe-Institut

Jürgen Keil
Director
Goethe-Institut

Manfred von Hoesslin
Former Director of the Language Department
Goethe-Institut

REVIEWERS AND FOCUS GROUP
PARTICIPANTS

John Austin, Georgia State University
Helga Bister-Broosen, University of North Carolina
  at Chapel Hill
Donald Clark, Johns Hopkins University
Sharon Di Fino, University of Florida
Ingeborg Henderson, University of California, Davis
Richard Kalfus, St. Louis Community College,
  Meramec
Alene Moyer, Georgetown University
Barbara Pflanz, University of the Redlands
Donna Van Handle, Mount Holyoke College
Morris Vos, Western Illinois University

The authors of *Fokus Deutsch* would also
like to extend very special thanks to the following organizations and individuals:

- The Annenberg/CPB Project (Washington,
  DC), especially to Pete Neal and Lynn Smith
  for their support across the board.

- WGBH Educational Foundation, especially
  to Michele Korf for her guidance in shap-
  ing the series, to Project Director Christine
  Herbes-Sommers for her tireless work on
  the project and for her wonderfully creative
  ideas, and to Producer-Director Fred
  Barzyk for his creative leadership.

- The Goethe-Institut, especially Claudia
  Hahn-Raabe for her stewardship in developing the series, and to Jürgen Keil in
  Boston for his creative and intellectual support and for sharing the use of Boston's
  beautiful Goethe-Institut building.

- InterNationes, especially to Rüdiger van
  den Boom and Beate Raabe.

- Gregory Trauth, of McGraw-Hill, a major
  force in developing the series, for his con-
  stant support of WGBH, Bob Di Donato,
  and the authors in the planning stages, on
  location, and far into the project.

Finally, the authors wish to thank the edi-
torial, design, and production staff at
McGraw-Hill and their associates, espe-
cially Sean Ketchem, Peggy Potter, Leslie
Hines, Paul Listen, Anja Voth, Jeanine
Briggs, Diane Renda, Francis Owens,
Sharla Volkersz, Nora Agbayani, Michelle
Munn, Terri Edwards, Pam Augspurger,
Florence Fong, and Louis Swaim, all for
their patience and dedication to a project
that was complex beyond belief.

Deutschland und Luxemburg
Einwohner
Deutschland (1998): 82,0 Mio
Luxemburg (1998): 418 000
Maßstab 2,0 cm = 100 km

DÄNEMARK

OSTSEE

NORDSEE

Hiddensee
Rügen
Sellin
Stralsund
Flensburg

Kiel

SCHLESWIG-
HOLSTEIN

Helgoland

Rostock
Greifswald

MECKLENBURG-
VORPOMMERN

Neubrandenburg

Güstrow

Ostfriesische Inseln

Cuxhaven

Lübeck

HAMBURG
Hamburg

Schwerin

Bremerhaven

Prenzlau

Emden

BREMEN
Bremen

Leer

Oldenburg

Lüneburg

Elbe

BRANDENBURG

Havel

Oder

POLEN

LÜNEBURGER
HEIDE

NIEDERSACHSEN

Ems

Kirchlinteln

BERLIN
Berlin

Wolfsburg

Osnabrück

Bielefeld

Hannover

Brandenburg

Potsdam

Frankfurt

Oder

DIE NIEDERLANDE

Weser

TEUTOBURGER WALD

Braunschweig

Hameln

Bad
Harzburg

Magdeburg

Eisenhüttenstadt

Münster

Wernigerode

SACHSEN-

Cottbus

Paderborn

NORDRHEIN-WESTFALEN

Dortmund

Brocken

Dessau

Wittenberg

Neiße

Essen

HARZ

ANHALT

Ruhr

Duisburg

Rheinhausen

Göttingen

Eisleben

Halle

Leipzig

Görlitz

Wuppertal

Kassel

Krefeld

Düsseldorf

Köln

THÜRINGEN

Weimar

Wengelsdorf

Meißen

SACHSEN

Dresden

Rhein

Erfurt

Saale

Elbe

Aachen

Bonn

Marburg

Eisenach

Kosmar

Chemnitz

Gießen

Gera

Zwickau

BELGIEN

Fulda

THÜRINGER WALD

Suhl

ERZGEBIRGE

Limburg

HESSEN

Koblenz

RHÖN

Mosel

Wiesbaden

Frankfurt

Main

Bayreuth

TSCHECHIEN

EIFEL

RHEINLAND-

HUNSRÜCK

Mainz

PFALZ

LUXEMBURG
Luxemburg

Trier

Würzburg

Worms

Ludwigshafen

Mannheim

Nürnberg

SAARLAND
Saarbrücken

Kaiserslautern

Heidelberg

Rothenburg
ob der Tauber

BAYERN

BÖHMER WALD

FRÄNKISCHE ALB

Rhein

BADEN-
WÜRTTEMBERG

Karlsruhe

Regensburg

BAYERISCHER
WALD

Stuttgart

Straubing

Passau

Mosel

Neckar

SCHWÄBISCHE ALB

Donau

Isar

Tübingen

Ulm

Augsburg

Inn

VOGESEN

SCHWARZWALD

Rottweil

München

FRANKREICH

Tegernsee

Chiemsee

Freiburg

Friedrichshafen

Garmisch-
Partenkirchen

BAYERISCHE ALPEN

Berchtesgaden

Weil am Rhein

Konstanz

Lindau

Bodensee

Zugspitze

ÖSTERREICH

DIE SCHWEIZ

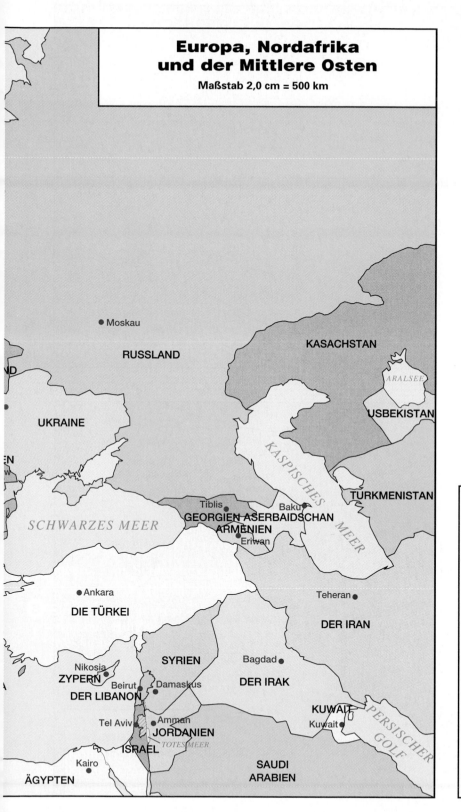

Europa, Nordafrika und der Mittlere Osten

Maßstab 2,0 cm = 500 km

Moskau

RUSSLAND

KASACHSTAN

ARALSEE

USBEKISTAN

UKRAINE

KASPISCHES MEER

TURKMENISTAN

Tiblis
Baku
GEORGIEN ASERBAIDSCHAN
ARMENIEN
Eriwan

SCHWARZES MEER

Ankara

DIE TÜRKEI

Teheran

DER IRAN

SYRIEN
Bagdad

Nikosia
ZYPERN
Beirut   Damaskus
DER LIBANON

DER IRAK

KUWAIT
Kuwait
PERSISCHER GOLF

Tel Aviv   Amman
JORDANIEN
ISRAEL   *TOTES MEER*

Kairo

SAUDI ARABIEN

ÄGYPTEN

EU-LÄNDER (1998)	EINWOHNER (1998)
Belgien	10,2 Mio.
Dänemark	5,3 Mio.
Deutschland	82,0 Mio.
Finnland	5,1 Mio.
Frankreich	58,5 Mio.
Griechenland	10,5 Mio.
Großbritannien	58,9 Mio.
Irland	3,6 Mio.
Italien	57,5 Mio.
Luxemburg	0,4 Mio.
Niederlande	15,6 Mio.
Österreich	8,0 Mio.
Portugal	9,9 Mio.
Schweden	8,9 Mio.
Spanien	39,3 Mio.
Gesamtbevölkerungszahl	373,7 Mio.

Österreich

Einwohner (1998): 8 Mio

Maßstab 1,5 cm = 50 km

TSCHECHIEN

DEUTSCHLAND

Gmünd

Horn

Krems
Donau
Linz
Melk
Sankt Pölten
WIEN
Amstetten
Wien
OBERÖSTERREICH
Baden
NIEDERÖSTERREICH
Eisenstadt
Neusiedler See
Gmunden
Wiener Neustadt
Salzburg
Bad Ischl
Mariazell
Bregenz
Salzkammergut
Liezen
Bruck an der Mur
Kufstein
Sankt Johann in Tirol
Hallstatt
BURGENLAND
Reutte
Wörgl
STEIERMARK
Oberwart
VORARLBERG
Kitzbühel
Bischofshofen
Enns
Feldkirch
Innsbruck
Zell am See
Radstadt
Sankt Georgen
Arlberg
Bruck
Mauterndorf
Landeck
TIROL
SALZBURG
Güssing
Graz
Osttirol
(zu Tirol)
Spittal an der Drau
DIE SCHWEIZ
Vintschgau
Lienz
Feldkirchen
Meran
Drau
KÄRNTEN
UNGARN
SÜDTIROL
Villach
Klagenfurt
Bozen
Wörther See
ITALIEN
SLOWENIEN

Bodensee

SCHAFFHAUSEN
Schaffhausen
DEUTSCHLAND
Rhein
Kreuzlingen
BASEL
(STADT)
Rhein
Thur
THURGAU
Bodensee
Basel
Liestal
Baden
Winterthur
Frauenfeld
St. Margrethen
FRANKREICH
BASEL
(LAND)
AARGAU
ZÜRICH
St. Gallen
AUSSER-RHODEN
Delemont
Aarau
Herisau
Appenzell
JURA
SOLOTHURN
Zürich
APPENZELL
INNER-RHODEN
Zürichsee
Solothurn
LUZERN
Zug
SANKT
GALLEN
Vaduz
Biel
ZUG
Einsiedeln
ÖSTERREICH
Neuchâtel
Luzern
SCHWYZ
Glarus
LIECHTENSTEIN
NEUENBURG
Vierwaldstätter See
Stans
Schwyz
GLARUS
Bern
BERNER
Sarnen
NIDW.
Altdorf
Braunwald
OBERLAND
UNTERWALDEN
Chur
Fribourg
BERN
OBW.
Engelberg
URI
Klosters
Thun
Brienz
Andermatt
Davos
WAADT
Thuner See
Interlaken
Disentis
Rhein
GRAUBÜNDEN
FREIBURG
Jungfrau
Grindelwald
A
L
P
E
N
Lausanne
Jungfraujoch
St. Moritz
Montreux
Gstaad
Brig
Rotten
TESSIN
Genfer See
Rhône
Sion
Bellinzona
Genf
WALLIS
Locarno
GENF
Zermatt
Matterhorn
Lugano
ITALIEN
Langensee

NIDW = NIDWALDEN
OBW = OBWALDEN

**Die Schweiz
und Liechtenstein**
Einwohner

Schweiz (1998): 7,1 Mio
Liechtenstein (1998): 30 000
Maßstab 2,0 cm = 50 km

EINFÜHRUNG

In diesem Kapitel

- werden Sie Ihre Mitstudenten/Mitstudentinnen kennen lernen.
- werden Sie nützliche Grundvokabeln und Ausdrücke wiederholen.

Sie werden auch

- die Formen des Nominativs und des Akkusativs wiederholen.
- Verben im Präsens gebrauchen.
- den Gebrauch von trennbaren Verben wiederholen.
- besprechen, was Sie bereits über Kultur und Alltag in den deutschsprachigen Ländern wissen.

Studenten und Studentinnen bei einer Vorlesung an der Uni.

1

VOKABELN

A Begrüßungen. Suchen Sie sich drei von Ihren Mitstudenten/Mitstudentinnen aus und stellen Sie sich ihnen vor. Hier sind mögliche Fragen, damit Sie sich besser kennen lernen können.

1. Wie heißt du?
2. Was ist dein Hauptfach? / Was studierst du?
3. In welchem Semester bist du?
4. Welche Kurse belegst du dieses Semester?
5. Warum belegst du Deutsch?
6. Was machst du gern in deiner Freizeit?

B Das Leben an der Uni. Ergänzen Sie die Lücken mit den Wörtern in Klammern.

Richard studiert Jura an der Universität Köln. Obwohl Jura sein _____¹ ist, interessiert sich Richard auch für andere Fächer, wie zum Beispiel Sprachen. Er muss dieses Semester mehrere Kurse _____², weil er am Ende des Jahres die _____³ macht. Er will ziemlich schnell mit seinem _____⁴ fertig sein. Obwohl Studenten in Deutschland keine _____⁵ bezahlen müssen, bekommt er Geld von seinen Eltern. Mit diesem Geld bezahlt er ein kleines Zimmer im _____⁶. Er geht jeden Tag in _____⁷ und am Donnerstag hält eine Professorin einen _____⁸ über europäische Integration. An der Uni hat man immer viel zu tun!

„Darf ich vorstellen?"

Hauptfach
Studium
Studentenwohnheim
-r Vortrag
Zwischenprüfung
-e Vorlesungen
-e Gebühren belegen

C Im Klassenzimmer. Ordnen Sie jedem Ausdruck links eine passende Situation rechts zu.

1. „Ich stimme damit überein."
2. „Was meinen Sie damit?"
3. „Was halten Sie davon?"
4. „Das steht auf Seite . . . "
5. „Können Sie das bitte wiederholen?"
6. „Ich schlage vor, . . . "

a. Sie haben den Lehrer / die Lehrerin nicht gehört. *Oder:* Sie möchten etwas noch einmal hören.
b. Sie wollen einen Vorschlag machen.
c. Sie möchten sagen, wo etwas im Text steht.
d. Sie möchten wissen, warum jemand etwas sagt oder glaubt.
e. Sie möchten sagen, dass Sie gleicher Meinung sind.
f. Sie möchten jemanden fragen, welche Meinung er/sie zu einem bestimmten Thema hat.

Der Professor hält einen Vortrag.

STRUKTUREN

REVIEW OF THE NOMINATIVE AND ACCUSATIVE CASES
MARKING SUBJECTS AND DIRECT OBJECTS

In English, subjects tend to come right before the verb and direct objects right after the verb. In German, subjects may come before or after the verb. In the following example, subjects appear in blue and direct objects in red.

Marion besucht den Professor.	*Marion visits the professor.*
Wen besucht sie?	*Whom does she visit?*
Der Professor serviert einen Kuchen.	*The professor serves a cake.*
Was serviert er?	*What does he serve?*

Notice that in the preceding examples the forms of the definite article show the function of the noun within the sentence.

In German, subjects are in the nominative case, direct objects in the accusative case. Feminine nouns are identified by the articles **die/eine,** masculine nouns by **der/ein,** neuter nouns by **das/ein,** and all plural nouns by **die.**

The forms of the accusative case are exactly the same as those of the nominative case, with the following exception: The masculine articles **der** and **ein** become **den** and **einen.**

NOMINATIVE	ACCUSATIVE
der Mann	**den** Mann
ein Mann	**einen** Mann

Übungen

A Das Semester fängt schon an! Klara beschreibt, was sie morgens macht. Ergänzen Sie die Lücken mit der richtigen Form des Artikels im Nominativ oder im Akkusativ.

KURZ NOTIERT

Some masculine nouns take an **-n** or **-en** ending in the accusative case.

der Herr → den Herr**n**
ein Herr → einen Herr**n**
der Student → den Student**en**
ein Student → einen Student**en**

The following are some common **-n** or **-en** masculine nouns.

der Junge, der Nachbar, der Mensch, der Kollege, der Name, der Neffe, der Patient, der Polizist, der Präsident, der Soldat, der Student

KURZ NOTIERT

A singular or plural noun in the accusative case always follows the expression **es gibt.**

Gibt es **einen neuen** Schüler in der Klasse?
Is there a new student in class?

Es gibt **viele Jugendliche,** die sportlich interessiert sind.
There are a lot of young people interested in sports.

Klara steht vor dem schwarzen Brett.

Um halb sieben klingelt _____¹ Wecker (der). Ich sehe auf _____² Wecker (der) und stelle ihn aus. Ich stehe nur langsam auf. Ich gehe in _____³ Küche (die) und mache mir _____⁴ Tasse (eine) Kaffee. Während _____⁵ Kaffeewasser (das) kocht, gehe ich unter _____⁶ Dusche (die) und dusche mich schnell. Ich mache _____⁷ Kleiderschrank (der) auf, aber ich weiß nicht, ob ich am ersten Tag _____⁸ blauen oder dunkelbraunen Rock (der) tragen soll. Es ist zu früh am Morgen, um solche Entscheidungen zu treffen!

B Hausarbeit. Wie ist die Rollenverteilung in Ihrer Familie? Bilden Sie Fragen, und stellen Sie diese Fragen einem Partner / einer Partnerin.

MODELL: Abendessen kochen →
   A: Wer kocht bei euch das Abendessen?
   B: Mein Vater kocht das Abendessen.

1. Geschirr spülen
2. Wäsche waschen
3. Rasen mähen
4. Tisch decken
5. Schlafzimmer aufräumen

REVIEW OF INFINITIVES AND THE PRESENT TENSE
TALKING ABOUT DOING THINGS

The verbs **brauchen** and **arbeiten** are two examples of regular verbs. To form the present tense, drop the **-en** from the infinitive and add the present-tense personal endings.

Verbs with stems that end in **-t** or **-d** insert an **-e-** before the endings for the forms for **du** and **sie/er/es.**

INFINITIVE: **brauchen** *to need*	
STEM: **brauch-**	

ich	brauche	wir	brauchen
du	brauchst	ihr	braucht
Sie	brauchen	Sie	brauchen
sie/er/es	braucht	sie	brauchen

INFINITIVE: **arbeiten** *to work*	
STEM: **arbeit-**	

ich	arbeite	wir	arbeiten
du	arbeitest	ihr	arbeitet
Sie	arbeiten	Sie	arbeiten
sie/er/es	arbeitet	sie	arbeiten

The verb **haben** has irregular forms for **du** and **sie/er/es**.

INFINITIVE: **haben** *to have*	
STEM: **hab-**	
ich habe	wir haben
du **hast**	ihr habt
Sie haben	Sie haben
sie/er/es **hat**	sie haben

Some German verbs have stem-vowel changes in the forms for **du** and **sie/er/es**.

VERBS WITH STEM-VOWEL CHANGE a → ä

INFINITIVE: **schlafen** *to sleep*	
STEM: **schlaf-**	
ich schlafe	wir schlafen
du schl**ä**fst	ihr schlaft
Sie schlafen	Sie schlafen
sie/er/es schl**ä**ft	sie schlafen

Also: fahren: du fährst, sie/er/es fährt
laufen: du läufst, sie/er/es läuft

VERBS WITH STEM-VOWEL CHANGE e → i

INFINITIVE: **essen** *to eat*	
STEM: **ess-**	
ich esse	wir essen
du **i**sst	ihr esst
Sie essen	Sie essen
sie/er/es **i**sst	sie essen

Also: sprechen: du sprichst, sie/er/es spricht
geben: du gibst, sie/er/es gibt
nehmen: du nimmst, sie/er/es nimmt
vergessen: du vergisst, sie/er/es vergisst

VERBS WITH STEM-VOWEL CHANGE e → ie

INFINITIVE: **lesen** *to read*	
STEM: **les-**	
ich lese	wir lesen
du **lie**st	ihr lest
Sie lesen	Sie lesen
sie/er/es **lie**st	sie lesen

Also: sehen: du siehst, sie/er/es sieht

Das Deutsche Museum in München.

Birgit steigt in den Zug ein.

Übungen

A Urlaub in München. Sie reisen mit Freunden nach München. Bilden Sie Sätze, um Ihren Urlaub zu beschreiben.

MODELL: Wir übernachten heute Abend im Hotel „Bayerischer Hof".

ich	übernachten	nächste	an der Isar
wir	liegen	Woche	in der Sonne
meine	genießen	am Montag	im Englischen
Freundin	ändern	am Freitag	Garten
mein	besuchen	heute	in einer
Freund	fotografieren	ein paar Tage	Jugendherberge
meine	machen	jeden Tag	das Deutsche
Freunde	reservieren	abends	Museum
	verbringen	morgen früh	das warme Wetter
		heute Abend	im Hotel
			„Bayerischer
			Hof"
			Aufnahmen
			eine
			Stadtrundfahrt
			ein Picknick

B Birgits Reise. Birgit macht Urlaub in Österreich. Beschreiben Sie die Reise.

MODELL: nach Österreich fahren →
         Sie fährt nach Österreich.

1. viel Gepäck haben
2. eine Broschüre lesen
3. ihr Portemonnaie vergessen
4. eine alte Schulfreundin in Wien treffen
5. in die Oper gehen
6. müde werden
7. ins Hotel gehen
8. sehr lange morgens schlafen

Two-part verbs
More on doing things

German has a number of two-part verbs that consist of a prefix, such as an adverb or preposition, plus the infinitive. The prefixes slightly or significantly alter the meaning of the basic verb. Such two-part verbs appear as a single word in the infinitive form. However, when the verb is conjugated, the prefix goes at the end of the clause or sentence.

Susanne **will** ihre Schwestern **anrufen.**	*Susanne wants to call her sister (on the phone).*
Susanne **ruft** ihre Schwester **an.**	*Susanne calls her sister (on the phone).*

In the present perfect tense, the past participle of a two-part verb appears as one word with **-ge-** separating the prefix from the verb form.

Susanne **hat** ihre Schwester schon **angerufen.**	*Susanne already called her sister.*

The following are some common two-part verbs.

aufhören	*to stop*	mitkommen	*to come along*
aufpassen	*to watch out*	umziehen	*to move*
aufstehen	*to get up*	vorbeikommen	*to come by*
aussehen	*to look, appear*	zurückkommen	*to come back*
einladen	*to invite*		

To help you identify two-part verbs, a dot separates the prefix from the infinitive in the chapter vocabulary lists in this book: **an•rufen.** The vocabulary list at the end of the book identifies two-part verbs in this way: **anrufen (ruft an).**

Übungen

A Klaus geht zur Kur. Schreiben Sie vollständige Sätze.

MODELL: Klaus / eine Erholungsreise / vorhaben →
Klaus hat eine Erholungsreise vor.

1. Klaus / sehr früh / aufstehen
2. seine Freundin / mitkommen
3. sie (*pl.*) / am Bahnhof / ankommen
4. sie (*pl.*) / in den Zug / einsteigen
5. die Reise / schon / anfangen
6. der Kurort / sehr schön / aussehen

Bad Ems—ein berühmter deutscher Kurort.

7. sie (*pl.*) / im Wald / spazieren gehen
8. Klaus / sich gut / ausruhen
9. am Freitag / sie (*pl.*) / nach Hause / zurückfahren

B Vorwürfe. Nach Ihrem ersten Semester an der Uni besuchen Sie ihre Eltern zu Hause. Widersprechen Sie ihren Vorwürfen im Perfekt.

MODELL: Du rufst uns nie an! →
Ich habe euch doch angerufen.

1. Du kommst nie pünktlich an!
2. Du stehst uns nie bei!
3. Du hörst uns nie zu!
4. Du stellst uns deine Freunde nie vor!
5. Du bringst nie zurück, was du von uns leihst!

PERSPEKTIVEN

A Wo ist das? Welche Beschreibung passt zu welcher Stadt?

Blick vom Rheinufer auf den Kölner Dom, ein Meisterwerk deutscher Gotik.

1. Köln	a. Stadt an der Isar, die für das Oktoberfest berühmt ist
2. Berlin	
3. Zürich	b. Internationales Finanzzentrum und Sitz der Europäischen Zentralbank
4. Hamburg	
5. München	c. Stadt an der Elbe mit einem großen Hafen
6. Wien	d. berühmte Handelsstadt in der Schweiz
7. Frankfurt	e. Stadt am Rhein, die von den Römern gegründet wurde
	f. Stadt, die seit der Wiedervereinigung wieder die Hauptstadt Deutschlands ist
	g. Stadt, die einmal die Hauptstadt der Doppelmonarchie Österreich-Ungarn war

B Wie gut kennen Sie Europa? Was stimmt? Wenn ein Satz nicht stimmt, korrigieren Sie ihn mit der richtigen Information.

	DAS STIMMT.	DAS STIMMT NICHT.
1. In Köln feiert man Karneval.	☐	☐
2. Das Abitur ist eine Art von Schule, ähnlich wie die amerikanische „High-School".	☐	☐
3. In der Drogerie kann man Rezepte abholen.	☐	☐
4. Nach der Wende wurde Bonn die neue Bundeshauptstadt.	☐	☐
5. Nach der Wende wurden viele Deutsche im Osten arbeitslos.	☐	☐
6. Deutschland, Österreich und die Schweiz sind Mitglieder der Europäischen Union.	☐	☐

WORTSCHATZ

Substantive	Nouns
die **Freizeit**	free time
die **Gebühr, -en**	fee
die **Vorlesung, -en**	lecture
die **Wäsche**	laundry
der **Kurort, -e**	health spa, resort
der **Kurs, -e**	(academic) course
der **Rasen**	lawn
der **Schüler, -** / die **Schülerin, -nen**	student (*not in a university*)
der **Student (-en** *masc.***)** / die **Studentin, -nen**	(university) student
der **Vortrag, ⸚e**	lecture; talk
einen Vortrag halten	to give a talk
das **Geschirr**	dishes
das **Hauptfach, ⸚er**	major subject
das **Nebenfach, ⸚er**	minor subject
das **Semester, -**	semester
das **Studentenwohnheim, -e**	dormitory
das **Studium,** *pl.* **Studien**	course of study (*at a university*)

Verben	Verbs
an•rufen, rief an, angerufen	to call up
auf•hören	to stop
auf•passen	to watch out
aus•sehen (sieht aus), sah aus, ausgesehen	to appear
bei•stehen, stand bei, beigestanden	to support

belegen	to take (a course)
brauchen	to need
ein•laden (lädt ein), lud ein, eingeladen	to invite
genießen, genoss, genossen	to enjoy
halten (hält), hielt, gehalten	to hold
leihen, lieh, geliehen	to borrow
meinen	to think; to mean
mit•kommen, kam mit, ist mitgekommen	to come along
übereinstimmen (mit etwas)	to agree (with something)
übernachten	to spend the night
verbringen, verbrachte, verbracht	to spend (*time*)
vor•schlagen (schlägt vor), schlug vor, vorgeschlagen	to suggest
vorbei•kommen, kam vorbei, ist vorbeigekommen	to come by
wiederholen	to repeat
zurück•kommen, kam zurück, ist zurückgekommen	to come back

Adjektive und Adverbien	Adjectives and adverbs
bald	soon
fertig	finished
immer	always

KAPITEL 25

MITEINANDER

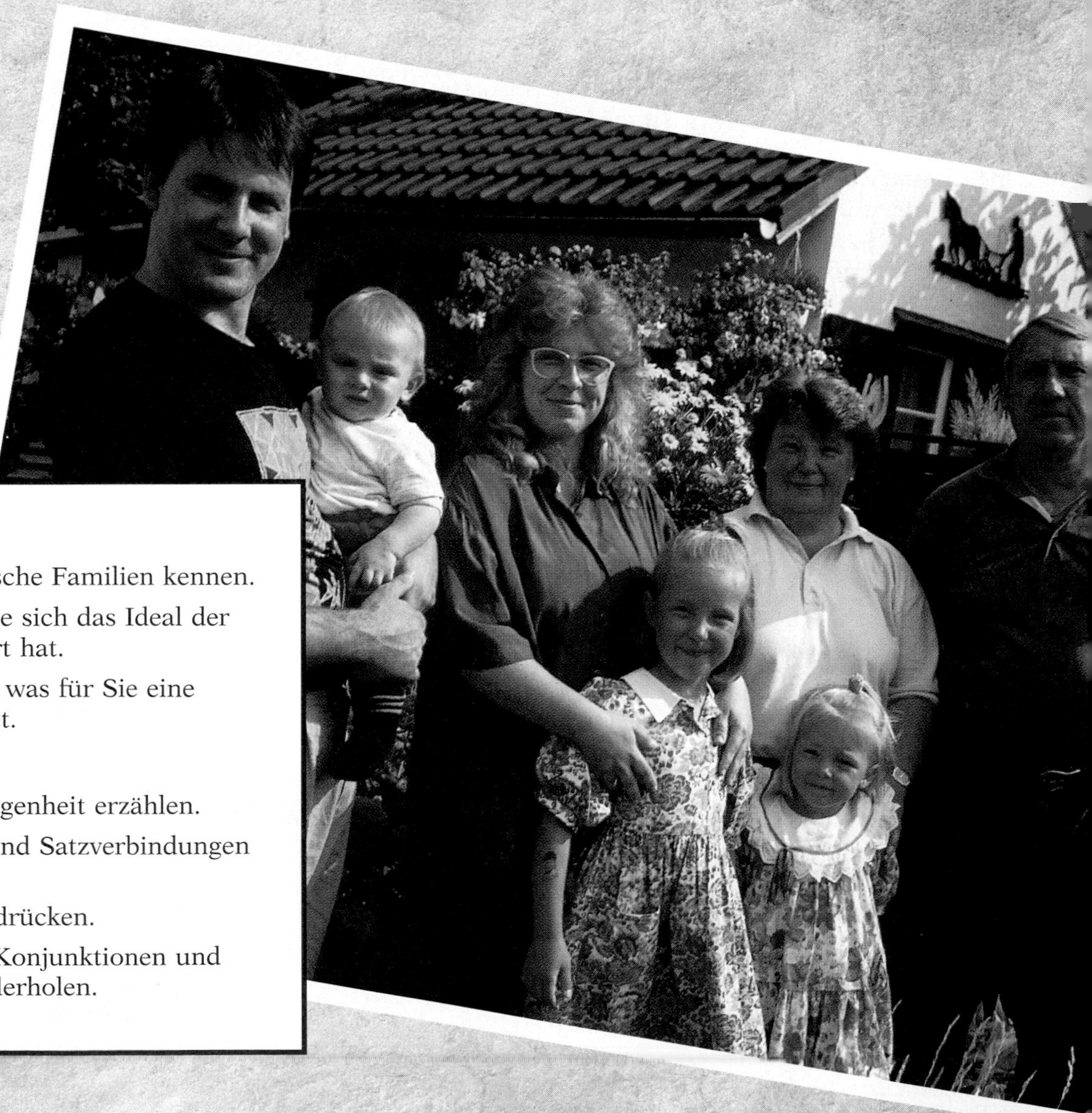

In diesem Kapitel

- lernen Sie deutsche Familien kennen.
- erfahren Sie, wie sich das Ideal der Familie geändert hat.
- besprechen Sie, was für Sie eine Familie bedeutet.

Sie werden auch

- über die Vergangenheit erzählen.
- Komplexsätze und Satzverbindungen gebrauchen.
- Gegensätze ausdrücken.
- das Imperfekt, Konjunktionen und **nicht/kein** wiederholen.

Susanne Dyrchs mit
ihrer Familie.

Eine deutsche Familie
von damals.

Kinder, Eltern, und Großeltern–
eine Familie zusammen.

VIDEOTHEK

Folge: sequence, installment "piece"

Susanne mit ihrer Großmutter.

Das Konzept „Familie" hat sich über die Jahre geändert. In diesem Kapitel sehen Sie „Familie" aus persönlicher und historischer Sicht.

I: Eine Familiengeschichte

In dieser Folge erfahren wir etwas über Familie. Zurst beschreibt Susanne Dyrchs ihre Familie.

A Welche Familienmitglieder erwähnt Susanne?

1. ☐ Bruder   4. ☐ Onkel   7. ☐ Tante
2. ☐ Mutter   5. ☐ Opa   8. ☐ Urgroßeltern
3. ☐ Oma   6. ☐ Schwester   9. ☐ Vater

B Wen in Susannes Familie beschreiben diese Sätze? Verbinden Sie die Satzteile.

a. ihr Vater   **b.** ihre Mutter   **c.** ihre Oma   **d.** ihre Familie

1. _____ hat früher in Dresden gewohnt.
2. _____ ist Professor/Professorin für Jura.
3. _____ ist Richter/Richterin.
4. _____ kocht dreimal die Woche für die Familie.
5. _____ wohnt etwas außerhalb von Köln, in einem Vorort.
6. _____ wohnt in Köln.

C In dieser Folge erfahren wir auch etwas über die Familie Hein. Meta erzählt ihrer Enkelin Sybilla die Geschichte der Familie Hein. Wen beschreiben diese Sätze?

	META	SYBILLA	BEIDE FRAUEN
1. Sie hat in einer WG gewohnt.	☐	☐	☐
2. Sie heiratete mit 22 Jahren und hatte drei Kinder.	☐	☐	☐
3. Sie musste ihren Beruf aufgeben.	☐	☐	☐
4. Sie löste die Verlobung zu ihrem Freund.	☐	☐	☐
5. Sie wohnt jetzt allein.	☐	☐	☐

D Sybilla und ihre Familie: als sie Kind war und heute. Verbessern Sie die falschen Informationen.

MODELL: Sybilla ist die Tochter von Meta Hein. →
Sybilla ist die Tochter von Meta Heins Sohn Karl.
oder: Sybilla ist die Enkelin von Meta Hein.

SPRACHSPIEGEL

Auf Englisch sagt man:
the Dyrchs family;
aber auf Deutsch kommt der Name zuletzt: die Familie Dyrchs, die Meiers.

WORTSCHATZ ZUM VIDEO

sich entscheiden	*to decide*
der Vorort	*suburb*
die Vergangenheit	*past*
das Jahrhundert	*century*
die Macht	*power*
aus	*over with, finished*
eng	*close*
spüren	*to feel*
der Begriff	*expression*
zu jemandem halten	*to stick with someone*

1. Sybillas Mutter studierte Jura.
2. Sybillas Eltern machten beide Karriere.
3. Sybillas Vater kümmerte sich um seine Tochter und den Haushalt.
4. Erst nach einer langen Zeit bekam die Familie ein Auto und ein eigenes Haus.
5. Sybilla wuchs in einer untypischen deutschen Großfamilie auf.
6. Erst in den Siebziger Jahren änderten sich die Ideale von Ehe und Familie.
7. Sybilla wohnte mit ihrem Verlobten in einer gemeinsamen Wohnung (WG).
8. Heute wohnt Sybilla mit ihrem Mann zusammen.

Großmutter und Enkelin

II: Lebensstile

In dieser Folge hören wir die Meinungen von drei Menschen über Familie und Ehe.

Ⓐ Sabine und Peter Schenk

SCHRITT 1: Sehen Sie sich das Video an, und beantworten Sie die Fragen.

1. Wie lange sind sie schon verheiratet?
2. Wie viele Kinder wünschen sich die Schenks?
3. Was bedeutet für Peter Ehe? Wie sieht Sabine das?
4. Was erwarten die beiden voneinander?

SCHRITT 2: Und Sie? Was bedeutet für Sie Heiraten? Was erwarten Sie von einem Ehepartner / einer Ehepartnerin?

Ⓑ Nora Bausch. Nora lebt allein und möchte nicht heiraten. Was sagt sie?

1. Wie lange hat sie schon allein gewohnt?
2. Fühlt sie sich als Single „allein"? Warum oder warum nicht?
3. Warum möchte sie nicht heiraten?

Ⓒ Diskussion. In diesem Video haben Sie sehr verschiedene Lebensstile gesehen: eine traditionelle Familie, eine moderne Ehe, und eine Frau, die lieber allein lebt. Wie stellen Sie sich Ihr Leben vor? Möchten Sie heiraten, oder wohnen Sie lieber allein? Was sind die Vor- und Nachteile davon?

Nora Bausch

VOKABELN

die Trennung	*separation*
die Umstellung	*adjustment*
die Unabhängigkeit	*independence*
die Veränderung	*change*
die Verlobung	*engagement*
der/die Erwachsene	*adult*
der Vertrag	*contract*
das Ehepaar	*married couple*
auf•geben	*to give up*
auf•wachsen	*to grow up*
betreffen	*to concern, affect*
beweisen	*to prove*
ernähren	*to nourish*
erreichen	*to achieve*
erwarten von	*to expect from*
heiraten	*to marry*
respektieren	*to respect*
nah stehen	*to be close to*

überleben	*to survive*
befreundet	*friends with someone*
damals	*back then*
ehelich	*marital*
getrennt	*separated*
unabhängig	*independent*
verheiratet	*married*
verliebt	*in love*
verlobt	*engaged*

Sie wissen schon

die Ehe, die Scheidung, die Jugend, der Familienstand, der Haushalt, die Eltern, sorgen für, verdienen, geboren, ledig/single, eigen, berufstätig

Familie, Ehe, Partnerschaft—wie trennt man die Rollen in der Familie?

---

verdienten   verheiratet   aufwachsen   heiratete   befreundet   eigene   überlebten   Umstellung   Verlobung

Aktivitäten

A Welches Wort passt? Ergänzen Sie die Sätze mit Vokabeln aus der Liste.

1. Wir waren froh, dass wir den Krieg _____.
2. Sybilla löste ihre _____ und zog in eine WG.
3. Wenn ich das Wort Familie höre, denke ich an meine _____ Familie.
4. Sie war _____ und bekam drei Kinder.
5. Die Männer _____ das Geld.
6. Mit 22 Jahren _____ Meta Franz Hein.
7. Peter und Sabine waren acht Jahre _____, bevor sie verheiratet waren.
8. Die Schenks finden, Kinder sollen in einer Familie _____.
9. Am Anfang ist es eine große _____, allein zu leben.

B Familie und Beruf. Wie kann man das anders sagen?

b **1.** Es war schön *damals* in der WG.

A **2.** Sie gab ihren *Beruf* auf und bekam drei Kinder.

e **3.** Ihre Enkelin *wuchs* in einer typisch deutschen Kleinfamilie *auf.*

C **4.** Wir waren vorher acht Jahre *befreundet* und irgendwann wollten wir denn einfach heiraten.

g **5.** Ich *erwarte von* meinem Ehepartner, dass er sich um seine Familie kümmert.

f **6.** Am Anfang war es schon eine große *Umstellung,* alleine zu leben.

d **7.** Die Hausfrau *sorgte für* den Haushalt.

a. Sie machte nicht mehr Karriere, sondern sie blieb mit ihren drei Kindern zu Hause.

b. Während dieser Periode meines Lebens fand ich die WG schön.

c. Wir waren acht Jahre Freunde, bevor wir uns entschieden, Mann und Frau zu werden.

d. Die Hausfrau machte alle Hausarbeit: Sie kochte, putzt, nähte . . .

e. Ihre Enkelin verbrachte ihre Kindheit in einer typisch deutschen Kleinfamilie. *spent*

f. Am Anfang musste sie sich an die neue Situation anpassen. *get used to*

g. Mein Ehepartner soll sich um seine Familie kümmern. Ich halte das für selbstverständlich.

ausgeben = spend $

C Meinungen. Was bedeutet „Familie"? Im Video hören Sie verschiedene Meinungen zum Thema „Familie". Mit welchen Meinungen sind Sie einverstanden? Mit welchen nicht? Warum?

ANETT: Wenn ich das Wort „Familie" höre, denke ich an meine eigene Familie. Die bedeutet mir sehr viel. Ich lebe mit meinen Eltern zusammen, und ich habe auch eine große Schwester.

DANIELA: Ich finde Familie ist das, womit jeder glücklich ist. Und jeder muss es selbst definieren. Für mich sind's eben Kinder und ein Hund. Für andere ist es vielleicht eine Person oder wohl die Person alleine.

STEFAN: Ich hoffe sehr, dass die traditionelle Familie überleben wird, weil in der modernen Familie vielleicht beide Eltern arbeiten und die Kinder sind meistens alleine. Das führt doch nur zu Scheidungen in meiner Meinung.

SABINE: Für mich ist Heiraten etwas ganz Romantisches. Ich wollte eigentlich schon immer heiraten.

NORA: Single heißt ja nicht, dass ich alleine bin. Ich habe ja haufenweise Freunde. Seit ich alleine lebe, unternehme ich viel mehr als früher, treffe mich mit Freunden, gehe ins Kino, ins Theater.

Daniela

STRUKTUREN

THE SIMPLE PAST TENSE *mostly formal + written*
TELLING ABOUT PAST EVENTS

Remember, that to relate connected events that happened in the past—such as a story, narrative, or anecdote—use the simple past tense.

Strong verbs

Strong verbs form the simple past tense by changing their stem-vowels and adding special past-tense endings. No ending is added in the first- and third-person singular.

INFINITIVE: **bleiben** *to stay*
STEM: **blieb-**

ich	blieb	wir	blieb**en**
du	blieb**st**	ihr	blieb**t**
Sie	blieb**en**	Sie	blieb**en**
sie	blieb		
er	blieb	sie	blieb**en**
es	blieb		

The stem vowels of most strong verbs change according to one of the following patterns.

	VOWEL CHANGE	INFINITIVE	SIMPLE PAST	
1.	**ei** → **ie**	bl**ei**ben	bl**ie**b	*to stay*
2.	**ei** → **i**	b**ei**ßen	b**i**ss	*to bite*
3.	**ie** → **o**	fl**ie**gen	fl**o**g	*to fly*
4.	**i** → **a**	s**i**ngen	s**a**ng	*to sing*
5.	**o** → **a**	k**o**mmen	k**a**m	*to come*
6.	**e** → **a**	n**e**hmen	n**a**hm	*to take*
7.	**a** → **ie**	schl**a**fen	schl**ie**f	*to sleep*
8.	**a** → **u**	w**a**chsen	w**u**chs	*to grow*

Some strong verbs undergo a change of consonants as well as vowels in the simple past tense. (See the appendix for a list of the simple past-tense forms of many common strong verbs.)

reiten, <u>ritt</u>	*to ride*
ziehen, zog	*to move, pull*
gehen, ging	*to go*
sein, war	*to be*
stehen, stand	*to stand*
tun, tat	*to do*
werden, wurde	*to become*

Weak verbs (regular)

As you recall, weak verbs form the simple past tense by adding the tense marker **-t-** to the verb stem and then the past-tense endings.

Weak verbs with stems that end in **-t** or **-d** insert an **-e-** before the past-tense marker **-t-** plus endings.

INFINITIVE: **brauchen** *to need*	
STEM: **brauch-**	
ich brauch_te_	wir brauch_ten_
du brauch_test_	ihr brauch_tet_
Sie brauch_ten_	Sie brauch_ten_
sie brauch_te_	
er brauch_te_	sie brauch_ten_
es brauch_te_	

INFINITIVE: **heiraten** *to marry*	
STEM: **heirat-**	
ich heirat_ete_	wir heirat_eten_
du heirat_etest_	ihr heirat_etet_
Sie heirat_eten_	Sie heirat_eten_
sie heirat_ete_	
er heirat_ete_	sie heirat_eten_
es heirat_ete_	

Mixed verbs

Like weak verbs, mixed verbs take the past-tense marker **-t-**; like strong verbs, they have a stem change. The following are the most common mixed verbs in German. Four of the modal verbs fall into this category.*

brennen, brannte	*to burn*
bringen, brachte	*to bring*
denken, dachte	*to think*
haben, hatte	*to have*
kennen, kannte	*to know, be familiar with*
nennen, nannte	*to name*
rennen, rannte	*to run*
wissen, wusste	*to know*
dürfen, durfte	*to be permitted*
können, konnte	*to be able to, can*
mögen, mochte	*to like to, care to*
müssen, musste	*to have to, must*

SPRACHSPIEGEL

German and English share three main types of verbs: strong, weak, and mixed. Notice the similarities in the simple past-tense forms.

GERMAN	ENGLISH
STRONG VERBS	
sprechen, sprach	*speak, spoke*
stehen, stand	*stand, stood*
sein, war	*be, was*
WEAK VERBS	
lachen, lachte	*laugh, laughed*
leben, lebte	*live, lived*
MIXED VERBS	
bringen, brachte	*bring, brought*
können, konnte	*can, was able to*

---

*Note that **sollen/sollte** and **wollen/wollte** are regular weak verbs.

wuchs zog ... bekam
blieb ~~auf~~
verloren
brach
gab ... auf
traf

auf?

Übungen

A Verben im Imperfekt. Wie war es damals in der Familie? Ergänzen Sie die Sätze. Benutzen Sie jedes Verb nur einmal.

1. Der Vater _____ alle wichtigen Entscheidungen.
2. Meta Heins Mann wollte, dass sie zu Hause _____.
3. Meta _____ ihren Beruf _____ und _____ drei Kinder.
4. Im Krieg _____ viele Frauen ihre Männer.
5. Meta Heins Enkelin Sybilla _____ in einer typischen Kleinfamilie _____.
6. Als Frau _____ Sybilla mit der Tradition.
7. Sie löste ihre Verlobung und _____ mit Freunden in eine WG.

B Sybilla stellt ihrer Großmutter viele Fragen. Bilden Sie die Fragen im Imperfekt (*simple past*).

MODELL: Wie geht es der Familie? → Wie ging es der Familie?

1. Warum bleiben die Frauen zu Hause?
2. Wo schlafen die Kinder?
3. Welche Lieder singen sie?
4. Reiten die Kinder gern?
5. Wann werden die Söhne Soldaten?
6. Was tun die deutschen Familien?
7. Wann wird die wirtschaftliche Situation besser?
8. Wo steht das Familienhaus?
9. Wann ziehen viele Familien aus der Stadt?

C Damals und heute. Ergänzen Sie die Sätze mit den angegebenen Verben im Imperfekt.

MODELL: die Familie / leben / damals / in einer festen Ordnung →
Die Familie lebte damals in einer festen Ordnung.

1. Meta / heiraten / Franz Hein
2. die traditionelle Frau / sorgen / für Haus und Familie
3. dein Großvater / wollen, / dass ich daheim blieb
4. der Vater / verdienen / das Geld für die Familie
5. Meta Hein / sollen / sich um den Haushalt kümmern
6. dennoch / lernen / sie / einen Beruf
7. der Krieg / trennen / die Familie Hein
8. nach dem Krieg / suchen / viele Frauen / ihre Männer
9. Metas Sohn Karl / studieren / Jura
10. die Ideale von Familie / ändern / sich in den sechziger Jahren
11. Sybilla / lösen / ihre Verlobung
12. Meta / denken / oft an ihre Familie
13. die Frauen / wissen / nicht, wo ihre Männer waren
14. der Krieg / bringen / viele Veränderungen im Familienleben

call off

CONJUNCTIONS
CONNECTING WORDS, SENTENCES, AND IDEAS

German has two types of conjunctions: coordinating and subordinating. Coordinating conjunctions join words, phrases, and complete sentences. The most common ones are **aber, denn, sondern,** and **und.**

Stefan denkt oft an die Ehe, **und** eines Tages will er eine Frau und Kinder haben.	*Stefan often thinks of marriage, and one day he wants to have a wife and children.*

Subordinating conjunctions join two dependent clauses or ideas. The most common ones are **als, dass, weil,** and **wenn.** Subordinating conjuctions may appear before the first or second clause.

Wenn ich an „Familie" denke, denke ich meistens an Kinder und einen Hund.	*When I think about "family," I usually think about children and a dog.*

Note that the conjugated verb appears at the end of clauses that begin with a subordinating conjunction. Note also that when a sentence begins with a subordinating conjunction, the second clause begins with the verb.

KURZ NOTIERT

With the conjunctions **und** and **oder**, a comma can separate the two sentences to make the meaning clear.

> Kaiser Wilhelm regierte in Deutschland, und Österreich war unter den Hapsburgen.

However, you do not need to use a comma if the meaning is clear without one.

> Kaiser Wilhelm regierte in Deutschland und Franz Josef herrschte in Österreich.

Übungen

A Kommentare über Ehe, Kinder und Lebensstil. Verbinden Sie die Satzteile.

1. Die Nazizeit war für Familien schwer, aber ___a___
2. Frauen suchten ihre Männer, und ___h___
3. Ich lebe mit meinen Eltern zusammen und ___g___
4. Ich erwarte von meinem Ehepartner, dass ___b___ .
5. Wir waren froh, dass ___i___
6. Beide Frauen leben heute allein, aber ___f___
7. Es war schön damals in der WG, aber ___d___
8. Als wir noch klein waren, ___c___
9. Ich möchte eine Zeit lang Single bleiben, weil ___e___

a. das Familienleben in Deutschland ging weiter.
b. er sich um seine Familie kümmert.
c. hat Großmutter immer auf uns aufgepasst.
d. heute bin ich lieber alleine.
e. mir meine Freiheit wichtig ist.
f. sie fühlen sich eng miteinander verbunden.
g. sie sind mir sehr wichtig.
h. Väter suchten ihre Kinder.
i. wir den Krieg überlebt hatten.

B Familien. Verbinden Sie die beiden Sätze mit der angegebenen Konjunktion. Achten Sie auf Wortstellung.

MODELL: Ich denke an meine eigene Familie. (wenn) Ich höre das Wort „Familie". →
Ich denke an meine eigene Familie, wenn ich das Wort „Familie" höre.

1. Viele Frauen mussten außer Haus arbeiten. (weil) Die Männer waren Soldaten.
2. Meta heiratete Franz Hein. (als) Sie war 22 Jahre alt.
3. Stefan hofft. (dass) Die traditionelle Familie wird überleben.
4. Wir waren einige Zeit befreundet. (und) Irgendwann wollten wir heiraten.
5. Meine Schwester ist verheiratet. (aber) Mein Bruder und ich sind Singles.
6. Sabine wollte schon immer heiraten. (denn) Heiraten ist für sie sehr romantisch.
7. Susanne wohnt nicht in der Stadt. (sondern) Ihre Familie hat ein Haus in einem Vorort.
8. (wenn) Die Großmutter kommt zu Besuch. Sie kocht für Familie Dyrchs.

C Wie war Ihre Kindheit? Beantworten Sie die folgenden Fragen. Benutzen Sie einige oder alle dieser Konjunktionen: **aber, denn, sondern, und, als, dass, weil** und **wenn.**

MODELL: Meine Tante und Onkel wohnten in Seattle, aber meine Familie wohnte in Boston.

1. Wo wohnten Ihre Familienmitglieder (Ihre Mutter [Großmutter, Tante], Ihr Vater [Großvater, Onkel])?
2. Was machten Ihre Familienmitglieder von Beruf?
3. Blieb Ihre Mutter (Stiefmutter, Großmutter, Tante) zu Hause, oder machte sie Karriere?
4. Als Sie Kind waren, gingen Sie gern in die Schule?
5. Wer passte auf Sie als Kind auf? Warum?

N EGATION
NEGATING WORDS, SENTENCES, AND CONCEPTS

German, as you recall from your previous study, has two words for negation: **kein** and **nicht. Kein** is equivalent to English *no, not a,* or *not any;* **nicht** is equivalent to English *not.*

Use **kein** to negate nouns that would otherwise be preceded by an infinite article or no article.

Ich habe **keine** Ahnung.	*I have no idea.*
Ich trinke **keinen** Tee.	*I don't drink tea.*
Ich brauche **keinen** Tisch.	*I don't need a/any table.*

Use **nicht** to negate an entire sentence or just part of it. To negate a specific part of the sentence, place **nicht** before that particular noun, adjective, adverb, or prepositional phrase.

Das ist **nicht** mein Mann.	*That is not my husband.*
Dein Cousin ist **nicht** verheiratet.	*Your cousin is not married.*
Das Leben war damals **nicht** sehr einfach.	*Life wasn't very simple in those days.*

To negate the entire sentence or idea, place **nicht** at the end of the sentence or just before the nonconjugated verb.

Viele Frauen fanden ihre Männer **nicht.**	*Many women did not find their husbands.*
Metas Bruder hat den Krieg **nicht** überlebt.	*Meta's brother did not survive the war.*

Übungen

A Das stimmt aber nicht! Verneinen Sie die Informationen mit **nicht** oder **kein.**

MODELL: Familie Dyrchs wohnt in der Stadt. →
          Familie Dyrchs wohnt nicht in der Stadt.

1. Nora fühlt sich einsam.
2. Anja kam pünktlich zum Essen.
3. Susanne hat einen Bruder.
4. Mein Vater war geduldig.
5. Meine Großmutter hatte einen Hund.
6. Meine Mutter hat ein neues Auto.
7. Wir kennen die Nachbarn gut.

B Nein, das ist nicht so gewesen. Ein neugieriger Freund stellt Sabine Fragen über ihre Familie. Sabine antwortet auf alle Fragen negativ. Geben Sie ihre Antworten.

MODELL: Bist du in Rheinhausen geboren? →
          Nein, ich bin nicht in Rheinhausen geboren.

1. Bist du auf Rügen aufgewachsen?
2. Hattest du eine langweilige Kindheit?
3. Musste deine Familie nach Köln umziehen?
4. War dein Vater Ingenieur?
5. Hat deine Mutter bei der Post gearbeitet?

KURZ NOTIERT

The phrase **noch kein / noch nicht** occurs primarily in negative answers to questions with **schon.**

Habt ihr **schon** ein Auto?
—Nein, wir haben **noch kein** Auto.
Do you already have a car?
—*No, we don't have a car yet.*

Kennst du **schon** diesen Film?
—Nein, ich kenne ihn **noch nicht.**
Do you already know this film?
—*No, I'm not yet familiar with it.*

The phase **kein . . . mehr / nicht mehr** occurs often in negative answers to questions with **noch.**

Wo finde ich die Zettel?
—Es gibt **keine Zettel** mehr.
Where do I find the slips?
—*There aren't any more slips.*

Willst du **noch** nach Neuseeland fahren?
—Nein, das ist **nicht mehr** mein Wunsch.
Do you still want to go to New Zealand?
—*No, that's no longer my wish.*

PERSPEKTIVEN

HÖREN SIE ZU!
DIE FAMILIE MENDELSSOHN

Sie hören jetzt biographische Information über die Familie Mendelssohn.

WORTSCHATZ ZUM HÖRTEXT

prahlen	*to boast*
jüdisch	*Jewish*
das Mitglied	*member*
der Philosoph	*philosopher*
der Dichter	*poet*
das Vorbild	*model*
der Klavierlehrer	*piano teacher*
berühmt	*famous*
verursachen	*to cause*

TIPP ZUM HÖREN

Sie hören, was Felix Mendelssohn-Bartholdy über seine Familie erzählt. In einer Biografie hört man meistens Sätze im Imperfekt aber auch manche im Präsens.

„Mein Urgroßvater, ein armer jüdischer Schreiber, hieß . . . "
„Ich habe drei Geschwister."

Was für eine Wirkung (*effect*) hat dieser Wechsel der Tempusformen auf den Zuhörer?

A Sagen Sie, wie die Familienmitglieder miteinander verwandt sind.

1. Felix sagt . . .
   a. Menachem ist mein _Ungroßvater_
   b. Fanny ist meine _Schwester_
   c. Dorothea ist meine _Tante_.
   d. Moses ist mein _grossvater_
2. Menachem sagt . . .
   a. Felix ist mein _Urenkel_
   b. Fanny ist meine _Urenkelin_
   c. Moses ist mein _Sohn_
3. Fanny sagt . . .
   a. Felix ist mein _Bruder_
   b. Lea ist meine _Mutter_
   c. Friedrich ist mein _Onkel_

B Wie waren sie verwandt? Wofür war jeder/jede bekannt? Kombinieren Sie!

MODELL: Menachem war (Fannys Urgroßvater / Abrahams Großvater / ?). Er war Schriftsteller.

Menachem	Felix	Sohn	Komponist(in)
Moses	Abraham	Onkel	Philosoph(in)
Dorothea	Großvater	Tante	Klavierlehrer(in)
Fanny	Vater	Schwester	Beruf unbekannt
Lea	Urgroßvater	Autor(in)/Theoretiker(in)	
Friedrich	Mutter	Schriftsteller(in)	

C Die Familie Mendelssohn

SCHRITT 1: Stammbaum. Wählen Sie ein Mitglied der Familie Mendelssohn und zeichnen Sie einen Stammbaum. Wie ist sein/ihr Name? Wie ist er/sie mit den anderen Familienmitgliedern verwandt?

SCHRITT 2: Partnerarbeit. Arbeiten Sie mit einem Mitstudenten / einer Mitstudentin und erklären Sie einander die Stammbäume Ihrer Familien. Wie sind die Stammbäume gleich? Wie sind sie anders?

D Eine Anekdote

SCHRITT 1: Moses, der Philosoph. Lesen Sie die Anekdote aus der Geschichte der Familie Mendelssohn.

Mendelssohn und Friedrich der Große

Mendelssohn besuchte oft Friedrich den Großen. Eines Tages bat ihn der König, zum Abendessen zu kommen. Um sieben Uhr waren alle Gäste da, nur Mendelssohn nicht. Der König nahm wieder und wieder seine Uhr aus der Tasche und sagte: „Wo ist Mendelssohn? Diese Philosophen! So sind die berühmten Philosophen! Wenn sie hinter den Büchern sitzen, vergessen sie alles!"

Der König und seine Freunde setzten sich an den Tisch. Friedrich nahm ein Stück Papier aus der Tasche und schrieb die Worte: „Mendelssohn ist ein Esel.[a] Friedrich II." Er gab das Papier einem Diener und sagte: „Legen Sie es auf Herrn Mendelssohns Teller."

Wenige Minuten später kam der Philosoph. Er sagte: „Guten Abend", ging schnell an seinen Platz und fand den kleinen Brief des Königs. Er las den Brief und steckte ihn ruhig in die Tasche. Dann begann er, seine Suppe zu essen.

Da sagte der König: „Was für ein Briefchen steckt der berühmte Philosoph Mendelssohn so still und glücklich in die Tasche? Will er uns nicht erzählen, was in dem Briefchen steht und von wem es kommt? Will er es nicht laut lesen?"

Mendelssohn stand auf und sprach: „Gewiss, ich lese es sehr

[a]*donkey*

gerne." Dann las er mit lauter Stimme: „Mendelssohn ist ein Esel, Friedrich der zweite."

SCHRITT 2: Die Geschichte noch einmal. Bringen Sie die Sätze in die richtige Reihenfolge.

a. __1__ Mendelssohn besuchte oft Friedrich den Großen.
b. __3__ Die Gäste und der König setzten sich an den Tisch.
c. __8__ Mendelssohn kam, las den Zettel und steckte ihn einfach in die Tasche.
d. __2__ Einmal kam er zu spät zu einem Abendessen.
e. __6__ Der König schrieb „Mendelssohn ist ein Esel" und unterschrieb mit seinem Namen „Friedrich II".
f. __4__ Der König schaute ungeduldig auf die Uhr.
g. __9__ Der König fragte Mendelssohn nach dem Zettel.
h. __10__ Mendelssohn las den Zettel: „Mendelssohn ist ein Esel, Friedrich der zweite".
i. __7__ Der Diener legte den Zettel auf den Teller Mendelssohns.
j. __5__ Der König schimpfte über Mendelssohn und die Philosophen.

SCHRITT 3: Der Humor. Friedrich II = Friedrich der Zweite: So liest man den Namen. Was bedeutet Friedrich der zweite?

1. Lesen Sie das Briefchen jetzt laut. Betonen Sie die fett gedruckten Wörter: Mendelssohn ist **ein** Esel, Friedrich der **zweite.**
2. Wortspiel: Was bedeutet das Briefchen, wenn man es laut liest? Wie kann man das anders ausdrücken?

E Eine Anekdote ist eine kurze Geschichte, die eine Persönlichkeit oder eine Situation treffend beschreibt. Oft hat sie einen humorvollen Schluss. Welche Anekdoten kennen Sie aus Ihrer Familiengeschichte? Vielleicht hat Ihre Großmutter, Ihr Vater, ein Onkel, eine Kusine oder Sie selbst einmal etwas Lustiges gemacht. Wählen Sie so eine Geschichte und schreiben Sie sie auf Deutsch auf. Erzählen Sie sie dann der Klasse.

LANDESKUNDE IN KÜRZE
DIE FAMILIE HEUTE

● Haushalte. Sehen Sie sich die Grafik an, und beantworten Sie die Fragen.

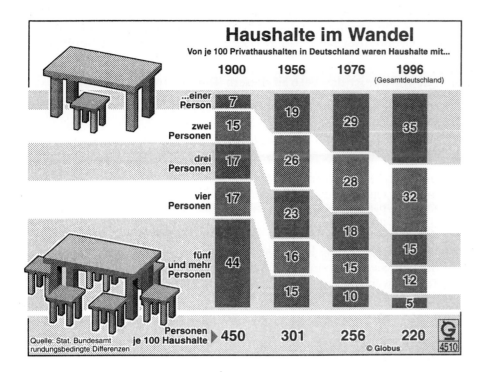

Haushalte im Wandel

Von je 100 Privathaushalten in Deutschland waren Haushalte mit...

	1900	1956	1976	1996 (Gesamtdeutschland)
...einer Person	7	19	29	35
zwei Personen	15	26	28	32
drei Personen	17	23	18	15
vier Personen	17	16	15	12
fünf und mehr Personen	44	15	10	5
Personen je 100 Haushalte ▶	450	301	256	220

Quelle: Stat. Bundesamt
rundungsbedingte Differenzen
© Globus

1. Wie viel Prozent der Privathaushalte waren Einpersonenhaushalte in diesen Jahren in Deutschland?
   a. 1900 **b.** 1956 **c.** 1976 **d.** 1996
2. Die Zahl der Mehrpersonenhaushalte hat nachgelassen (*decreased*). Wie können Sie das erklären?
3. Warum ist die Zahl der Einpersonenhaushalte nach dem Zweiten Weltkrieg enorm gestiegen?
4. Beschreiben Sie die Situation in Ihrem Land. Gibt es Parallelen zu der deutschen Gesellschaftsstruktur? Wie erklären Sie die Situation in Ihrem Land?

LESEN SIE!

Zum Thema

A Zum Titel

SCHRITT 1: Was bedeutet der Titel vielleicht?

1. Die Großmutter hat keine Persönlichkeit.
2. Die Großmutter hat etwas Schreckliches getan und hat Ansehen (*respect*) verloren.

3. Der Erzähler / die Erzählerin kennt die Großmutter nicht sehr gut.
4. Die Großmutter wurde in Wirklichkeit ohne Gesicht geboren.
5. ?

SCHRITT 2: Warum ist das Verb in diesem Titel im Imperfekt?

1. Die Großmutter hat sich sehr geändert. In der Vergangenheit war sie ganz anders als heute.
2. Die Großmutter lebt nicht mehr.
3. ?

B In diesem Gedicht porträtiert die Dichterin ihre Großmutter. Am Anfang des Gedichts sind alle Verben im Imperfekt, aber am Ende sind sie im Präsens.

1. Wovon handeln die meisten Zeilen des Gedichts?
2. Wovon handeln die letzten vier Zeilen?
3. Suchen Sie das erste Verb im Präsens. Was bedeutet dieser Tempuswechsel zwischen Präsens und Imperfekt?

WORTSCHATZ ZUM LESEN

das Gesicht	face
das Gebiss	dentures
die Schürzentasche	apron pocket
die Bürste	hairbrush
dauernd	constantly
die Wachstuchdecke	oilcloth tablecloth
glattstreichen	to stroke smooth
unheimlich	strangely
flüstern	to whisper
hetzen	to hurry

meine grossmutter hatte kein gesicht

meine grossmutter hatte kein gesicht
aber ein gebiss in der schürzentasche
einen einsteckkamm auf der kommode
graue haare in der bürste
und auf dem nachttisch ein feines haarnetz   5
sie hatte keine arme aber finger
die heisse teegläser auf den tisch stellten
und dauernd die wachstuchdecke glattstrichen
einen körper hatte sie überhaupt nicht
aber eine stimme die ist immer noch   10
unheimlich stark und flüstert
und hetzt und fieselt mir sachen ins ohr
die darf ich nie jemand erzählen

Annemarie Zornack (1932–   )

Zum Text

● Was hatte die Großmutter? Was können Sie darüber sagen? Füllen Sie die Tabelle aus.

MODELL:

WAS	WIE	WO	WAS SIE DAMIT MACHTE
ein Gebiss ein Haarnetz	fein	in der Schürzentasche auf dem Nachttisch	

Zur Interpretation

A Was meinen Sie dazu?

1. Ist es möglich, dass die Großmutter wirklich kein Gesicht, keine Arme und keinen Körper hatte?
2. Was bedeuten die folgenden Zeilen: meine großmutter hatte kein gesicht / sie hatte keine arme aber finger / einen körper hatte sie überhaupt nicht?
3. Wer beschreibt die Großmutter? Welche Bemerkungen macht diese Person über die Großmutter?
4. Was können Sie über diese Person sagen?

B Kontraste. Das Bindewort (die Konjunktion) *aber* hat eine wichtige Funktion: es stellt einen Kontrast her.

1. Suchen Sie das Wort *aber* im Gedicht. Wie oft kommt es im Gedicht vor?
2. Welche Eigenschaften sind in jedem Fall um das Wort *aber* gruppiert? Welche Gemeinsamkeiten gibt es in jeder Gruppe? Welche Unterschiede?
3. Warum kann sich diese Person noch gut an viele kleinere Eigenschaften der Großmutter erinnern, aber gar nicht an ihr Gesicht?

Zur Kommunikation

● Ein schriftliches Porträt

SCHRITT 1:
1. Denken Sie an eine Person, die Sie beschreiben möchten. Schreiben Sie den Namen dieser Person auf, und auch, wie Sie mit ihr verwandt sind.
2. Notieren Sie drei bis fünf Substantive und drei bis fünf Verben, die Sie mit dieser Person verbinden, zum Beispiel körperliche oder persönliche Eigenschaften, konkrete Gegenstände usw.
3. Schreiben Sie einige Details zu jeder Eigenschaft oder jedem Gegenstand, die Sie damit verbinden.

SCHRITT 2: Partnerarbeit. I. Beschreiben Sie mit Hilfe Ihrer Notizen einem Mitstudenten / einer Mitstudentin diese Person. Notieren Sie die Fragen, die Ihr Partner / Ihre Partner Ihnen dazu stellt.

SCHRITT 3: Partnerarbeit. II. Setzen Sie sich zu einem anderen Partner / einer anderen Partnerin. Tauschen Sie Ihre Notizen. Erklären Sie einander, was Sie von den Notizen verstehen. Können Sie diese fremde Person beschreiben? Was ist Ihnen nicht klar?

SCHRITT 4: Sehen Sie sich Ihre Notizen noch einmal an. Markieren Sie die Eigenschaften und Details, die Sie im Porträt betonen (*emphasize*) möchten. Streichen Sie die Informationen, die Sie lieber auslassen möchten. Brauchen Sie noch weitere Details für das Porträt?

SCHRITT 5: Schreiben Sie das Porträt. Denken Sie dabei an den Eindruck, den Sie von dieser Person geben möchten. Das Porträt kann ernst oder lustig, kurz oder lang, sachlich oder gefühlsbetont (*emotional*) sein. Ganz wie Sie wollen!

KULTURPROJEKT
DAMALS UND JETZT

1. **Gestern/heute.** Sie haben in diesem Kapitel verschiedene Familien kennen gelernt. Welche Unterschiede finden Sie zwischen dem Familienleben in der Vergangenheit und der Gegenwart? Was waren die Rollen der verschiedenen Familienmitglieder damals, was sind ihre Rollen heute? Erinnern Sie sich an Video und Texte! Machen Sie zwei Listen: Familienleben gestern und Familienleben heute.

   FAMILIENLEBEN GESTERN: FAMILIENLEBEN HEUTE:

2. **Ihre Meinung.** Geben Sie Ihre persönliche Meinung zu den Lebensstilen, die oben beschrieben sind. Warum sind einige Lebensstile neu und modern für Sie, warum sind andere heute altmodisch? Erklären Sie Ihre Meinung.

3. **Die Familie heute.** Sammeln Sie Fotos und Artikel aus deutschsprachigen und auch amerikanischen Zeitungen, Zeitschriften und dem Internet. Wie stellen diese Medien die Familie dar? Beschreiben Sie die Bilder, die Sie gefunden haben, und notieren Sie die Sätze/Ausdrücke/Wörter, die sich auf das Thema Familie und Lebensstile beziehen. Gibt es Gemeinsamkeiten zwischen den deutschsprachigen und den amerikanischen Zeitschriften? Gibt es Unterschiede?

4. **Die Familie in der Werbung.** Welche Produkte benutzen das Thema Familie oder Rollen innerhalb der Familie als Werbestrategie? Beschreiben Sie die Werte, die in deutschsprachigen und amerikanischen Medien benutzt werden.

WORTSCHATZ

Substantive	Nouns
die **Fürsorge, -n**	support
die **Schwägerin, -nen**	sister-in-law
die **Schwiegermutter, ‥**	mother-in-law
die **Trennung, -en**	separation
die **Umstellung, -en**	adjustment
die **Unabhängigkeit**	independence
die **Veränderung, -en**	change
die **Verlobung, -en**	engagement
der/die **Erwachsene, -n**	adult
der **Schwager, -**	brother-in-law
der **Schwiegervater, ‥**	father-in-law
der **Stiefbruder, ‥**	stepbrother
der **Vertrag, ‥e**	contract
das **Ehepaar, -**	married couple
die **Urenkel** (*pl.*)	great-grandchildren
die **Urgroßeltern** (*pl.*)	great-grandparents

Verben	Verbs
auf•geben (gibt auf), gab auf, aufgegeben	to give up
auf•wachsen (wächst auf), wuchs auf, ist aufgewachsen	to grow up
aus•prägen	to mark, impress
betreffen, betraf, betroffen	to concern, affect
beweisen, bewies, bewiesen	to prove
ernähren	to nourish
erreichen	to achieve
erwarten von	to expect from
heiraten	to marry
regeln	to regulate
respektieren	to respect
jemandem nah stehen, nah gestanden	to be close to someone
überleben	to survive

Adjektive und Adverbien	Adjectives and adverbs
befreundet	friends with someone

damals	back then
ehelich	marital
getrennt	separated
männlich	masculine, male
unabhängig	independent
verheiratet	married
verliebt	in love
verlobt	engaged
weiblich	feminine, female

Sie wissen schon	You already know
die **Ehe, -n**	marriage
die **Enkelin, -nen**	granddaughter
die **Jugend**	youth
die **Kusine, -n**	(female) cousin
die **Mutter, ‥**	mother
die **Nichte, -n**	niece
die **Scheidung, -en**	divorce
die **Tante, -n**	aunt
die **Tochter, ‥**	daughter
der **Bruder, ‥**	brother
der **Enkel, -**	grandson
der **Familienstand**	family status
der **Haushalt, -e**	household
der **Neffe, -n** (*wk.*)	nephew
der **Onkel, -**	uncle
der **Sohn, ‥e**	son
der **Vater, ‥**	father
der **Vetter, -n**	(male) cousin
die **Eltern** (*pl.*)	parents
die **Geschwister** (*pl.*)	siblings
die **Großeltern** (*pl.*)	grandparents
sorgen für	to care for
verdienen	to earn
geboren	born
ledig/single	single
eigen	own
berufstätig	employed

[handwritten: Stief = step]

[handwritten: Adoptivtochter]
[handwritten: Wilde Ehe - live together]
[handwritten: geschieden divorced]
[handwritten: Zwillinge twins]

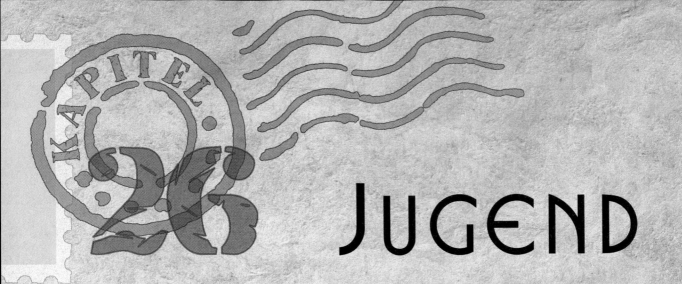

KAPITEL 26

JUGEND

In diesem Kapitel

- sehen Sie, wie sich die Vorstellungen der Jugendlichen in den letzten Jahrzehnten geändert haben.
- erfahren Sie, wie deutsche Jugendliche von heute ihre Zukunft planen.

Sie werden auch

- über Jugendliche und Politik diskutieren.
- die Kasusformen des Nominativs, Akkusativs und Dativs wiederholen.
- wiederholen, wie man den Genitiv benutzt.
- den Gebrauch von Präpositionen wiederholen.
- eine Geschichte über einen deutschen Jugendlichen lesen.

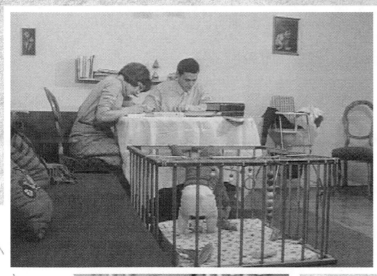

Die Ideale der fünfziger Jahre:
Ausbildung, Familie und Beruf.

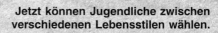

Jugendliche nehmen an einer
Demonstration teil.

Jetzt können Jugendliche zwischen
verschiedenen Lebensstilen wählen.

VIDEOTHEK

Die Jugendbewegungen der sechziger und siebziger Jahre haben zu neuen Möglichkeiten und Lebensstilen geführt. Wie sahen die Ziele und Hoffnungen der Jugend damals aus, und wie ist es für junge Leute von heute?

I: Jugend in Bewegung

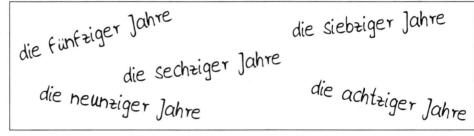

In dieser Folge hören Sie, wie sich das Bild der Jugendlichen in den letzten fünfzig Jahren geändert hat.

Ⓐ Die letzten fünf Jahrzehnte werden durch bestimmte Ereignisse charakterisiert. Schauen Sie sich das Video an. Welches Ereignis passt zu welchem Jahrzehnt?

Studentenprotest in den sechziger Jahren.

> die fünfziger Jahre   die siebziger Jahre
> die sechziger Jahre
> die neunziger Jahre   die achtziger Jahre

70/80 **1.** Die wichtigen Themen sind Frieden, soziale Gerechtigkeit und Umweltschutz.

50 **2.** Der Rock 'n' Roll ist Ausdruck des Protests gegen die Ideale der Eltern.

80 **3.** Die Demonstrationen waren am Anfang friedlich.

90 **4.** Der Protest ist leiser geworden, dafür die Musik etwas lauter.

60 **5.** Junge Leute fangen an, ihre eigene Kultur zu schaffen.

60 **6.** Musik, lange Haare und Drogen sind Zeichen des Protests.

90 **7.** Es gibt große Techno-Parties für Jugendliche aus ganz Europa.

Ⓑ Wer sagt das im Video, Susanne, Erika oder Stefan?

St **1.** Viele Jugendliche sind desillusioniert.

Sus **2.** Es gibt unterschiedliche Typen von Jugendlichen.

Sus/St **3.** Man ist politisch nicht sehr interessiert.

Er **4.** Alles wird jetzt in Frage gestellt.

Sus **5.** Diese Person ist in der SPD, bei den Jungsozialisten.

6. Diese Person beschreibt die deutsche Jugend als „sehr, sehr gute junge Leute".

WORTSCHATZ ZUM VIDEO

über einen Kamm scheren	to treat everyone alike
die fünfziger Jahre	the Fifties
träg	lazy; sluggish
das Bestehende	the prevailing situation
auf Tour	on the road
schick	chic; stylish

C Ereignisse. Sie haben ein bisschen über die Ereignisse in den letzten Jahrzehnten in deutschsprachigen Ländern gelernt. Welche dieser Ereignisse hat man auch in Ihrem Land erlebt? Wie waren die Ereignisse in Europa und in Nordamerika ähnlich? Wie waren sie anders?

II: Drei Jugendporträts

In dieser Folge lernen Sie drei Jugendliche kennen. Welche Hoffnungen haben sie für die Zukunft?

A Was stimmt? Was stimmt nicht? Wenn ein Satz nicht stimmt, geben Sie die richtige Information.

MODELL: Ulla möchte Psychologie studieren. →
Das stimmt nicht. Ulla möchte Meeresbiologie studieren.

Ulla

	DAS STIMMT.	DAS STIMMT NICHT.
1. Ulla ist Studentin an der Uni.	☐	☒
2. Ramona lernt Floristin.	☒	☐
3. Kristian ist in Kroatien geboren.	☐	☒
4. Ramona wohnt in München, in Süddeutschland.	☐	☒
5. Kristian ist mit seiner Ausbildung fertig.	☐	☒
6. Ulla findet, das Wichtigste ist einfach leben.	☒	☐
7. Kristian will seine privaten Ziele sofort verwirklichen.	☐	☒
8. Ramona möchte beides haben, Karriere und Familie.	☒	☐

Kristian

Ramona

B Zukunftsträume. Wer ist das, Ulla, Kristian oder Ramona?

1. Diese Person möchte eine große Familie, also viele Kinder, haben. Erfolg ist dieser Person sehr wichtig, aber nicht unbedingt wegen des Geldes. R

2. Diese Person ist sehr optimistisch, will sich ein eigenes Haus und ein großes, schickes Auto kaufen, und vielleicht auch eine Familie haben. K.

3. Diese Person will sich selbst verwirklichen und studieren. Das Leben ist viel wichtiger als das Geld. U

C Eine neue Bekanntschaft. Stellen Sie sich vor, Sie können Ulla, Kristian oder Ramona kennen lernen. Wen möchten Sie am liebsten kennen lernen? Warum finden Sie diese Person besonders interessant? Wie stellen Sie sich das Treffen vor? Was unternehmen Sie zusammen?

KULTURSPIEGEL

Mit der Wiedervereinigung veränderte sich das Leben für Jugendliche im Osten wie Ramona Baum. Die staatlichen Jugendorganisationen, wie zum Beispiel die Freie Deutsche Jugend (FDJ), verschwanden. Auch wegen Veränderungen in der Regierung und in der Wirtschaft hatten junge Leute nicht mehr die Garantie eines zükunftligen Jobs. Während viele junge Leute sich über ihr neues Leben freuten, hatten sie auch Angst vor den Unsicherheiten der Zukunft.

VOKABELN

die Auseinandersetzung	*dispute, argument*
die Bewegung	*movement*
die Gerechtigkeit	*justice*
die Identität	*identity*
die Suche	*search*
die Zukunft	*future*
der Einfluss	*influence*
der Frieden	*peace*
der/die Jugendliche (*decl. adj.*)	*young person, teenager*
der Lebensstil	*lifestyle*
der Staatsbürger / die Staatsbürgerin	*citizen*
der Wandel	*change*
das Ideal	*ideal*
das Jahrzehnt	*decade*
das Ziel	*goal, aim*
an•passen	*to conform*
begeistern	*to inspire; to make enthusiastic*
sich engagieren für	*to get involved in*
führen zu	*to lead to*
gestalten	*to shape*
reagieren auf (+ *acc.*)	*to react to*
teil•nehmen an (+ *dat.*)	*to take part in*
um•gehen: mit etwas umgehen	*to deal with, handle*

Jugendliche bei einer Diskussion.

wählen	*to choose; to elect, vote*
angepasst	*conformist*
ehrgeizig	*ambitious(ly)*
friedlich	*peaceful(ly)*
gewalttätig	*violent(ly)*
leise	*quiet(ly)*
unterschiedlich	*various*
vergangen	*past; preceding*

Sie wissen schon

der Erfolg, diskutieren über (+ *acc.*), erleben

Aktivitäten

Erklären, bitte? ¿

A Bedeutungen. Welche Wörter aus der Vokabelliste passen zu den Bedeutungen unten?

1. junge Menschen
2. die erst kommende Zeit, zum Beispiel morgen, nächste Woche, nächstes Jahr, . . .

3. Mitglied des Staates: Man darf einen Pass dieses Landes haben.
4. ambitiös
5. starkes, persönliches Interesse für etwas haben
6. konformistisch
7. erfreuen, entflammen
8. freundschaftlich, wohlwollend
9. positives Resultat nach viel Arbeit
10. Justiz

B Welches Wort passt? Ergänzen Sie die Sätze mit Hilfe der Wortliste.

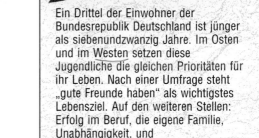

KULTURSPIEGEL

Ein Drittel der Einwohner der Bundesrepublik Deutschland ist jünger als siebenundzwanzig Jahre. Im Osten und im Westen setzen diese Jugendliche die gleichen Prioritäten für ihr Leben. Nach einer Umfrage steht „gute Freunde haben" als wichtigstes Lebensziel. Auf den weiteren Stellen: Erfolg im Beruf, die eigene Familie, Unabhängigkeit, und Selbstverwirklichung.

anpassen   Auseinandersetzungen
engagiert   Jahrzehnt
vergangenen   Suche   friedlich

1. Die _____ nach Identität ist für die Jugend ein wichtiger Teil des Lebens.
2. In den sechziger Jahren haben sich viele Jugendliche für Politik _____.
3. Damals gab es viele gewalttätige _____ auf den Straßen.
4. Nicht alle jungen Leute waren Radikale; es gab auch viele, die sich den Idealen der Eltern _____ wollten.
5. Die fünfziger Jahre waren das _____ des Rock 'n' Roll.
6. Die Studenten wollten, dass alle Menschen _____ zusammenlebten.
7. In den _____ Jahren hat sich das Bild über die Jugendlichen stark geändert.

C Zur Diskussion. Entwickeln Sie Argumente oder Gründe für eines der folgenden Themen. Geben Sie fünf Gründe (oder Argumente), und diskutieren Sie mit einem Partner / einer Partnerin darüber.

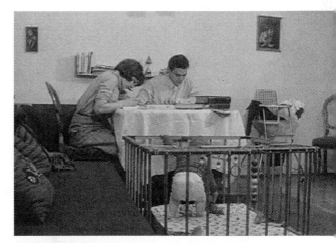

Eine junge Familie in den fünfziger Jahren.

- die Ideale der Jugendlichen in den fünfziger Jahren
- wie man die Umwelt schützen kann
- wie sich junge Leute von heute ihre Zukunft vorstellen
- was für Sie „Erfolg im Leben" heißt
- wie junge Leute durch die Außenwelt positiv und negativ beeinflusst werden

THE ACCUSATIVE AND DATIVE CASES
MARKING DIRECT AND INDIRECT OBJECTS

In German, two cases mark objects. The accusative case marks the direct object of a sentence; the direct object tells who or what is immediately affected by the action.

Ich kenne **diesen Mann** nicht.	*I don't know this man.*
Er macht **das Fenster** auf.	*He's opening the window.*

The dative case identifies the indirect object, which tells who benefits from or receives the result of the action.

Ich gebe **meiner Schwester** einen Rat.	*I'm giving my sister some advice.*
Frau Stumpf hat **mir** Abendessen gekocht.	*Frau Stumpf cooked dinner for me.*

Here are the forms of the definite and indefinite articles in the nominative, accusative, and dative cases.

	SINGULAR			PLURAL
	FEMININE	**MASCULINE**	**NEUTER**	**ALL GENDERS**
NOMINATIVE	**die** Frau	**der** Mann	**das** Kind	**die** Kinder
	eine Frau	**ein** Mann	**ein** Kind	**keine** Kinder
ACCUSATIVE	**die** Frau	**den** Mann	**das** Kind	**die** Kinder
	eine Frau	**einen** Mann	**ein** Kind	**keine** Kinder
DATIVE	**der** Frau	**dem** Mann	**dem** Kind	**den** Kinder**n**
	einer Frau	**einem** Mann	**einem** Kind	**keinen** Kinder**n**

A personal pronoun can also stand as the subject, direct object, or indirect object of a sentence.

Hat der Vater seiner Tochter den Mantel gegeben?	*Did the father give his daughter the coat?*
Ja, **er** hat **ihn ihr** gegeben.	*Yes, he gave it to her.*

Remember, the indirect object usually precedes the direct object, unless the direct object is a pronoun.

Also recall that a pronoun must agree in gender, case, and number with the noun it replaces. The forms of the personal pronouns in the nominative, accusative, and dative cases are as follows.

NOMINATIVE	ACCUSATIVE	DATIVE
SUBJECT	DIRECT OBJECT	INDIRECT OBJECT
ich *I*	mich *me*	mir (*to/for*) *me*
du *you*	dich *you*	dir (*to/for*) *you*
Sie *you*	Sie *you*	Ihnen (*to/for*) *you*
sie *she*	sie *her*	ihr (*to/for*) *her*
er *he*	ihn *him*	ihm (*to/for*) *him*
es *it*	es *it*	ihm (*to/for*) *it*
wir *we*	uns *us*	uns (*to/for*) *us*
ihr *you*	euch *you*	euch (*to/for*) *you*
sie *they*	sie *them*	ihnen (*to/for*) *them*

A number of German verbs frequently have both an accusative and a dative object. Such verbs include **erklären, erzählen, geben, schenken, schicken, schreiben, wünschen,** and **zeigen** among others.

Der Lehrer erklärt dem Studenten die Antwort.	*The teacher is explaining the answer to the student.*
Ich erzähle meinem Freund eine Geschichte.	*I'm telling my friend a story.*

A small number of verbs have only dative objects. Some of these are **danken, gefallen, gehören, helfen,** and **schmecken.**

Könnten Sie **mir** helfen?	*Could you help me?*
Dieser Pulli gefällt **mir** nicht.	*I don't like this sweater.*

Übungen

A So viele Fragen. Akkusativ oder Dativ? Ergänzen Sie die Fragen mit der richtigen Form des bestimmten Artikels.

1. Haben Sie _den_ Film mit Peter gesehen?
2. Haben Sie _den_ Kindern ein Eis gekauft?
3. Haben Sie _dem_ Mann einen guten Rat gegeben?
4. Könnten Sie bitte _das_ Fenster aufmachen?
5. Möchten Sie _den_ neuen Mitarbeitern die Situation erklären?
6. Kennen Sie _die_ Frau von nebenan?
7. Möchten Sie _der_ Lehrerin Blumen schenken?

B Eine Verabredung. Ergänzen Sie das Gespräch zwischen Peter und Maria mit dem richtigen <u>Pronomen</u>.

ihn

MARIA: Hast du den Film „Jenseits der Stille" gesehen?
PETER: Nein, ich habe _ihn_ [1] noch nicht gesehen. Wo läuft _er_ [2]?
MARIA: In dem kleinen <u>Kino</u> nebenan. Kennst du _es_ [3]?
PETER: Ja, ich gehe oft dahin. Vielleicht kann Jens auch mitkommen.
MARIA: Naja, ich will nicht mit _ihm_ [4] ausgehen. Er hat meine neuen CDs ausgeliehen, und ich habe _sie_ [5] noch nicht zurückbekommen.
PETER: Also kannst du _ihn_ [6] heute Abend fragen, wenn wir uns treffen!

C Was sagt Ihr Freund über ein Familienfest? Was fragen Sie ihn, um alles richtig zu verstehen? Stellen Sie Fragen mit der richtigen Form von **wer.**

MODELL: *Meine Schwester Jutta* ist zu Besuch gekommen. →
Wer ist zu Besuch gekommen?

Wem
1. Jutta hat *meiner Mutter* ein Geschenk gekauft.
2. *Jens* hat das Abendessen gekocht.
3. *Meine Tante und ich* waren sehr froh.
4. Wir haben *ihm* mit dem Essen geholfen.
Wen 5. Ich habe *meine Freundin* eingeladen.

D Auf der Schule / auf der Uni. Ergänzen Sie die Sätze mit der richtigen Form der Wörter in Klammern.

1. Das Essen in der Mensa schmeckt _____ nicht. (ich, er, wir)
2. Dieses Buch gehört _____. (du, sie [*sg.*], eine Studentin)
3. Die Lehrer haben _____ immer geholfen. (ich, wir Schüler, meine Brüder)
4. Die neue Bibliothek gefällt _____ sehr. (Herr Lenz, seine Studentinnen, der Student)
5. Wir haben _____ herzlich gedankt. (die Lehrerin, der Direktor, unser Nachbar)

GENITIVE CASE
SHOWING RELATIONSHIPS AND POSSESSION

You have learned to use the preposition **von** to talk about relationships and possessions.

Die Freunde **von** meinem Sohn waren besonders nett.
My son's friends were particularly nice.

KURZ NOTIERT

In more formal writing, the genitive case indicates family or personal relationships, ownership, and characteristics of persons, objects, or ideas.

FAMILY RELATIONSHIP
Die Eltern **des Jungen** waren krank vor Sorge.
The boy's parents were worried sick.

OWNERSHIP
Die Uniform **des Jungen** war grün.
The boy's uniform was green.

CHARACTERISTICS OF PERSONS/OBJECTS/IDEAS
Die Ideen **des Jungen** waren radikal.
The boy's ideas were radical.

The following table shows the forms of the definite article and the endings for **der-** and **ein-**words in the genitive case.

SINGULAR			PLURAL
FEMININE	MASCULINE	NEUTER	ALL GENDERS
der Mutter dies**er** Mutter mein**er** Mutter	**des** Vaters dias**es** Vaters mein**es** Vaters	**des** Kindes dies**es** Kindes mein**es** Kindes	**der** Kinder dies**er** Kinder mein**er** Kinder

Note that most masculine and neuter nouns add **-s** in the genitive case. Masculine and neuter nouns of just one syllable add **-es.** Also, masculine nouns that add **-n** or **-en** in the dative and accusative also add **-n** or **-en** in the genitive case.

Der Vater beantwortet die Fragen **des Polizisten.**
The father answers the policeman's questions.

Das Leben **eines Studenten** kann schwierig sein.
A student's life can be difficult.

Furthermore, as you already know, the genitive case follows certain prepositions: **wegen** (*because of*), **außerhalb** (*outside of*), **innerhalb** (*inside of*), **trotz** (*in spite of*), and **während** (*during, in the time of*). Notice that the English equivalents frequently contain the preposition *of*.

Wegen **ihres Erfolgs** waren alle froh.	*Everyone was happy because of her success.*
Während **des Zweiten Weltkriegs** wurden viele Städte zerstört.	*Many cities were destroyed during World War II.*

In conversational German, the dative frequently replaces the genitive after these prepositions.

A small number of verbs also takes the genitive case: **bedürfen** (*to have need of*) and **gedenken** (*to recall, remember*) among others.

Er bedarf **meiner Hilfe.**	*He has need of my help.*
Ich gedenke oft **des schönen Tages** in Basel.	*I often recall the nice day in Basel.*

Übungen

A Protest und Politik. Schreiben Sie die Sätze neu. Benutzen Sie den Genitiv und nicht Dativ.

MODELL: Die Geschichte von dem alten Gymnasium war interessant. →
Die Geschichte des alten Gymnasiums war interessant.

1. Das Bild über die Jugendlichen hat sich stark verändert.
2. Der Protest von den Studenten war am Anfang friedlich.
3. Die Ziele von der Demonstration waren Frieden und Umweltschutz.
4. Der Unterrichtsstil von dem Lehrer war damals sehr streng.
5. Die Rede von dem Kanzler war sehr wichtig.

B Unser Jahrhundert. Was assoziieren Sie mit den vergangenen Jahrzehnten?

MODELL: Die fünfziger Jahre waren das Jahrzehnt des Rock 'n' Rolls.

> der Rock 'n' Roll
> die Disko
> die Inflation
> der Wandel
> die Techno-Partys
> die Glasnost
> der Vietnam-Krieg
> die Hippies

1. die fünfziger Jahre
2. die sechziger Jahre
3. die siebziger Jahre
4. die achtziger Jahre
5. die neunziger Jahre

ACCUSATIVE, DATIVE, AND ACCUSATIVE/DATIVE PREPOSITIONS
COMBINING WORDS AND CONNECTING IDEAS

Different prepositions require nouns in different cases, sometimes depending on the meaning of the sentence. The following group of nouns requires only the accusative case: **durch** (*through*), **für** (*for*), **gegen** (*against*), **ohne** (*without*), **um/herum** (*around*).

> Ramona geht **durch** den Blumenladen.
> Jugendliche kämpfen **für** mehr Freiheit.
> Sie demonstrieren **gegen** Autorität.
> **Ohne** eine Ausbildung bekommt man schlechte Arbeit.
> Die Demonstranten marschieren **um** die Altstadt (**herum**).

Another group of prepositions takes the accusative case to indicate motion, and the dative case to indicate location: **an** (*to; at*); **auf** (*to; on*); **hinter** (*behind*); **in** (*in, into*); **neben** (*beside, next to*); **über** (*over, above*); **unter** (*under, beneath, below*); **vor** (*before, in front of*); and **zwischen** (*between*).

ACCUSATIVE	DATIVE
Ich gehe **auf die Bank.**	Ich arbeite **auf der Bank.**
Er legt die Vase **auf den Tisch.**	Die Vase liegt **auf dem Tisch.**
Er parkt das Auto **vor das Hotel.**	Das Auto steht **vor dem Hotel.**

Many verbs also combine with the prepositions **an, auf,** and **über,** such as **denken an** (*to think about*), **sich freuen auf** (*to look forward to*), and **diskutieren über** (*to talk about*). The prepositions in these three verbal expressions take the accusative case.

Er denkt oft **an sie.**	*He often thinks about her.*
Sie freut sich **auf ihre Reise.**	*She's looking forward to her trip.*
Wir haben **über die Umwelt** gespochen.	*We discussed the environment.*

However, these same prepositions take the dative case with certain other verbs in other expressions.

Wir nehmen **an einer Demo** teil.	*We're taking part in a demonstration.*
Sie ist **an dieser Tat** schuld.	*She's guilty of this deed.*
Ich erkenne ihn **an seiner Stimme.**	*I recognize him by his voice.*

KURZ NOTIERT

Recall these two idiomatic expressions with dative prepositions: **nach Hause,** which occurs with verbs of motion such as **fahren, gehen,** and **kommen;** and **zu Hause,** which occurs with verbs of location such as **arbeiten, bleiben,** and **sein.**

Er fährt morgen **nach Hause.**
He's driving home tomorrow.
Er bleibt den ganzen Tag **zu Hause.**
He'll stay home the entire day.

Do not confuse these verb/preposition combinations with two-part verbs, in which the preposition is part of the infinitive (**anrufen, aufgeben**) but goes at the end of a sentence when the verb is in the main clause: **Er ruft mich oft an.**

The following group of prepositions always takes the dative case: **aus** (*from; out of*); **außer** (*besides, except for*); **bei** (*with, at the home of; next to; near*); **gegenüber** (*across*); **mit** (*with; along with; by means of*); **nach** (*to a place; after*); **seit** (*since; for an amount of time*); **von** (*possession; of; from*); **zu** (*to; for an occasion*)

> **Außer dem neuen Schüler** nimmt die ganze Klasse an der Demonstration teil.
> Wohnen Jugendliche in Deutschland meistens **bei den Eltern**?

Übungen

A Drei Jugendporträts. Ergänzen Sie die Sätze.

Ramona bei der Arbeit.

1. Ramona wohnt in _einem_ (ein Dorf) nicht weit von Erfurt. Sie lernt Floristin. Das ist für _sie_ (sie) ein Beruf, der Freude bringt und sehr kreativ ist, weil sie viel mit _der_ (die Natur) zu tun hat.
2. Kristian arbeitet auf _einer_ (eine Bank). Nach _der_ (die Schulzeit) hat er dort eine Lehre bekommen. Er fährt jeden Tag mit _der_ (die U-Bahn) zur Arbeit. Für _ihn_ (er) sind Geld, Haus und Familie sehr wichtig.
3. Ulla wohnt bei _ihrer_ (ihre Mutter). Ulla denkt optimistisch an _die_ (die Zukunft). Sie freut sich auf _ihr_ (ihr Leben).

B Jugendliche heute und damals. Ergänzen Sie die Sätze mit der richtigen Präposition.

1. Die Studenten marschieren _auf_ die Straßen.
2. Die Friedensbewegung protestierte _gegen_ den Krieg.
3. Viele Jugendliche wollen sich nicht _für_ Politik engagieren.
4. Wie haben die Demonstranten _auf_ die Nachricht reagiert?
5. Man muss sich _gegen_ falsche Hoffnungen wehren.
6. Ich freue mich _auf_ eine bessere Zukunft.
7. Im Klassenzimmer diskutieren wir _über_ alles Mögliche.
8. Die Situation damals hatte _zu_ einer Krise geführt.
9. Die Suche _nach_ Identität ist für junge Leute sehr wichtig.
10. Ramonas Dorf liegt _außerhalb_ der Stadt Erfurt.
11. _Außer_ Kristian interessieren sich die drei Jugendlichen nicht für Geld.

Jugendliche müssen große Entscheidungen treffen!

C Und Sie? Was ist Ihnen und Ihren Mitstudenten wichtig? Finden Sie einen Partner / eine Partnerin, und stellen Sie ihm/ihr die folgenden Fragen. Berichten Sie der Klasse, was Ihr Partner / Ihre Partnerin sagt.

1. Wofür interessierst du dich?
2. Worauf freust du dich?
3. Wovon träumst du?
4. Woran denkst du oft?
5. Woran denkst du nicht oft?
6. Wofür engagierst du dich am liebsten?

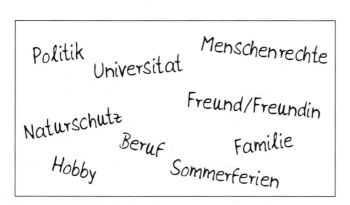

Politik
Universität
Menschenrechte
Naturschutz
Beruf
Freund/Freundin
Familie
Hobby
Sommerferien

PERSPEKTIVEN

HÖREN SIE ZU!
NEUER ERZIEHUNGSSTIL IN ÖSTERREICH

Eltern haben sich auch in den vergangenen Jahrzehnten geändert. Sind die Eltern von heute so streng wie damals? Wie werden die Kinder erzogen? Hören Sie diesem kurzen Bericht, und beantworten Sie dann diese Fragen.

A Was sagen Kinder in Österreich über ihre Eltern? Verbinden Sie die richtigen Satzteile.

1. Die Tendenz führt e
2. Ein Drittel sagt, dass c
3. Ein Viertel sagt, dass d
4. Acht Prozent sagt, dass b
5. Die Hälfte sagt, dass a

   a. die Eltern gute Freunde sind.
   b. sie Angst haben.
   c. sie tun müssen, was die Eltern sagen.
   d. die Eltern sehr streng sind.
   e. zu einem weniger autoritären Erziehungsstil.

B Wie war alles zu Hause? Stellen Sie die folgenden Fragen an fünf Mitstudenten/Mitstudentinnen, und berichten Sie über die Resultate in der Klasse.

1. War dein Vater / deine Mutter streng?
2. Hattest du einmal Angst vor deinen Eltern?
3. Wie würdest du den Erziehungsstil deiner Eltern beschreiben?
4. Durftest du mitbestimmen, oder musstest du tun, was deine Eltern sagten?

WORTSCHATZ ZUM HÖRTEXT

der Erziehungsstil	style of parenting
die Forschung	research
berichten	to report
die Befragten	people being asked

TIPP ZUM HÖREN

In reportage, subordinate clauses frequently tell what others have said or written.

> Die Jugendlichen sagen, **dass ihre Eltern nicht mehr so autoritär sind.**

Listen for introductory clauses with verbs such as **sagen, berichten, erzählen, fragen,** and so forth, since they often signal subordinate clauses with key information.

LANDESKUNDE IN KÜRZE
JUGENDLICHE IM OSTEN UND IM WESTEN

Sie hören einen Text über deutsche Jugendliche im Osten und im Westen.

A Die erste gesamtdeutsche Jugendstudie. Beantworten Sie die folgenden Fragen.

1. Woher kommen die befragten Schuler und Schulerinnen?
2. Wie alt sind die befragten Schüler und Schülerinnen?

3. Die Wissenschaftler haben 1990 diese Studie durchgeführt. Was ist an diesem Datum wichtig? Was können wir von den Ergebnissen lernen?

results

B Prioritäten

SCHRITT 1: Welches Prozent? Machen Sie sich eine Tabelle wie die folgende, und füllen Sie sie aus.

	PROZENTANTEIL IM WESTEN	PROZENTANTEIL IM OSTEN
gute Freunde haben		
Erfolg im Beruf		
die eigene Familie		
Unabhängigkeit		
Selbstverwirklichung		
modische Kleidung		

SCHRITT 2: Welche dieser Aussagen sind auch für Sie wichtig? Bringen Sie die Aussagen, die in der Tabelle stehen, in die richtige Reihenfolge. Glauben Sie, dass die gleichen Prioritäten auch für die Jugendlichen in Ihrem Land gelten?

Aussagen - sentences - statements

 **LESEN SIE!**

to be valid

Zum Thema

● Susanne Dyrchs meint, es gäbe viele unterschiedliche Jugendliche. Manche interessieren sich für Sport, andere für Politik. Aber nicht alle Interessen haben positive Wirkungen. Viele Jugendliche, die zu einer bestimmten Gruppe gehören wollen, treffen sich in „Gangs". Manche Gruppen haben auch negative politische Ziele, wie zum Beispiel die „Skinheads". Kennen Sie solche Gruppen? Warum interessieren sich manche Jugendlichen dafür? Was sind ihre Ziele?

Sie lesen jetzt einen Auszug aus dem Buch, „Unheilbar Deutsch" des Schriftstellers Peter Sichrovsky. Ein Vater erinnert sich an seinen Sohn, der Mitglied einer antisemitischen Gruppe war und gerade getötet worden ist.

Susanne Dyrchs

Ein Vater, 36

Er war doch erst fünfzehn damals, als er das erste Mal fortblieb. Als ich so alt war, hab ich noch nicht einmal Zeitung gelesen, und er fühlte sich bereits als politischer Kämpfer. Meine Frau war mit den Nerven fertig. Sie telefonierte herum und versuchte, ihn zu finden. Sie wartete vor der
5   Schule und ging zum Direktor, als er nicht kam. Der sagte ihr, daß Egon nicht in der Schule war und in der letzten Zeit öfters fehlte.

WORTSCHATZ ZUM LESEN

unheilbar	incurably
fortbleiben	to stay away (from home)
überlegen	to consider; to decide
abraten	to advise against
beruhigen	to calm down
verdreckt	dirty
siegen	to be victorious
beschützen	to protect
der Kampfgenosse	comrade in arms
der Pfadfinder	boy scout
ahnen	to suspect
der Gauner	crook
unregelmäßig	irregularly
herumprügeln	to get into fights

KULTURSPIEGEL

Peter Sichrovsky wurde 1947 in Wien geboren. Er lebt und arbeitet als Schriftsteller und Journalist in Wien und Hong Kong. In seinem Buch „Unheilbar Deutsch" beschreibt er Schicksale und Lebensläufe rechtsgerichteter Menschen und ihrer Familien.

Inge überlegte damals, zur Polizei zu gehen, aber ich riet ab. Er wird schon wiederkommen, versuchte ich sie zu beruhigen. Und er kam auch wieder, nach drei Tagen, völlig verdreckt. Noch bevor er wieder in seinem Zimmer verschwinden konnte, stellte ich ihn Inge zur Rede. 10

Ihr habt mir gar nichts mehr zu sagen, antwortete er ihr frech. Ich bin jetzt in einer illegalen Gruppe, die um die Macht im Staat kämpft. Wenn wir siegen, wird hier alles anders.

Er hielt uns einen Vortrag. Das Land müsse beschützt werden vor den Roten und den Ausländern. Die Juden würden wieder versuchen, die 15 Wirtschaft zu kontrollieren. Keiner würde was tun dagegen, aber er und seine Freunde würden da nicht einfach zusehen. Er habe sich zusammengeschlossen mit anderen Kampfgenossen, man habe genügend Waffen und warte nur auf die Signale von oben.

Er war doch so ein dummer Junge. Und für mich war das nicht mehr 20 als früher die Pfadfinder. Es ist schon richtig, er blieb immer wieder tageweise von zu Hause weg, aber sonst? Wer konnte ahnen, daß er sich mit richtigen Kriminellen abgab.

Die Inge hat jedenfalls mit ihm zu schreien begonnen und ihn angebrüllt, daß er im Gefängnis landen werde und schon jetzt nichts 25 anderes als ein ganz gewöhnlicher Gauner sei. Egon schrie zurück und meinte, es sei ihm egal, ob er im Gefängnis sitzen würde, das Leben außerhalb sei auch nicht viel anders.

So ging es hin und her, bis ich es nicht mehr ausgehalten habe. Ich bin aufgestanden und hab ihm eine gelangt. Nicht fest, aber er hat 30 wenigstens aufgehört. Er hat mich angestarrt, und damals hab ich mir gedacht, jetzt geht er auf dich los. Es war so ein Blick in seinen Augen, das hat mir richtig Angst gemacht.

Aber er hat nichts gesagt damals, er ging einfach wieder. In den nächsten Wochen kam er sehr unregelmäßig nach Hause. Immer nur 35 wollte er Geld, oder er war einfach nur hungrig. Er hörte mit der Schule auf und begann eine Lehre in einer Autowerkstatt. Aber die verlor er bald, weil er nie zur Arbeit kam. Seine alten Freunde sah er nicht mehr. Mit seiner Mutter und seinen Schwestern hatte er bald gar keinen Kontakt mehr. 40

Ich habe auch nicht mehr mit ihm gesprochen. Was hätte ich auch reden sollen? War mir auch irgendwann egal. Ich hatte meine eigenen Sorgen. Soll er sich doch herumprügeln mit anderen und sich im Dreck wälzen und Krieg spielen. Wenn einer so ein Idiot ist, was soll man da noch mit ihm reden? 45

Er kam oft in so einer grünen Uniform, in hohen schwarzen Stiefeln. Schlief ein paar Stunden, pumpte sich von uns Geld und verschwand wieder.

Als er siebzehn war, kam zum ersten Mal die Polizei zu uns . . .

Peter Sichrovsky (1947–)

Zum Text

A Was wissen Sie von Egon? Was stimmt? Wenn die Sätze nicht stimmen, korrigieren Sie sie.

	DAS STIMMT.	DAS STIMMT NICHT.
1. Der Sohn war öfters nicht zu Hause.	☒	☐
2. Die Eltern haben die Polizei angerufen.	☐	☒
3. Egon ging sofort in sein Zimmer, ohne mit den Eltern zu sprechen.	☒	☐
4. Egon engagiert sich für Politik.	☒	☐
5. Egons Gruppe versucht, die Gesellschaft durch Gewalt zu ändern.	☒	☐
6. Inge hat mit ihrem Sohn leise gesprochen.	☐	☒
7. Egon war finanziell selbstständig.	☐	☒
8. Egon trug eine Uniform.	☒	☐

B Die Geschichte einer Familie. Verbinden Sie die passenden Satzteile.

1. Die Eltern haben am Anfang nicht geahnt, d
2. Die Mutter hatte Angst, c
3. Der Vater versucht, a
4. Das Kind ist öfters d
5. Egon sagt, b

   a. die Mutter zu beruhigen.
   b. er wolle einfach seine Heimat beschützen.
   c. dass ihr Sohn Teil einer illegalen Gruppe war.
   d. fortgeblieben.
   e. dass ihr Sohn ein gewöhnlicher Gauner sein würde.

C Meinungsaustausch. Beantworten Sie die Fragen.

1. Beschreiben Sie die Gruppe, zu der Egon gehört. Was ist ihr Ziel? Kennen Sie solche Gruppen aus den Nachrichten oder aus eigener Erfahrung?
2. Wie ist Egons Leben? Ist er in seiner Schularbeit erfolgreich? Hat er viele Freunde?
3. Wie reagieren die Eltern auf Egon? Vergleichen Sie Inge mit dem Vater.
4. Wie würden Sie reagieren, wenn Egon Ihr Sohn wäre?

Zur Interpretation

● Was meinen Sie dazu? Welche Probleme hat Egon? Wie versucht er, diese Probleme zu lösen? Arbeiten Sie mit einem Partner / einer Partnerin. Machen Sie eine Liste der Probleme, die im Text erwähnt werden. Kennen Sie Jugendliche, die ähnliche Probleme mit der Schule oder mit der Familie haben? Spekulieren Sie, woher diese Probleme kommen, und wie man diese Probleme lösen kann.

Zur Kommunikation

A Perspektiven. Wir lesen Egons Geschichte aus der Perspektive des Vaters. Rekonstruieren Sie nun die Geschichte aus Egons Perspektive. Schreiben Sie einen Tagebucheintrag, in dem Egon die Geschichte beschreibt. Was macht er, wenn er nicht zu Hause ist? Warum geht er nicht in die Schule? Was hält er von seinen Eltern?

Wenn ich nicht zu Hause bin, . . .

Ich gehe nicht in die Schule, weil . . .

Ich finde meine Eltern . . .

B Probleme und Lösungen. Lesen Sie den letzten Satz der Geschichte. Finden Sie eine positive Lösung für Egon und seine Familie. Schreiben Sie ein Gespräch zwischen Egon und seinen Eltern. Stellen Sie der Klasse ihre Lösung vor.

ELTERN: Weisst du, du Polizei ist zu uns gekommen. So kann es nicht weiter gehen. Warum bleibst du in dieser Gruppe?

EGON: _____

ELTERN: Warum willst du im Gefängnis sitzen?

EGON: _____

ELTERN: Was machst du mit deinem Geld?

EGON: _____

ELTERN: Was machst du, wenn du weg von zu Hause bist?

EGON: _____

KULTURPROJEKT
WIE FUNKTIONIERT EINE FAMILIE?

1. **Meine Familie.** Beschreiben Sie Ihr Familienleben. Was machen die Eltern? Was machen die Kinder? Was machen Eltern und Kinder zusammen? Wer muss was (nicht) machen? Wer darf was (nicht) machen? Wer plant und trifft Entscheidungen? Wie unterscheiden sich Alltag und Wochenende oder Ferien? Schreiben Sie einen kurzen Bericht.

2. **Vergleiche.** Wie funktioniert Ihre Familie? Stellen Sie die Organisation in Ihrer Familie grafisch oder auf einem Poster dar, und vergleichen Sie Ihre Grafik oder Ihr Poster mit denen Ihrer Mitstudenten/Mitstudentinnen.

3. **Die Familie in den deutschsprachigen Ländern.** Was wissen Sie schon vom Familienleben in der Schweiz, Deutschland oder Österreich? Welche Unterschiede kennen Sie? Haben Jugendliche mehr oder weniger Freiheiten als in Nordamerika? Sind die Eltern in Deutschland strenger oder lässiger als bei Ihnen? Wie könnte eine Grafik für eine typisch deutsche Familie aussehen? Schreiben Sie einen kurzen Aufsatz, und berichten Sie ihn der Klasse.

WORTSCHATZ

Substantive	Nouns
die **Art, -en**	type, sort
die **Auseinandersetzung, -en**	dispute, argument
die **Bescheidenheit, -en**	modesty
die **Bewegung, -en**	movement
die **Gerechtigkeit, -en**	justice
die **Identität, -en**	identity
die **Suche**	search
die **Zukunft**	future
der **Ausdruck, ̈-e**	expression
der **Einfluss, ̈-e**	influence
der **Frieden**	peace
der **Gymnasiast (-en** *masc.***) / die Gymnasiastin, -nen**	student at a *Gymnasium*
der/die **Jugendliche** (*decl. adj.*)	young person, teenager
der **Kunde (-n** *masc.***) / die Kundin, -nen**	customer
der **Lebensstil, -e**	lifestyle
der **Schutz**	protection
der **Staatsbürger, -** / die **Staatsbürgerin, -nen**	citizen
der **Wandel**	change
der **Wohlstand**	prosperity
das **Geschäft, -e**	business; store
das **Ideal, -e**	ideal
das **Jahrzehnt, -e**	decade
das **Wissen**	knowledge
das **Zeichen, -**	sign; token
das **Ziel, -e**	goal, aim

Verben	Verbs
an•passen	to conform
begeistern	to inspire
bewegen	to set into motion
denken an (+ *acc.*)	to think about
sich engagieren für	to get involved in

erkämpfen	to gain by struggle
sich erinnern an (+ *acc.*)	to remember
führen zu	to lead to
gestalten	to shape
reagieren auf (+ *acc.*)	to react to
teil•nehmen an (+ *dat.*) **(nimmt teil), nahm teil, teilgenommen**	to take part in
um•gehen: ging um, ist umgegangen	to deal with, handle
verwirklichen	to realize
vermitteln	to convey, impart
wählen	to choose; to elect
sich wehren gegen	to defend oneself against

Adjektive und Adverbien	Adjectives and adverbs
andererseits	on the other hand
angepasst	conformist
dafür	instead; in return; for it/them
ehrgeizig	ambitious(ly)
freudig	joyful(ly)
friedlich	peaceful(ly)
gewalttätig	violent(ly)
leise	quiet(ly)
tabu	taboo
unterschiedlich	various
vergangen	past; preceding

Sie wissen schon	You already know
der **Erfolg, -e**	success
diskutieren über (+ *acc.*)	to discuss; talk about
erleben	to experience
sich freuen auf (+ *acc.*)	to look forward to

27 SCHULALLTAG

In diesem Kapitel

- lernen Sie einiges über die Geschichte eines alten Gymnasiums in Bremen kennen.
- erleben Sie den Schultag einer deutschen Schülerin von heute.

Sie werden auch

- darüber sprechen, wie Schulen und Gymnasien damals waren, und wie sie heute sind.
- wiederholen, wie man zwischen **der** und **ein** Wörtern unterscheidet.
- Adjektivendungen wiederholen.
- lernen, wie man unbestimmte Zahlwörter wie **einige, mehrere** und **viele** gebraucht.
- eine Geschichte über das Schulleben am Anfang des zwanzigsten Jahrhunderts lesen.

Schüler im neunzehnten Jahrhundert.

Schule in der Vergangenheit und in der Gegenwart—was ist anders?

Szene in einem Klassenzimmer von heute.

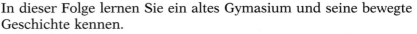

VIDEOTHEK

Schule macht Spaß—aber nicht immer! Der Schulalltag hat sich stark geändert. Was hat man aus den alten Zeiten behalten, und was ist jetzt anders?

I: Geschichte eines Gymnasiums

In dieser Folge lernen Sie ein altes Gymasium und seine bewegte Geschichte kennen.

A Was passiert?

SCHRITT 1: Schauen Sie sich das Video an, und bringen Sie die folgenden Sätze in die richtige Reihenfolge.

„Die Schule ist besetzt!"

 a. Die Schüler und Schülerinnen protestierten, und die Schulen wurden reformiert.
b. Die Schule stand trotz weitgehender Zerstörung in Bremen, noch immer.
c. Es gab neue Fächer, wie zum Beispiel Biologie, Chemie und Physik.
d. Die Schüler und Schülerinnen konnten mitbestimmen und Hauptfächer selbst auswählen.
e. Sport wurde zu dieser Zeit zum Hauptfach.
f. Das Gymnasium wurde für die Söhne der reichen Kaufleute in Bremen gegründet.
g. Die Unterrichtsmethoden waren trotz der Demokratisierung in Deutschland streng.
h. Die Schüler lernten lesen, schreiben, rechnen und griechische Philosophie.

SCHRITT 2: Wann ist das passiert? Verbinden Sie die Sätze oben mit dem richtigen Datum im Kasten.

WORTSCHATZ ZUM VIDEO

die Kaufleute	merchants
das Zeltlager	tent camp
die Hitlerjugend	Hitler Youth
die Skikurswoche	week of ski class
der Waldeinsatz	forestry expedition
schulisch	school (adj.)
der Felsen	cliff
hochklettern	to climb up

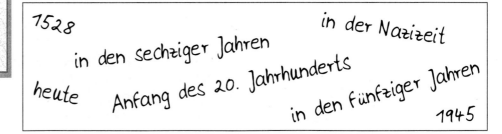

1528
in der Nazizeit
in den sechziger Jahren
heute   Anfang des 20. Jahrhunderts
in den fünfziger Jahren
1945

B Schulzeiterinnerungen. Daniela, Dirk, Anett und Erika sprechen über ihre schönsten Erinnerungen. Wer sagt das, Daniela, Dirk, Anett oder Erika?

1. „Wir sind mit dem Bus nach Budapest gefahren. Wir haben die Stadt erobert.“
2. „Wir sind im März eine Woche auf Skikurs gefahren. Das ist meine beste Erinnerung.“
3. „Wir sind in die Berge gefahren. Der Lehrer hat uns gesagt, dass wir nicht auf einen Felsen klettern dürfen. Aber wir haben ihn und seinen Freund hoch auf dem Felsen gesehen.“
4. „Wir haben in der achten Klasse einen Waldeinsatz gemacht. Wir haben zwei Wochen lang im Wald gelebt, haben Waldarbeit gemacht und viel über die Umwelt gelernt.“

C Schulreise oder Alltag? Die schönsten Erinnerungen aus der Schulzeit waren alles Erlebnisse, die diese Personen auf einer Schulreise gemacht hatten. Finden Sie einen Partner / eine Partnerin, und Stellen Sie einander folgende Fragen.

1. War es besonders schön auch für Sie, mit den Schulkameraden zu reisen?
2. Wohin sind Sie gefahren?
3. Was haben Sie dort gemacht?
4. Wie war das anders als der Alltag in der Schule?
5. War die Schulreise viel schöner als der Alltag in der Schule? Warum?
6. Was ist Ihre schönste Erinnerung an die Schule?

Karolin mit Sammy.

II: Der Schulalltag

A Was wissen Sie über Susannes und Karolins Schulalltag? Wie ist Ihr Schulalltag? Machen Sie sich eine Tabelle wie die folgende, und füllen Sie sie aus.

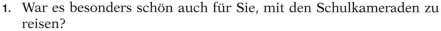
SUSANNE   KAROLIN   SIE

1. Um wie viel Uhr beginnt die Schule?
2. Wie viele Stunden gibt es am Tag Unterricht?
3. Wie kommen sie/Sie zur Schule?
4. Welches sind ihre/Ihre Lieblingsfächer?
5. Welches Fach ist für sie langweilig? Und für Sie?

B Schulablauf

SCHRITT 1: Karolins Schulalltag. Beschreiben einen typischen Schultag von Karolin. Welche Fächer hat sie? Was macht sie nachmittags? Was macht sie in der Freizeit?

1. Zuerst . . .   2. Dann . . .   3. Danach . . .   4. Zuletzt . . .

SCHRITT 2: Ihr Schultag. Beschreiben Sie jetzt den typischen Schultag für Sie selbst. Welche Pflichtfächer haben Sie? Welche Wahlfächer haben Sie? Warum belegen Sie gerade diese Wahlfächer?

Karolins Schulablauf.

VOKABELN

die Gegenwart	*present time*
die Unsicherheit	*insecurity, uncertainty*
die Unterrichtsmethode	*teaching method*
die Vergangenheit	*past*
die Wirkung	*result; effect*
die Wissenschaft	*science*
der Alptraum	*nightmare*
der Ratschlag	*advice*
der Wettbewerb	*competition*
das Pflichtfach	*required course*
das Wahlfach	*optional course, elective*

sich begegnen	*to meet*
besetzen	*to occupy*
gründen	*to found*
legen: Wert legen auf (+ acc.)	*to value something; to consider*
mit•bestimmen	*to have a say*
rechnen	*to calculate*
sich unterscheiden von	*to differ from*
sich verändern	*to change*
vertreten	*to appear; to represent*
(sich) vor•bereiten	*to prepare*
zerstören	*to destroy*

auswendig (lernen)	*(to learn) by heart; (to memorize)*

Gymnasiasten und Gymnasiastinnen genießen ihre Freizeit.

bewegt	*eventful; turbulent*
eher	*rather; sooner*
fast	*almost*
häufig	*often, frequent(ly)*
weitgehend	*extensive, far-reaching*

Sie wissen schon

die Gesamtschule, die Nähe, die Realschule, das Dorf, das Fach, das Gymnasium sich beschäftigen mit, lehren, unterrichten, verbieten, verlassen, gegen, langweilig, streng

Die Nacht vor einer großen Prüfung!

A Bedeutungen. Welche Wörter aus der Wortliste passen zu den Bedeutungen unten?

1. eine sehr kleine Stadt
2. ein schrecklicher Traum
3. nicht weit weg
4. ein Fach, das alle Schüler belegen müssen
5. um eine ungefähre Zeit
6. sehr oft
7. treffen
8. jemandem sagen, dass sie oder er etwas nicht machen darf

B Vokabelarbeit. Wählen Sie das passende Wort aus dem Kasten.

> rechnen häufig bewegte unterscheiden
> Vergangenheit gegen
> Nähe
> langweilig fast Alptraum

KULTURSPIEGEL

Die Schulpflicht in Deutschland besteht vom sechsten bis zum achtzehnten Lebensjahr. Nach vier Jahren Grundschule wählen Schüler und Schülerinnen zwischen Hauptschule, Realschule, Gesamtschule oder Gymnasium. Die Hauptschulen dienen als Übergang zu einer Lehre. Die Gymnasien vermitteln eine vertiefte Bildung, und machen den Übergang zur Hochschule (wie zum Beispiel Universität oder Fachhochschule).

1. In der _____ waren die Unterrichtsmethoden streng, aber heute gibt es mehr Eigeninitiative und Kreativität.
2. Damals hat Schule keinen Spaß gemacht; für manche Schüler war es ein _____.
3. Karolin wohnt in der _____ von Frankfurt.
4. Mathe kann ein sehr interessantes Fach sein, aber Karolin findet es _____.
5. Schüler und Schülerinnen sollen _____ in die Bibliothek gehen, wenn sie gute Noten bekommen wollen.
6. Die Schulen in Österreich und Deutschland _____ sich sehr von den Schulen in Nordamerika.
7. In Deutschland beginnt die Schule normalerweise _____ acht Uhr.
8. Das alte Gymnasium in Bremen hat eine _____ Geschichte.
9. Im Kindergarten in Nordamerika lernen viele schon lesen, schreiben und _____.
10. Viele deutsche Städte wurden im Zweiten Weltkrieg _____ total zerstört.

C Alles über die Schule. Lesen Sie die Sätze links, und suchen Sie die passende Definition für die kursiv gedruckten Wörter aus der rechten Spalte.

1. Heute können die Schüler *mitbestimmen* und zum Beispiel ihre Hauptfächer selber wählen.
2. Trotz der Demokratisierung blieben die Unterrichtsmethoden *streng.*
3. Schule in Deutschland: Spaß oder *Alptraum*?
4. In Bremen wurde 1528 das alte Gymnasium *gegründet.*
5. Die Gesellschaft *veränderte sich,* und die Schulen wurden reformiert.
6. Meine Klassenlehrerin *unterrichtet* uns in Mathematik und Deutsch.
7. Nach dem Krieg war Bremen weitgehend *zerstört.*
8. In Kursen wie Deutsch und Philospohie bin ich *häufig* zu finden.

a. lehren
b. oft
c. genau, sehr korrekt, strikt
d. an wichtigen Entscheidungen teilnehmen
e. anders werden
f. ruinieren
g. instituieren, etablieren
h. ein schlechter Traum

D Das Schulsystem. Sie besuchen Freunde in Deutschland, die wissen wollen, wie die Schulen in Nordamerika sind. Wie viele Fächer hat man? Wie lange muss man Hausaufgaben machen? Beschreiben Sie ihnen den Schulalltag eines Schülers / einer Schülerin.

STRUKTUREN

DER- AND EIN-WORDS
REFERRING TO SPECIFIC OR GENERAL PERSONS OR THINGS

The forms of **der-**words closely resemble those of the definite article, **die, der, das.** The most common **der-**words are the following.

alle (*pl.*)	*all*	welcher	*which*
dieser	*this, that*	mancher	*some*
jeder (*sg.*)	*every, each*	solcher	*such*
jener	(*the one*) *that*		

Note that **jeder** occurs only in the singular, **alle** only in the plural.

Jeden Tag arbeitet er bis spät nachts.

Every day he works until late at night.

Er arbeitet mit **allen** Computersystemen.

He works with all computer systems.

Welcher is a question word.

An **welchem** Tag fahren wir in die Schweiz?

On what day are we going to Switzerland?

Here are all the forms of **dieser.** Notice the similarity between the endings and the forms of **die, der, das.**

	SINGULAR			PLURAL
	FEMININE	MASCULINE	NEUTER	ALL GENDERS
NOMINATIVE	diese Frau	dieser Mann	dieses Kind	diese Kinder
ACCUSATIVE	diese Frau	diesen Mann	dieses Kind	diese Kinder
DATIVE	dieser Frau	diesem Mann	diesem Kind	diesen Kindern
GENITIVE	dieser Frau	dieses Mannes	dieses Kindes	dieser Kinder

As always, the dative plural of the noun also takes a special ending, **-n.**

Ein-words, as you might have guessed, follow the same pattern as the indefinite article **ein.** The most common **ein**-words are the possessive adjectives (**mein, dein, sein, ihr, unser, euer, Ihr, ihr**) and the negative article **kein.** Here are all the forms for **mein.**

		SINGULAR		PLURAL
	FEMININE	MASCULINE	NEUTER	ALL GENDERS
NOMINATIVE	mein**e** Frau	mein Mann	mein Kind	mein**e** Kinder
ACCUSATIVE	mein**e** Frau	mein**en** Mann	mein Kind	mein**e** Kinder
DATIVE	mein**er** Frau	mein**em** Mann	mein**em** Kind	mein**en** Kinder**n**
GENITIVE	mein**er** Frau	mein**es** Mann**es**	mein**es** Kind**es**	mein**er** Kinder

The possessive adjective **euer** drops the last **-e-** before adding a case ending: **euer Sohn,** but **euren/eurem Sohn, eure Söhne, euren Söhnen, eurer Söhne.**

Übungen

A Schüler und Schülerinnen. Ergänzen Sie die richtige Form der Wörter in Klammern.

1. Susanne sagt, ihr Schulalltag ist wie der Schulalltag von _____ (jeder) Schüler.
2. _____ (Mancher) Studenten haben gute Erinnerungen an die Schule.
3. Susanne interessiert sich sehr für Biologie und Chemie. _____ (Solcher) Fächer machen ihr Spaß.
4. Normalerweise muss man _____ (jeder) Abend Hausaufgaben machen.
5. _____ (Welcher) Fach gefällt Ihnen am besten?
6. _____ (Welcher) Kurs belegen Sie jetzt?
7. _____ (Jeder) Schüler ist anders.

B Meinungen. Junge Leute reden über ihr Leben und ihre Familien. Ergänzen Sie das Gespräch.

K URZ NOTIERT

German uses the accusative case in expressions that refer to specific time. You already know the greetings **guten Morgen** and **guten Abend.** In context, the accusative forms of the definite article or **der**-words often occur with nouns relating to time.

Ich arbeite **jeden Donnerstag.**
Dieses Wochenende fahre ich aufs Land.
Ich wohne **den ganzen Sommer** im Dorf.

KAI: _____[1] (Mein) Alltag ist ziemlich anstrengend. Ich habe immer viel zu tun. _____[2] (Mein) Freunde sagen mir, ich sollte weniger arbeiten. Ich lege Wert auf _____[3] (ihr) Meinung.

JULIA: In _____[4] (unser) Familie ist das Leben sehr friedlich. Wenn ich mit _____[5] (mein) Eltern reden, verstehen wir einander. Wie ist es in _____[6] (euer) Familie?

WOLF: Die Eltern brauchen auch _____[7] (ihr) Freizeit. Man kann sich nicht immer nur um die Kinder kümmern! Ich habe _____[8] (mein) Vater gesagt, er sollte ab und zu Urlaub machen.

HAIKE: Ich möchte _____[9] (kein) Kinder haben. In _____[10] (mein) Zukunft sehe ich nur Beruf und Freunde.

ADJECTIVES

DESCRIBING PEOPLE, OBJECTS, PLACES, AND IDEAS

You have learned to recognize and use both predicate and attributive adjectives. Predicate adjectives follow nouns and have no endings, whereas attributive adjectives precede nouns and do take endings.

Attributive adjectives that follow articles or **der-** or **ein-**words take one of two endings: **-e** or **-en.** Here are all the forms for adjectives that follow the definite article or a **der-**word.

	SINGULAR			PLURAL
	FEMININE	MASCULINE	NEUTER	ALL GENDERS
NOM.	die lieb**e** Mutter	der alt**e** Pfarrer	das klein**e** Kind	die streng**en** Lehrer
ACC.	die lieb**e** Mutter	den alt**en** Pfarrer	das klein**e** Kind	die streng**en** Lehrer
DAT.	der lieb**en** Mutter	dem alt**en** Pfarrer	dem klein**en** Kind	den streng**en** Lehrern
GEN.	der lieb**en** Mutter	des alt**en** Pfarrer**s**	des klein**en** Kind**es**	der streng**en** Lehrer

Adjectives that end in **-el** or **-er,** such as **dunkel** and **teuer,** drop the **-e-** before adding the endings.

Wer hat das **teure** Gemälde gekauft?

Who bought the expensive painting?

The adjective **hoch** becomes **hoh-** before adding an adjective ending.

Jutta ist auf den **hohen** Berg geklettert.	*Jutta climbed up the high mountain.*

When adjectives follow each other, all take the same endings.

Wo sind die **schönen alten** Fotos?	*Where are the nice old photos?*
Dieses **kleine blaue** Auto gehört Stefan.	*This little blue car belongs to Stefan.*

Adjectives that follow **ein-**words have the same pattern of endings as those that follow **der-**words, with three exceptions.

	MASCULINE	NEUTER
NOM. ACC.	**ein kleiner** Junge	**ein schweres** Examen **ein schweres** Examen

Attributive adjectives that do not follow articles or **der-** or **ein-**words must have endings that show the gender, number, and case of the nouns they modify. Note that these endings are very similar to the forms of the missing definite articles **die, der, das,** with two exceptions: masculine and neuter singular in the genitive case.

	SINGULAR			PLURAL
	FEMININE	MASCULINE	NEUTER	ALL GENDERS
NOM.	klein**e** Stadt	streng**er** Lehrer	klar**es** Wasser	schwer**e** Examen
ACC.	klein**e** Stadt	streng**en** Lehrer	klar**es** Wasser	schwer**e** Examen
DAT.	klein**en** Stadt	streng**em** Lehrer	klar**em** Wasser	schwer**en** Examen
GEN.	klein**er** Stadt	streng**en** Lehrer**s**	klar**en** Wasser**s**	schwer**er** Examen

Attributive adjectives that do not follow articles or **der-** or **ein-**words often appear in telegraphic-style messages, on signs, and in ads.

Gesucht: **strenger Lehrer** für Nachhilfe in Latein	*Wanted: strict teacher for coaching in Latin*

kreativer hohen
bewegte
typischen
kleinen guten
interessantes
besseren

Übungen

A Meine Schulerlebnisse

SCHRITT 1: Ergänzen Sie die Sätze mit den Wörtern aus dem Kasten.

1. Meine Schule hat eine _____ Geschichte.
2. Biologie ist für mich ein sehr _____ Fach.
3. Ich wohne in einem _____ Dorf, und wir machen Ausflüge in die Natur.
4. Auf unserer Klassenreise durften wir nicht auf einen _____ Felsen klettern.
5. Ich träume von einer _____ Zukunft.
6. Mein Lehrer hat mir einen _____ Ratschlag gegeben.
7. In einer _____ Gesamtschule wie meine gibt es viele Wahlfächer.
8. Für manche Jugendlichen ist ein _____ Beruf sehr wichtig.

SCHRITT 2: Machen Sie die Sätze interessanter! Wählen Sie fünf Sätze, und fügen Sie andere Adjektive hinzu!

B Über meine Familie. Ergänzen Sie die Adjektive in Klammern.

1. Meine Großmutter hat dieses _____ (alt) Buch geschrieben.
2. Der _____ (klein) Junge da ist mein Neffe.
3. Die _____ _____ (nett älter) Frauen sind meine Tanten.
4. Meine Schwester liest den _____ (berühmt) Roman von Thomas Mann.
5. Manche _____ (jung) Familienmitglieder engagieren sich für Politik.
6. Solche _____ (teurer) Sachen gefallen meiner Familie nicht.
7. Meine Eltern haben der _____ (neu) Lehrerin ein Geschenk gekauft.

C Eine Kleinanzeige. Sie haben eine neue Wohnung und brauchen mindestens einen Mitbewohner / eine Mitbewohnerin. Wie würden Sie sich selbst beschreiben? Wie viele Mitbewohner / Mitbewohnerinnen suchen Sie? Welche Eigenschaften sollten sie haben? Wie würden Sie Ihre Wohnung beschreiben? Schreiben Sie eine Anzeige, in der Sie das alles sehr kurz ausdrücken.

faul gutgelaunt aktiv
sauber kreativ nett
interessant ? berufstätig

MODELL: Netter, kreativer Student mit vielen Interessen sucht drei interessante, berufstätige Mitbewohner für eine große Wohnung.

INDEFINITE NUMERALS AND THE INTERROGATIVE PRONOUN WAS FÜR (EIN)

TALKING ABOUT AMOUNTS AND ASKING ABOUT THINGS

The following indefinite numerals may precede nouns with or without other adjectives: **einige** (*a few*), **mehrere** (*several*), **viele** (*many*), and **wenige** (*few*). These words take the same endings as other plural attributive adjectives that do not follow **der-** or **ein-**words.

> Hans verbrachte **viele** lange Stunden mit seinen Lehrern.
> *Hans spent many long hours with his teachers.*

Do not confuse **alle** with this category of indefinite numerals. **Alle** takes the endings of a plural **der-**word; adjectives that follow **alle** take the plural ending **-en.**

> Hans hatte **alle schönen** Ereignisse in seinem Leben vergessen.
> *Hans had forgotten all the nice pastimes in his life.*

The expression **was für** asks the question *what kind(s) of.* Remember, **für** does not function as a preposition in this construction and, therefore, does not influence the case endings of the noun expression that follows. Rather, the case of **ein** plus the noun depends on whether it functions as the subject, direct object, indirect object, or object of a preposition within the sentence.

> Was für **ein Lehrer** ist dieser Herr?
>
> *What kind of a teacher is this gentleman?*

Übungen

Eine Reise nach Bremen. Sie sind gerade von einer Reise nach Bremen zurückgekommen. Ihre Freunde haben viele Fragen. Beantworten Sie die Fragen mit den Wörtern in Klammern.

MODELL: Was für eine Stadt ist Bremen. (alt, hochinteressant) →
Bremen ist eine alte, hochinteressante Stadt.

1. Was für Tage hast du in Bremen verbracht? (viele schöne)
2. Was für Gebäude hast du gesehen? (einige interessant)
3. Was für Deutsche hast du kennen gelernt? (mehrere jung)
4. Was für Postkarten hast du gekauft? (wenig alt)
5. Was für Kneipen machen Spaß? (alle deutsch)

Die Stadt Bremen wurde im Zweiten Weltkrieg weitgehend zerstört.

PERSPEKTIVEN

HÖREN SIE ZU!
EINSTEINS FRÜHE JAHRE

Der berühmte Wissenschaftler Albert Einstein.

Sie hören eine kurze Biografie des Wissenschaftlers Albert Einstein.

A Schule und Ausbildung. Welche Probleme hatte Albert Einstein? Was stimmt?

Albert Einstein . . .	DAS STIMMT.	DAS STIMMT NICHT.
1. lernte spät sprechen.	☐	☐
2. zeigte kein Interesse an Mathematik und Physik.	☐	☐
3. war nicht gut diszipliniert.	☐	☐
4. verließ mit fünfzehn Jahren das Gymnasium.	☐	☐
5. konnte keine klassischen Fremdsprachen lernen.	☐	☐
6. besuchte die Vorlesungen nicht.	☐	☐
7. bestand sein zweites Examen nicht.	☐	☐

B Kindheit und Familie. Hören Sie gut zu, und machen Sie sich Notizen.

GEBURTSDATUM:	
GEBURTSORT:	
BERUF DES VATERS:	
WOHNORTE:	

C Die frühen Jahre Albert Einsteins. Schreiben Sie mit Hilfe Ihrer angekreuzten Sätze in Aktivität A und Ihrer Notizen in Aktivitäten B eine kurze Biografie des jungen Albert Einsteins.

WORTSCHATZ ZUM HÖRTEXT

Mailand	Milan
das Musterkind	model child
geistig zurückgeblieben	mentally challenged
die Aufnahmeprüfung	entrance exam
die Vertretung	stand-in
fehlen	to be missing

LANDESKUNDE IN KÜRZE
SCHULPSYCHOLOGISCHE BERATUNGSSTELLE

Im folgenden Text lesen Sie über eine besondere Beratungsstelle in einer deutschen Stadt.

Psychologie und Schule—ob Hausaufgabenstress oder Prüfungsangst, Probleme im Kollegium oder mit der Klasse: Viele kleine und größere Probleme im Schulalltag lassen sich mit kompetenter Hilfe lösen. Die Psychologinnen und Psychologen bieten sachkundigen Rat und
5 Begleitung bei Bedarf auch über einen längeren Zeitraum—von Hilfeangeboten für das einzelne Kind über die Lösungssuche für Konflikte zwischen Eltern und Kindern bis zur Arbeit mit Lehrergruppen direkt in der Schule. Die Schulpsychologische Beratungsstelle ist Ansprechpartnerin für

10 • Schülerinnen und Schüler,
   • Eltern,
   • Lehrerinnen und Lehrer,
   • Einrichtungen, die mit Kindern und Jugendlichen sowie mit mehreren Bezugspersonen arbeiten.

15 Einzige Voraussetzung: Sie müssen in Münster wohnen oder in Münster zur Schule gehen.

Unser Beratungsangebot
Die Psychologinnen und Psychologen beraten bei:

Problemen im Lern- und Leistungsbereich
20 Das können zum Beispiel Konzentrationsschwächen und auffällige Schwierigkeiten beim Lesen, Rechtschreiben oder in Mathematik sein. Doch auch wenn Hausaufgaben regelmäßig zum Stress für Eltern und Kind ausarten, helfen die Schulpsychologen.

Problemen im sozialen Kontakt
25 Darunter fallen Konflikte zwischen den verschiedenen Partnern in der Schule, beispielsweise zwischen Eltern und Lehrern, in der Familie oder unter den Kindern.

Emotionalen Problemen
wie Versagensängste vor Prüfungen und Klassenarbeiten, Hemmungen,
30 in der Klasse mitzuarbeiten oder mangelndem Selbstbewusstsein.

So können Sie sich anmelden
Die Anmeldung ist telefonisch, schriftlich oder persönlich im Sekretariat möglich. Nach etwa drei bis vier Wochen teilt die Beratungsstelle die

WORTSCHATZ ZUM LESEN

die Beratungsstelle	counseling center
sachkundig	knowledgeable
die Begleitung	support
bei Bedarf	when needed
die Bezugsperson	person one feels closest to
die Voraussetzung	condition
die Konzentrations- schwäche	weak power of concentration
auffällig	conspicuous
das Rechtschreiben	spelling
ausarten	to degenerate
die Versagensangst	fear of failure
die Hemmung	inhibition
mangelnd	insufficient
das Selbstbewusstsein	self-image
die Auslastung	workload
gering	small; negligible
gebührenfrei	free of charge

voraussichtliche Wartezeit bis zum „Erstgespräch" mit. Wegen der hohen
35 Auslastung beträgt die durchschnittliche Wartezeit einige Monate.
Die Anmeldung eines Kindes kann erfolgen durch

- die Eltern,
- die Schule, sofern die Eltern einverstanden sind,
- die Schülerinnen oder Schüler selbst.

40 Lehrerinnen und Lehrer mit Beratungsbedarf melden sich ebenfalls im
Sekretariat. Wer eine Frage hat, kann sich für eine erste Klärung an die
Telefonsprechstunde wenden; den Termin nennt das Sekretariat.

Und was kostet das?

Als kommunale Einrichtung arbeitet die Schulpsychologische
45 Beratungsstelle für Eltern, Lehrkräfte, Schülerinnen und Schüler
gebührenfrei. Lediglich für die Teilnahme der Schülerinnen und Schüler
an regelmäßigen Gruppenangeboten wird eine geringe Gebühr pro
Treffen fällig.

⬤ Probleme und Beratung. Beantworten Sie die Fragen.

1. Warum gibt es psychologische Beratung für Schüler und
   Schülerinnen?
2. Nennen Sie drei Probleme, die Schüler und Schülerinnen haben
   können.
3. Warum gibt es psychologische Beratung für die Eltern?
4. Nennen Sie zwei Probleme, die Eltern haben können.
5. Wo muss man wohnen, bevor man zur Beratungsstelle gehen darf?
6. Wie kann man sich anmelden, wenn man zur Beratungsstelle will?
7. Wie lange muss man normalerweise warten, bis man mit einem
   Psychologen oder einer Psychologin sprechen kann?
8. Wie viel kostet die psychologische Beratung?
9. Gibt es eine ähnliche Beratungsstelle an Ihrer Universität / in Ihrer
   Schule / in Ihrer Stadt?

LESEN SIE!

Zum Thema

⬤ Lernen und Studium. Beantworten Sie die Fragen.

Fächer/Kurse
1. Was für Fächer/Kurse haben Sie?
2. Wie viel Zeit verbringen Sie mit Hausaufgaben/Vorbereitungen für
   jeden Kurs?
3. Welche Kurse sind für Sie am einfachsten? am schwierigsten?

Lehrerschaft

4. Wie beschreiben Sie einen Lieblingslehrer/-professor oder Ihre Lieblingslehrerin/professorin? Welche Eigenschaften hat er/sie?

5. Welche Eigenschaften hatte ein Lehrer / eine Lehrerin, den/die Sie gar nicht mochten?

Stress und Examen

6. Stehen Sie wegen der Schule oft unter Stress? Warum? Was sind die Gründe für diesen Stress?

7. Was machen Sie, um Stress zu vermeiden oder zu reduzieren?

8. Wie bereiten Sie sich auf Examen vor?

Unterm Rad

In wenigen Wochen sollte das „Landesexamen" wieder stattfinden. So heißt die jährliche Hekatombe, bei welcher „der Staat" die geistige Blüte des Landes auswählt und während deren Dauer aus Städtchen und Dörfern Seufzer, Gebete und Wünsche zahlreicher Familien sich nach der
5 Hauptstadt richten, in deren Schoß die Prüfung vor sich geht.

Hans Giebenrath war der einzige Kandidat, den das Städtlein zum peinlichen Wettbewerb zu entsenden dachte. Die Ehre war groß, doch hatte er sie keineswegs umsonst. An die Schulstunden, die täglich bis vier Uhr dauerten, schloß sich die griechische Extralektion beim Rektor
10 an, um sechs war dann der Herr Stadtpfarrer so freundlich, eine Repetitionsstunde in Latein und Religion zu geben, und zweimal in der Woche fand nach dem Abendessen noch eine einstündige Unterweisung beim Mathematiklehrer statt. Im Griechischen wurde nächst den unregelmäßigen Zeitwörtern hauptsächlich auf die in den Partikeln
15 auszudrückende Mannigfaltigkeit der Satzverknüpfungen Wert gelegt, im Latein galt es klar und knapp im Stil zu sein und namentlich die vielen prosodischen Feinheiten zu kennen, in der Mathematik wurde der Hauptnachdruck auf komplizierte Schlußrechnungen gelegt. Dieselben seien, wie der Lehrer häufig betonte, zwar scheinbar ohne Wert fürs
20 spätere Studium und Leben, jedoch eben nur scheinbar. In Wirklichkeit waren sie sehr wichtig, ja wichtiger als manche Hauptfächer, denn sie bilden die logischen Fähigkeiten aus und sind die Grundlage alles klaren, nüchternen und erfolgreichen Denkens . . .

. . . Die Aufgaben, zum Schreiben oder zum Auswendiglernen, zum
25 Repetieren und Präparieren, die sich tagsüber von Lektion zu Lektion ansammelten, konnten dann am späten Abend bei traulichem Lampenlicht zu Hause erledigt werden. Dieses stille, von häuslichen Frieden segensreich umhegte Arbeiten, dem der Klassenlehrer eine besonders tiefe und fördernde Wirkung zusprach, dauerte dienstags und
30 samstags gewöhnlich nur etwa bis zehn Uhr, sonst aber bis elf, bis zwölf und gelegentlich noch darüber. Der Vater grollte ein wenig über den

die Hekatombe	*slaughter*
die Blüte	*flower, bloom*
der Schoß	*lap*
das Zeitwort	*verb*
das Gemüt	*disposition*
der Stolz	*pride*
mit Maß	*with moderation*
verscheucht	*timid, fearful*
der/die Gescheite	*intelligent one*
vergeistigt	*spiritualized*
gefürchtet	*feared*

Im Text lesen Sie viele Wörter, die aus dem Lateinischen kommen und mit dem Englischen verwandt sind: **studieren, Lektion, präparieren** und so weiter. Wie viele andere Beispiele finden Sie? Machen Sie eine Liste!

KULTURSPIEGEL

Der Dichter Hermann Hesse wurde 1877 als zweites Kind geboren. Sein erster großer Erfolg war der Roman „Peter Camenzind", aber heute gilt „Der Steppenwolf" als sein berühmtestes Werk. 1946 wurde Hesse mit dem Nobelpreis für Literatur ausgezeichnet. 1962 starb er in Italien.

maßlosen Ölverbrauch, sah dies Studieren aber doch mit wohlgefälligem Stolze an. Für etwaige Mußestunden und auch für die Sonntage, die ja den siebenten Teil unseres Lebens ausmachen, wäre die Lektüre einiger in der Schule nicht gelesener Autoren und Repetieren der Grammatik dringend empfohlen.   35

„Natürlich mit Maß, mit Maß! Ein-, zweimal in der Woche spazierengehen ist notwendig und tut Wunder. Bei schönem Wetter kann man ja auch ein Buch mit ins Freie nehmen—du wirst sehen, wie leicht und fröhlich es sich in der frischen Luft draußen lernen läßt. Überhaupt Kopf hoch!"   40

Hans hielt also nach Möglichkeit den Kopf hoch, benützte von nun an auch die Spaziergänge zum Lernen und lief still und verscheucht mit übernächtigem Gesicht und blaurandigen, müden Augen herum.

„Was halten Sie von Giebenrath; er wird doch zurückkommen?" sagte der Klassenlehrer einmal zum Rektor.   45

„Er wird, er wird", jauchzte der Rektor. „Das ist einer von den ganz Gescheiten; sehen Sie ihn nur an, er sieht ja direkt vergeistigt aus."

In den letzten acht Tagen war die Vergeistigung eklatant geworden. In dem hübschen, zarten Knabengesicht brannten tiefliegende, unruhige Augen mit trüber Glut, auf der schönen Stirn zuckten feine, Geist   50 verratende Falten, und die ohnehin dünnen und hageren Arme und Hände hingen mit einer müden Grazie herab, die an Botticelli erinnerte.

Es war nun soweit. Morgen früh sollte er mit seinem Vater nach Stuttgart fahren und dort im Landesexamen zeigen, ob er würdig sei, durch die schmale Klosterpforte des Seminars einzugehen. Eben hatte er   55 seinen Abschiedsbesuch beim Rektor gemacht. „Heute abend", sagte zum Schluß der gefürchtete Herrscher mit ungewöhnlicher Milde, „darfst du nichts mehr arbeiten. Versprich es mir. Du mußt morgen absolut frisch in Stuttgart antreten. Geh noch eine Stunde spazieren und nachher beizeiten zu Bett. Junge Leute müssen ihren Schlaf haben." Hans war   60 erstaunt, statt der gefürchteten Menge von Ratschlägen so viel Wohlwollen zu erleben, und trat aufatmend aus dem Schulhaus. . . . Zwar hatte er Kopfweh, aber heute brauchte er ja nichts mehr zu lernen.

Hermann Hesse (1877–1962)

Zum Text

A Welche Themen finden Sie im Text? In welcher Reihenfolge?

akademische Fächer, Essen, Freizeit, Hausaufgaben, Physischer Status von Hans, Sport, Schulkameraden, Tag vor dem Examen

B Vorbereitungen auf das Examen. Beantworten Sie die Fragen.

1. Wie muss Hans sich auf das Examen vorbereiten?
2. Welche Fächer muss er lernen?
3. Bis wann geht er jeden Tag in die Schule?
4. Was macht er nach der Schule?
5. Wie lange muss er zu Hause arbeiten?
6. Was soll er in seiner Freizeit machen? (Mußestunden)

VORBEREITUNG	
FÄCHER	
NACH DER SCHULE	

Zur Interpretation

● Was meinen Sie? Beantworten Sie die Fragen.

1. Nimmt Hans gern an dem Wettbewerb teil? Wo finden Sie hierfür einen Hinweis im Text?
2. Welche Wirkung hat die Vorbereitung auf Hans?
3. Allgemeine Frage: Was wissen Sie jetzt über Schule in Deutschland um die Jahrhundertwende?

Zur Kommunikation

● Die Schulzeit von Hans Giebenrath

SCHRITT 1: Ein Tagebucheintrag. Denken Sie an den typischen Alltag von Hans Giebenrath. Wie würde er so einen Tag beschreiben? Was würde er darüber sagen? Schreiben Sie einen Tagebucheintrag.

SCHRITT 2: Partnerarbeit. Arbeiten Sie mit einem Partner / einer Partnerin, und tauschen Sie Ihre Tagebucheinträge aus. Nachdem Sie sie gelesen haben, machen Sie zusammen eine Liste von Fragen, die Sie an Hans Giebenrath stellen möchten.

SCHRITT 3: Rollenspiel und Interview. Arbeiten Sie mit Ihrem Partner / Ihrer Partnerin. Eine Person spielt die Rolle von Hans, und die andere spielt die Rolle des Reporters / der Reporterin, der/die Hans interviewen will. Nachdem Sie es geübt haben, spielen Sie Ihr Interview der Klasse vor.

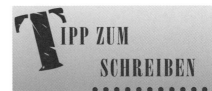

TIPP ZUM SCHREIBEN

Wenn man einen Tagebucheintrag schreibt, benutzt man häufig Zeitadverbien (**heute Morgen, heute Abend, später** und so weiter) und Zeitangaben (**am Nachmittag, um sieben Uhr, bis vier Uhr, nach dem Abendessen** und so weiter). Solche Zeitadverbien oder Zeitangaben stehen oft am Anfang des Satzes, und das Subjekt folgt dem Verb.

Heute Morgen musste ich sehr früh aufstehen.
Um sechs Uhr war ich schon am Frühstückstisch.

KULTURPROJEKT
SCHULALLTAG UND GESCHICHTE DER SCHULE

1. **Vergleich.** Sie haben in diesem Kapitel über Schulen in Deutschland gelernt. Vergleichen Sie die Schulen in Deutschland heute mit Ihrer Schule. Beachten Sie die folgenden Punkte: Fächer, Schultag, Sport und Klubs, Transport zur Schule und so weiter. Welche Gemeinsamkeiten und Unterschiede gibt es?

2. **Interviews.** Wie waren Schulen früher in deutschsprachigen Ländern? Wie waren Schulen früher in Ihrem Land? Fragen Sie drei ältere. Menschen. Sie können Fragen über folgende Themen stellen: Gebäude, Schüler, Lehrer, und so weiter.

3. **Poster und Bericht.** Sammeln Sie Fotos und Artikel aus Zeitungen/Zeitschriften und dem Internet zum Thema „Schule damals und heute". Machen Sie mit dem gefundenen Material ein Poster. Schreiben Sie auch einen kurzen Bericht.

WORTSCHATZ

Substantive	Nouns
die **Freude**, -n	pleasure, joy
die **Gegenwart**	present time
die **Grundlage**, -n	foundation, basis
die **Überlastung**, -en	burden, overload
die **Unsicherheit**, -en	insecurity
die **Unterrichtsmethode**, -n	teaching method
die **Vergangenheit**	past
die **Wirkung**, -en	result; effect
die **Wissenschaft**, -en	science
der **Alltag**	everyday life
der **Alptraum**, ⸚e	nightmare
der **Handel**	trade
der **Ratschlag**, ⸚e	advice
der **Stil**, -e	style
der **Wettbewerb**, -e	competition
das **Jahrhundert**, -e	century
das **Pflichtfach**, ⸚er	required course
das **Wahlfach**, ⸚er	elective

Verben	Verbs
sich begegnen	to meet
besetzen	to occupy
erobern	to conquer
gründen	to found
Wert legen auf (+ *acc.*)	to value something
mit•bestimmen	to have a say
rechnen	to calculate
sich unterscheiden von, **unterschied,** **unterschieden**	to differ from
sich verändern	to change
vertreten (vertritt), **vertrat, vertreten**	to appear; to represent
(sich) vor•bereiten	to prepare
weihen (+ *dat.*)	to dedicate
zerstören	to destroy

Adjektive und Adverbien	Adjectives and adverbs
auswendig (lernen)	(to learn) by heart
beschädigt	damaged
bewegt	eventful; turbulent
eher	rather; sooner
fast	almost
häufig	often, frequent(ly)
prima	great, excellent
weitgehend	extensive

Sie wissen schon	You already know
die **Gesamtschule**, -n	comprehensive school
die **Nähe**	vicinity
die **Realschule**, -n	vocational school
das **Dorf**, ⸚er	small town
das **Fach**, ⸚er	subject
das **Gymnasium**, *pl.* **Gymnasien**	college preparatory high school
sich beschäftigen mit	to be occupied with
bestehen	to pass (a test)
lehren	to teach
statt•finden, fand statt, stattgefunden	to take place
unterrichten	to teach
verbieten, verbot, verboten	to forbid
verlassen, verliess, verlassen	to leave
gegen	approximately
langweilig	boring
lustig	fun
streng	strict

WIEDERHOLUNG 9

VIDEOTHEK

A Eine Familiengeschichte. Hier sehen Sie Meta und Sybille Hein, Großmutter und Enkelin. Beide wohnen jetzt allein, aber sie haben bisher ganz anders gelebt. Vergleichen Sie das Familienleben und den Alltag der beiden Frauen. Was ist anders, und was ist ähnlich? Warum haben beide so unterschiedlich gelebt?

B Die Familie damals. Als Meta Hein jung war, lebte die deutsche Familie in einer festen Ordnung. Beschreiben Sie die typische Familie aus dieser Zeit. Welche Rolle hat der Vater gespielt? Welche Rolle hat die Mutter gespielt? Wie lebten damals die Söhne und die Töchter?

C Jugend. Was wünschen sich Ulla, Kristian und Ramona vom Leben? Wollen alle ein traditionelles Familienleben? Oder wollen sie alle arbeiten und Karriere machen? Welche Berufswünsche haben sie? Was machen sie heute, damit sich ihre Träume verwirklichen?

Meta und Sybilla Hein

Eine Familie in der Zeit vor dem Zweiten Weltkrieg.

	ULLA	KRISTIAN	RAMONA
BERUFSWÜNSCHE			
FAMILIENWÜNSCHE			
WAS SIE HEUTE MACHEN			

Ulla

Kristian

Ramona

D Schulalltag. Beschreiben Sie Karolins Schulalltag und den Schulalltag von früher. Diskutieren Sie darüber, wie sich der Schulalltag in Deutschland seit dem Zweiten Weltrieg verändert hat.

Karolins Klassenzimmer.

Ein Klassenzimmer von damals.

VOKABELN

A Familie. Ergänzen Sie die Sätze mit den Wörtern aus dem Kasten.

1. Das Familienleben von heute ist ziemlich anders als das von _____.
2. Meine Eltern blieben ihr ganzes Leben zusammen. Sie hatten eine sehr glückliche _____.
3. Die Entscheidungen der Eltern _____ natürlich auch die Kinder.
4. Meine Mutter ist in Deutschland _____, aber sie lebt jetzt in den USA.
5. Früher wollte ich _____, aber jetzt finde ich es schön, allein zu wohnen.
6. Nach einer _____ wohnen die Kinder normalerweise bei der Mutter.
7. Meine Großeltern haben sich schon als Kinder ineinander _____.

> heiraten
> aufgewachsen
> Scheidung
> verliebt
> damals betreffen
> unabhängig Ehe

B Jugendliche. Ergänzen Sie die Sätze mit der richtigen Deklination der Wörter im Kasten.

> die Art anpassen das Zeichen
> der Wandel friedlich
> teilnehmen
> die Suche unterschiedlich

1. Jetzt können junge Leute zwischen _____ Lebensstilen wählen.
2. Es gibt viele _____ von Jugendlichen: Manche engagieren sich für Politik, andere für Sport.
3. Im Klassenzimmer sollte man immer an den Gesprächen _____.
4. Die sechziger Jahre war das Jahrzehnt des großen _____ in Europa und Amerika.
5. Der Rock 'n' Roll ist ein _____ der fünfziger Jahre.

6. Das Recht, sich _____ gegen den Staat versammeln zu können, ist sehr wichtig.
7. _____ nach Identität ist auch für ältere Menschen sehr wichtig.
8. Nicht alle Menschen sind radikal, viele wollen sich einfach nur _____.

C Synonyme. Was passt zusammen?

1.	zehn Jahrzehnte	a.	zerstören
2.	heute	b.	prima
3.	eine gute Idee	c.	verändern
4.	toll	d.	langweilig
5.	ruinieren, kaputt machen	e.	auf etwas Wert legen
6.	eine kleine Stadt	f.	das Jahrhundert
7.	uninteressant	g.	die Gegenwart
8.	wichtig finden	h.	die Überlastung
9.	zu viel Arbeit	i.	ein Ratschlag
10.	neu oder anders machen	j.	ein Dorf

D Mann und Frau. Vergleichen Sie die Rolle des Mannes und die Rolle der Frau während des Zweiten Weltkriegs. Was hat sich für Männer und Frauen geändert? Wie stellen Sie sich das Familienleben von damals vor?

E Lebensstile. Wie hat sich die Situation der Familie in der heutigen Gesellschaft verändert? Beschreiben Sie die Rolle der Frau und die Rolle des Mannes. Wie sind diese Rollen anders als früher? Warum ist alles so anders geworden?

STRUKTUREN

A Nicht jetzt, sondern damals. Schreiben Sie die Sätze im Imperfekt.

MODELL: Meine Eltern kommen aus Europa. →
Meine Eltern kamen aus Europa.

1. Mein Großvater wächst in Deutschland auf.
2. Seine Mutter steht ihm immer sehr nah.
3. Er denkt oft an die alten Zeiten.
4. Sie nehmen nie an Demos teil.
5. Sie wählen einen neuen Präsidenten.
6. Die Bomben zerstören die Stadt.
7. Er muss sein Dorf verlassen.

B Alles erledigt? Sie hatten heute keine Zeit, alles zu erledigen. Beantworten Sie die Sätze als Negation.

MODELL: Hast du das Auto gewaschen? →
Nein, ich habe das Auto nicht gewaschen.

1. Bist du früh aufgestanden?
2. Bist du in die Stadt gefahren?

3. Hast du das Video gesehen?
4. Bist du auf die Post gegangen?
5. Hast du Briefmarken gekauft?
6. Hast du Hausaufgaben gemacht?
7. Hast du den Roman gelesen?
8. Hast du einen Tagebucheintrag geschrieben?

C Kenntnisse und Fähigkeiten. Beantworten Sie die Fragen mit Pronomen.

MODELL: Kennen Sie Sigrid Unslet? →
          Ja, ich kenne sie.
   oder: Nein, ich kenne sie nicht.

1. Kennen Sie Gerhard Schroeder?
2. Haben Sie die Zeitung von heute gelesen?
3. Kennen Sie den Roman „Der Zauberberg"?
4. Haben Sie das Deutschbuch schon durchgelesen?
5. Haben Sie Ihre Hausaufgaben für heute gemacht?
6. Haben Sie Ihrer Mutter die Blumen gegeben?
7. Haben Sie ihren Mitstudenten geholfen?
8. Schmeckt Ihnen scharfe Currywurst?

D Karins Geschichte. Ergänzen Sie die Lücken mit der richtigen Formen der Wörter in Klammern. Achten Sie auf die Präpositionen.

Karin wohnt bei _____[1] (ihre Mutter) in _____[2] (ein Dorf) nicht weit von _____[3] (die Stadt) Hannover. Jeden Morgen geht sie auf _____[4] (die Bank). Sie arbeitet auf _____[5] (die Bank) als Kundenberaterin. Sie findet diesen Beruf toll, weil sie viel Kontakt mit _____[6] (andere Menschen) hat. Öfters, wenn Karin durch _____[7] (die Innenstadt) von Hannover geht, trifft sie ihre Kunden und Kundinnen. Die Bank steht neben _____[8] (ein Hotel), das im neunzehnten Jahrhundert erbaut wurde. Das Hotel hat ein kleines Café. Karin geht in _____[9] (das Café), wenn sie eine Tasse Tee trinken will. Sie denkt oft an _____[10] (die Zukunft) und träumt von _____[11] (ein Leben), das sehr positiv sein wird.

E Bremen—eine Stadt stellt sich vor. Lesen Sie diese Beschreibung des Schnoorviertels in Bremen, und ergänzen Sie die fehlenden Adjektivendungen.

Das Schnoorviertel, auf gut ___[1] Hochdeutsch „Schnurviertel", ist der ältest ___[2] Teil der Stadt Bremen und wurde im Zweit ___[3] Weltkrieg kaum zerstört. Dieser historisch ___[4] Bezirk besteht aus vielen klein ___[5] Häusern, die fast wie eine Schnur (*string*) sehr dicht nebeneinander stehen. Die erst ___[6] Siedler des Schnoorviertels waren Fischer und andere arm ___[7] Leute. Aber dann kamen die reich ___[8] Kaufleute, die den Bezirk schön fanden. Heute stehen viele schön ___[9] Cafés und einige historisch ___[10] Gaststätten da, wo früher die Fischer ihre Häuser gebaut hatten.

Das Schnoorviertel in Bremen.

PERSPEKTIVEN

Eine deutsche Hochzeit findet statt.

Sie hören jetzt eine Werbung für den Hochzeits-Service eines großen Kaufhauses in Deutschland.

A Welche Geschenke werden in der Werbung erwähnt?

		JA	NEIN
1.	Bettwäsche	☐	☐
2.	Eierkocher	☐	☐
3.	Gläser	☐	☐
4.	Kaffeemaschinen	☐	☐
5.	Porzellan	☐	☐
6.	Tischdecke	☐	☐
7.	Toaster	☐	☐
8.	Vasen	☐	☐

B Was wissen Sie von diesem Service? Hören Sie noch einmal zu. Was stimmt?

		DAS STIMMT.	DAS STIMMT NICHT.
1.	Ohne den Service könnte man dreizehn Kaffeemaschinen bekommen.	☐	☐
2.	Mit dem Service können Sie Gläser und Porzellan koordinieren.	☐	☐
3.	Wunschgeschenke werden in eine Hochzeitsliste eingetragen.	☐	☐
4.	Das Brautpaar nimmt die Hochzeitsliste mit nach Hause.	☐	☐
5.	Den Hochzeits-Service findet man auf der dritten Etage.	☐	☐

C Beschreiben Sie eine Hochzeit, die Sie einmal besucht haben, oder wie Sie sich eine vorstellen. Wo fand die Hochzeit statt? Wer war da? Wie war die Zeremonie? Wie waren die Hochzeitsgäste angezogen? Die Wörter im Kasten stehen Ihnen zur Hilfe.

das Brautpaar   die Gäste   die Unterhaltung

Kleidung   die Dekorationen   der Ort

das Fest   das Essen und Trinken   die Zeremonie

traditionell

D Partnerarbeit. Arbeiten Sie in einer Kleingruppe, und planen Sie eine Hochzeit. Was müssen Sie organisieren? Vergessen Sie nicht: Man braucht Musik bei der Zeremonie, und danach gibt es eine Hochzeitsreise.

UNIVERSITÄT

In diesem Kapitel

- erfahren Sie einiges über die Geschichte der Universität Heidelberg.
- lernen Sie einen Studenten aus Kamerun kennen.
- sprechen Sie darüber, wie sich das Studium über die Jahre hindurch verändert hat.

Sie werden auch

- höfliche Bitten und Wünsche mit dem Konjunktiv ausdrücken.
- die Gegenwartsformen und die Vergangenheitsformen des Konjunktivs lernen.
- eine Geschichte über einen interessanten Briefwechsel lesen.
- nachforschen, wie man im Ausland studieren kann.

Die heutige Stadt Heidelberg.

Heidelberg—eine der bekanntesten
Universitätsstädte Deutschlands.

Heidelberg im Mittelalter.

VIDEOTHEK

In diesem Kapitel sehen Sie, wie Bildung und Studium in den deutschsprachigen Ländern damals waren und wie sie heute sind.

Die Uni Heidelberg hat eine lange Geschichte.

I: Geschichte einer Universität

A Studienfächer

SCHRITT 1: Wann konnte man diese Fächer an der Universität in Heidelberg studieren?

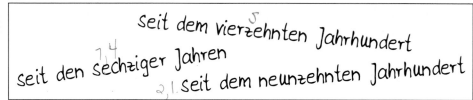
seit dem vierzehnten Jahrhundert
seit den sechziger Jahren
seit dem neunzehnten Jahrhundert

1. Physik	4. Dolmetschen	7. Übersetzen
2. Geisteswissenschaften	5. Philosophie	8. Medizin
3. Rechtswissenschaft	6. Chemie	9. Theologie

SCHRITT 2: Welche der obengenannten Studienfächer kann man auch an Ihrer Universität studieren? Welche nicht?

B Neue Studienfächer. Gibt es an Ihrer Universität Studienfächer, die man erst seit zwanzig Jahren studieren kann? Welche Studienfächer sind das? Interessieren Sie sich für einige davon? Warum (nicht)?

C Persönliche Geschichten. Verbinden Sie jede Person mit dem richtigen Satzteil.

Klaus   *Sabine*
Daniela   *Susanne*   *Anja*

1. _____ hat Germanistik und Musikwissenschaften in Greifswald studiert.
2. _____ hat Mathematik in Münster studiert. Das war ein sehr positives Erlebnis.
3. _Sabin_ hat in Köln studiert und lernte viele Ausländer an der Uni kennen.
4. _D_ hat in Österreich studiert.
5. _Su_ hat das Abitur noch nicht gemacht. Diese Person will vielleicht Politologie in Köln studieren.

WORTSCHATZ ZUM VIDEO

verfestigen	to strengthen
die Sport-wissenschaft	sports science
die Landesleute	compatriots; countrymen
das Krebsforsch-ungszentrum	cancer research center
der Bunsenbrenner	Bunsen burner
bewaldet	forested

mein Studium abschließen – to end.
Übrig = remaining

II: Ein Student aus Kamerun

In dieser Folge erfahren Sie, was ein ausländischer Student von
Deutschland und den Deutschen hält.

A Auslandsstudium

SCHRITT 1: Guy in Aachen. Was stimmt?

	DAS STIMMT.	DAS STIMMT NICHT.
1. Guy findet die Lebenshaltungs kosten in Deutschland billig.	☐	☒
2. Guy wohnt in einem Studentenwohnheim.	☒	☐
3. Guy und Robert studieren Maschinenbau.	☒	☐
4. Guy trifft sich mit Landsleuten im Restaurant.	☐	☒
5. Das Essen in der Mensa ist preiswert.	☒	☐
6. Guy ist in Aachen unzufrieden.	☐	☒
7. Guy hat viele gute Freunde in Aachen.	☒	☐

SCHRITT 2: Und Sie? Was meinen Sie zu den folgenden Fragen?

1. Stellen Sie sich vor, Sie studieren in Heidelberg. Würden Sie auch
   mit Ihren Landsleuten sprechen wollen? Oder wollten Sie nur
   Deutsche kennenlernen? Warum?
2. Gibt es auch ausländische Studenten und Studentinnen an Ihrer
   Uni? Woher kommen sie?

B Sabines Studium. Susannes Schwester, Sabine, studiert an der Uni in
Köln.

Jung nicht für sie weil

1. Welches Fach hat Sabine zuerst in Köln studiert?
2. Warum hat sie ihr Studienfach nach zwei Jahren gewechselt?
3. Welches Fach beziehungsweise welche Fächer studiert sie jetzt?
4. Welche Fächer studieren Sie? Was ist Ihr Hauptfach? Haben Sie
   auch ein Nebenfach?
5. Ist es an Ihrer Uni einfach, zu einem anderen Studienfach zu
   wechseln?

C Alltagsleben an der Universität. Sabine erzählt von ihrem Alltag an
der Uni.

1. Was macht sie?
2. Vergleichen Sie Ihren mit Sabines Alltag. Was ist ähnlich? Was ist
   anders?
3. Mochten Sie an einer deutschen oder osterreichischen Uni
   studieren? Warum oder warum nicht?

For more information on international
students in Germany, visit the Fokus
Internet Web Site at
http://www.mhhe.com/german.

Sabine Dyrchs

good looking
Er sieht gut aus

VOKABELN

die Diplomarbeit	*thesis work*
die Erfahrung	*experience*
die Geisteswissenschaften	*humanities*
die Germanistik	*German studies*
die Jura	*law*
die Medizin	*medicine*
die Rechtswissenschaft	*jurisprudence*
der Begriff	*concept, idea*
der Kommilitone /	*classmate*
die Kommilitonin	
der Ruf	*reputation*
auf•nehmen	*to start, take up*
entstehen	*to arise*
sich befinden	*to be located*
schaffen	*to make; accomplish*
um•wechseln	*to change*
sich unterhalten über	*to converse;*
(+ *acc.*)	*to entertain*
wiederholen	*to repeat*
sich wundern über	*to be surprised at*
(+ *acc.*)	
zu•nehmen	*to increase*
allmählich	*gradual*
beliebt	*popular*
gemeinsam	*together; common*

Studieren, lesen, sich mit Freunden unterhalten—wie ist das Studentenleben bei Ihnen?

heutig	*today's*
riesengroß	*enormous*

Sie wissen schon
die Bemerkung, die Bildung, die Chemie, die Geschichte, die Physik, der Maschinenbau, bekommen, sich fürchten vor (+ *dat.*), sich gewöhnen an (+ *acc.*), merkwürdig

Aktivitäten

A Definitionen. Welche Wörter aus der Vokabelliste passen zu den folgenden Definitionen?

1. schriftliche Arbeit, mit der ein Diplom erworben wird
2. etwas noch einmal machen
3. an einem bestimmten Ort sein
4. das Erlebnis
5. eigenartig, seltsam
6. machen, arbeiten
7. miteinander, zusammen
8. überrascht sein
9. sehr groß

B Studium und Fächer. Ergänzen Sie die Sätze.

> Ruf   beliebt   gewöhnt
>
> Jura   Geisteswissenschaften
>
> Fürchten   nimmt zu   heutigen

1. Philosophie, Literatur und Sprachwissenschaft gehören zu den _____.
2. Die Universität Heidelberg hat überall in der Welt einen sehr guten _____.
3. Wenn man Richter oder Richterin werden möchte, muss man _____ studieren.
4. Die Zahl der Studenten an deutschen Universitäten _____ jedes Jahr _____.
5. Die Professoren, die bei den Studenten besonders _____ sind, haben großen Erfolg.
6. Die _____ Universitäten sind sehr anders als die von damals.
7. Viele Studenten _____ sich vor Prüfungen.
8. Andere haben sich schon daran _____, ständig geprüft zu werden.

C Studium in Österreich und in Ihrem Land. Lesen Sie Danielas Beschreibung vom Studienablauf in Österreich, und beantworten Sie dann die Fragen.

„Der Studienablauf in Österreich teilt sich in zwei Abschnitte. Der erste Studienabschnitt dauert zwei Jahre, dann hat man die erste Diplomprüfung. Dann kommen wieder zwei Jahre, man hat die zweite Diplomprüfung, plus man muss eine Diplomarbeit schreiben und dann ist das Studium beendet."

1. Wie finden Sie den österreichischen Studienablauf?
2. Ist der österreichische Studienablauf so wie der in Ihrem Land?
3. Wie ist das Studium bei Ihnen? Beschreiben Sie es.

D Ihre Freunde/Freundinnen oder Familienmitglieder. Sie haben erfahren, welche Studienfächer verschiedene Personen in verschiedenen Städten studieren oder schon studiert haben. Erklären Sie jetzt, was drei von Ihren Freunden/Freundinnen oder Familienmitgliedern studieren oder studiert haben. An welchen Universitäten und/oder in welchen Städten?

STRUKTUREN

SUBJUNCTIVE
EXPRESSING POLITE REQUESTS AND UNREAL SITUATIONS

The indicative mood describes facts: actual events, situations, conditions, or states of existence.

Sie **ist** glücklich.	*She's happy.*
Er **kann** kochen.	*He knows how to cook.*

The subjunctive mood does not describe actual facts, but possibilities or unreal situations that often depend on some unrealized condition.

Sie **wäre** glücklich, wenn . . .	*She would be happy, if . . .*
Wenn er kochen **könnte,** . . .	*If he knew how to cook, . . .*

Subjunctive forms, especially those of **haben, sein,** and the modal verbs (**dürfen, können, mögen, müssen, sollen,** and **wollen**), also express polite requests or invitations.

Hättest du Zeit, mir zu helfen?	*Would you have time to help me?*
Könnten Sie mir helfen?	*Could you help me?*

There are two ways to express the subjunctive in German: 1) with the subjunctive form of the verb, particularly of verbs such as **haben, sein,** the modal verbs, and **wissen**; or 2) with the subjunctive form of **würde** plus the infinitive of the main verb, which resembles the construction of modal verb plus infinitive. The **würde-**construction works well with virtually all infinitives other than those of the previously mentioned verbs.

Könnten Sie das bitte **wiederholen**?	*Could you please repeat that?*
Würden Sie das bitte **wiederholen**?	*Would you please repeat that?*

The subjunctive stem of a verb derives from the past-tense form plus **-e.** The stem also adds an umlaut to **a, o,** or **u.** The exceptions are **sollen** and **wollen,** which do not add the umlaut and so have identical past-tense and subjunctive forms. The forms for **haben, sein, können,** and **wissen** are as follows.

INFINITIVE: SUBJUNCTIVE STEM:	**haben** **hätte**	**sein** **wäre**	**können** **könnte**	**wissen** **wüsste**
	SINGULAR			
ich	hätte	wäre	könnte	wüsste
du	hätte**st**	wäre**st**	könnte**st**	wüsste**st**
Sie	hätte**n**	wäre**n**	könnte**n**	wüsste**n**
sie/er/es	hätte	wäre	könnte	wüsste
	PLURAL			
wir	hätte**n**	wäre**n**	könnte**n**	wüsste**n**
ihr	hätte**t**	wäre**t**	könnte**t**	wüsste**t**
Sie	hätte**n**	wäre**n**	könnte**n**	wüsste**n**
sie	hätte**n**	wäre**n**	könnte**n**	wüsste**n**

SPRACHSPIEGEL

Note the similarity between German **wäre** and English *were.* As in English, the subjunctive stem derives from the simple past-tense form. German, however, adds special subjunctive endings to this stem. The umlaut of the vowel is also a characteristic sign of the subjunctive, as in the forms **wäre, hätte, könnte, müsste, dürfte, möchte** (from **mögen**), and **wüsste.**

Wenn wir nur wüssten, dass . . .   *If we only knew that . . .*

The subjunctive forms of **werden (würde)** are as follows. Use these forms much in the same way you use the word *would* in English.

INFINITIVE: **werden**	
SUBJUNCTIVE STEM: **würde**	
SINGULAR	PLURAL
ich würde	wir würde**n**
du würde**st**	ihr würde**t**
Sie würde**n**	Sie würde**n**
sie/er/es würde	sie würde**n**

Das **würde** ich nicht **machen.**   *I wouldn't do that.*

Übungen

A Guter Rat ist teuer. Ihre Freunde haben Probleme. Geben Sie ihnen einen Rat mit Hilfe des Ausdrucks **an deiner Stelle** und des Konjunktivs.

MODELL: Ich fahre zu schnell. →
An deiner Stelle würde ich nicht zu schnell fahren.

An deiner Stelle

1. Ich trinke zu viel Cola.
2. Ich esse jeden Tag Pizza.
3. Ich stehe um Mittag auf.
4. Ich verlange ein größeres Zimmer.
5. Ich fürchte mich vor Prüfungen.
6. Ich wohne in einer schlechten Gegend.

B Wenn das so wäre. Sagen Sie, was diese Leute machen würden, wenn ihr Leben anders wäre.

MODELL: Klaus möchte ein großes Haus kaufen, aber er ist nicht reich. →
Wenn Klaus reich wäre, würde er ein großes Haus kaufen.

1. Jutta möchte Urlaub machen, aber sie hat kein Geld.
2. Kai und Anja möchten mehr Freunde haben, aber sie sind nicht nett.
3. Die Schäfers möchten ein großes Abendessen planen, aber sie haben keine Zeit.
4. Jens möchte Erfolg im Leben haben, aber er ist nicht fleißig.
5. Heiner will Geld verdienen, aber er hat keine Arbeit.

C So ein höflicher Mensch! Schreiben Sie die folgenden Sätze höflicher mit Hilfe des Konjunktivs.

MODELL: Kannst du mir ein Abendessen kochen? →
Könntest du mir ein Abendessen kochen?

1. Kannst du mir helfen?
2. Darf ich das Fenster aufmachen?
3. Könnt ihr mehr Platz machen?
4. Kannst du mich anrufen?
5. Hast du gern, dass ich hier bleibe?
6. Dürfen wir heute Abend ins Kino?
7. Wirst du mit uns in die Stadt fahren wollen?
8. Müssen wir das jetzt machen?

KURZ NOTIERT

The expression **an (deiner) Stelle** requires a subjunctive verb, since it introduces a hypothetical suggestion: what you would do if you were someone else or, literally, in someone else's place.

An deiner Stelle würde ich den Lehrer um Hilfe bitten.
If I were you, I would ask the teacher for help.

An seiner Stelle würde ich zu Hause bleiben.
If I were in his place, I would stay at home.

PRESENT SUBJUNCTIVE OF WEAK AND STRONG VERBS
MORE ON EXPRESSING UNREAL EVENTS

The present subjunctive forms of weak verbs—those that follow regular conjugation patterns—are identical to the simple past forms.

INFINITIVE	SIMPLE PAST	SUBJUNCTIVE
wünschen	wünschte	wünschte
arbeiten	arbeitete	arbeitete

The subjunctive stem of strong verbs—those verbs that have stem changes in the past tense—consists of the simple past stem plus **-e** and an umlaut if the stem vowel is **a, o,** or **u.**

INFINITIVE	SIMPLE PAST	SUBJUNCTIVE
fahren	fuhr	führe
bleiben	blieb	bliebe
gehen	ging	ginge
kommen	kam	käme

study these irregulars

To use strong verbs in the present subjunctive, simply add the appropriate endings to the subjunctive stem, as in the following example.

INFINITIVE: **kommen**
SUBJUNCTIVE STEM: **käme**

SINGULAR		PLURAL	
ich	käme	wir	käme**n**
du	käme**st**	ihr	käme**t**
Sie	käme**n**	Sie	käme**n**
sie/er/es	käme	sie	käme**n**

Es wäre schön, wenn sie zu uns zu Besuch **kämen.**

It would be nice if they would come visit us.

KURZ NOTIERT

Expressions with the subjunctive **wollte** or **wünschte** introduce clauses that also require the subjunctive forms of verbs or use of the **würde**-construction.

Ich wollte, du **kämest mit.**
I want you to come along.

Wir wünschten, er **würde** fleißiger **arbeiten.**
We wish he would work harder.

Übungen

A Wünsche. Was einer hat, möchte der andere auch haben! Bilden Sie Sätze mit Hilfe des Ausdrucks . . . **wünschte.**

MODELL: Alex arbeitet in einem Buchladen. (Tanja) →
Tanja wünschte, sie arbeitete auch in einem Buchladen.

1. Helga arbeitet nur drei Tage in der Woche. (meine Freunde)
2. Frau Schmidt spielt sehr gut Tennis. (Sabine)
3. Karsten verdient sehr viel Geld. (wir)
4. Lars lernt schnell. (ich)
5. Erika studiert an der Uni Heidelberg. (Patrick)

B Ein Fest. Sie haben ein großes Fest geplant, aber alles geht schief (*wrong*). Was sagen Sie? Verwenden Sie dabei den Ausdruck **(doch) nur.**

KURZ NOTIERT

The expression **(doch) nur** is commonly used when expressing wishes in the subjunctive.

Wenn er doch nur mit uns kommen könnte.
If only he could come with us.

Würden Sie bitte meine Katze retten?

MODELL: Du hast keine Zeit mehr. →
Wenn ich nur mehr Zeit hätte!

1. Das Essen ist nicht fertig.
2. Deine Freunde kommen nicht pünktlich.
3. Jens darf nicht kommen.
4. Du kannst die Einladungen nicht finden.
5. Deine kleine Schwester bleibt nicht in ihrem Zimmer.
6. Es regnet.
7. Es gibt keine gute Musik.

C Partnerarbeit. Arbeiten Sie mit einem Partner / einer Partnerin und fragen Sie einander, was Sie in den folgenden Situationen tun würden.

MODELL: Du lädst deine Freunde zu einer Party ein, aber kein Mensch kommt. Was würdest du tun? →
Ich würde weinen. Ich würde sehr böse sein, . . .

1. Eine alte Dame bittet um deine Hilfe, ihre Katze von einem Baum zu holen. Der Baum ist sehr hoch und die Katze sieht sehr böse aus!
2. Du hast eine Brieftasche gefunden. In der Brieftasche findest du einen Ausweis mit Namen und Telefonnummer, aber auch ziemlich viel Geld.
3. Zwei gute Freunde, die du seit langem nicht gesehen hast, kommen zu dir zu Besuch. Deine Eltern wollen dich am gleichen Wochenende besuchen. Du hast leider nicht genug Platz für alle.
4. Du hast den letzten Platz für ein Seminar bekommen. Eine Studentin, die sich auch anmelden wollte, hat keinen Platz bekommen. Sie muss das Seminar dieses Jahr belegen, um die Diplomprüfung machen zu können.

PAST SUBJUNCTIVE
TALKING ABOUT UNREAL EVENTS IN THE PAST

The past subjunctive describes unreal or hypothetical events or situations that might have occurred or existed in the past but did not. Often such statements take the form of wishful thinking, looking back on what might have been.

Wenn er nur seine Hausaufgaben **gemacht hätte.**	*If only he had done his homework.*
Wenn du nur zu Hause **geblieben wärest.**	*If only you had stayed at home.*

The subjunctive has only one way of expressing the past: Use the subjunctive form of the auxiliary verb **haben** or **sein** with the past participle of the main verb. Note that this construction is very similar to the past perfect tense, which uses the past-tense forms of the auxiliary verbs with past participles. Remember, verbs that can take direct objects use the auxiliary **haben;** those that do not take objects use **sein.** This rule applies to the past subjunctive as well as to the perfect tenses of the indicative.

INFINITIVE	PAST PERFECT	PAST SUBJUNCTIVE
kaufen	hatte gekauft	hätte gekauft
nehmen	hatte genommen	hätte genommen
sein	war gewesen	wäre gewesen
gehen	war gegangen	wäre gegangen

Übungen

A Wenn nur! Das Studentenleben ist manchmal schwer. Bilden Sie Sätze im Konjunktiv der Vergangenheit.

MODELL: Ich habe das Referat nicht geschrieben. →
Wenn ich das Referat nur geschrieben hätte!

1. Ich habe kein Zimmer im Studentenwohnheim bekommen.
2. Du hast zu viele Kurse belegt.
3. Wir haben die Bücher nicht gelesen.
4. Ich habe den Text nicht übersetzt.
5. Er hat den Bunsenbrenner nicht ausgemacht.
6. Ihr habt euch nicht mit den anderen Studenten unterhalten.

B Unter anderen Umständen. Verbinden Sie die Sätze mit Hilfe des Konjunktivs der Vergangenheit.

MODELL: Ich habe keine Einladung bekommen. Ich bin nicht zu deiner Party gegangen. →
Wenn ich eine Einladung bekommen hätte, wäre ich zu deiner Party gegangen.

1. Ich habe keine Zeit gehabt. Ich bin nicht in die Vorlesung gegangen.
2. Wir haben keine Urlaubstage gehabt. Wir sind nicht in die Schweiz gereist.
3. Du hast meine Katze nicht gerettet. Ich bin sehr traurig gewesen.
4. Ihr habt uns den Witz nicht erzählt. Wir sind sehr enttäuscht gewesen.
5. Sie hat uns zugehört. Sie ist nicht in den Zug eingestiegen.

Guy unterhält sich mit Freunden in der Mensa.

PERSPEKTIVEN

HÖREN SIE ZU!
ENTDECKEN SIE KAMERUN!

WORTSCHATZ ZUM HÖRTEXT

sorgen für	to provide for
die Abewechslung	variety
überragen	to tower over
der Vergnügungspark	theme park
dunn	thinly
besiedelt	populated
beeindrückend	impressive
freilebend	free-roaming
einheimisch	local
herrscht kein Mangel	there's no shortage
die Garnele	shrimp
der Unterhaltungskünstler	entertainment artist
der Zugang	access

Die Hofmusikanten des Sultans.

A Was haben Sie über Kamerun gelernt? Hören Sie gut zu, und beantworten Sie die Fragen.

1. Auf wie vielen Hügeln ist die Stadt Yaoundé erbaut?
2. Was macht das Klima in Yaoundé so angenehm?
3. Was kann man in Ostkamerun sehen?
4. Was für Küchen stehen auf der Speisekarte?
5. Was isst man gern in Südkamerun?
6. Wann kann man die Unterhaltungskünstler sehen?
7. Wann werden die Bars geschlossen?
8. Welche Sportarten kann man in Kamerun betreiben?

B Hörerkreis. Hören Sie den Text noch einmal an, und stellen Sie sich vor, Sie hören ihn im Radio. Wie werden die Informationen organisiert? Warum? Beschreiben Sie kurz die Hörer/Hörerinnen, für die dieser Hörtext wohl geschrieben wurde. Was für Berufe würden solche Personen ausüben? Wofür würden sie sich interessieren? Was würden sie gern im Urlaub machen und warum? Spekulieren Sie.

C Briefwechsel. Guy schreibt gern Briefe an seine Familie zu Hause in Kamerun. Hier ist der Brief, den er seinem Bruder Eric geschrieben hat. Stellen Sie sich vor, Sie wären Eric. Schreiben Sie einen kurzen Brief an Guy. Wie ist alles zu Hause in Kamerun? Was haben Sie in den letzten Wochen gemacht? Nehmen Sie einige Informationen aus dem Hörtext für den Brief.

Cher Eric,

du wunderst dich darüber, wie viel Geld ich als Student in Deutschland habe. Aber hier ist alles teuer. Zum Beispiel zahle ich jeden Monat 250 Mark für mein kleines Zimmer, das ich im Studentenwohnheim bekommen habe. Hier sind die Zimmer billiger und ich habe jetzt mehr Kontakt zu deutschen Kommilitonen.

Aachen ist eine viel ruhigere Stadt als die Städte in Kamerun. Eigentlich gefällt es mir in Aachen sehr gut. Nach den Vorlesungen gehe ich manchmal abends noch aus und treffe mich mit anderen Studenten. Auch wegen der guten Freunde, die ich hier gefunden habe, fühle ich mich wohl, aber manchmal sehne ich mich doch nach den warmen Abenden in Kamerun.

Alles Gute,
dein Guy

LANDESKUNDE IN KÜRZE
WOHNEN AN DER UNI

Im folgenden Text lesen Sie über Unterkunftsmöglichkeiten für Studenten in Heidelberg.

Mit der Zulassung zum Studium an der Universität Heidelberg ist keine Reservierung einer Unterkunft, zum Beispiel in einem Studentenwohnheim, verbunden. Studierende müssen sich selbst um eine Wohnmöglichkeit

WORTSCHATZ ZUM LESEN

die Zulassung	registration
bemühen	to make an effort
verwalten	to manage

bemühen. Die monatliche Miete für ein privates Zimmer, beziehungsweise ein Appartement in Heidelberg, beträgt zur Zeit circa DM 600,– (306,78 Euro) monatlich. 5

Für circa zwölf Prozent der Heidelberger Studierenden besteht die Möglichkeit, in einem Studentenwohnheim zu wohnen. Die Wohnheime mit rund 3 000 Plätzen werden vom Studentenwerk Heidelberg verwaltet. Informationen und Antragsformulare für eine Bewerbung um 10 einen Wohnheimplatz sind beim Studentenwerk Heidelberg anzufordern.

Die Anträge müssen bis spätestens 15. Januar für das nächstfolgende Sommersemester und 15. Juli für das nächstfolgende Wintersemester beim Studentenwerk eingereicht werden. Mietpreis für ein Wohnheimzimmer: je nach Standard von DM 240,– (122,71 Euro) bis DM 15 350,– (178,95 Euro) monatlich. Eine Liste der privat geführten Wohnheime kann beim Akademischen Auslandsamt schriftlich angefordert werden.

● Unterkünfte für Studenten in Heidelberg. Beantworten Sie die Fragen.

	DAS STIMMT.	DAS STIMMT NICHT.
1. Zimmer werden fur Studenten automatisch reserviert.	☐	☐
2. Fast alle Studenten wohnen in einem Studentenwohnheim.	☐	☐
3. Ein privates Zimmer ist billiger als ein Zimmer in einem Studentenwohnheim.	☐	☐
4. Studenten müssen ihre Anträge bis spatestens 15. Juli für das Wintersemester einreichen.	☐	☐
5. Man kann Informationen über private Wohnheime beim Studentenwerk erhalten.	☐	☐

LESEN SIE!

Zum Thema

Ⓐ Zum Titel. Bevor Sie die folgende Kurzgeschichte von Günter Anders lesen, schauen Sie sich den Titel an. Was bedeutet „Die Freiheitspost"? Wovon handelt wohl die Geschichte?

Ⓑ Briefe. Aus welchen Gründen schreiben sich Menschen Briefe? Warum schreiben Sie Briefe oder E-Mails an Freunde oder Verwandte? Machen Sie eine Liste von typichen Gründen.

Ein alter Hafen in Deutschland.

C Was passiert? Lesen Sie jetzt die Geschichte bis zum Satz „Und er sah, dass es mit ihm zu Ende ging." Wie geht die Geschichte wohl weiter? Was meinen Sie?

- Er versucht, zurück in seine Heimatstadt zu gehen.
- Die Mutter kommt zu ihm in den fernen Hafen.
- Er überwindet seine Krankheit und lebt weiter.
- Er stirbt und die Geschichte ist zu Ende.
- Jetzt sind Sie dran. Was meinen Sie?

Die Freiheitspost

Als Dil, der Matrose, seinen Heimathafen verließ, um für ein Jahrzehnt alle Meere der Welt zu durchkreuzen, versprach er seiner alten Mutter, ihr von jedem noch so entfernten Ort aus ein Lebenszeichen zu geben. Zwei Jahre hindurch erhielt sie jeden Monat eine Karte; und je nach der
5 Jahreszeit mahnte sie ihr Sohn, die Boote zu teeren, das Gartengitter zu streichen oder den Birnbaum zu stützen. Zwei Jahre lang erhielt sie regelmäßig seine Nachrichten, und es war ihr, als sei er in ihrer Nähe. Nach zwei Jahren erkrankte Dil in einem fernen Hafen. Und er sah, dass es mit ihm zu Ende ging.
10 „Wozu muss meine Mutter wissen", sprach er zu seinem Kapitän, „dass es mit mir zu Ende geht?" Und er ließ sich einen Packen Postkarten bringen und begann in den Stunden, die ihm noch blieben, die Karten zu schreiben, die seine Mutter in den nächsten acht Jahren empfangen

15 sollte. Jede zeigte ein anderes Datum, jede einen anderen Hafennamen, und auf jeder schrieb er, wie gut es ihm ging und dass er ihre Karten erhalten habe und dass sie die Boote teeren solle oder den Birnbaum stützen, je nach Jahreszeit. Als er seine Korrespondenz für die nächsten acht Jahre erledigt hatte, übergab er den Packen seinem Kapitän, bat ihn, acht Jahre hindurch jeden Monat eine der Karten abzusenden, und

20 starb.

Drei Jahre lang erhielt seine Mutter regelmäßig die Nachrichten ihres Sohnes. Und sie war glücklich, dass die Zeit seiner Abwesenheit abnahm, und sie war stolz auf ihn und lebte von Postempfang zu Postempfang. Nach fünf Jahren seiner Abwesenheit legte sie sich hin und starb

25 gleichfalls.

Der Kapitän aber, der nicht ahnte, dass die Mutter seines toten Matrosen gestorben war, kam seiner Pflicht mit vollkommener Regelmäßigkeit nach. Und sandte jeden Monat die Post des längst Gestorbenen an die Tote. So liefen die Nachrichten weiter von

30 niemandem an niemanden. Die Boote hatten weiter geteert, der Birnbaum weiter gestützt zu werden. Aber niemand teerte. Und niemand stützte.

Günther Anders

Zum Text

A Wer machte was?

Wer	DIL	DILS MUTTER	DER KAPITÄN
1. wollte alle Meere der Welt durchkreuzen?	☐	☐	☐
2. sollte den Birnbaum stützen?	☐	☐	☐
3. schrieb regelmäßig Briefe?	☐	☐	☐
4. erkrankte in einem fernen Hafen?	☐	☐	☐
5. lebte von Postempfang zu Postempfang?	☐	☐	☐
6. hatte die Pflicht, Postkarten acht Jahre hindurch zu senden?	☐	☐	☐

B Pflicht und Liebe. Was meinen Sie? Was macht Dil aus Liebe? Was macht er aus Pflicht? Suchen Sie Beispiele im Text, und machen Sie zwei Listen.

Zur Interpretation

A Dil. Beantworten Sie die Fragen.

1. Was für ein Mensch ist Dil? Warum, glauben Sie, wollte er so lange von zu Hause weg sein?

2. Warum mahnte der Sohn seine Mutter, die Boote zu teeren und den Birnbaum zu stützen? Was halten Sie von diesen Mahnungen?

3. Warum hat der Kapitän die Postkarten regelmäßig geschickt? Hätten Sie das auch gemacht?

4. Stimmen Sie überein, dass es gute und schlechte Lügen gibt? Was wäre eine „gute" Lüge?

5. Ist diese Geschichte heute noch möglich? Können Sie sich vorstellen, dass der Kapitän E-Mails an die Mutter schickt? Warum (nicht)?

B Die Familie. Wie würden Sie Dil und seine Familie beschreiben? Ist die Familie reich oder arm? Wohnt sie in einer Großstadt oder auf dem Land? Wie würden Sie das Familienhaus beschreiben? Hat Dil Geschwister? Was ist die Geschichte des Vaters? Was für ein Sohn ist Dil? Finden Sie ihn praktisch oder unpraktisch? Wovon träumt er wohl? Und die Mutter?

C „Eine frohe Hoffnung ist mehr Wert, als zehn trockene Wirklichkeiten." Was halten Sie von diesem Satz? Finden Sie diese Geschichte hoffnungsvoll oder eher hoffnungslos? Erklären Sie Ihre Antwort.

Zur Kommunikation

A Dialog. Arbeiten Sie mit einem Partner / einer Partnerin, und schreiben Sie den Dialog zwischen Dil und dem Kapitän, als der Kapitän verspricht, die Postkarten regelmäßig zu schicken. Welche fragen hat der Kapitän? Wie antwortet Dil darauf?

B Eine Postkarte. Stellen Sie sich vor, Sie seien Dil. Schreiben Sie eine Postkarte an Ihre Mutter. Sie wissen, dass Sie schon längst gestorben sein werden, wenn sie diese Postkarte liest.

KULTURPROJEKT
STUDIUM IM AUSLAND

1. **Auslandsstudium.** Viele Studenten finden es schön, ein Jahr oder ein paar Jahre in einem fremden Land zu studieren. Andere haben Angst, dass sie so lange in einer fremden Kultur wohnen und weg von zu Hause sind. Was sind die Vor- und Nachteile eines Auslandsstudiums? Machen Sie zwei Listen.

2. **Sie und Ihre Freunde.** Möchten Sie an einer ausländischen Universität studieren? Wo? Haben Sie Freunde, die bereits ein Auslandsstudium gemacht haben? Wie waren ihre Erfahrungen?

3. **Weitere Informationen.** Sammeln Sie Informationen über eine ausländische Universität, an der Sie gern studieren würden. Ein Tipp: Viele deutsche, österreichische und schweizerische Universitäten haben schon Web-Seiten im Internet. Berichten Sie Ihren Mitstudenten/Mitstudentinnen, warum die von Ihnen ausgewählte Universität Ihnen besonders gefällt. *Oder:* Berichten Sie ihnen, warum Sie überhaupt nicht an einem akademischen Austausch oder Auslandsstudium teilnehmen möchten.

WORTSCHATZ

Substantive	Nouns
die **Berufung, -en**	vocation
die **Diplomarbeit, -en**	thesis work
die **Erfahrung, -en**	experience
die **Germanistik**	German studies
die **Jura**	law
die **Medizin**	medicine
die **Rechtswissenschaft**	jurisprudence
der **Abschnitt, -e**	cut; segment
der **Begriff, -e**	concept, idea
der **Kommilitone, -n** / die **Kommilitonin, -nen**	classmate
der **Kreis, -e**	circle
der **Ruf, -e**	reputation
der **Stoff, -e**	material
das **Mittelalter**	Middle Ages
die **Geisteswissenschaften** (*pl.*)	humanities

Verben	Verbs
auf•nehmen (nahm auf) nimmt auf, aufgenommen	to start, take up
sich befinden, befand, befunden	to be located
dolmetschen	to interpret (*languages*)
entstehen, entstand, entstanden	to arise
prüfen	to test
quatschen	to talk, gossip
schaffen	to make; accomplish
sich sehnen nach	to long for
übersetzen	to translate
um•wechseln	to change
unterhalten (unterhält) unterhielt, unterhalten	to converse; entertain

wiederholen	to repeat
sich wundern über (+ *acc.*)	to be surprised at
zu•nehmen (nimmt zu) nahm zu, zugenommen	to increase

Adjektive und Adverbien	Adjectives and adverbs
allmählich	gradual(ly)
beliebt	popular
beziehungweise	respective(ly)
eigenartig	unique(ly)
gemeinsam	common; together
heutig	today's
riesengroß	enormous

Sie wissen schon	You already know
die **Bemerkung, -en**	observation
die **Bildung**	education
die **Chemie**	chemistry
die **Geschichte, -n**	history; story
die **Physik**	physics
der **Maschinenbau**	mechanical engineering
bekommen, bekam, bekommen	to receive
beleidigen	to insult
sich fürchten vor (+ *dat.*)	to be afraid of
sich gewöhnen an (+ *acc.*)	to get used to
verlangen	to demand
merkwürdig	remarkable; peculiar, odd
ruhig	peaceful(ly)

ARBEIT UND WIRTSCHAFT

In diesem Kapitel

- erfahren Sie, wie sich die deutsche Wirtschaft nach dem Zweiten Weltkrieg entwickelt hat.
- lernen Sie Monika Schneider, eine Arbeitsvermittlerin in Köln, kennen.
- lernen Sie, wie junge Deutsche und Schweizer das Arbeitsleben von heute sehen.

Sie werden auch

- wiederholen, wie man den Komparativ gebraucht.
- die Formen des Superlativs wiederholen.
- lernen, wie Verben als Adjektive gebraucht werden können.
- eine Geschichte über eine seltsame Karriere lesen.

Die deutsche Autobahn—ein internationales Symbol der deutschen Wirtschaft.

Eine Szene aus dem heutigen Arbeitsleben.

Arbeiter in der Industrie.

VIDEOTHEK

Heute ist die Bundesrepublik Deutschland eine grosse Wirtschaftsmacht. Aber wie ist das passiert? Und wie sieht das heutige Arbeitsleben aus?

I: Wirtschaft im Wandel

In dieser Folge sehen Sie, in welcher Lage sich die deutsche Wirtschaft nach dem Zweiten Weltkrieg befand, und wie sie heute aussieht.

A Was bedeutet für Sie das Wort Wirtschaft? Machen Sie eine kleine Liste mit Wörtern und Begriffen, die Sie mit Wirtschaft assoziieren. Was hat Wirtschaft mit Ihrem Leben zu tun?

B Wirtschaft und Menschen durch die Jahre. Welcher Satz passt zu welchem Bild?

1. Die Familien müssen umziehen, um eine Arbeitsstelle zu finden.
2. Viele Roboter werden in den Fabriken eingesetzt.
3. Viele Familien kaufen sich zum ersten Mal Konsumgüter wie Kühlschränke, Fernseher oder Autos.
4. Die Berufe wandeln sich immer schneller. Neue Kommunikationstechniken und Computer verändern die Arbeit und auch das Leben vieler Deutscher.
5. Deutschland ist zu dieser Zeit hauptsächlich eine Produktionsgesellschaft.

1955 wurde der millionste Volkswagen hergestellt.

a.

b.

c.

d.

e.

C Persönliche Geschichten. Was machen diese Menschen beruflich?

Gürkan   Erika   Anja   Bob

1. Diese Person malt und geht oft in Museen.
2. Diese Person arbeitet selbstständig und führt gemeinsam mit zwei anderen ein Reisebüro.
3. Diese Person arbeitet an einem Deutschkurs mit Hilfe einer Assistentin.
4. Diese Person lehrt Deutsch am Goethe-Institut.

II: Eine Arbeitsvermittlerin

In dieser Folge lernen Sie Monika Schneider kennen. Sie ist Arbeitsvermittlerin und sucht Stellen für Arbeitslose und Arbeitssuchende.

A Arbeitgeber und Arbeitnehmer. Monika unterstützt Arbeitnehmer, eine Arbeit zu finden. Dabei hilft sie auch den Arbeitgebern, die Arbeiter brauchen. Lesen Sie die folgenden Sätze, und sagen Sie, welche Person der Satz beschreibt, Frau Schneider, Herrn Weinart, Herrn Kloss oder Herrn Lebendig.

1. _____ ist Elektromeister von Beruf.
2. _____ ist Apotheker, und sucht eine Mitarbeiterin.
3. _____ arbeitet beim Arbeitsamt.
4. _____ möchte nicht in eine andere Stadt ziehen.
5. _____ sucht einen Groß- und Außenhandelskaufmann.

B Ostdeutsche Perspektiven. Anja erzählt von den Problemen der Arbeitslosigkeit in der ehemaligen DDR. Stimmen die folgenden Sätze?

	DAS STIMMT.	DAS STIMMT NICHT.
1. Arbeitslosigkeit ist heute das größte Problem in Deutschland.	☐	☐
2. Viele Leute wollen alle fünf Jahre in einer neuen Firma arbeiten.	☐	☐
3. Die Arbeitslosigkeit unter Leuten, die in der ehemaligen DDR gearbeitet haben, ist nicht wesentlich schlimmer als unter denen, die in der BRD gearbeitet haben.	☐	☐
4. Die Jahre, die ihre Eltern in der DDR gearbeitet haben, werden nicht angerechnet. Deswegen bekommen sie nicht viel Geld.	☐	☐

Gürkan

Monika Schneider spricht mit Herrn Weinart.

KULTURSPIEGEL

In den neuen Bundesländern sind die wirtschaftlichen Probleme viel größer als in den alten. Nach der Wende schaffte man viele Arbeitsplätze ab. Ältere Leute gingen oft in den Vorruhestand, aber für junge Leute, die vor der Wende einen garantierten Arbeitsplatz zu erwarten hatten, gibt es viel Angst vor Arbeitslosigkeit.

VOKABELN

die Arbeitslosenzahl	*number of unemployed*
die Berufserfahrung	*work experience*
die Entwicklung	*development*
die Rente	*pension*
der Arbeitsplatz	*workplace*
der Arbeitsvermittler / die Arbeitsvermittlerin	*employment agent*
der Betrieb	*business operation*
der Rentner / die Rentnerin	*pensioner*
der Termin	*appointment*
das Unternehmen	*business enterprise*
auf•bauen	*to build; to set up*
ein•setzen	*to put in place*
erfordern	*to require*
erhalten	*to receive*
erlernen	*to learn*
her•stellen	*to produce*
steigern	*to raise*
zwingen	*to force*
gering	*small, negligible*
künftig	*future*
unentbehrlich	*essential(ly), indispensable*
ungefähr	*approximate(ly)*

Was kann die Gesellschaft tun, um die wirtschaftliche Lage zu verbessern?

Sie wissen schon

die Kenntnis, die Stelle, die Steuer, die Wirtschaft, der Beruf, der Bewerber / die Bewerberin, einen Beruf aus•üben, (mit etwas) einverstanden, selbstständig, zufrieden/unzufrieden

Aktivitäten

A Definitionen. Welche Wörter aus dem Kasten passen zu den folgenden Definitionen?

1. Zahl der arbeitslosen Menschen
2. eine Person, die Stellen für Arbeitslose sucht
3. organisieren, gestalten, strukturieren
4. jemand, der sich um eine Arbeitsstelle bewirbt
5. jemandem einer Sache zustimmen, akzeptieren
6. bekommen
7. das Kennen einer Sache, das Wissen von etwas
8. Einkommen vom Staat, wenn man alt ist

die Kenntnis

einverstanden sein

die Arbeitsvermittlerin

erhalten

die Rente

der Bewerber

aufbauen

die Arbeitslosenzahl

B Arbeitswelt. Ergänzen Sie die Verben.

1. Auszubildende arbeiten bei einer Firma und lernen, wie man einen Beruf _____.
2. Die neuen Umständen in der Arbeitswelt _____, dass man sehr flexibel sein muss.
3. Wer eine neue Karriere haben will, muss natürlich auch einen neuen Beruf _____.
4. In Deutschland werden viele Autos _____.
5. Immer mehr Maschinen werden in der Industrie _____.
6. Viele Menschen sind _____, Jobs zu nehmen, die ihnen nicht besonders gut gefallen.

erfordern

hergestellt

erlernen

eingesetzt

gezwungen

ausübt

C Anders gesagt. Setzen Sie für die kursiv gedruckten Wörter Synonyme aus der Wortliste ein.

1. Wir sind *darüber einig*, dass Arbeiter mehr Urlaub haben sollen.
2. Die Stadt Heidelberg hat *etwa* 150 000 Einwohner.
3. Die Zahl der Arbeiter, die in der Schwerindustrie arbeiten, wird immer *kleiner*.
4. Gute Ratschläge sind immer *nötig*.
5. Renate ist in ihrer neuen Stelle sehr *unglücklich*.
6. Klaus arbeitet lieber *ohne Hilfe*.

D Wie stellen Sie sich Ihre künftige Karriere vor? Was möchten Sie werden? Warum? Was müssen sie tun, um diesen Beruf ausüben zu können?

MODELL: Ich möchte Mechanikerin werden, weil ich gern mit Werkzeugen und Autos arbeite. Ich möchte in einer Autowerkstatt arbeiten, wo ich diesen Beruf erlernen kann.

KULTURSPIEGEL

Wie Sie schon gelernt haben, fangen viele junge Deutsche ihre Karriere als Lehrlinge an. Sie erlernen ihren neuen Beruf sowohl in der Klasse als auch am Arbeitsplatz. Drei Jahre lang belegen Lehrlinge Kurse in einer Berufschule und machen zusätzlich ihre Lehre in einer Fabrik oder in einem Büro. Abiturienten können diese Lehrperiode bis zu sechs Monaten verkürzen.

STRUKTUREN

COMPARATIVES
COMPARING PEOPLE AND THINGS

To say someone or something is (not) the same as someone or something else, use the expression **(nicht) so . . . wie.**

Ein Beruf ist **so gut wie** der andere.	*One occupation is as good as the other.*
Ein Krankenpfleger verdient **nicht so viel wie** ein Arzt.	*A nurse doesn't earn as much as a doctor.*

Note that the phrase **(nicht) so . . . wie** uses the positive form of adjectives and adverbs—the form that normally appears in vocabulary lists and dictionaries.

The comparative form of adjectives and adverbs includes the ending **-er.** Most one-syllable words with the vowel **a, o,** or **u** also add an umlaut in the comparative.

POSITIVE	COMPARATIVE	POSITIVE	COMPARATIVE
schnell	schneller	groß	größer
alt	älter	klug	klüger

A small number of one-syllable words with these vowels do not add the umlaut: **klar → klarer** and **rot → roter** (although some speakers do say **röter**).

A number of adjectives and adverbs in German have irregular forms in the comparative.

POSITIVE	COMPARATIVE	POSITIVE	COMPARATIVE
gern	lieber	hoch	höher
gut	besser	viel	mehr

Ich arbeite **gern** im Büro, aber ich arbeite **lieber** zu Hause.	*I like working in the office, but I prefer working at home.*

German also uses the comparative form of adjectives and adverbs with the word **als** to make comparisons of inequality. Note that in German the nouns or pronouns in comparison—those that both precede and follow **als**—share the same case. This rule is also true in English, although speakers frequently use object forms (*me, him, her, us*) after the word *than.*

<u>Er</u> arbeitet **fleißiger als** <u>ich</u>.	*He works harder than I (do).*
<u>Ich</u> kann **schneller** laufen **als** <u>er</u>.	*I can run faster than he (can).*
Sie hat <u>ihm</u> **mehr** Hilfe gegeben **als** <u>mir</u>.	*She gave him more help than (she gave) me.*

Note that the phrase beginning with **wie** or **als** stands outside the clause it refers to.

Ich habe **nicht so viel** gelernt **wie du.**	*I didn't study as much as you (did).*

Remember that comparatives take the same endings as other attributive adjectives when they stand before a noun.

Ausgebildete Menschen haben **bessere** Chancen im Berufsleben.	*Educated people have better opportunities in professional life.*

German uses the word **immer** plus the comparative form of an adjective or adverb to show progression, whereas English uses the comparative form twice, or the words *more and more* plus the positive form of an adjective or adverb.

Es wird **immer kälter.**	*It's getting colder and colder.*
Sie singen **immer schöner.**	*They sing more and more beautifully.*

The German expression **je (mehr) . . . je/desto/umso (mehr)** is equivalent to the English *the (more) . . . the (more) . . .* Notice that one of three different words can begin the second part of the German expression. Both German and English use comparative forms of adjectives or adverbs in these expressions.

Je mehr man arbeitet, **desto mehr** man verdient.	*The more one works, the more one earns.*

Guy trifft alte Freunde in Aachen. Einige sind schon länger in Deutschland als er.

> ## SPRACHSPIEGEL
>
> German forms the comparative of all adjectives and adverbs with **-er**, whereas English forms many comparatives with *-er*, but others with the word *more*.
>
> Er ist **intelligenter** als ich. *He is more intelligent than I (am).*
>
> Sie schreibt **interessantere** Berichte als du. *She writes more interesting reports than you (do).*
>
> Sie arbeiten **fleißiger** als wir. *They work harder than we (do).*

Übungen

A Zurück nach Aachen. Guy, der Student aus Kamerun, kommt nach einigen Jahren wieder nach Aachen. Die Stadt hat sich inzwischen sehr verändert. Was sagt er? Ergänzen Sie die Adjektive oder Adverbien im Komparativ.

1. Die Stadt ist jetzt _____. (groß)
2. Die Preise sind _____. (hoch)
3. Die Wohnungen sind _____. (teuer)
4. Die neuen Kurse sind _____. (interessant)
5. Das neue Universitätsgebäude ist _____ als die alten. (schön)
6. Ich finde es sehr schön in Deutschland, aber ich wohne _____ in Kamerun. (gern)

Frau Schneider hilft Herrn Weinart, einen neuen Job zu finden.

B Die heutige Arbeitslage. Drücken Sie die Sätze mit den Komparativformen der Adjektive aus.

MODELL: **Alte** Leute haben Angst, dass sie ihre Stellen verlieren werden. →
Ältere Leute haben Angst, dass sie ihre Stellen verlieren werden.

1. In den **großen** Städten hat man mehr Berufsmöglichkeiten.
2. Es kann schwer sein, einen **guten** Job zu finden.
3. Ökonomen versuchen, die **hohen** Arbeitslosenzahlen in den vergangenen Jahren zu erklären.
4. Im **weiten** Sinn ist die Arbeitslosigkeit ein Problem für alle Menschen in unserer Gesellschaft.
5. **Kurze** Arbeitszeiten wären wohl eine attraktive Lösung.

C Ja, das Leben wird immer schwerer. Sie sind mit den folgenden Bemerkungen einverstanden. Drücken Sie Ihre Zustimmung im Komparativ aus.

MODELL: Heute ist das Wetter sehr heiß. →
Ja, das Wetter wird immer heißer.

1. Im Moment ist Benzin ziemlich teuer.
2. In der Schweiz sind die Steuern sehr hoch.
3. Die Sozialleistungen sind gering.
4. Berufserfahrung ist sehr wichtig.
5. Bei unserer Firma sind die Arbeitszeiten ziemlich lang.
6. Ein neues Auto kostet viel Geld.

SUPERLATIVES
EXPRESSING THE HIGHEST DEGREE

German forms the superlative of adjectives and adverbs by adding **-(e)st-** to the positive form; the **-e-** comes in if that form ends in **-d, -t,** or **-z.** If the comparative form has an umlaut, so does the superlative form. Note that unlike German, in which all adjectives and adverbs form the comparative and superlative in the same way, English sometimes adds the words *more* and *most* instead of the endings **-er** and **-(e)st.**

POSITIVE	COMPARATIVE	SUPERLATIVE	
alt	älter	ältest-	*old, older, oldest*
schön	schöner	schönst-	*beautiful, more beautiful, most beautiful*

You can use the superlative in two different ways in German: as an attributive adjective (**die älteste Stadt**) or in a prepositional phrase with **am (am ältesten).** Note that either way, an ending must be added to the superlative form.

When the superlative form stands before a noun, it takes the same endings as other attributive adjectives.

Sie ist die **klügste** Frau, die ich kenne.	*She's the smartest woman I know.*

In German as in English, the noun following a superlative adjective may be understood rather than actually stated, depending on the context of the sentence.

Welches Zimmer möchten Sie? —Ich nehme **das billigste.**	*Which room would you like?* *—I'll take the cheapest (one).*

In a prepositional phrase with **am,** the superlative takes the dative case ending **-en.** This construction stands alone and describes a person, place, thing, or idea in terms of the highest degree of some characteristic.

Welcher Fluss ist **am längsten**?	*Which river is the longest?*

Adverbs take this form as well.

Dieses Auto fährt **am schnellsten.**	*This car goes the fastest.*
Am liebsten spiele ich Karten.	*I like to play cards the best.*

Words that have irregular comparative forms usually also have irregular superlative forms.

POSITIVE	COMPARATIVE	SUPERLATIVE
gern	lieber	liebst-, am liebsten
gut	besser	best-, am besten
hoch	höher	höchst-, am höchsten
viel	mehr	meist-, am meisten

„Spieglein, Spieglein, an der Wand, wer ist die Schönste im ganzen Land?"

Übungen

A Heidelberg. Stellen Sie sich vor, Sie studieren in Heidelberg. Ein Freund kommt zu Besuch. Erklären Sie ihm, wo alles am besten ist. Benutzen Sie die Superlativformen der Adjektive.

MODELL: Die **schönen** Restaurants sind in der Altstadt. →
Die schönsten Restaurants sind in der Altstadt.

1. Das **alte** Gebäude ist das Schloss.
2. Die **interessanten** Museen sind an der Hauptstraße.
3. Die **große** Buchhandlung steht neben der Universitätsbibliothek.
4. Die **guten** Kneipen sind nicht weit von der Uni.
5. In den **teuren** Läden kann man natürlich sehr schöne Sachen kaufen.
6. Die **hohen** Preise findest du im Supermarkt, die **niedrigen** auf dem Markt.

Eine Cafészene in der Heidelberger Altstadt.

B Starke Erlebnisse. Arbeiten Sie mit einem Partner / einer Partnerin, und stellen Sie einander die folgenden Fragen.

1. Was ist deine beste Schulerinnerung?
2. Was war deine größte Verlegenheit?
3. Was war dein dümmster Fehler?
4. Was war deine klügste Entscheidung?
5. Was war die längste Reise, die du je gemacht hast? (Meine Reise nach . . . / in . . . war . . .)
6. Was hast du da am besten gefunden? am schlimmsten?

C Heimat. Was ist bei Ihnen am (schönsten)? Beschreiben Sie Ihre Stadt oder Ihre Heimat im Superlativ.

MODELL: Bei uns sind die Wälder am schönsten, die Leute am interessantesten, das Essen am besten, . . .

VERBS AS ADJECTIVES; PARTICIPIAL CONSTRUCTIONS; EXTENDED MODIFIERS
MORE ON DESCRIBING PEOPLE AND THINGS

Two verb forms can function as adjectives: the present and past participles of virtually any verb.

To form the present participle, simply add **-d** to the infinitive; this form corresponds with the *-ing* form of the verb in English. When participles stand before nouns, they add the same endings as other attributive adjectives.

—Ich höre einen **lachenden** Mann.	—*I hear a laughing man.*
—Wo ist der **lachende** Mann?	—*Where is the laughing man?*

You already know how to form the past participles of verbs. To use them as attributive adjectives, simply add the appropriate endings.

Diese **hergestellten** Waren kommen aus China.	*These manufactured goods come from China.*
Niemand kann seine **übertriebene** Beschreibung glauben.	*No one can believe his exaggerated description.*

Extended modifiers are more common, and often lengthier, in German than in English. These descriptive expressions generally include a participial phrase that comes between the article and the noun. Because these constructions usually occur in written language, you should learn to recognize them, even though you need not use them in your own writing.

Die ständig steigende Arbeitslosenzahl ist ein großes Problem in Deutschland.	*The ever-increasing number of unemployed is a big problem in Germany.*
Die nach dem Zweiten Weltkrieg wieder aufgebaute deutsche Wirtschaft wurde als Wunder bezeichnet.	*The German economy, which was rebuilt after World War II, was described as a miracle.*

Notice that the English equivalent of the second example includes a relative clause. To aid your comprehension, you can also rephrase the German sentence with a relative clause. Just move the noun from the end of the expression up to follow the article, then create a relative clause with the information that separated the two elements.

Die Wirtschaft, die nach dem Zweiten Weltkrieg wieder aufgebaut wurde, wurde als Wunder bezeichnet.

Übungen

A Wirtschaft und Arbeit. Ergänzen Sie die Sätze mit den Adjektivenformen der Partizipien Präsens und Perfekt.

1. Die _____ (folgen) Sätze handeln sich um Wirtschaft und Arbeit.
2. Die _____ (zunehmen) Arbeitlosenzahl wird zu _____ (dringen) Problemen in der Gesellschaft führen.
3. Gibt es eine _____ (passen) Lösung zur _____ (steigen) Arbeitslosigkeit?
4. In den _____ (vergehen) Jahrzehnten hat sich das Arbeitsleben stark verändert.
5. Die neu _____ (einsetzen) Maschinen kosten viel Geld.
6. Niemand will einen _____ (verbrauchen) Computer kaufen.
7. Das _____ (fordern) Ziel ist im Moment nicht zu erreichen.

B Interview. Ab und zu muss man auch Freizeit haben. Arbeiten Sie mit einem Partner / einer Partnerin und stellen Sie einander die folgenden Fragen.

1. Was ist deine beliebteste Freizeitbeschäftigung?
2. Welche Aktivitäten findest du anstrengend? Warum?
3. Was sind die Vorteile einer kürzeren Arbeitszeit? Was sind die Nachteile?
4. Findest du, dass die Meinungen über das heutige Arbeitsleben übertrieben sind?

PERSPEKTIVEN

HÖREN SIE ZU!
EINE AHNUNG VON TUTEN UND BLASEN

A Horst Molter. Sie hören einen Text über einen Mann mit einem seltenen Beruf. Was für Informationen hören Sie im Text?

Hören Sie	JA	NEIN
1. ein Zitat des Komponisten Paul Hindemith?	☐	☐
2. Information über Mackenbach?	☐	☐
3. die Namen der Städte, in denen Horst Molter gelebt hat?	☐	☐
4. Information über seine Ausbildung?	☐	☐
5. etwas über amerikanische Komponisten?	☐	☐
6. etwas über Kunden von Horst Molter?	☐	☐

B Was wissen Sie jetzt über Horst Molter? Hören Sie den Text noch einmal, und beantworten Sie dann die Fragen.

1. Wer hat gesagt, „Musik machen ist besser als Musik hören"?
2. Wo hängt eine Miniaturtrompete?
3. Was hat Horst Molter in Kaiserslautern gemacht?
4. Wann ist er nach Amerika ausgewandert?
5. Wo hat er in Amerika gearbeitet?
6. Wann kam er zurück nach Deutschland?
7. Was hat er in Frankfurt gemacht?
8. Seit wann hat er ein Geschäft in Mackenbach?

KULTURSPIEGEL

Mackenbach liegt im südwestlichen Teil von Rheinland-Pfalz. Diese Gegend ist als Musikantenland bekannt. Im neunzehnten Jahrhundert zwangen schlechte wirtschaftliche Bedingungen die Menschen in dieser Gegend, alternative Berufe zu finden. Viele wurden Musikanten, zogen in Gruppen durch ganz Europa und gaben Konzerte. Manche dieser Musikanten kamen auch nach Amerika.

LANDESKUNDE IN KÜRZE
BERATUNG IM ARBEITSAMT

● Das Arbeitsamt hilft nicht nur bei der Arbeitssuche: es bietet auch berufliche Beratung an. Lesen Sie den Text, und beantworten Sie die Fragen.

Terminierte berufliche Beratung richtet sich ganz nach den persönlichen Anliegen der Ratsuchenden. Die Berufsberatung stellt sicher, dass ein störungsfreier Raum und hinreichend Zeit zur Verfügung stehen. Die Anmeldung zu einem Beratungstermin kann telefonisch, schriftlich oder
5 persönlich erfolgen. Auch Sprechstunden werden angeboten. Wir bieten an:

Einzelberatung

Im persönlichen Gespräch zwischen Berater, Ratsuchendem und gegebenenfalls dessen Eltern werden Fragen und Probleme der
10 individuellen Berufswahl erörtert. Der Gegenstand der beruflichen Beratung kann je nach Fragestellung des Ratsuchenden unter anderem sein:

- Wie finde ich einen passenden Beruf?
- Soll ich ein Studium beginnen oder erst eine Berufsausbildung
15 machen?
- Für welchen Beruf bin ich geeignet?
- Wo habe ich die besten beruflichen Perspektiven?
- Welche Aufstiegsmöglichkeiten gibt es?
- Kann ich auch im Ausland studieren?
20 • Gibt es finanzielle Förderungsmöglichkeiten?

Falls notwendig, können Ärzte und/oder Psychologen Expertenhilfe leisten. Für behinderte junge Menschen und für Abiturienten und Hochschüler bieten wir spezielle Beratungsdienste an.

Gruppenberatung

25 Sieben oder acht Ratsuchende kommen zusammen. Unter unserer Moderation werden gemeinsam Lösungen für Berufswahlprobleme erarbeitet. Die Gruppe bietet Möglichkeit zum Erfahrungsaustausch. Gruppenberatung kann Einzelberatung ergänzen. Sie findet sowohl im Arbeitsamt als auch in der Schule statt.

30 ### Teamberatung

In schwierigen Fällen können wir weitere Experten zu einer Teamberatung heranziehen. Das können zum Beispiel Mitarbeiter des Arbeitsamts (Psychologen, Ärzte, Technische Berater) oder auch Fachleute von außerhalb, zum Beispiel Vertreter eines
35 Berufsbildungswerks, sein.

WORTSCHATZ **ZUM LESEN**

störungsfrei	free from disturbances
hinreichend	sufficient
erörtern	to discuss
die Aufstiegs- möglichkeit	potential for advancement
behindert	disabled
tatsächlich	actual, factual
das Anliegen	concern

A Beratung im Arbeitsamt. Was stimmt?

	DAS STIMMT.	DAS STIMMT NICHT.
1. Man kann das Arbeitsamt anrufen, um einen Termin zu machen.	☐	☐
2. Man kann entweder allein oder in Gruppen Arbeitsberatung haben.	☐	☐
3. In der Einzelberatung soll man nicht uber Studium fragen.	☐	☐
4. Gruppenberatung findet sich nur im Arbeitsamt statt.	☐	☐
5. In der Teamberatung sind auch Fachleute, die nicht beim Arbeitsamt arbeiten.	☐	☐

B Rollenspiel. Arbeiten Sie mit einem Partner / einer Partnerin. Stellen Sie sich vor, Sie sind Berater/Beraterin, und ein Ratsuchender / eine Ratsuchende stellt Ihnen die Fragen, die unter „Einzelberatung" stehen. Wie antworten Sie auf diese Fragen? Tauschen Sie dann die Rollen um.

LESEN SIE!

Zum Thema

A Was macht man in jedem Beruf? Verbinden Sie die Berufe mit den Beschreibungen.

MODELL: Ein Maurer arbeitet mit Steinen und Mörtel.

Maurer	Komikerin	Stierkämpferin
Friseuse	Metzger	Boxer
Buchhalterin	Melker	Lehrer
Schriftstellerin	Tischlerin	Lacher
Schauspieler	Bäcker	Straßenbahnschaffner
Clown		

1. Kühe melken
2. Häuser oder Möbel bauen
3. die Bücher eines Betriebes führen
4. in Spanien: Stier kämpfen
5. in einer Schule lehren
6. Bücher schreiben
7. Brot und Brötchen backen
8. mit den Fäusten kämpfen
9. Theater spielen
10. im Zirkus arbeiten
11. Haare schneiden
12. auf Bitte lachen
13. Fahrausweise kontrollieren
14. Fleisch verkaufen
15. Witze erzählen

B Berufe. Arbeiten Sie in Dreiergruppen. Wählen Sie sechs Berufe aus der Liste. Beantworten Sie die Fragen, als Sie jeden der sechs Berufe beschreiben.

1. Wo arbeitet jemand, der diesen Beruf ausübt?
2. Wie würden Sie die Arbeitswoche dieser Person beschreiben?
3. Ist die Arbeit körperlich oder eher geistig?
4. Verdient man gewöhnlich viel oder wenig in diesem Beruf?
5. Stellen Sie sich vor: Was will diese Person in der Freizeit machen? Was will sie nicht machen? Haben ihre Freizeitbeschäftigungen mit der Arbeit zu tun oder nicht?

Der Lacher

Wenn ich nach meinem Beruf gefragt werde, befällt mich Verlegenheit:
ich werde rot, stammele, ich, der ich sonst als ein sicherer Mensch
bekannt bin. Ich beneide die Leute, die sagen können: ich bin Maurer.
Friseuren, Buchhaltern und Schriftstellern neide ich die Einfachheit ihrer
5 Bekenntnisse, denn alle diese Berufe erklären sich aus sich selbst und
erfordern keine längeren Erklärungen. Ich aber bin gezwungen, auf
solche Fragen zu antworten: Ich bin Lacher. Ein solches Bekenntnis
erfordert weitere, da ich auch die zweite Frage „Leben Sie davon?"
wahrheitsgemäß mit „Ja" beantworten muß. Ich lebe tatsächlich von
10 meinem Lachen, und ich lebe gut, denn mein Lachen ist—kommerziell
ausgedrückt—gefragt. Ich bin ein guter, bin ein gelernter Lacher, kein
anderer lacht so wie ich, keiner beherrscht so die Nuancen meiner Kunst.
Lange Zeit habe ich mich—um lästigen Erklärungen zu entgehen—als
Schauspieler bezeichnet, doch sind meine mimischen und sprecherischen
15 Fähigkeiten so gering, daß mir diese Bezeichnung als nicht der Wahrheit
gemäß erschien: ich liebe die Wahrheit, und die Wahrheit ist: ich bin
Lacher. Ich bin weder Clown noch Komiker, ich erheitere die Menschen
nicht, sondern stelle Heiterkeit dar: ich lache wie ein römischer Imperator
oder wie ein sensibler Abiturient, das Lachen des 17. Jahrhunderts ist mir
20 so geläufig wie das des 19., und wenn es sein muß, lache ich alle
Jahrhunderte, alle Gesellschaftsklassen, alle Altersklassen durch: ich
hab's einfach gelernt, so wie man lernt, Schuhe zu besohlen. Das Lachen
Amerikas ruht in meiner Brust, das Lachen Afrikas, weißes, rotes, gelbes
Lachen—und gegen ein entsprechendes Honorar lasse ich es klingen, so
25 wie die Regie es vorschreibt.

    Ich bin unentbehrlich geworden, ich lache auf Schallplatten, lache
auf Band, und die Hörspielregisseure behandeln mich rücksichtsvoll. Ich
lache schwermütig, gemäßigt, hysterisch—lache wie ein
Straßenbahnschaffner oder wie ein Lehrling der Lebensmittelbranche;
30 das Lachen am Morgen, das Lachen am Abend, nächtliches Lachen
und das Lachen der Dämmerstunde, kurzum: wo immer und wie immer
gelacht werden muß: ich mache es schon.

    Man wird mir glauben, daß ein solcher Beruf anstrengend ist,
zumal ich—das ist meine Spezialität—auch das ansteckende Lachen
35 beherrsche; so bin ich unentbehrlich geworden auch für Komiker dritten
und vierten Ranges, die mit Recht um ihre Pointen zittern, und ich sitze
fast jeden Abend in den Varietés herum als eine subtilere Art Claqueur,
um an schwachen Stellen des Programms ansteckend zu lachen. Es muß
Maßarbeit sein: mein herzhaftes, wildes Lachen darf nicht zu früh, darf
40 auch nicht zu spät, es muß im richtigen Augenblick kommen—dann
platze ich programmgemäß aus, die ganze Zuhörerschaft brüllt mit, und
die Pointe ist gerettet.

WORTSCHATZ ZUM LESEN

die Verlegenheit	*embarrassment*
beneiden	*to envy*
lästig	*troublesome, tiresome*
gemäss	*suitable*
die Heiterkeit	*amusement*
geläufig	*familiar, fluent*
der Schubkasten	*drawer*
vorziehen	*to prefer*
der Ernst	*seriousness*
verlernen	*to forget (lit. unlearn)*
verschlossen	*reserved, closed*

SIND SIE WORTSCHLAU?

The endings **-heit** and **-keit** change adjectives to feminine nouns.

heiter → die Heiterkeit, -en
verlegen → die Verlegenheit, -en

KULTURSPIEGEL

Heinrich Böll war einer der größten deutschen Schriftsteller der Nachkriegszeit. 1971 erhielt er den Nobelpreis. Er war ein prominenter Vertreter der „Gruppe 47", eine Gruppe von deutschen Autoren, die sich nicht nur für die Literatur, sondern auch sehr viel für die Politik engagierte.

Ich aber schleiche dann erschöpft zur Garderobe, ziehe meinen Mantel über, glücklich darüber, daß ich endlich Feierabend habe. Zu Hause liegen meist Telegramme für mich „Brauchen dringend Ihr Lachen. Aufnahme Dienstag", und ich hocke wenige Stunden später in einem überheizten D-Zug und beklage mein Geschick. 45

Jeder wird begreifen, daß ich nach Feierabend oder im Urlaub wenig Neigung zum Lachen verspüre: der Melker ist froh, wenn er die Kuh, der Maurer glücklich, wenn er den Mörtel vergessen darf, und die Tischler haben zu Hause meistens Türen, die nicht funktionieren, oder Schubkästen, die sich nur mit Mühe öffnen lassen. Zuckerbäcker lieben saure Gurken, Metzger Marzipan, und der Bäcker zieht die Wurst dem Brot vor; Stierkämpfer lieben den Umgang mit Tauben, Boxer werden blaß, wenn ihre Kinder Nasenbluten haben: ich verstehe das alles, denn ich lache nach Feierabend nie. Ich bin ein todernster Mensch, und die Leute halten mich—vielleicht mit Recht—für einen Pessimisten. 50 55

In den ersten Jahren unserer Ehe sagte meine Frau oft zu mir: „Lach doch mal!", aber inzwischen ist ihr klargeworden, daß ich diesen Wunsch nicht erfüllen kann. Ich bin glücklich, wenn ich meine angestrengten Gesichtsmuskeln, wenn ich mein strapaziertes Gemüt durch tiefen Ernst entspannen darf. Ja, auch das Lachen anderer macht mich nervös, weil es mich zu sehr an meinen Beruf erinnert. So führen wir eine stille, eine friedliche Ehe, weil auch meine Frau das Lachen verlernt hat: hin und wieder ertappe ich sie bei einem Lächeln, und dann lächele auch ich. Wir sprechen leise miteinander, denn ich hasse den Lärm der Varietés, hasse den Lärm, der in den Aufnahmeräumen herrschen kann. Menschen, die mich nicht kennen, halten mich für verschlossen. Vielleicht bin ich es, weil ich zu oft meinen Mund zum Lachen öffnen muß. 60 65 70

Mit unbewegter Miene gehe ich durch mein eigenes Leben, erlaube mir nur hin und wieder ein sanftes Lächeln, und ich denke oft darüber nach, ob ich wohl je gelacht habe. Ich glaube: nein. Meine Geschwister wissen zu berichten, daß ich immer ein ernster Junge gewesen sei.

So lache ich auf vielfältige Weise, aber mein eigenes Lachen kenne ich nicht. 75

Heinrich Böll (1917–1985)

Zum Text

A „Der Lacher". Wenn Sie den Titel der Geschichte lesen, erwarten Sie eine lustige Geschichte? Warum (nicht)? Finden Sie diesen Titel ironisch?

B Was meint der Lacher? Beantworten Sie die Fragen.

1. Warum beneidet der Lacher Leute in anderen Berufen?
2. Warum ist es schwer, seinen eigenen Beruf zu erklären?
3. Wie beschreibt der Lacher seinen Beruf? Wie lacht er? Wo? Wann?
4. Was sagt er über den Feierabend in anderen Berufen?
5. Was sagt er über seinen eigenen Feierabend?

Zur Interpretation

● Menschen und ihre Arbeit. Warum kennt der Lacher sein eigenes Lachen nicht? Was, glauben Sie, sagt der Autor dieser Geschichte über die Beziehung von Menschen zu ihren Berufen?

Zur Kommunikation

A Meine Familie und meine Freunde

SCHRITT 1: Welche Berufe haben Ihre Freunde Mitglieder Ihrer Familie? Machen Sie eine Liste.

SCHRITT 2: Interview. Interviewen Sie einen Freund/eine Freudin, oder ein Mitglied Ihrer Familie. Sie wollen Informationen wie die folgenden herausfinden. Machen Sie sich Notizen.

- wo diese Person arbeitet, und wie sie den Arbeitsplatz findet
- wie sie ihre Arbeitswoche beschreibt
- wie diese Person ihren Beruf beschriebt
- was sie in der Freizeit gern macht

SCHRITT 3: Bericht. Benutzen Sie Ihre Notizen, und erzählen Sie einem Partner / einer Partnerin von dieser Person und ihrem Beruf. Wenn Ihr Partner / Ihre Partnerin weitere Fragen hat, beantworten Sie sie.

B Ratespiel. Schreiben Sie einen Bericht über eine Person und ihren Beruf. Lesen Sie Ihren Bericht der Klasse vor, ohne den Namen des Berufes zu nennen. Können Ihre Mitstudenten/Mitstudentinnen raten, welcher Beruf das ist?

C Diskussionsfragen: Ist es wichtig, dass man glücklich im Beruf ist? Warum (nicht)? Wie kann man glücklich in Beruf sein? Was meinen Sie? Was meinen Ihre Mitstudenten und Mitstudentinnen?

KULTURPROJEKT
ZUM THEMA „BERUF"

1. **Alte Berufe, neue Berufe.** Im Video haben Sie gesehen, wie schnell sich Berufe heute in Deutschland ändern. Kennen Sie Berufe, die es heute in Ihrem Land nicht mehr gibt? Warum gibt es diese Berufe nicht mehr? Kennen Sie Berufe, die in Ihrem Land ganz neu sind? Gibt es diese Berufe auch in Deutschland? Sammeln Sie Fotos und/oder Artikel aus deutschsprachigen und englischsprachigen Zeitschriften, Zeitungen und dem Internet. Beschreiben Sie die Bilder, die Sie gefunden haben, und stellen Sie die Berufe der Klasse vor.

2. **Berufe in der Geschichte.** Schreiben Sie eine kurze Geschichte von einem Beruf; vielleicht einem Beruf, den Sie unter Frage 1 erwähnt haben. Wie sah dieser Beruf vor hundert Jahren aus? Wie hat sich dieser Beruf bis auf heute entwickelt?

3. **Ganz persönlich.** Welchen Beruf wollen Sie einmal ausüben? Wie stellen Sie sich Ihr Leben mit diesem Beruf vor? Wie lange werden Sie in diesem Beruf arbeiten? Stellen Sie Ihr Berufsleben visuell dar, und präsentieren Sie das Resultat der Klasse.

KAPITEL 29

WORTSCHATZ

Substantive	Nouns
die **Arbeitslosenzahl, -en**	number of unemployed
die **Bedingung, -en**	condition
die **Berufserfahrung, -en**	work experience
die **Entwicklung, -en**	development
die **Erklärung, -en**	explanation
die **Fähigkeit, -en**	capability
die **Miene, -n**	demeanor
die **Möglichkeit, -en**	possibility
die **Mühe, -n**	trouble
die **Rente, -n**	pension
die **Sozialleistung, -en**	social support
die **Verlegenheit, -en**	embarrassment
der **Arbeitsplatz, ¨e**	workplace
der **Arbeitsvermittler, -** / die **Arbeitsvermittlerin, -nen**	employment agent
der **Aufschwung, ¨e**	upswing
der **Betrieb, -e**	business operation
der **Elektromeister, -** / die **Elektromeisterin, -nen**	electrician
der **Feierabend**	time off (work)
der **Rentner, -** / die **Rentnerin, -nen**	pensioner
der **Sinn**	sense
der **Termin, -e**	appointment
der **Wiederaufbau**	reconstruction
das **Berufsfeld, -er**	career field
das **Unternehmen, -**	business enterprise

Verben	Verbs
auf•bauen	to build; to set up
beginnen, begann, hat begonnen	to begin
begreifen, begriff, begriffen	to understand, grasp
bestimmen	to determine
ein•setzen	to put in place

erfordern	to require
erhalten (erhält), erhielt, erhalten	to receive
erlernen	to learn
her•stellen	to produce
steigern	to increase; to raise
überlegen	to consider
übertreiben, übertrieb, übertrieben	to exaggerate
verbinden, verband, verbunden	to unite
zwingen, zwang, gezwungen	to force

Adjektive und Adverbien	Adjectives and adverbs
gering	small, negligible
künftig	future
kritisch	critical
rücksichtsvoll	considerate
sicherlich	surely
unentbehrlich	essential
ungefähr	approximate(ly)

Sie wissen schon	You already know
die **Kenntnis, -se**	knowledge
die **Stelle, -n**	place; position
die **Wirtschaft**	economy
der **Beruf, -e**	job
die **Steuer, -n**	tax
der **Bewerber, -** / die **Bewerberin, -nen**	job applicant
einen **Beruf aus•üben**	to practice a profession
einverstanden	in agreement
selbstständig	independent(ly)
(un)zufrieden	(un)satisfied

KAPITEL 30

FRAUEN UND MÄNNER

In diesem Kapitel

- lernen Sie Julia, eine Buchhändlerin in einem Frauenbuchladen, kennen.
- diskutieren Sie über das Thema Gleichberechtigung.
- lernen Sie Christa Piper, eine Frauenbeauftragte in Saarbrücken, kennen.

Sie werden auch

- lernen, wie man die indirekte Rede gebraucht.
- lernen, wie man indirekte Fragen stellt.
- die Formen des Imperativs wiederholen.
- eine Geschichte über Emanzipation lesen.

Vor 1900 durften nur Männer höhere Schulen besuchen.

Heute steht jegliche
Berufsmöglichkeit offen.

Wie geht es den Frauen von heute? Leben
sie immer noch in einer Männerwelt?

VIDEOTHEK

Frauen mussten für ihre Gleichberechtigung in der Gesellschaft und im Beruf hart kämpfen. Was wissen Sie von der Geschichte der Frauenbewegung in Ihrem Land?

I: Die Frauenbewegung

A In dieser Folge lernen wir Julia kennen. Sie spricht über ihr eigenes Leben, aber auch über ihre Urgroßmutter, ihre Großmutter und ihre Mutter. Welcher Satz beschreibt welche Frau?

Julia, eine Buchhändlerin.

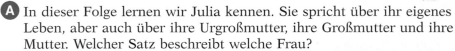

Sophie   Bertha   Anna

1. Sie war gesetzlich nicht gleichberechtigt.
2. Sie konnte nicht wählen.
3. Sie hat sich sehr stark in der Frauenbewegung engagiert.
4. Sie ist Buchhändlerin geworden.
5. Sie ist Köchin geworden.
6. Sie war die erste, die wählen durfte.
7. Sie konnte Frauenbewegung und Beruf kombinieren.

B Persönliche Geschichten. Susanne, Sabine und Daniela beschreiben, was Frauen heute in der Arbeitswelt erleben.

SCHRITT 1: Wer behandelt die folgenden Themen: Susanne, Sabine oder Daniela?

1. Die Diskriminierung ist subtiler geworden.
2. Ihre Mutter musste schon härter kämpfen als ein Mann in der gleichen Position.
3. Eine Frau kommt heute vielleicht etwas einfacher an eine Stelle, aber es gibt nachher Probleme.

SCHRITT 2: Was meinen Sie dazu? Mit welchen der obigen Meinungen stimmen Sie überein? Warum?

C Frauen in der DDR. Anja und Claudia besprechen die Situation der Frau in der ehemaligen DDR und wie es damals war.

WORTSCHATZ ZUM VIDEO

unter einen Hut bringen	to reconcile
ärztliche Behandlung	medical treatment
die Quotierungsfrage	question of quotas
die PR-Abteilung	PR department
die Öffentlichkeitsarbeit	public relations work
die Frauenrechtlerin	worker for women's rights
die Frauenbeauftragte	commissioner for women's issues
wesentlich	essential(ly)
die Brotverdienerin	breadwinner

SCHRITT 1: Wer hat das gesagt? Anja, Claudia oder beide Frauen?

1. „Es ist so ein bisschen eine Männerwelt."
2. „Einerseits war die Rolle der Frau und das Leben einer Frau in der DDR leichter und respektvoller als jetzt."
3. „Heute muss man sich um alles selbst kümmern."
4. „Die Kinder waren im Kindergarten und in der Krippe."
5. „Für mich als Frau, ich war früher sehr selbstständig erzogen, sehr emanzipiert."

SCHRITT 2: Heute und damals. Sie haben die Meinungen von zwei Frauen aus den neuen Bundesländern gehört. Was ist seit der Wiedervereinigung besser geworden? Was ist schlimmer?

II: Im Auftrag der Frauen

In dieser Folge lernen Sie Christa Piper kennen. Christa arbeitet als Frauenbeauftragte in Saarbrücken.

A Ein Gespräch mit der Frauenbeauftragten. Frau Meisel kommt zu Frau Piper und bittet um Hilfe, weil sie Probleme mit der Arbeit hat.

SCHRITT 1: Welche Probleme hat Frau Meisel?

	JA	NEIN
1. Sie ist verheiratet und hat zwei Kinder.	☐	☒
2. Sie ist allein stehende Mutter mit zwei Kindern.	☒	☐
3. Sie arbeitet zu Hause.	☐	☒
4. Sie arbeitet nicht und sucht eine Arbeitsstelle.	☐	☒
5. Sie arbeitet ganztags.	☒	☐
6. Die Kinder sind nachmittags oft allein zu Hause.	☒	☐

SCHRITT 2: Welche Lösung schlägt Frau Piper vor? Glauben Sie, dass eine solche Lösung immer möglich ist? Welchen Rat würden Sie Frau Meisel geben?

B Diskussion. Grace und Gürkan diskutieren über das Thema Gleichberechtigung.

SCHRITT 1: Wer sagt das—Grace oder Gürkan? Wie finden Sie diese Sätze?

1. „Also Frauen, die sind einfach süß für mich."
2. „Frauen und Männer können beide Mittelpunkte sein."
3. „Frauen müssen überall in der Politik vertreten sein."
4. „Es ist schwieriger für eine Frau, Karriere und Kinder zu haben."
5. „Wie viele Männer bleiben heutzutage zu Hause mit den Kindern?"
6. „Vielleicht könnte der Mann zu Hause bleiben und ein bisschen mehr in der Küche tun."
7. „Ich würde gern zu Hause mit den Kindern bleiben."

SCHRITT 2: Partnerarbeit. Arbeiten Sie mit einem Partner / einer Partnerin und führen Sie das Gespräch zwischen Grace und Gürkan weiter.

Christa Piper spricht mit Frau Meisel.

die Emanzipation	emancipation
die Frauenbewegung	women's movement
die Gedankenfreiheit	freedom of thought
die Kinderkrippe	daycare center
die Minderheit	minority
die Redefreiheit	freedom of speech
die Schwierigkeit	difficulty
der/die Abgeordnete (decl. adj.)	delegate; member of parliament
das Menschenrecht	human right
das Wahlrecht	right to vote, suffrage
behandeln	to treat
benachteiligen	to place at a disadvantage
beschimpfen	to insult
beschuldigen	to accuse
besitzen	to possess, own
betreuen	to look after
emanzipieren	to emancipate
gestatten	to allow
kämpfen	to struggle; to fight
sich kümmern um	to concern oneself with
leiten	to lead
sich organisieren	to organize oneself
unterdrücken	to suppress
wollen: auf etwas hinaus wollen	to imply something; to have a certain goal

Frauen in der Politik engagieren sich für die völlige Gleichberechtigung.

allein erziehend	single parenting
gleichberechtigt	to have equal rights
gleichgestellt	to be at an equal level
jedenfalls	in any case

Sie wissen schon
die Gleichberechtigung, betrachten

ein Leiter

Aktivitäten

A Definitionen. Welche Worter aus dem Wortkasten unten passen zu den Definitionen unten?

1. rechtlich gleichgestellt, mit gleichen Rechten
2. wo die Kinder berufstätiger Eltern oder alleinerziehender Mütter betreut werden
3. wenn ein Elternteil ein Kind allein erzieht
4. organisierte Form des Kampfes um die Gleichberechtigung der Frau
5. eine Person im Parlament, vom Volk gewählt
6. jemanden beherrschen, keine Freiheit lassen

7. anerkennen, zulassen
8. das Recht eine Meinung zu haben und sie zu äußern
9. rechtlich auf dem gleichen Niveau sein
10. diskriminieren

---

die Kinderkrippe   der Abgeordnete

die Frauenbewegung   gleichberechtigt

7 gestatten   9 gleichgestellt   10 benachteiligen

8 die Redefreiheit   unterdrücken   allein erziehend

KULTURSPIEGEL

Die Gleichberechtigung der Frauen wird im deutschen Grundgesetz ausdrücklich festgelegt. Die Politikerin Rita Süssmuth (CDU) war 1988–98 Präsidentin des deutschen Bundestags. Nach den Wahlen 1998 stellten Frauen 31 Prozent der Abgeordneten im Parlament. In welchen leitenden Positionen sind Frauen in Ihrem Land vertreten?

B Die Frauenbewegung. Ergänzen Sie die Sätze mit den Wörtern aus dem Kasten.

1. Erst 1919 hatten Frauen in den USA das _____, zuvor durften nur Männer wählen.
2. Obwohl Frauen in der Gesellschaft oft eine Mehrheit bilden, in den leitenden Positionen sind sie immer noch eine _____.
3. Frauen haben oft _____, Familie und Arbeit unter einen Hut zu bekommen.
4. Männer können auch zu Hause bleiben und sich um die Kinder _____.
5. Schon im neunzehnten Jahrhundert haben sich Frauen _____, um zusammen für ihre Rechte zu kämpfen.
6. Jede Bürgerin soll das Recht _____, den gleichen Lohn zu erhalten wie Männer.
7. Grace meint, Frauen werden immer noch unfair _____.

---

3 gekämpft   4 kümmern

1 Wahlrecht

2 Minderheit   6 besitzen

5 organisiert   7 behandelt

Die Frauenbewegung in den USA.

C Was wissen Sie von der Frauenbewegung in Ihrem Land? Wer waren die ersten Frauenrechtlerinnen? Was haben sie gemacht? Wie ist die Situation heute?

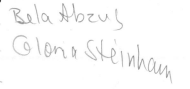

- Bela Abzug
- Gloria Steinham

STRUKTUREN

INDIRECT DISCOURSE
REPORTING WHAT OTHERS SAY

You have already learned to use the subjunctive to express wishes and to make polite requests. The forms you learned—**würde, wäre, käme, arbeitete**—are those known as Subjunctive II, because their stems derive from the simple past tense or the *second* principle part of the verb (**sein, war, ist gewesen**).

Another set of subjunctive forms, Subjunctive I, derives from the infinitive or the *first* principle part of the verb. To create Subjunctive I, simply add subjunctive endings to the stem, the infinitive without the final **-n.** Compare the Subjunctive I and Subjunctive II forms of **kommen.**

INFINITIVE: **kommen** SUBJUNCTIVE I STEM: **komme**			INFINITIVE: **kommen** SUBJUNCTIVE II STEM: **käme**	
SINGULAR	PLURAL		SINGULAR	PLURAL
ich käme	wir kämen		ich komme	wir kommen
du kämest	ihr kämet		du kommest	ihr kommet
Sie kämen	Sie kämen		Sie kommen	Sie kommen
sie/er/es käme	sie kämen		sie/er/es komme	sie kommen

Notice that most Subjunctive I forms are identical with those of the indicative mood. However, Subjunctive I primarily occurs in the third-person singular, and this form clearly distinguishes itself: **er/sie/es komme** as opposed to the indicative **er/sie/es kommt.**

Because **sein** is such an irregular verb, all Subjunctive I forms differ from those of the indicative.

INFINITIVE: **sein** SUBJUNCTIVE I STEM: **sei**	
SINGULAR	PLURAL
ich sei	wir seien
du seiest	Ihr seiet
Sie seien	Sie seien
sie/er/es sei	sie seien

The most common use of Subjunctive I is indirect discourse or reporting what other people say.

DIRECT DISCOURSE	INDIRECT DISCOURSE
Julia sagt, „Ich bin Buchhändlerin."	Julia sagt, sie sei Buchhändlerin.
Christa sagt, „Ich kann nicht alle Probleme lösen."	Christa sagt, sie könne nicht alle Probleme lösen.

Like Subjunctive II, Subjunctive I has one way of expressing the past. As you might have guessed, you use the Subjunctive I form of the appropriate auxiliary verb, **haben** or **sein,** with the past participle of the main verb.

> Julia sagt, „Meine Mutter hat so was wie Gleichberechtigung erlebt."
> Julia sagt, ihre Mutter **habe** so was wie Gleichberechtigung erlebt.

Whenever the Subjunctive I form is identical to that of the present or present-perfect tense of the indicative mood, substitute the Subjunctive II form.

> Christa Piper sagt: „Zu mir **kommen** Frauen mit ihren Problemen."

SUBJUNCTIVE I: Christa Piper sagt, zu ihr **kommen** Frauen mit ihren Problemen.
SUBJUNCTIVE II: Christa Piper sagt, zu ihr **kämen** Frauen mit ihren Problemen.

> Susanne meint: „Die Frauen **haben** für ihre Rechte gekämpft."

SUBJUNCTIVE I: Susanne meint, die Frauen **haben** für ihre Rechte gekämpft.
SUBJUNCTIVE II: Susanne meint, die Frauen **hätten** für ihre Rechte gekämpft.

KURZ NOTIERT

Particularly in speech, many speakers substitute Subjunctive II forms for Subjunctive I.

> Claudia sagt, sie **könnte** nicht alle Probleme lösen.
> Julia sagt, ihre Mutter **hätte** erst so was wie Gleichberechtigung erlebt.

The Subjunctive I forms are more typical of written language, particularly newspaper reporting. Use of the subjunctive often indicates that the writer makes no claims regarding the accuracy of the statement, but is merely reporting it.

Übungen

A Grace und Gürkan. Was sagen die beiden? Setzen Sie das Gespräch in die indirekte Rede.

MODELL: Grace sagt: „Ich bin politisch engagiert." →
Grace sagt, sie sei politisch engagiert.

1. Gürkan meint: „Frauen sind süß." „Frauen sein süß
2. Grace sagt: „Ich bin total für Gleichberechtigung." Sie sei
3. Grace sagt: „Die Welt hat zwei Mittelpunkte." die Welt habe
4. Gürkan sagt: „Ich verstehe die Frage nicht." er verstehe
5. Gürkan meint: „Ich sehe keine Diskriminierung." er sehe
6. Grace meint: „Eine Frau soll nicht als süß betrachtet werden." solle
7. Grace sagt: „Ich habe Gürkan gar nicht beschuldigt." sie habe

Grace und Gürkan diskutieren über Gleichberechtigung.

B Ein Zentrum für Frauen. Die Stadt Saarbrücken braucht ein neues Frauenbildungszentrum. Ergänzen Sie die Sätze aus einem Zeitungsartikel mit dem Konjunktiv I.

1. Gestern Abend wurde im Rathaus viel über das neue Zentrum diskutiert. Viele glauben, das alte Zentrum _sei_ viel zu klein. (sein)
2. Andere meinten, man _solle_ es einfach renovieren. (sollen)
3. Daraufhin wurde gesagt, dass man das schon seit fünf Jahren _versuche_. (versuchen)
4. Die Stadt _könne_ nicht länger warten. (können)
5. Das Problem _werde_ immer schlimmer. (werden)

C Mütter und Töchter. Die Personen im Video beschreiben die Frauenbewegung aus der Perspektive ihrer eigenen Familien. Schreiben Sie die Sätze in der indirekten Rede. Benutzen Sie den Konjunktiv I der Vergangenheit.

JULIA: Anna ist 1944 geboren. Sie hat sich sehr stark für die Frauenbewegung engagiert. Die Frauenbewegung hat Gleichberechtigung in allen Bereichen verlangt, aber in der Praxis ist die völlige Gleichberechigung noch nicht verwirklicht.

SUSANNE: Für Frauen damals ist es schwieriger gewesen. Meine Mutter hat auch Schwierigkeiten im Beruf gehabt. Sie ist Richterin geworden und anfangs hat man sie nicht ernst genommen. Sie hat schon härter kämpfen müssen als ein Mann in der Position.

Julias Mutter Anna.

Susannes Mutter.

INDIRECT QUESTIONS
REPORTING WHAT OTHER PEOPLE ASK

To report what someone asks when that person poses a yes/no question, use the word **ob** (*whether*) and place the verb in either Subjunctive I or II at the end of the clause.

DIRECT QUESTION

Julia fragt Karsten: „**Hast** du den neuen Film gesehen?"
Gürkan fragt sich, „**Ist** eine Lösung möglich?"

INDIRECT QUESTION

Julia fragt Karsten, **ob** er den neuen Film gesehen **habe/hätte.**
Gürkan fragt sich, **ob** eine Lösung möglich **sei/wäre.**

To report what someone asks when the question begins with **wer, was, warum, wann, wo,** or some other question word, simply begin with that word and place the conjugated verb at the end of the clause.

Grace fragt Gürkan, „**Was kann** man gegen Diskriminierung **tun**?"
Grace fragt Gürkan, **was** man gegen Diskriminierung **tun
könne/könnte.**

Übungen

A Meinungen zur Gleichberechtigung. Die Leute im Video stellen sich
viele Fragen. Schreiben Sie die Fragen in der indirekten Rede.

MODELL: Der Professor fragt Daniela: „Hast du offene
Diskriminierung persönlich erlebt?" →
Der Professor fragt Daniela, ob sie offene Diskriminierung
persönlich erlebt habe.

1. Der Professor fragt Susanne: „Wie ist die Situation für Frauen
   heute?" *sei*
2. Grace fragt Gürkan: „Warum gibt es keine Bundeskanzlerin?" *gebe*
3. Grace fragt Anja: „Was hast du nach der Wende gemacht?" *habe*
4. Anja fragt Claudia: „Wie ist deine Tochter aufgewachsen?" *sei*
5. Christa fragt Frau Meisel: „Wie kann ich Ihnen helfen?" *könne*
6. Christa fragt Herrn Bauer: „Könnte Frau Meisel eine Stunde später
   anfangen?" *ob könne*

B Sie sind Polizist/Polizistin geworden. Sie haben gerade Ihre erste
Befragung mit einem Angeklagten gehabt, und Ihr Chef will wissen,
was Sie ihn alles gefragt haben.

MODELL: Sind Sie gestern Abend zu Hause gewesen? →
Ich habe ihn gefragt, ob er gestern Abend zu Hause gewesen
sei.

1. Was haben Sie gestern Abend gemacht?
2. Haben Sie mit jemandem telefoniert?
3. Sind Sie früh ins Bett gegangen?
4. Wohnen Sie bei dieser Adresse?
5. Gehen Sie abends ins Theater?
6. Sind Sie gestern in diesem Theater gewesen?
7. Haben Sie diesen Mann gesehen?

IMPERATIVES
MAKING DIRECT REQUESTS

You have now learned to use all three moods in German: the *indicative*
for talking or writing about facts; the *subjunctive* for expressing polite
requests, unreal situations, wishful thinking, or indirect speech; and the
imperative for making direct requests.

As you recall, the imperative occurs only in all the second-person forms and the first-person plural. To form the **du**-imperative, simply begin the sentence with the conjugated verb without the **-st** ending and without the pronoun.

Du kommst nicht mit.	**Komm** mit!
Du arbeitest zu viel.	**Arbeite** nicht so viel!

Verbs that have the stem-vowel change from **e** to **i** or **ie** also have this change in the **du**-imperative. All other stem-changing verbs retain the vowel of the infinitive in the **du**-imperative.

Du gibst mir die Antwort nicht.	**Gib** mir die Antwort!
Du liest die Zeitung nicht.	**Lies** die Zeitung!
but: Du schläfst zu lang.	**Schlaf** nicht so lang!

To form the **ihr**-imperative, simply use the conjugated verb form at the beginning of the sentence without the pronoun.

Ihr schlaft zu lang.	**Schlaft** nicht so lang!
Ihr versprecht mir das nicht.	**Versprecht** mir das!

The **ihr**-imperative commonly occurs in commands and exhortations directed at people or society in general.

Rettet den Regenwald!	*Save the rainforest!*
Stoppt die Gewalt!	*Stop the violence!*

The **Sie**-imperative *does* include the pronoun. Just switch the present-tense form of the verb and pronoun to issue imperative sentences.

Sie sagen mir die Wahrheit nicht.	Sagen Sie mir die Wahrheit!
Sie machen das Fenster nicht zu.	Machen Sie das Fenster zu!

To offer suggestions to one or more persons and include yourself, use the **wir**-imperative (*let's . . .*). As with the **Sie**-form, include the pronoun but switch its position with the verb to make an imperative rather than an indicative sentence.

Notice that the **Sie**- and **ihr**-imperatives match the construction of yes/no questions. Only the punctuation differs and the intonation in speech.

Kommen Sie mit?	Bitte, kommen Sie mit!
Bleiben wir hier?	Ja, bleiben wir hier!

Wir gehen jetzt ins Kino.	Gehen wir ins Kino.
Wir machen das zusammen.	Machen wir das zusammen!

As you recall, the particles **doch, mal,** or **doch mal** soften imperative sentences.

Gehen wir doch jetzt!	*Why don't we go now?*
Schreibt mal!	*Write sometime.*

To request that somebody allow someone else to do something, use the imperative form of the verb **lassen.**

Lass sie das machen.	*Let her do that.*
Lassen Sie ihn fragen.	*Let him ask.*

The verb **sein** has special forms in the imperative.

Seien Sie bitte etwas höflicher!	*Please be more polite.*
Sei lieb zu mir!	*Be nice to me.*
Seid pünktlich!	*Be on time.*
Seien wir nett zueinander!	*Let's be nice to each other.*

Übungen

A Sehenswürdigkeiten

SCHRITT 1: Stellen Sie sich vor, Sie wohnen in Saarbrücken. Raten Sie Ihrem Freund, der Sie besucht, was er alles in der Stadt machen könnte.

MODELL: ins Stadtzentrum gehen →
          Geh mal ins Stadtzentrum.

1. einen Einkaufsbummel am Schlossplatz machen
2. Postkarten kaufen
3. einen Reisebrief schreiben
4. einen Stadtführer lesen
5. ein Theaterstück im Landestheater ansehen
6. nach Frankreich fahren
7. das Saarland-Museum besuchen

Saarbrücken, Hauptstadt des Saarlandes.

SCHRITT 2: Ihr Freund hat seine Freundin mitgebracht. Jetzt raten Sie den beiden, was sie in Saarbrücken machen könnten.

MODELL: ins Stadtzentrum gehen →
          Geht mal ins Stadtzentrum.

B Ein Gespräch mit der Frauenbeauftragten. Sie haben Probleme und brauchen Hilfe von Frau Piper. Weil alles für Sie im Moment so stressig ist, sind Sie nicht besonders höflich. Bilden Sie Sätze im Imperativ.

MODELL: Frau Piper, könnten Sie mir bitte helfen? →
          Helfen Sie mir bitte.

1. Könnten Sie mir bitte zuhören?
2. Könnten Sie mir bitte einen Rat geben?
3. Könnten Sie meinen Chef anrufen?
4. Könnten Sie ihm erklären, dass ich zwei kleine Kinder habe?
5. Könnten Sie mir bitte eine Lösung vorschlagen?

PERSPEKTIVEN

HÖREN SIE ZU!
EIN FLUGBLATT AUS EINEM FRAUENBUCHLADEN

A Was meinen Sie? Diskutieren Sie mit Ihren Mitstudenten/ Mitstudentinnen über das Thema „Frauenbuchladen", bevor Sie den Text hören. Beantworten Sie die folgenden Fragen.

1. Was erwarten Sie von einem Frauenbuchladen?
2. Wofür interessieren sich wohl die Mitarbeiterinnen eines Frauenbuchladen?
3. Welchen Ton oder Stil erwarten Sie in einem Flugblatt über dieses Thema?

B Welche Antwort passt am besten? Passen Sie auf, manchmal gibt es mehr als eine richtige Antwort.

1. Der Buchladen will darüber informieren,
   a. wie Frauen Männer im Berufsleben unterdrücken können.
   b. wie Frauen ihre private und berufliche Unterdrückung verändern können.
2. Der Buchladen stellt die Frage,
   a. warum Frauen in östlichen Ländern sich nicht selbstverwirklichen wollen.
   b. warum Frauen in westlichen Ländern, trotz unbegrenzter Möglichkeiten, sich nicht verwirklichen wollen.
3. Der Buchladen gibt zu,
   a. dass sich die Mitarbeiterinnen seit Jahren über die Behandlung von Frauen beklagt haben.
   b. dass die Mitarbeiterinnen kritisiert haben, was „frau" sich so alles gefallen lassen muss.
   c. dass die Mitarbeiterinnen jetzt davon überzeugt sind, dass Frauen an diesem ungerechten Verhalten ihnen gegenüber oft selbst Schuld sind.
4. Der Buchladen ermutigt, nicht zu vergessen,
   a. dass Frauen einen großen Teil des Gesamtvermögens in Deutschland besitzen.
   b. dass sogar Mädchen im Durchschnitt acht Mark weniger Taschengeld bekommen als Jungen.
   c. dass auch Lehrerinnen und Erzieherinnen ihre Mädchen und Jungen nicht gleich erziehen oder erzogen haben.

WORTSCHATZ ZUM HÖREN

überzeugen	to convince
das Verhalten	behavior
die Gleichgültigkeit	indifference
Schuld sein	to be at fault
die Schweigsamkeit	silence
der Bruchteil	fraction
das Gesamtvermögen	total wealth
die Leistung	(job) performance
die Mehrfachbelastung	multiple burden
ausliefern	to hand over
die Gewalt mit sprachlichen Mitteln	verbal abuse

5. Der Buchladen kritisiert,
   a. dass Frauen noch viel zu oft in schlecht bezahlten Berufen weniger verdienen als Männer.
   b. dass die meisten Frauen nicht erkennen, dass sie durch Sprache „machtlos" gemacht werden.
   c. dass Frauen mitmachen müssen, weil sie nonverbal dazu gezwungen werden.

C Vorschläge. Das Flugblatt ist etwa kritisch Frauen gegenüber. Hören Sie dem Text noch einmal, und machen Sie sich Notizen. Was können Frauen tun, um ihr Berufs- und Privatleben zu verbessern? Arbeiten Sie in einer Kleingruppe, und schreiben Sie eine Liste von positiven Vorschlägen.

MODELL: Frauen müssen ihre Unterdrückung im Berufs- und Privatleben erkennen!

LANDESKUNDE IN KÜRZE
FRAUEN VOR DER FRAUENBEWEGUNG

Im folgenden Text lesen Sie über die Geschichte der deutschen Frauenbewegung.

Normalerweise beginnen Schreiber und Schreiberinnen die Geschichte der deutschen Frauenbewegung im ersten Drittel des achtzehnten Jahrhunderts. Man sollte jedoch nicht vergessen, dass sich bereits vorher einzelne Frauen für die Verbesserung der Rechte der Frauen einsetzten.
5 Seit dem Mittelalter und besonders durch die Reformation wurde besonders Erziehung und Bildung von Frauen diskutiert. Die Schriften von Frauen wie Hildegard von Bingen, Mechthild von Magdeburg, Caritas Pirckheimer oder Catharina von Greiffenberg (1633–1694) wurden immer wieder als gutes Vorbild oder schlechtes Beispiel diskutiert.
10 In der Mitte des siebzehnten Jahrhunderts stieg die Zahl der Schriften, die weibliche Bildung eindeutig befürworteten. Diese Dissertationen und andersartige Schriften hatten zwar vorerst keine praktischen Konsequenzen für die breite Masse der Frauen, zeigen aber deutlich eine Beschäftigung mit dem Thema der Frauenbildung.
15 Viele dieser Schriften waren patriotisch motiviert: Das Ende des Dreißigjährigen Krieges verlangte von Deutschland den Anschluss an die kulturelle Entwicklung Europas, das heißt man musste beweisen, dass Deutschland den Italienern, Spaniern und Franzosen nicht an gelehrten Frauenzimmern nachstand.
20 Neben der Förderung des literarischen Hervortretens deutscher Frauen, erschienen Schriften, die die allgemeinen geistigen Fähigkeiten

WORTSCHATZ ZUM LESEN

das Vorbild	model
weiblich	female, feminine
eindeutig	clearly
befürworten	to support; to approve
der Anschluss	connection
beweisen	to prove
das Frauenzimmer	female (archaic)
das Hervortreten	emergence
erscheinen	to appear
die Vorrede	preface
entrüstet	indignant
das Gesuch	request
unterbreiten	to present

von Frauen diskutierte. So zum Beispiel Johann Christian Lehms Vorrede „Daß das Weibliche Geschlecht so geschickt zum Studieren / als das Männliche" (1715). Aber derartige Diskussionen öffneten den Frauen die
25 Türen zu Universitäten trotzdem noch nicht.

Ein gutes Beispiel ist Dorothea Christiane Leporin (verheiratete Erxleben) (1715–1762). Nachdem der Vater sie gegen den Willen ihrer eigenen Mutter unterrichten lässt, will die junge Frau an der Universität Halle Medizin studieren. Die Universität lehnt ihre Bewerbung jedoch
30 entrüstet ab. Mit Unterstützung des Vaters wird Friedrich dem Großen ein Gesuch unterbreitet, und schließlich wird die Universität in Halle von Friedrich dem Großen gezwungen, sie zum Medizinstudiengang zuzulassen. 1754 erfolgte ihre Promotion zum Doktor der Medizin (Dr. med.). Und sie wurde damit die erste deutsche Frau, die einen
35 medizinischen Doktortitel erhalten sollte.

● Die deutsche Frauenbewegung. Beantworten Sie die Fragen.

1. Wann beginnen Schreiber und Schreiberinnen die Geschichte der deutschen Frauenbewegung normalerweise?
2. Wann wurde aber bereits früher die Erziehung und Bildung von Frauen diskutiert?
3. Wie kann man die patriotische Motivation der Schriften im siebzehnten Jahrhundert, die die weibliche Bildung befürwortete, erklären?
4. Was ist Ihrer Meinung nach der Unterschied zwischen einem „guten Vorbild" und einem „schlechten Beispiel"?
5. War Dorothea Christina Leporin ein gutes oder ein schlechtes Vorbild für die Frauenbewegung? Erklären Sie Ihre Antwort.

LESEN SIE!

Zum Thema

● Assoziationen. Beschreiben Sie die Menschen, die Sie in einem positiven oder negativen Sinn mit jedem Begriff in dem Kasten links assoziieren.

MODELL: Emanzipation →

- Frauen, die für ihre Gleichberechtigung in der Gesellschaft und auch für ihre Gleichstellung im Beruf kämpfen
- Männer, die diese Frauen unterstützen wollen
- Männer und Frauen, die den Kampf um weibliche Gleichberechtigung kritisieren und lächerlich machen wollen

Emanzipation
Gleichberechtigung
Redefreiheit
Demokratie
Unterdrückung
Gleichstellung
Organisation
Solidarität

Emanzipation

Vater schlägt einen Nagel in die Wand.

SOHN: Papa! Charly hat gesagt, seine Mutter hat gesagt . . .

VATER: Ach, sieh mal an, hat die auch mal was zu
5 sagen?

SOHN: Wieso?

VATER: Na, bisher habe ich dich noch nie von der Mutter deines Freundes reden hören.

SOHN: Na ja, ich sehe sie ja auch nicht oft. Sie ist ja
10 immer in der Küche beschäftigt. Wie Mama.

VATER: Das ist auch der beste Platz für eine Frau.

SOHN: Aber Charly hat gesagt, seine Mutter hat gesagt, daß sie genug davon hat.
Und daß es Zeit wird, daß die Frauen den
15 Männern einmal zeigen, daß sie auch ihren Mann stehen können!
Papa, was meint sie damit?

VATER: Womit?

SOHN: Na, daß Frauen ihren Mann stehen sollen—
20 wenn sie doch Frauen sind?

VATER: Wahrscheinlich hat sie was von Emanzipation gehört.

SOHN: Und was heißt das?

VATER: Mein Gott, wie soll ich dir das erklären? Also,
25 paß auf: Die Frauen wollen plötzlich gleichberechtigt sein—das heißt, sie wollen den Männern gleichgestellt sein.

SOHN: Und warum?

VATER: Sie fühlen sich unterdrückt.

30 SOHN: Ja, das hat Charly auch gesagt, daß seine Mutter gesagt hat, sie lasse sich nicht weiter unterdrücken von den Männern.

VATER: Na siehst du!

SOHN: Papa, aber warum unterdrücken die Männer
35 Frauen?

VATER: Aber das tun sie doch gar nicht.

SOHN: Und warum sagt es dann Charlys Mutter?

VATER: Das versuche ich dir doch gerade zu erklären. Irgendeine Frau hat damit
40 angefangen, sich unterdrückt zu fühlen, und nun glauben es die anderen auch und organisieren sich.

SOHN: Und was heißt organisieren? Klauen?

VATER: Mein Gott, nein, hör mir doch zu: sich
45 organisieren heißt, sich zusammentun, eine Gruppe bilden, um sich stark zu fühlen.

SOHN: Und warum muß sich Charlys Mutter stark fühlen?

VATER: Das weiß ich doch nicht. Vielleicht will sie
50 etwas erreichen bei Charlys Vater.

SOHN: Und das kann sie nur organisiert?

VATER: Sicher glaubt sie das. Sonst würde sie es ja nicht tun. Das darf man nicht so ernst nehmen.

55 SOHN: Warum nicht? Wenn es doch die Frauen ernst nehmen?

VATER: Aber das sind doch nur wenige. Gott sei Dank. Eine vernünftige Frau kommt überhaupt nicht auf eine solche Idee.

60 SOHN: Ist Mama vernünftig?

VATER: Aber sicher. Deine Mutter ist viel zu klug, um diesen Unsinn mitzumachen.
Frag sie doch mal.

SOHN: Hab ich schon.

65 VATER: Na, und was hat sie gesagt?

SOHN: Daß sie das alles gar nicht so dumm findet.

VATER: So, hat sie das gesagt? Aber das ist doch etwas anderes.

SOHN: Weil Mama vernünftig ist?

70 VATER: Nein, herrgottnochmal, mußt du dich in deinem Alter mit solchen Fragen beschäftigen?
Mama macht sich nur Gedanken darüber— allein, und ohne nun auf die Barrikaden zu
75 gehen.

SOHN: Papa, was heißt: Barrikaden?

Der Vater ist erleichtert, weil er hofft, abgelenkt zu haben.

VATER: Auf die Barrikaden gehen heißt—naja, das ist
80 so eine Redewendung, verstehst du, wenn man lauthals seine Meinung vertritt, ohne eine andere gelten zu lassen.

SOHN: Aber Charly hat gesagt, seine Mutter hat gesagt, daß hier die Frauen überhaupt keine Meinung haben dürfen.

85

VATER: Aber das ist doch Unsinn. Wir leben doch in einer Demokratie. Da kann jeder seine Meinung haben.

SOHN: Auch sagen?

90 VATER: Natürlich. In einer Demokratie hat man auch Redefreiheit.

SOHN: Und wir leben in einer Demokratie?

VATER: Das sag ich doch.

SOHN: Also können auch Frauen hier ihre Meinung sagen?

95

VATER: Ja. Worauf willst du jetzt wieder hinaus?

SOHN: Naja, wenn das so ist, daß auch Frauen ihre Meinung sagen können, und Charlys Mutter tut das, warum darf sie dann nicht arbeiten gehen?

100

VATER: Wie bitte? Was hat denn das damit zu tun?

SOHN: Charly hat gesagt, seine Mutter hat gesagt, daß sie gerne wieder arbeiten gehen möchte—und Charlys Vater hat es ihr verboten.

105

VATER: Das war auch richtig. Frauen gehören ins Haus, wenn sie verheiratet sind und Kinder haben.

110 SOHN: Also dürfen Frauen eine Meinung haben und sie auch sagen—aber sie dürfen es dann nicht tun?

VATER: Natürlich nicht. Wo kämen wir da hin, wenn jeder das täte, was er wollte?

115 SOHN: Also darf Mama auch nicht einfach tun, wozu sie Lust hat?

VATER: Nein. Ich kann auch nicht immer tun, wozu ich Lust habe! Schließlich muß ich das Geld verdienen, um dich und Mama zu ernähren.

120 SOHN: Kann Mama sich nicht selbst ernähren?

VATER: Nicht so gut wie ich, weil Mama weniger verdienen würde, weil sie nicht einen Beruf gelernt hat wie ich. Deshalb verdiene ich das Geld, und Mama macht die Arbeit im Hause.

125 SOHN: Kriegt sie denn Geld dafür von dir?

VATER: Nein, natürlich nicht so direkt, indirekt aber doch.

SOHN: Und wenn sie was braucht, muß sie dich fragen.

130 VATER: Ja.

SOHN: Weil—wenn sie was kaufen will, braucht sie Geld.

VATER: Ja.

SOHN: Und wenn sie damit in ein Geschäft geht, 135 kann sie auch etwas dafür verlangen.

VATER: Jaaa.

SOHN: Papa—hast du Mama auch gekauft?

Ingeburg Kanstein

WORTSCHATZ ZUM LESEN

bisher	up to now
plötzlich	suddenly
klauen	to steal
vernünftig	rational; reasonable
der Unsinn	craziness
erleichtert	relieved
die Redewendung	figure of speech
lauthals	at the top of one's voice

Zum Text

A Vater und Sohn haben in ihrem Gespräch viele Themen erwähnt. Welche Themen der folgenden Liste wurden angesprochen und welche nicht?

Emanzipation, Gleichberechtigung, Gleichstellung, Menschenrechte, Gedankenfreiheit, Unterdrückung, Benachteiligung, Organisationen, Barrikaden, Gewalt, Demokratie, Redefreiheit, Bevormundung, Rassismus, Solidarität, Antisemitismus, Gleichbehandlung, Engagement, Eigeninitiative

B Das Gespräch. Was haben Charlys Mutter und Vater wirklich gesagt? Schreiben Sie in der direkten Rede.

MODELL: Charlys Mutter sagt, „Ich habe genug davon!"

C Die Rolle der Frau. Was ist die Meinung des Vaters im Text über die Rolle der Frau in der Familie und der Gesellschaft? Machen Sie eine Liste mit Zitaten, die seine Meinung ausdrücken.

D Ein Dialog. Schreiben Sie einen Dialog zwischen Charlys Mutter und Vater. Lassen Sie die beiden Partner über Emanzipation, Gleichberechtigung in der Ehe, Gleichstellung und Meinungsfreiheit diskutieren.

Zur Interpretation

● Was sagen der Vater und der Sohn und was meinen sie? Wie interpretieren Sie den Unterschied? Diskutieren Sie die folgenden Zeilen mit Ihren Mitstudenten/Mitstudentinnen, und suchen Sie weitere Textbeispiele.

MODELL: SOHN: Charly hat gesagt, seine Mutter hat gesagt . . .
   VATER: . . . hat die auch mal was zu sagen?

   Interpretation: Der Sohn zitiert die Mutter seines Freundes. Der Vater impliziert, dass die Mutter sonst nicht viel sagt, oder dass sie nicht sehr intelligent ist.

SOHN: Ja, das hat Charly auch gesagt, dass seine Mutter gesagt hat, sie lasse sich nicht weiter unterdrücken von den Männern.
VATER: Na siehst du!
SOHN: Papa, aber warum unterdrücken die Männer Frauen?

Zur Kommunikation

● Partnerarbeit. Arbeiten Sie mit einem Partner / einer Partnerin, und schreiben Sie einen Dialog zwischen einem Kind und einem Erwachsenen. Das Kind erzählt, was andere Leute gesagt haben und stellt Fragen darüber. Der/Die Erwachsene muss alles irgendwie erklären. Das Kind hat aber weitere Fragen. Benutzen Sie Nebensätze wie die folgenden, und vergessen Sie nicht, die indirekte Rede zu benutzen.

. . . hat gesagt, sein/ihr Vater/Großvater/Onkel/Bruder/Cousin/Freund hat gesagt, . . .
. . . hat gesagt, seine/ihre Mutter/Großmutter/Tante/Schwester/Cousine/Freundin hat gesagt, . . .

KULTURPROJEKT

1. **Generationen.** Wie hat sich in den letzten Jahrzehnten oder im letzten Jahrhundert die Rolle und das Leben von Frauen verändert? Vergleichen Sie das Leben Ihrer Großmutter mit dem Ihrer Mutter und dem von Ihnen oder Ihrer Schwester, Frau oder Freundin.

2. **Andere Länder.** Gibt es Unterschiede zur Situation der Frau in verschiedenen Ländern, die Sie kennen? Machen Sie eine Liste mit den Ländern, von denen Sie Informationen haben, und erklären Sie der Klasse, wie Sie die Situation der Frau in diesen Ländern sehen.

3. **Gleichberechtigung.** Finden Sie das Thema „Emanzipation" oder „Gleichberechtigung von Frauen und Männern" wichtig? Wird es in Ihrer Schule/Universität/Gemeinde/Stadt diskutiert? Welche Argumente haben Sie gehört?

4. **Gesetze.** Wie hat sich das öffentliche Leben verändert? Was hat der Staat getan, um Frauen Gleichberechtigung zu ermöglichen? Welche Gesetze kennen Sie in Ihrem Land oder aus einem deutschsprachigen Land, die direkt oder indirekt mit Emanzipation oder Gleichberechtigung zu tun haben?

5. **Gestern und heute.** Gestalten Sie zusammen mit Ihren Mitstudenten/Mitstudentinnen ein Poster zum Thema „Frauen— gestern und heute". Zeigen Sie die unterschiedlichen Lebensläufe, Erwartungen und Aufgaben der Frauen zu Beginn und zu Ende des zwanzigsten Jahrhunderts. Suchen Sie auch Zitate von bekannten Frauen, die dieses Thema ansprechen.

WORTSCHATZ

Substantive	Nouns
die **Emanzipation**	emancipation
die **Frauenbewegung, -en**	women's movement
die **Gedankenfreiheit**	freedom of thought
die **Kinderkrippe, -n**	daycare center
die **Minderheit, -en**	minority
die **Redefreiheit**	freedom of speech
die **Reihe, -n**	row; series
der **Richter, -** / die **Richterin, -nen**	judge
die **Schwierigkeit, -en**	difficulty
der/die **Abgeordnete** (*decl. adj.*)	delegate; member of parliament
der/die **Angeklagte** (*decl. adj.*)	defendant
der **Beitrag, ¨e**	contribution
der **Hintergrund, ¨e**	background
das **Menschenrecht, -e**	human right
das **Wahlrecht**	right to vote, suffrage

Verben	Verbs
behandeln	to treat
behüten	to protect
benachteiligen	to place at a disadvantage
beschimpfen	to insult
beschuldigen	to accuse
besitzen, besaß, besessen	to possess, own
betreuen	to look after
emanzipieren	to emancipate

erreichen	to reach
gelten lassen	to approve of something; to agree
gestatten	to allow
kämpfen	to struggle; to fight
sich kümmern um	to concern oneself with
leiten	to lead
lösen	to loosen
sich organisieren	to organize oneself
unterdrücken	to suppress
wollen: auf etwas hinaus wollen	to imply something; to have a certain goal

Adjektive und Adverbien	Adjectives and adverbs
allein erziehend	single parenting
anfangs	at first
gleichberechtigt sein	to have equal rights
gleichgestellt sein	to be at an equal level
jedenfalls	in any case
obwohl	although

Sie wissen schon	You already know
die **Gleichberechtigung**	equality
betrachten	to consider; regard

VIDEOTHEK

A Studium, Arbeit, Gleichberechtigung. Wer sagt was?

a. **Stefan**

b. **Erika**

c. **Gürkan**

d. **Julia**

e. **Guy**

f. **Anja**

1. „Obwohl die Frauenbewegung viel erreicht hat, ist diese Forderung noch nicht Wirklichkeit geworden."
2. „Merkwürdig ist, dass man hier beim Essen nur mit Menschen redet, die man kennt."
3. „Jeden Morgen fahre ich mit dem Auto in mein Atelier und male den ganzen Tag lang."
4. „Viele meiner Verwandten sind arbeitslos und sie haben ihre Arbeit verloren, nachdem die Mauer gefallen ist."
5. „Also Frauen, die sind einfach süß für mich. Das ist der Mittelpunkt von eigentlich allen Männern."
6. „Besonders in der Schweiz sind die Leute alarmiert. Die Schweizer haben die Tendenz, alles zu übertreiben."

B Geschichte einer Universität. Was wissen Sie über Heidelberg?

1. In welchem Jahrhundert wurde die Universität Heidelberg gegründet?
2. An welchem Fluss ist die Stadt Heidelberg zu finden?
3. Können Sie einige berühmte Leute nennen, die in Heidelberg gelehrt haben?
4. Was hat Robert Bunsen erfunden?
5. In den sechziger Jahren gab es viele Proteste in Heidelberg. Stichworte waren „demokratisieren", „Modernisierung" und „Reform". Denken Sie an diese Stichworte und erklären Sie, warum sie sehr wichtig für die Universitäten und die Gesellschaft in Deutschland waren.

Die Universitätsstadt Heidelberg.

C Ein Student aus Kamerun. Erinnern Sie sich an die Geschichte von Guy und sein Studium in Aachen. Ergänzen Sie die Fragen.

1. Guy isst in der Mensa, weil . . .
2. Guy studiert . . .
3. Aachen ist anders als die Städte in Kamerun, weil . . .
4. Guy ist glücklich in Deutschland, weil . . .
5. Guy vermisst das Leben in Kamerun, weil . . .

D Hilfe für Arbeitslose

SCHRITT 1: Wer ist Monika Schneider? Sie haben Monika schon kennen gelernt. Was wissen noch über sie?

Guy mit Robert in der Mensa.

1. Was macht Monika beruflich?
2. Was macht sie an einem typischen Tag?
3. Warum sitzt sie nicht den ganzen Tag in ihrem Büro?

SCHRITT 2: Anzeigen. Wer braucht Hilfe?

1. Herr Kloos sucht eine Apothekenhelferin. Schreiben Sie eine Anzeige für eine Apothekenhelferin.
2. Herr Lebendig sucht einen Groß- und Außenhandelskaufmann. Schreiben Sie eine Anzeige für einen Groß- und Außenhandelskaufmann.

Monika fährt mit der Straßenbahn zur Arbeit.

VOKABELN

A Definitionen. Welche Definition passt zu welchem Ausdruck?

1. die Erfahrung
2. der Kreis
3. der Begriff
4. umwechseln
5. sich befinden
6. sich gewöhnen an
7. allmählich
8. merkwürdig
9. gemeinsam

a. ungewöhnlich
b. eine Idee oder Ausdruck
c. ändern
d. ein Erlebnis, eine Kenntnis
e. eine Gruppe von Personen, die ähnliche Ziele haben
f. an einer Stelle oder einem Ort sein
g. zusammen
h. etwas nicht mehr als fremd oder unheimlich betrachten
i. schrittweise

B Was passt? Ergänzen Sie die Sätze mit den richtigen Formen der Wörter im Kasten.

die Entwicklung   überlegen
zwingen
gering   der Termin   unentbehrlich
selbstständig   bestimmen
die Fähigkeit

1. Studenten, die im Studentenwohnheim wohnen, fühlen sich öfter _____ als die Studenten, die immer noch bei den Eltern leben.
2. Nachdem Monika Schneider eine Arbeitsstelle gefunden hat, ruft sie den Arbeitssuchenden an, um einen _____ zu machen.
3. Susanne _____, ob sie in den USA oder England studieren soll.
4. Die sozialen _____ haben es möglich gemacht, dass junge Leute jetzt zwischen verschiedenen Lebensstilen wählen können.
5. Eine gute Ausbildung ist für den heutigen Arbeitsmarkt _____.
6. Arbeitssuchende müssen heute verschiedene Talente und _____ haben.
7. Frauen im neunzehnten Jahrhundert wurden _____, zu Hause zu blieben und sich um die Kinder zu kümmern.
8. Die Zahl der Frauen in leitenden Positionen bleibt immer noch _____.
9. Vor 1900 hatten Arbeiter fast keine Möglichkeit, ihre Arbeitsbedingungen zu _____.

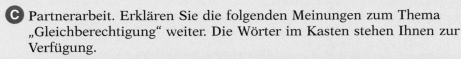

C Partnerarbeit. Erklären Sie die folgenden Meinungen zum Thema „Gleichberechtigung" weiter. Die Wörter im Kasten stehen Ihnen zur Verfügung.

JULIA: „Für mich ist heute vieles selbstverständlich, was früher nicht selbstverständlich war, also zum Beispiel überhaupt nicht für meine Urgroßmutter, für meine Oma nicht und für meine Mutter auch noch nicht."

SUSANNE: „Ja, ich glaube, für meine Mutter war es damals schwieriger. Noch schwieriger als für die Frauen heute, denn das sollte nicht heißen, dass es jetzt für die Frauen wahnsinnig toll ist und gleichberechtigt heutzutage, ist es immer noch nicht so."

CHRISTA PIPER: „Natürlich kann ich nicht alle Probleme lösen. Es geht darum, bessere Rahmenbedingungen für Frauen herzustellen. Dazu brauchen wir die Gemeinsamkeit und Solidarität von Frauen und Männern."

die Emanzipation   der Beitrag   benachteiligen

betreuen   kämpfen

das Menschenrecht   die Frauenbewegung

die Schwierigkeit   alleinerziehend

gleichgestellt   behandeln   unterdrücken

STRUKTUREN

A Mark hat viele Wünsche. Ergänzen Sie seine Wunschsätze mit den Verben in Klammern. Benutzen Sie den Konjunktiv.

1. Wenn ich nur reich _____! (sein)
2. Wenn ich nur in Heidelberg studieren _____! (können)
3. Wenn ich nur mehr Zeit _____! (haben)
4. Wenn meine Eltern mir nur mehr Freizeit _____! (lassen)
5. Wenn wir nur nicht jeden Sommer nach Österreich _____! (fahren)
6. Wenn mein Vater mir nur mehr Taschengeld _____! (geben)

B Susanne spricht mit ihren Freunden und träumt von einer Reise nach Spanien. Gebrauchen Sie **wenn** und die **würde**-Konstruktion, um neue Sätze zu bilden.

MODELL: Wir haben eine Woche frei. Wir machen die Reise. →
Wenn wir eine Woche frei hätten, würden wir die Reise machen.

1. Du hast genug Geld. Du kaufst dir eine Flugkarte.
2. Ich habe genug Geld. Ich übernachte in einem teuren Hotel.
3. Das Wetter ist schön. Wir fahren an die Küste.
4. Ihr habt genug Energie. Ihr macht lange Wanderungen mit mir.
5. Meine Freunde können Spanisch. Sie werden viele neue Freunde finden.

Ein Gespräch mit Herrn Weinart.

C Beim Vorstellungsgespräch. Frau Schneider hat zwei neue Stellen für Herrn Weinart gefunden. Er möchte die beiden Stellen vergleichen. Bilden Sie Fragen mit dem Komparativ.

MODELL: FRAU SCHNEIDER: Beide Firmen sind ziemlich groß. →
HERR WEINART: Welche Firma ist größer?

1. Der Lohn ist hoch.
2. Die Stelle ist gut.
3. Der Arbeitsplatz ist sicher.
4. Die Arbeitszeit ist kurz.
5. Die Arbeit ist anstrengend.
6. In dieser Firma gibt es gute Aufstiegsmöglichkeiten.

D Reisebericht. Sie sind gerade von einer Reise nach Deutschland zurückgekommen. Sagen Sie, wo alles am schönsten oder am besten war.

MODELL: Die Läden in München waren teuer. →
In München waren die Läden am teuersten.

1. Das Wetter in Konstanz war schön.
2. Die Hotels in Halle waren billig.
3. Die Menschen in Berlin waren freundlich.
4. Die Nächte in Hamburg waren kalt.
5. Die Berge in Bayern waren hoch.
6. Das Bier in Düsseldorf war gut.
7. Die Menschen in Köln redeten schnell.
8. Ich wohne gern hier.

E In der Frauenbuchhandlung. Claudia und Michael verbringen den Nachmittag in der Buchhandlung. Michael muss jetzt nach Hause gehen. Setzen Sie das Gespräch zwischen Michael und Claudia in die indirekte Rede.

MODELL: Claudia sagte, „Ich habe viel Zeit zu lesen." →
Claudia sagte, sie habe viel Zeit zu lesen.

1. Michael sagte, „Ich gehe nach Hause."
Michael sagte, _____.

2. Er fragte Claudia, „Kommst du mit?"
Er fragte Claudia, ob _____.

3. Claudia antwortete, „Ich will mein Buch
zu Ende lesen."
Claudia antwortete, _____.

4. Michael fragte sie, „Was für ein Buch
liest du?"
Michael fragte sie, _____.

5. Claudia sagte, „Das Buch heißt „Das andere
Geschlecht" und ist sehr interessant."
Claudia sagte, _____.

PERSPEKTIVEN

A Sie lesen jetzt eine Kurzgeschichte von Franz Josef Bogner. Wovon
handelt wohl die Geschichte? Welche Jahreszeit ist es? Sehen Sie sich
dann das Bild an, und schreiben Sie eine kleine Geschichte über diese
Szene.

WORTSCHATZ ZUM LESEN

das Vertrauen	*trust*
das Sparkonto	*savings account*
die Weisheit	*wisdom*
der Vorrat	*reserve; provision*
aufzehren	*to eat up*
umkommen	*to perish*
verdauen	*to digest*
der Umkreis	*surroundings*
knabbern	*to nibble*

Es war einmal eine Maus, die hatte volles Vertrauen zu der
Wirtschaftspolitik ihres Landes und ein Sparkonto bei der Mäusebau- und
Bodenbank. Außerdem hatte ihre Großmutter—eine Frau, die mit vier
Beinen im Leben gestanden—ihr die alte Weisheit mit auf den Weg
5 gegeben—„Spare in der Zeit, so hast du nach dem Tod!"
Einmal folgte einem verregneten Sommer ein langer, strenger Winter,
die ältesten Mäuse erinnerten sich nicht, jemals einen solch strengen
Winter erlebt zu haben (die ältesten Mäuse sind so furchtbar
alt nun auch wieder nicht, dafür aber sehr vergesslich). Die
10 Vorräte waren bald aufgezehrt, über die Mäusetiere brach
eine schreckliche Hungersnot herein und viele kamen um.
Doch: in der Not frisst halt die Maus Papier auch ohne
Butterbrot! Und als sie eben den allerletzten Schnippel des
Sparbuchs verdaut hatte—da hielt der Lenz seinen Einzug mit
15 warmen Sonnenstrahlen und grünen Grasspitzen, und
Mäusenahrung lag auf allen Straßen. Die kluge Maus aber
war in weitem Umkreis die einzige, die diesen Winter überlebt
hatte.
Wer spart, hat in der Not auch was zu knabbern.

Franz Josef Bogner

Die kluge Maus.

B Eine tüchtige Maus. Sind Sie auch so? Sparen Sie, oder
geben Sie Ihr ganzes Geld aus? Haben Sie ein Sparkonto? Warum
spart man Geld? Machen Sie eine Liste von den Gründen. Hier sind
einige Vorschläge.

1. um den Winter zu überleben
2. um sich ein neues Haus zu kaufen
3. damit man den Ruhestand genießen kann

FREIZEIT

**Szene aus einem
Kleingarten von früher.**

In diesem Kapitel

- erfahren Sie, wie Deutsche früher ihre Freizeit verbrachten.
- erfahren Sie, was junge Deutsche von heute in ihrer Freizeit machen.
- diskutieren Sie die Vor- und Nachteile organisierter Freizeitaktivitäten.

Sie werden auch

- lernen, wie man Verbindungen mit **da-** und **wo-** benutzt.
- den Gebrauch der Modalverben wiederholen.
- eine Geschichte über einen schlauen Kater lesen.

Viele Berliner verbringen gern ihre Freizeit in einer Laubenkolonie.

Erholung in einem Stadtpark in Berlin-Kreuzberg. Eine „grüne Lunge" mitten in der Großstadt.

VIDEOTHEK

In diesem Kapitel sehen Sie, wie sich die Idee von „Freizeit" entwickelt hat. Was heißt für Sie Freizeit? Machen Sie eine Liste von Wörtern, die Sie mit dem Begriff „Freizeit" assoziieren.

I: Ein grünes Hobby

In dieser Folge sehen Sie eine kurze Geschichte über die Stadt Berlin und ihre Einwohner, die ein kleines Stück Natur in der wachsenden Metropole suchten.

A Freizeit damals und jetzt. Was passt? Welcher Satz beschreibt welches Bild?

a.

b.

c.

d.

e.

f.

1. „Ob im Westen oder im Osten, die Berliner pflegten weiterhin ihre kleinen Gärten."
2. „Die Kinder mussten zwischen den Gebäuden in den Höfen spielen."
3. „Schon damals war es vor allem für Kinder ungesund und gefährlich, in der Stadt zu wohnen."
4. „Berlin in den zwanziger Jahren—eine Weltstadt mit vielen Menschen und viel Verkehr."
5. „Was braucht der Berliner, . . . ? Einen kleinen Garten mit einer Laube mitten in der Stadt."
6. „Der Kleingarten gab den Arbeiterfamilien damals ein kleines Stück Natur und Erholung mitten in der Stadt."

In den Kleingärten gab es Platz für Kinderspiele.

WORTSCHATZ ZUM VIDEO

eingereicht	submitted
der Verleger	publisher
die Laubenkolonie	garden colony
der Malkurs	painting class
erschwinglich	affordable
der Grad	grade; degree
stur	stubborn

B Persönliche Meinungen. Wer sagt das, Klaus, Daniela, Bob, Dirk, Susanne oder Grace?

1. „Je mehr Feiertage, desto besser."
2. „Ich sitze gern am Computer und surfe im Internet."
3. „In meiner Freizeit versuche ich vor allem rauszukommen aus dem Haus."
4. „Mein Hauptinteresse ist die Musik."
5. „Ich interessiere mich sehr für Theater und Museen."
6. „Besonders im Sommer gehen wir gern am See grillen."

II: Weiterbilden in der Freizeit

In dieser Folge erfahren Sie, dass Freizeit nicht immer faulenzen sein muss. Viele benutzen ihre Freizeit, um etwas Neues zu lernen. Was könnte man in der Freizeit lernen? Wo kann man das machen?

A Volkshochschule in Potsdam. Beantworten Sie die Fragen.

1. Was für Kurse gab es an der Volkshochschule zu DDR-Zeiten? Welche gibt es heute? Warum?
2. Unter den Teilnehmern sind meistens mehr Frauen als Männer. Das gilt vor allem für kreative Kurse wie den Malkurs. Warum belegen mehr Frauen als Männer diese Kurse? Was meinen Sie? Welche Kurse möchten Männer Ihrer Meinung nach belegen?

B Beliebte Kurse. Die folgenden Kurse sind einige der beliebtesten, die an der Volkshochschule angeboten werden. Warum ist das so? Was sagen die Teilnehmer über die Kurse? Welcher Kurs interessiert Sie besonders? Warum?

1. Malen   2. Fremdsprachen lernen   3. Informatik

C Freizeitaktivitäten

SCHRITT 1: Was sagen Daniela und Stefan zum Thema „organisierte Freizeitaktivitäten"? Mit welcher Meinung stimmen Sie überein? Warum?

DANIELA: Ich bin für organisierte Freizeitaktivitäten zu einem bestimmten Grad. Wenn es nicht zu organisiert ist.

STEFAN: Ich bin völlig gegen organisierte Freizeitaktivitäten. Ich finde, das ist sehr unoriginell, und die Leute sind ein bisschen blöd und stur.

SCHRITT 2: Welche Sportarten sind „organisiert"? Diskutieren Sie die Vor- und Nachteile organisierter Freizeitaktivitäten. Warum treibt man solche Sportarten?

To learn more about leisure time in German-speaking countries, visit the Fokus Internet Web Site at http://www.mhhe.com/german.

Frau Vogtländer, Leiterin der Potsdamer Volkshochschule.

Teilnehmer an einem Malkurs in Potsdam.

VOKABELN

die Anregung	*stimulation*
die Erholung	*rest; recuperation*
die Gartenarbeit	*gardening*
der Hof	*yard*
der Kleingarten	*small garden*
der Nachweis	*proof*
das Gefühl	*feeling*
das Hobby	*hobby*
anfassen	*to touch; to grasp*
anregen	*to stimulate*
bedenken	*to consider*
bummeln	*to stroll; to idle*
sich entspannen	*to relax*
sich interessieren für	*to be interested in*
sich langweilen	*to be bored*
pflegen	*to look after*
teilen	*to divide; to share*
verbringen	*to spend* (*time*)
weiterbilden	*to continue one's education*
draußen	*outside*
hauptsächlich	*primarily*
im Freien	*in the open air; outdoors*

Viele Jugendliche engagieren sich sehr für Sport.

preisgünstig	*fairly priced*
unersetzlich	*irreplaceable*

Sie wissen schon

die Freizeit, der Feiertag, anfangen, belegen, gefallen, unternehmen

---

bummeln
Erholung
Gefühl
belegen
entspannen
Hobby
Feiertagen
interessieren

Aktivitäten

A Wie stellt man sich die Freizeit vor? Ergänzen Sie die Sätze mit den Wörtern im Kasten.

1. An großen _____ hat man oft Familie zu Besuch, oder man geht in die Kirche. Viele finden diese Zeiten des Jahres besonders anstrengend. Für solche Leute bedeutet Ostern oder Chanukka keine _____, sondern Stress und Mühe. Sie bekommen immer das _____, dass sie an diesen Tagen einfach zu viel zu tun haben. Nur wenn die Gäste nach Hause gegangen sind, kann sich der Gastgeber / die Gastgeberin endlich _____.

2. In der Freizeit kann man mehr machen, als einfach zu Hause sitzen oder in der Stadt _____. Die Volkshochschule hat ein weites Angebot von Kursen, die man in der Freizeit _____ kann. Man kann zum Beispiel Spanisch lernen oder lernen, wie man mit einem Computer umgeht. Töpfern ist ein _____, das immer

beliebter wird. Wenn Sie sich für solche Beschäftigungen _____, und Ihre Mitmenschen kennen lernen möchten, sollten Sie sich unbedingt bei der Volkshochschule anmelden.

B Definitionen. Lesen Sie die Sätze links, und suchen Sie dann aus der rechten Spalte die passenden Definitionen für die kursiv gedruckten Wörter.

1. „In meiner Freizeit *beschäftige* ich *mich* im Wesentlichen mit Musik.“
2. „Meine Freizeit ist sehr *unterschiedlich*.“
3. „Die Kinder mussten zwischen den Gebäuden und in den *Höfen* spielen.“
4. „Der *Kleingarten* hat gerade in Berlin eine lange Tradition.“
5. „Der Kleingarten gab den Arbeiterfamilien ein kleines Stück Natur und *Erholung* mitten in der Stadt.“
6. „Nach dem Zweiten Weltkrieg war Berlin eine *geteilte* Stadt.“
7. „Die haben Spaß daran und können *sich* richtig *entspannen*.“
8. „Die Volkshochschule kann ihre Kurse recht *preisgünstig* anbieten.“
9. „Ich denke, dass es ganz gut ist, eine Prüfung hier abzulegen und dann den *Nachweis* zu haben, dass man mit so einem Gerät umgehen kann.“

a. eine Chance, wieder gesund zu werden
b. nicht teuer, billig
c. sich auf etwas konzentrieren
d. kleiner Garten in der Stadt
e. etwas zu zeigen, wie eine Note oder ein Zertifikat
f. Platz, der von Mauer, Zaun oder Gebäude umgegeben ist
g. in zwei Teile zerlegt
h. nicht gleich, verschieden
i. relaxen

C Freizeit und Arbeit

SCHRITT 1: Kann man eigentlich Freizeit und Arbeit verbinden? Lesen Sie die folgenden Meinungen.

SUSANNE: Ja, also erstmal zum Thema Gartenarbeit. Die mag ich überhaupt nicht, obwohl wir eigentlich einen schönen großen Garten haben, mit vielen Bäumen und all so was, und vielen Blumen, und meine Eltern machen das eher.

DIRK: In meiner Freizeit versuche ich vor allem rauszukommen aus dem Haus weg oder von der Schularbeit, dass ich dann einfach mal rauskomme, dass ich dann in die Stadt gehe, ein bisschen rumbummele und in die Geschäfte gehen, ein bisschen einkaufen, so was.

ERIKA: Die Freizeit ist etwas schwierig, wenn man ein Künstler ist. Man hat immer das Gefühl, heute habe ich nicht genug gearbeitet. Man hat nie das Gefühl, jetzt ist es fünf Uhr, die Arbeitszeit ist vorbei, jetzt fängt der Abend an. Ich mache gerne, was ich mache, und darum ist die Freizeit nicht so ein Problem.

Dirk

SCHRITT 2: Was meinen Sie? Arbeiten Sie mit einem Partner / einer Partnerin, und diskutieren Sie über die folgenden Fragen.

1. Wer versucht, sich in der Freizeit eher zu entspannen, und nicht zu arbeiten?
2. Wer findet, dass Arbeit auch Spass machen kann?
3. Was ist für Sie der Unterschied zwischen Arbeit und Freizeit?
4. Wie kann man Arbeit und Freizeit verbinden?

STRUKTUREN

MODAL VERBS I
EXPRESSING ABILITIES, LIKES, INTENTIONS, AND DESIRES

As you know, modal verbs describe different attitudes with regard to activities, states, or conditions; and they commonly occur in both the present and simple past tenses.

Können expresses knowledge or ability.

Sabine **kann** sehr gut Englisch.	*Sabine knows English very well.*
Alle Kinder **konnten** Fußball **spielen.**	*All children could (were able to) play soccer.*

Mögen expresses liking. The indicative forms of this verb usually occur without a main verb and refer to people or things rather than to activities. You are already familiar with the subjunctive form **möchte,** which commonly expresses likes and dislikes with regard to activities.

Stefan **mag** das Gemälde nicht.	*Stefan doesn't like the painting.*
Ich **möchte** gern den ganzen Tag **malen.**	*I would really like to paint the entire day.*

Sollen expresses intention or supposition.

Die Maschine **soll** in einigen Minuten **ankommen.**	*The plane is supposed to arrive in a few minutes.*
Wir **sollten** eine längere Reise **machen.**	*We should (were supposed to) take a longer trip.*

Note the two different meanings of the second sentence. Because the past-tense and Subjunctive II forms of **sollen** are the same, the broader context in which this sentence appears would determine its meaning.

Wollen expresses wish or desire.

Viele **wollen** Deutsch **lernen.**	*Many people want to learn German.*
Ich **wollte** nicht im Garten **arbeiten.**	*I wouldn't (didn't) want to work in the garden.*

Just as with **sollen, wollen** has identical forms in the simple past and Subjuntive II.

The present-tense forms of these four modal verbs are as follows.

INFINITIVE:	können	mögen	sollen	wollen
SINGULAR				
ich	kann	mag	soll	will
du	kannst	magst	sollst	willst
Sie	können	mögen	sollen	wollen
sie/er/es	kann	mag	soll	will
PLURAL				
wir	können	mögen	sollen	wollen
ihr	könnt	mögt	sollt	wollt
Sie	können	mögen	sollen	wollen
sie	können	mögen	sollen	wollen

The simple past-tense forms for these four verbs are as follows. Note that **können** and **mögen** drop the umlaut, and **mögen** also has a stem change.

INFINITIVE:	können	mögen	sollen	wollen
SINGULAR				
ich	konnte	mochte	sollte	wollte
du	konntest	mochtest	solltest	wolltest
Sie	konnten	mochten	sollten	wollten
sie/er/es	konnte	mochte	sollte	wollte
PLURAL				
wir	konnten	mochten	sollten	wollten
ihr	konntet	mochtet	sollet	wolltet
Sie	konnten	mochten	sollten	wollten
sie	konnten	mochen	sollten	wollten

KURZ NOTIERT

As the examples point out, the Subjunctive II forms of **sollen** and **wollen** are identical to the simple past-tense forms. However, remember to distinguish between the Subjunctive II forms of **können** that retain the umlaut (**könnte**) and the simple-past forms that drop the umlaut (**konnte**).

Du **könntest** ihm wenigstens helfen.
You could at least help him.
Du **konntest** ihm nicht helfen.
You weren't able to help him.

Übungen

A Weiterbilden. Ergänzen Sie die Sätze mit den richtigen Formen der Modalverben im Präsens oder im Imperfekt.

1. An der Volkshochschule _____ man unterschiedliche Kurse belegen. (können)
2. Für Erwachsene, die ein neues Hobby lernen _____, sind solche Kurse geeignet. (wollen)
3. Der Malkurs _____ besonders interessant sein. (sollen)
4. Früher _____ man an der Volkshochschule nur Maschinenschreiben oder Fremdsprachen lernen. (können)
5. Damals _____ die Teilnehmer nur traditionelle Fächer lernen. (mögen)
6. Die Teilnehmer _____ selber entscheiden, welche Kurse wichtig sind. (sollen)

B Gartenarbeit bei Familie Dyrchs. Susannes Mutter braucht Hilfe im Garten. Ergänzen Sie die Sätze.

FRAU DYRCHS: Ich _____[1] nicht alles im Garten allein machen.

SUSANNE: Aber, Mutti, du weißt doch, ich _____[2] nicht im Garten arbeiten.

FRAU DYRCHS: Eine Tochter _____[3] ihren Eltern helfen, wenn sie sonst nichts zu tun hat. Mach dir keine Sorgen—die Arbeit geht schnell.

SUSANNE: Früher _____[4] wir Kinder euch im Garten helfen, aber wir haben es zu stressig gefunden.

FRAU DYRCHS: _____[5] ihr also jetzt nur faulenzen am Wochenende? Oder gibt es eine andere Beschäftigung, die du lieber _____[6]?

SUSANNE: Ich habe total vergessen! Ich _____[7] heute mit Sabine ins Kino gehen! Tschüss!

C Talente und Pläne

SCHRITT 1: Was können Sie schon sehr gut machen? Was wollen Sie noch lernen? Was sollen Sie noch lernen, um bessere Berufschancen zu haben? Machen Sie drei Listen.

WAS ICH GUT KANN	WAS ICH LERNEN WILL	WAS ICH LERNEN SOLL
malen	töpfern	Informatik
Deutsch sprechen	musizieren	Mathe

SCHRITT 2: Jetzt finden Sie einen Partner / eine Partnerin, und fragen Sie einander, welche Talente und Pläne Sie haben.

Susanne

MODAL VERBS II
EXPRESSING PERMISSION OR OBLIGATION

You have just reviewed four modal verbs: **können, mögen, sollen,** and **wollen;** the two others are **dürfen** and **müssen. Dürfen** expresses permission to do something.

Das Kind **darf** im Hof **spielen.**	*The child is allowed to play in the courtyard.*

In the present tense, the negated form of **dürfen** is often equivalent to English *must not* in the sense of *not allowed/permitted.*

Das Kind **darf nicht** im Hof **spielen.**	*The child must not play in the courtyard.*

Müssen expresses obligation. In positive sentences, **müssen** is equivalent to English *must* or *to have to.*

Wir **mussten** früh nach Hause **kommen.**	*We had to come home early.*

However, **müssen nicht** only means *not to have to.*

Er **muss** morgen **nicht arbeiten.**	*He doesn't have to work tomorrow.*

The present- and past-tense forms of these two modal verbs are as follows.

INFINITIVE:	**dürfen**	**müssen**	INFINITIVE:	**dürfen**	**müssen**
SINGULAR					
ich	darf	muss		durfte	musste
du	darfst	musst		durftest	musstest
Sie	dürfen	müssen		durften	mussten
sie/er/es	darf	muss		durfte	musste
PLURAL					
wir	dürfen	müssen		durften	mussten
ihr	dürft	müsst		durftet	musstet
Sie	dürfen	müssen		durften	mussten
sie	dürfen	müssen		durften	mussten

Notice that both **müssen** and **dürfen** drop the umlaut in all forms of the past tense.

SPRACHSPIEGEL

In German, the distinction between the modal verbs **können** and **dürfen** is greater than that between the English verbs *can* and *may.* Whereas many English speakers ask *can I?* when seeking permission, as opposed to the more correct *may I?,* German speakers usually ask **darf ich?** or the more polite subjunctive form **dürfte ich?**.

Berlin im neunzehnten Jahrhundert.

Übungen

A Schüler in Europa und Nordamerika. Ergänzen Sie die Sätze mit den richtigen Formen der Modalverben im Präsens.

1. Dirk _____ seine Hausaufgaben machen. (müssen)
2. Er _____ nicht in die Stadt gehen und bummeln. (dürfen)
3. _____ Schüler in Nordamerika zu Mittag zu Hause essen? (dürfen)
4. In Deutschland _____ Schüler auch am Samstag in die Schule gehen. (müssen)
5. _____ ihr auch so viel Schularbeit machen? (müssen)
6. Im Gymnasium _____ man zwischen verschiedenen Fächer wählen. (dürfen)

B Arbeiter in Berlin. Ergänzen Sie die Sätze mit den richtigen Formen der Modalverben **müssen** und **dürfen** im Imperfekt.

Vor hundert Jahren war Berlin eine große Arbeiterstadt. Viele Menschen, die früher auf dem Land lebten, _____[1] jetzt in Fabriken arbeiten. Die Familien wohnten in kleinen, dunklen Arbeiterwohnungen. Kinder _____[2] zwischen den Gebäuden in den Höfen spielen. Natürlich _____[3] sie nicht in den Straßen spielen. Während der Industrialisierung _____[4] Arbeiter viele Stunden in den Fabriken verbringen. Sie _____[5] keinen richtigen Urlaub machen. Deshalb gab der Kleingarten den Arbeiterfamilien ein Stück Natur und Erholung mitten in der Stadt. Nur um die Jahrhundertwende _____[6] man nicht immer an der Arbeit sein, wie früher.

DA- AND WO- COMPOUNDS
REFERRING TO THINGS AND IDEAS

In German, nouns generally follow prepositions. A personal pronoun also follows a preposition if that pronoun refers to a person or other being.

Ich denke oft an unsere Freunde.	*I often think about our friends.*
Denkst du auch **an sie**?	*Do you think about them too?*

Personal pronouns do not follow prepositions when the pronoun refers to a thing or an idea. Instead, a **da-** compound replaces the combination of preposition and pronoun.

Ich interessiere mich sehr für Museen.	*I'm very interested in museums.*
Interessiert ihr euch auch **dafür**?	*Are you also interested in them?*

When the preposition begins with a vowel, **da-** becomes **dar-**.

> Ich denke oft an die Zukunft.   *I often think about the future.*
> Meine Freunde denken auch   *My friends think about it too.*
>   **daran.**

In questions, **wo-** compounds replace the combination of preposition plus **was**.

> Sie denkt an ihren Urlaub.   *She's thinking about her*
>   *vacation.*
> **Woran** denkt sie?   *What is she thinking about?*

Wo- compounds occur in indirect questions in the same way.

> **Wovon** spricht er?   *What is he speaking of?*
> Ich weiß nicht, **wovon** er   *I don't know what he's*
>   spricht.   *speaking of.*

Übungen

A Lieblingsinteressen. Die Leute im Video erzählen, was sie gerne in der Freizeit machen. Ergänzen Sie die Sätze mit **da-** Verbindungen.

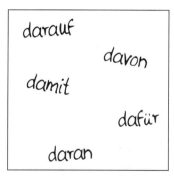

> KLAUS: Mein Hauptinteresse ist die Musik. In meiner Freizeit beschäftige ich mich oft _____.[1]
>
> DER PROFESSOR: Theater und Museen machen sehr viel Spaß. Ich interessiere mich sehr _____.[2]
>
> FRAU VOGTLÄNDER: Obwohl unser Malkurs sehr beliebt ist, habe ich persönlich noch nicht _____[3] teilgenommen.
>
> SUSANNE: Für mich ist es wichtig, andere Sprachen und Kulturen kennen zu lernen. Ich lege viel Wert _____.[4]
>
> KURSTEILNEHMERIN: Vor meinem Kurs wusste ich nicht viel von Computern und solchen Geräten, aber jetzt weiß ich ziemlich viel _____.[5]

In the box: *darauf*, *davon*, *damit*, *dafür*, *daran*

B Freizeit und Urlaub. Stellen Sie Fragen mit Personalpronomen oder mit **wo-** Verbindungen.

> MODELL: Dirk denkt an seine Freunde in Spanien. →
>   An wen denkt er?

1. Claudia denkt an ihre Freundin Bärbel.
2. Bärbel denkt an ihre Sommerferien.
3. Stefan interessiert sich für Musik.
4. Susanne geht gern mit ihrer Schwester Sabine aus.
5. Daniela beschäftigt sich mit Computern.
6. Stefan trifft sich gern mit seinen Freunden.
7. Grace freut sich auf die Schulferien.
8. Grace wartet auf ihre Freunde.

Klaus

PERSPEKTIVEN

HÖREN SIE ZU!
FRAGEN SIE PROFESSOR CATO!

Die live gesendete Radiosendung „Fragen Sie Professor Cato!" erfreut sich immer größerer Beliebtheit. Hier hören Sie Auszüge interessanter Fragen und Antworten.

WORTSCHATZ ZUM HÖRTEXT

vierbeinig	four-legged
die Ursache	cause
die Aufmerksamkeit	attention
stubenrein	housebroken
das muss ich mir verbitten	I won't put up with that
bezüglich	in reference to
die Raststätte	rest area
die Leine	leash
Felidae	cat (scientific term)

Bei einer deutschen Radiosendung.

TIPP ZUM HÖREN

In der Radiosendung hören Sie das folgende Sprichwort: „Was Hänschen nicht lernt, lernt Hans nimmermehr." Was ist der Unterschied zwischen Hänschen und Hans? Was bedeutet das Sprichwort? Was sagt es Ihrer Meinung nach über die Kultur? Was meinen Ihre Mitstudenten und Mitstudentinnen? Gibt es ein Sprichwort auf Englisch, das eine ähnliche Bedeutung hat?

A Professor Cato. Hören Sie die Radiosendung, und beantworten Sie danach die folgenden Fragen.

1. Wer ist Professor Cato?
2. Was haben die zwei Anrufer gemeinsam?
3. Welches Problem hat der erste Anrufer?
4. Welche Fragen stellt der Professor an den Anrufer?
5. Welche Frage hat die Anruferin?
6. Wie antwortet der Professor darauf?
7. Was wissen Sie über Julia und Nelly?
8. Wie reagieren die Anrufer auf Professor Catos Antworten?
9. An welchem Wochentag wird diese Radiosendung gesendet?

B Was möchten Sie den Professor fragen? Hören Sie der Radiosendung noch einmal gut zu. Formulieren Sie dann Fragen über Katzen oder andere Vierbeiner, die Sie selbst an Herrn Professor Cato stellen möchten. Welche Antworten erwarten Sie auf Ihre Fragen?

LANDESKUNDE IN KÜRZE
HUNDERT JAHRE MÜNCHNER VOLKSHOCHSCHULE

Es lebe die Münchner Volkshochschule! Weiterbilden in der Freizeit ist kein neues Thema. Wie Sie lesen, hat die Volkshochschule in München Arbeitern und Arbeiterinnen schon jahrzehntelang verschiedene Kurse anbegeboten.

Teilnehmer an einem Abendkurs an der Potsdamer Volkshochschule.

1896 wurde der „Volks-Hochschul-Verein München e.V." gegründet, der als einer der Vorläufer der Münchner 5 Volkshochschule gilt. 1906 wurden die „Akademischen Arbeiterkurse e.V." ins Leben gerufen. Beide 10 Institutionen vereinigten sich 1923 und nannten sich „Volkshochschule München e.V." Erste

15 Geschäftsstelle war das sogenannte Volksheim am Isartor (heutiges Valentin-Museum). Um 1930 zählte die Volkshochschule München neunzig Dozentinnen und Dozenten und bot zirka hundert Veranstaltungen im Sommerlehrgang an. Die Fremdsprachen umfassten Englisch, Französisch, Italienisch, Spanisch und Ungarisch. Als 20 Besonderheit kann erwähnt werden, dass es bereits damals ein eigenständiges Frauenprogramm mit zehn Kursen gab, wenn auch der Not und Tradition der Zeit entsprechend mit anderer Gewichtung. Kurse mit den für uns heute kurios klingenden Titeln wie „Wie erhalte ich mit trotz sparsamster Wirtschaftsführung meine Lebensfreude?", „Die Frau als 25 Herrscherin in Haus und Küche. Der Haushalt als Kraftquelle des Volkes" oder „Die Frau als seelischer Mittelpunkt des Hauses" erfreuten sich großer Beliebtheit.

Nach Kriegsende und dem Zusammenbruch wurde im Frühjahr 1946 unter der Aufsicht der amerikanischen Besatzungsmacht die Münchner 30 Volkshochschule wiedergegründet. Erstaunlich ist, dass sich bereits kurz nach Kriegsende fast hundert Dozentinnen und Dozenten bereitfanden, ein Kursangebot von hundertdreißig Veranstaltungen zu präsentieren. Bis zum Ende der fünfziger Jahre war die Kursvielfalt eher bescheiden. Zu

---

WORTSCHATZ ZUM LESEN

e.V.	eingetragener Verein (*registered society*)
der Vorläufer	*predecessor*
die Geschäftsstelle	*place of business*
der Dozent / die Dozentin	*instructor*
eigenständig	*independent*
klingelnd	*sounding*
sparsam	*thrifty*
die Kraftquelle	*source of strength*
seelisch	*spiritual*
die Beliebtheit	*popularity*
die Aufsicht	*supervision*
bescheiden	*modest*
die Zielgruppe	*target group*

Beginn der sechziger Jahre, als die Bedeutung von Bildung erkannt
35 und neu bewertet wurde, setzte eine jahrzehntelange Expansion der
Münchner Volkshochschule ein. Die MVHS erweiterte und verbesserte
stetig ihr Angebot, indem sie versuchte, sich an den Bedürfnissen der
Teilnehmer/innen zu orientieren. Systematisch wurden bisherige Bereiche
ausgebaut: Politische und berufliche Bildung, Sprachenschulung,
40 kulturelle Bildung, Gesundheitsbildung, usw. Es entstanden Angebote
für Zielgruppen, so für Jugendliche, Senioren, Behinderte Menschen
und ausländische Mitbürger/innen. 1973 fand die Eröffnung des
Gesundheitsparks im Olympiastadion als Zentrum für ganzheitliche
Gesundheitsförderung statt.
45 Stadtbereichszentren mit siebzehn Außenstellen sollten in den
folgenden Jahren entstehen. Mitte der achtziger Jahre erfolgte mit der
Eröffnung des Gasteigs die vorläufige Krönung dieser Entwicklung. Die
Münchner Volkshochschule wuchs zur größten kommunalen Einrichtung
dieser Art in Deutschland und Europa heran.

● Was stimmt?

		DAS STIMMT.	DAS STIMMT NICHT.
1.	Schon 1906 wurde Kurse für Arbeiter angeboten.	☐	☐
2.	Die moderne Volkhochschule hat zwei Vorläufer.	☐	☐
3.	Im Sommer gab es nur wenige Veranstaltungen.	☐	☐
4.	Vor 1945 gab es keine Programme für Frauen.	☐	☐
5.	Nach dem Krieg war es schwer, Dozenten und Dozentinnen zu finden.	☐	☐
6.	Die Expansion der Volkshochschule setzte schon in den fünfziger Jahren ein.	☐	☐
7.	Jetzt gibt es Kursangebote auch für Senioren und behinderte Menschen.	☐	☐
8.	Die Müncher Volkshochschule ist die größte Volkshochschule Europas.	☐	☐

LESEN SIE!

Zum Thema

● Tiere. Tiere symbolisieren gewisse Eigenschaften oder erinnern uns
oft an bestimmte Feiertage. Welche Assoziationen haben Sie mit

diesen Tieren? Denken Sie an Märchen oder andere Texte, die Sie kennen, aber auch an Ihre Familientraditionen. Vielleicht sind in Ihrer Kultur ganz andere Tiere wichtig? Ergänzen Sie dann die Liste.

die Katze
der Frosch
der Hase
der Esel
die Schnecke
der Fuchs
der Hund
das Schaf
der Löwe
die Ameise
die Maus

Wortschatz zum Lesen

die Pfote	paw
sich strecken	to stretch
wetzen	to sharpen
ohne Anlauf	without a running start
der Pelz	fur
der Schlamm	mud
das Schnurren	purring
der Stapel	pile
niedlich	cute
kläglich	pitiful
das Schnäuzchen	little nose
streicheln	to pet
maunzen	to meow
verschütten	to spill
der Jammerlaut	loud wail
knistern	to rustle
wickeln	to wrap
brocken	to crumble

MODELLE:
- Der Fuchs wird in Fabeln oft als „der schlaue Fuchs" gesehen, er kann also Schlauheit symbolisieren.
- Der Hase wird oft mit dem Osterfest verbunden. Am Ostersonntag bringt er als Osterhase in deutschsprachigen Ländern Schokoladeneier für die Kinder.

Die erste Begegnung

Er war noch nie in einem Wohnzimmer gewesen und besah sich alles ganz genau. Zuerst klärte er mögliche Gefahren ab: gab es Hühner mit scharfen Schnäbeln? Einen Hund? Jemanden, der einen
5 Pantoffel nach ihm werfen würde? Das Zimmer war leer und still bis auf das leise knisternde Kaminfeuer. Im Nebenzimmer gab es Geräusche, dort schien sich jemand an Schränken zu schaffen zu machen, aber hier im großen Wohnraum
10 herrschte eine schöne Ruhe. Nero schritt zum erstenmal in seinem Katerleben über einen Teppich, einen weichen, rosa Teppich mit kleinen grünen Ranken. Vorsichtig setzte er die Pfoten, sank ein wenig ein, streckte sich, machte sich gaaaaanz
15 lang und wetzte ratsch, ratsch, ratsch seine Krallen in der Wolle. Dabei zog er ein paar Teppichfäden heraus—das gefiel ihm, und er kratzte sich den ganzen Teppichrand entlang ritscheratsche bis zum

Sofa. Es war ein grünes Sofa mit dicken rosa Kissen.
20 Nero stellte sich auf die Hinterbeine und testete mit den Vorderpfoten: gut, sehr gut, das war sehr schön weich, fast so weich wie das Heu drüben auf dem Hof und nicht so pieksig. Mit einem Satz war er oben, drehte sich ein paarmal und rollte sich in die
25 Polster.

Dazu muß man bedenken, wie hoch so ein Sofa und wie klein so eine Katze ist. Es ist etwa so, als würde ein Mensch aus dem Stand und ohne Anlauf mal eben so auf das Dach seines Hauses springen
30 oder doch wenigstens auf den Balkon im ersten Stock. Eine Katze ist ein Wunder—nicht nur wegen solcher Sprünge. Eine Katze kann auch im Schlaf alles hören, das leiseste Mäusefiepen. Sie kann im Stockdunkeln sehen und wird nie eine Brille
35 brauchen. Sie geht völlig lautlos und trägt einen dicken, weichen Pelz, mit dem sie auch in der

Sonne nicht schwitzt. Ihre Pfoten sind zart und
weich, und doch läuft sie damit über spitze Steine,
heißes Pflaster und gefrorene Felder, ohne sich
40 weh zu tun, und wenn es sein muß, sausen wie
Klappmesser vorn die schärftsten Krallen heraus,
die man sich vorstellen kann. Eine Katze kann in
den Schlamm fallen und schon nach zehn Minuten
wieder so adrett und sauber aussehen, als sei sie in
45 der Städtischen Badeanstalt gewesen. Eine Katze
kann senkrecht an einem Baum hochgehen, und
dann landet sie mit zwei, drei Sprüngen wieder
unten, als wäre nichts gewesen, und wenn sie sich
wohlfühlt, kann sie ein unbeschreibliches Geräusch
50 in ihrer Kehle rollen lassen—etwas zwischen einem
fernen, leisen Gewittergrummeln, einem kleinen
Güterzug, der weit weg in der Nacht über eine
Holzbrücke fährt und einem Wasserkessel, der
gerade zu summen anfängt, kurz ehe das Wasser
55 kocht. Es ist eines der schönsten Geräusche auf der
Welt, und man nennt es Schnurren.

Nero schnurrte.

Er lag in den grünen Polstern, hingelehnt an die
rosa Kissen und schnurrte. Und er hörte sehr wohl,
60 daß sich aus dem Nebenzimmer jemand näherte,
aber er hatte keine Lust, diesen paradiesischen
Platz wieder aufzugeben, aufzuspringen und
wegzusausen. Er vertraute auf seine schon
andernorts bewiesene Überzeugungskraft. Er war
65 sicher, daß er ein Recht hatte, hier zu liegen, und
wenn nicht—dann hatte er ja immer noch seine
gefährlichen, blitzschnellen Krallen.

Aus kleinen Augenschlitzen beobachtete Nero
eine blonde Frau, die einen Stapel Wäsche in eine
70 Kommodenschublade packte. Sie strich sich eine
Haarsträhne aus dem Gesicht und faßte sich mit der
Hand auf den schmerzenden Rücken, als sie sich
wieder aufrichtete und —

„JETZT!" dachte Nero, „jetzt sieht sie sich um, nur
75 jetzt nicht rühren. Wachsam sein! AUFGEPASST!"

Die Frau sah ihn an, aber, fand Nero sofort
heraus, nicht unfreundlich. Sie war nur halb so dick
wie die Bäuerin vom Hof, sie hatte blaue Augen
und schaute sehr verwundert und, wie Nero

80 registrierte, auch bewundernd auf den schwarzen
kleinen Besuch da in ihren Kissen. Nero setzte sich
ruckartig auf, bereit das „Wer-bist-du-denn"-Spiel
mitzuspielen. Er machte seine grünen Augen
erschrocken rund, starrte in die blauen Augen der
85 Frau und öffnete sein niedliches rosa Schnäuzchen,
um ein klägliches, an langweiligen Nachmittagen
sorgfältig eingeübtes, zu Herzen gehendes
MIAUOUOUOUAUO! ertönen zu lassen. Es verfehlte
seine Wirkung nicht. „Wer bist du denn?" fragte die
90 blonde Frau gerührt und kam vorsichtig näher. „Du
liebe Güte", dachte Nero, „wer bin ich denn, wer
bin ich denn, das sieht man doch, ich bin ein
schwarzer Kater." Und er streckte ihr zutraulich sein
Köpfchen entgegen. Die Frau kniete sich vors Sofa
95 und streichelte ihn.

„Du bist ja ein süßes Kerlchen", sagte sie, „wo
kommst du denn auf einmal her?"

„Wahrscheinlich bin ich durchs Fenster
hereingeflogen", sagte Nero, schmiegte seinen
100 kleinen schwarzen Kopf an ihren Arm, in ihre Hand
und maunzte laut.

„Hast du Hunger?" fragte die Frau und stand auf.

„Jajaja!" krähte Nero, denn Hunger, oder sagen
wir: Appetit hatte er eigentlich immer, und er wußte
105 sofort: diese blonde Puppe kann ich um die Pfote
wickeln.

Die Frau ging in die Küche. Gleich sprang Nero
vom Sofa, trippelte hinter ihr her, rieb sich an ihrem
Bein und maunzte noch einmal, so rührend er nur
110 konnte. Die Frau öffnete den Kühlschrank, holte
eine kleine Dose heraus und schütte ein wenig
Milch auf einen Teller. Sie ließ ein bißchen warmes
Leitungswasser dazu, verrührte alles mit dem
Zeigefinger und sagte: „So ist es nicht zu kalt für
115 dein Bäuchlein."

„Bäuchlein, pah!" dachte Nero, „was weißt denn
du von meinem Bäuchlein, nun mal endlich runter
mit dem blöden Teller!" Und er stellte sich auf die
Hinterbeine, machte sich ganz lang und angelte mit
120 den Vorderpfoten so kräftig nach dem Teller, mit
dem die blonde Frau sich ihm entgegenbückte, daß
ein paar Tropfen Milch verschüttet wurden. Noch

ehe der Teller ganz auf den Küchenfliesen stand,
hatte Nero schon seine rosa Zunge eingetaucht und
25 schlappte und trank.

„Du bist aber stürmisch!" lachte die Frau, und
Nero dachte: „Was meinst du denn, wen du hier
vor dir hast, den heiligen Antonius?" und leckte
den Teller blitzeblank.

30 Die blonde Frau ging zur Wohnzimmertür und
rief: „Robert, komm mal gucken, was für einen
niedlichen Besuch wir haben!"

„Robert?" dachte Nero, „aufgepaßt, wer ist denn
nun wieder Robert?" und er mußte rasch an den
35 Bauern denken, der wütend seine Gummischuhe
nach ihm warf.

Robert war ein baumlanger Mensch mit einer
dicken Brille und einer Zigarre im Mund. Er näherte
sich der Küche, und Nero sichert sich aus den
40 Augenwinkeln rasch einen Fluchtweg.

„Wo kommt der denn her?" brummte der Mann.
„Er lag auf dem Sofa", sagte sie, „und der arme
kleine Kerl hatte Hunger, ich hab ihm ein bißchen
Milch gegeben."

45 „Wenn er Hunger hat, mußt du ihm was
Richtiges zu essen geben", sagte Robert, „ist denn
von den Wurstbroten nichts mehr da?"

„Robert, du bist in Ordnung", dachte Nero
vergnügt, und die Frau sagte: „Wurstbrote! Eine
50 Katze frißt doch keine Wurstbrote!"

„Die Brote könnt ihr euch schenken", dachte
Nero, „aber nur immer her mit der Wurst!" Und er
stieß einen langen, äußerst kläglichen Jammerlaut
aus.

155 „Siehst du, er hat Hunger", sagte Robert.
„Versuch's mal mit einem Wurstbrot."

„Wieso er?" frage sie, und wühlte in einer
Reisetasche, die noch unausgepackt auf dem
Küchentisch stand.

160 „Das ist ein Kater", sagte Robert, „das seh ich." Er
bückte sich, blies Nero ekelhaften Zigarrenrauch ins
Gesicht und sah ihm unter den Schwanz. „Kater",
nickte er, und Nero quäkte empört.

Die Frau hatte inzwischen ein Butterbrot aus
165 einem knisternden Papier gewickelt und fing an, es
in den Milchteller zu brocken. Nero schnupperte
gute deutsche Fleischwurst. Mit der rechten
Vorderpfote, der weißen, räumte er die
Brotbröckchen beiseite, leckte höchstens etwas
170 Butter da ab, wo es Butter abzulecken gab, und
machte sich über die kleinen, runden rosa
Fleischwurstscheibchen her. Schwapp, die erste,
happ, die zweite, schwupp, die dritte, schmatz, die
vierte—„Meine Güte, kann der futtern!" freute sich
175 die blonde Frau, kniete nieder und streichelte ihn,
und Robert brummte düster: „Den wirst du nicht
mehr los."

Elke Heidenreich

Zum Text

● Neros Abenteuer. Beanworten Sie die Fragen.

1. „Er war noch nie in einem Wohnzimmer gewesen . . ." erfahren
   wir im ersten Satz. Wo hat Nero vor seinem Besuch im
   Wohnzimmer gewohnt? Was ist alles neu für ihn?
2. Welche Menschen kommen in diesem Text vor? Was erfahren wir
   über sie? Wie werden sie beschrieben?
3. Warum ist eine Katze „ein Wunder"? Welche Fähigkeiten von
   Katzen beschreibt der Erzähler? Was von Neros Verhalten ist
   typisch für eine Katze?
4. Nero erzählt seiner Freundin Rosa von seinem ersten Besuch bei
   Isolde und Robert. Beschreiben Sie seine Erlebnisse aus seiner
   Perspektive.

TIPP ZUM SCHREIBEN

Versuchen Sie wirklich die Welt durch
die Augen einer Katze zu beschreiben.
Welches Verhalten der Menschen
erscheint einer Katze sinnvoll? Welche
Dinge kann eine Katze beim Namen
nennen? Welche nicht?

ULTURSPIEGEL

Elke Heidenreich ist eine bekannte deutsche Kolumnistin. Ihre Kolumnen erscheinen regelmäßig in der Frauenzeitschrift „Brigitte". Sie ist auch engagierte Tierschützerin und Autorin des Bestsellers „Nero Corleone".

Zur Interpretation

● Verstehen Sie Neros Ironie? Erklären Sie, was er in den kursiv gedrückten Sätzen meint.

1. „Wer bist du denn?" fragte die blonde Frau gerührt und kam vorsichtig näher. „Du liebe Güte", dachte Nero, *„wer bin ich denn, wer bin ich denn, das sieht man doch, ich bin ein schwarzer Kater"*.
2. „Du bist ja ein süßes Kerlchen", sagte sie, „wo kommst du denn auf einmal her?" *„Wahrscheinlich bin ich durchs Fenster hereingeflogen"*, sagte Nero, schmiegte seinen kleinen schwarzen Kopf an ihren Arm, in ihre Hand und maunzte laut.
3. „Hast du Hunger?" fragte die blonde Frau und stand auf. „Jajaja!" krähte Nero, denn Hunger, oder sagen wir: Appetit hatte er eigentlich immer, und er wußte sofort: *diese blonde Puppe kann ich um die Pfote wickeln*.

Zur Kommunikation

Ⓐ Die Tierwelt. Der Erzähler beschreibt die faszinierenden Fähigkeiten einer Katze. Denken Sie an andere Tiere, vielleicht Hunde, Wale, Delfine, Tiger oder andere. Welche Fähigkeiten haben sie? Warum finden Sie diese Tiere faszinierend?

Ⓑ Was ist das ideale Haustier? Diskutieren Sie mit Ihren Mitstudenten/Mitstudentinnen, welche Tiere sich als Haustiere am besten eignen. Was denken Sie? Was sind die Vor- und Nachteile? Notieren Sie sich die Argumente.

ULTURPROJEKT
IN DER FREIZEIT

1. **Tiere.** Viele Menschen beschäftigen sich in der Freizeit mit Tieren. Kennen Sie Beispiele? Denken Sie an Sportarten oder Hobbys, bei denen Tiere wichtig sind. Vergessen Sie auch nicht die vielen Möglichkeiten, Tieren in Not zu helfen.
2. **Aktivitäten.** Welche Freizeitaktivitäten haben die Menschen im Video erwähnt? Machen Sie zwei Listen: Aktivitäten zur Entspannung und Aktivitäten zur Weiterbildung.
3. **Und in Ihrem Land?** Welche Freizeitaktivitäten sind in Ihrem Land beliebt? Haben Sie sie auch im Video gesehen? Warum (nicht)? Gibt es Unterschiede zwischen den Generationen? Erklären Sie Ihre Antwort.

IPP ZUM LESEN

Wenn man über die Körperteile und Verhalten von Tieren spricht, benutzt man oft anderes Vokabular als für Menschen. Eine Katze hat zum Beispiel Pfoten statt Händen und Füßen. Suchen Sie im Text andere Wörter und Ausdrücke, die wohl für Tiere beziehungsweise Katzen spezifisch sind.

WORTSCHATZ

Substantive	Nouns
die **Anregung**	stimulation
die **Erholung**	rest; recuperation
die **Gartenarbeit**	gardening
die **Gestaltung, -en**	organization; shape
die **Industrialisierung**	industrialization
der **Leiter, -** / die **Leiterin, -nen**	leader; director
die **Volkshochschule, -n**	extension school, adult education center
die **Wirkung, -en**	effect
der **Hof, ˸e**	(court)yard
der **Kleingarten,** *pl.* **Kleingärten**	small garden
der **Nachweis, -e**	proof
das **Mal, -e**	point in time
das **Gefühl, -e**	feeling
das **Gerät, -e**	device
das **Hobby, -s**	hobby
das **Lagerfeuer, -**	campfire
das **Verhalten**	attitude

Verben	Verbs
an•**fassen**	to touch; to grasp
an•**regen**	to stimulate
bedenken	to consider
bieten, bot, geboten	to offer
bummeln	to stroll; to idle
sich **entspannen**	to relax
erwachsen, erwuchs, ist erwachsen	to arise
erwähnen	to mention
grillen	to grill
sich **interessieren für**	to be interested in
sich **langweilen**	to be bored

musizieren	to play music
pflegen	to look after
rühren	to move; to stir
teilen	to divide
töpfern	to make pottery
verbringen, verbrachte, verbracht	to spend (time)
weiter•**bilden**	to continue one's education

Adjektive und Adverbien	Adjectives and adverbs
draußen	outside
hauptsächlich	primarily
im Freien	in the open air; outdoors
preisgünstig	fairly priced
sorgfältig	careful
unbeschreiblich	indescribable
unersetzlich	irreplaceable
vorsichtig	cautious
im wesentlichen	essentially; fundamentally

Sie wissen schon	You already know
die **Freizeit**	free time
der **Feiertag**	holiday
an•**fangen (fängt an), fing an, angefangen**	to start
belegen	to take (a class)
gefallen	to please
unternehmen	to undertake
zelten	to camp
ziehen, zog, gezogen	to pull

KAPITEL 32

FERIEN UND URLAUB

In diesem Kapitel

- lernen Sie, wie die heutige Reiseindustrie in Deutschland begonnen hat.
- erfahren Sie, was die beliebtesten Reiseziele von heute sind.
- lernen Sie Menschen kennen, die mehr Abenteuer im Urlaub suchen.

Sie werden auch

- wiederholen, wie man über die Vergangenheit spricht.
- lernen, wie man Modalverben im Perfekt gebraucht.
- eine Geschichte über eine Reise nach Italien lesen.

So sah Reisen damals aus—eine Wanderung in Bayern.

Drachenflieger vor dem Sprung in die Luft.

Jetzt will man mehr als nur Erholung.

VIDEOTHEK

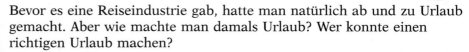

Sommer 6
Herbst 1
Winter 2-3
Oster 1-2
Pfingste 1-2

Damals konnten sich nur die reichen Leute eine Schiffsreise leisten.

Freizeit hat man nach der Arbeit, am Wochenende und auch an Feiertagen—aber man braucht auch Urlaub. Woran denken Sie, wenn Sie das Wort „Urlaub" hören? Reisen Sie gern ins Ausland, oder machen Sie lieber Urlaub zu Hause? Was sind ihre Lieblingsbeschäftigungen, wenn Sie Urlaub haben?

I: Urlaub gestern und heute

Bevor es eine Reiseindustrie gab, hatte man natürlich ab und zu Urlaub gemacht. Aber wie machte man damals Urlaub? Wer konnte einen richtigen Urlaub machen?

A Persönliche Meinungen. Susanne erzählt von Ferien und Urlaub. Beantworten Sie die Fragen.

1. Welche Ferien haben Schüler und Schülerinnen in Deutschland?
2. Welche Ferien haben Sie?
3. Wie viele Tage Urlaub haben Susannes Eltern? 30 T
4. Wissen Sie, wie viele Tage Urlaub die meisten Berufstätigen in Ihrem Land haben?

B Mein schönster Urlaub

SCHRITT 1: Wer fährt wohin? Die Personen im Video erzählen, wo sie ihren Urlaub gern verbringen. Wer sagt das, Gürkan, Anett, Susanne, Erika oder Stefan?

1. Stefan „Ich war im Dezember dort und als es in Europa geschneit hat, war ich im schönen Sommerwetter."
2. Gürkan „Dann waren wir irgendwo angekommen bei einem Strandabschnitt, da haben wir unser Zelt aufgeschlagen und da sind wir auch geblieben."
3. Anett „Wir sind in Norwegen gewesen, Schweden und Finnland, und wir sind ans Nordkap gefahren."
4. S „In den Winterferien verbringen wir unseren Urlaub immer in Deutschland, im Schwarzwald, wo sehr viel Schnee liegt."
5. E „In den Urlaub fahre ich gerne nach Jamaika."

SCHRITT 2: Welche dieser Reisen finden Sie am schönsten? Erklären Sie Ihre Wahl.

C Urlaub gestern. In den letzten hundert Jahren haben sich die Reisegewohnheiten in Deutschland geändert. Wann sind die folgenden Ereignisse passiert?

WORTSCHATZ ZUM VIDEO

die Hütte	hut
der Ostblock	Eastern bloc countries
das Schwarze Meer	the Black Sea
die Schlucht	ravine, gulch
der Bergführer	mountain guide
begehbar	passable

1. Arbeitslosigkeit war ein großes Problem. In diesem Jahrzehnt kamen dann die Nationalsozialisten zur Macht.
2. Reisen wurde zum Hobby der Westdeutschen.
3. Der Staat organisierte Schiffsreisen für Erwachsene und Ferienlager für die Kinder.
4. Die DDR-Bürger durften nur in andere Ostblockländer reisen.
5. Eine große und wichtige Tourismusindustrie ist entstanden.
6. Die deutschen Arbeiter und Arbeiterinnen bekamen erst jetzt eine Woche Urlaub im Jahr.
7. Man fand Spaß und Erholung an Badeseen in der Nähe, denn nur wenige Menschen konnten sich eine richtige Urlaubsreise leisten.

in den siebziger Jahren 5
in den fünfziger Jahren 2
zu Beginn der dreißiger Jahre 1 in der Nazizeit
vor hundert Jahren 7
nach dem Zweiten Weltkrieg 4   ab 1920 6 eine Woche

II: Abenteuerurlaub

Erholung ist vielen Urlaubern nicht mehr genug. Man interessiert sich jetzt mehr für „Extremsportarten"—aber was heißt das? Welche Sportarten würden Sie als „extrem" bezeichnen?

A Birgits idealer Urlaub. Birgit will im Urlaub etwas Besonderes erleben. Was sucht sie?

Abwechslung	Erholung	Gefahr
Natur	Nervenkitzel	Ruhe
Sonne	Strand	Wärme

B Ein tolles Erlebnis? Was Birgit sagt, klingt beim ersten Hören eher negativ. Aber Canyoning hat Birgit eigentlich sehr gut gefallen. Was sind die Vor- und Nachteile von Extremsportarten? Machen Sie eine Liste, und diskutieren Sie mit Ihren Mitstudenten/Mitstudentinnen darüber.

VORTEILE	NACHTEILE
Spaß spannend, *gut gesundlich*	gefährlich *neue Leute* *smutzig zu müde sterben*
man erlebt, was nicht jeder erlebt, *Abwechslung*	die Ausrüstung kostet manchmal viel Geld
neue Leute kennenlernen	

C Traumurlaub. Manche suchen Abenteuer im Urlaub, manche nur Ruhe. Arbeiten Sie mit einem Partner / einer Partnerin, und stellen Sie einander die folgenden Fragen.

1. Was machen Sie normalerweise im Urlaub?
2. Wo verbringen Sie ihre Ferien?
3. Was machen Sie dort?
4. Was suchen Sie im Urlaub—Abenteuer, Erholung oder beides?
5. Würden Sie jemals eine Extremsportart wählen?

Birgit

KULTURSPIEGEL

In Deutschland hatte man natürlich immer Freizeit, aber den staatlich anerkannten jährlichen Urlaub (den sogenannten dreißig-Tage-Urlaub von heute) gibt es erst seit dem zwanzigsten Jahrhundert. Heute bekommen Berufstätige bis zu sechs Wochen bezahlten Urlaub im Jahr. Deutsche geben im Durchschnitt fünfzehn Prozent ihres Einkommens für Urlaub aus.

VOKABELN

die Abwechslung	change; variety
die Ausrüstung	outfitting; equipment
die Entspannung	relaxation
die Extremsportart	adventure sport
die Ferien	holidays
die Gefahr	danger
die Reiselust	desire to travel
die Schiffsreise	voyage, cruise
die Vorbereitung	preparation
der Luxus	luxury
der Nervenkitzel	excitement
der Urlaub	vacation
das Ferienlager	vacation camp
baden	to bathe
sich bräunen	to tan
sich leisten	to afford
nutzen	to use
springen	to jump
überwachen	to supervise
aktiv	active
gespannt	excited
herrlich	wonderful
irre	great

Extremsportarten werden in Europa immer beliebter.

Sie wissen schon

die Mannschaft, die Sportart, das Abenteuer, beginnen, besteigen, gewinnen, klettern, reiten, rudern, sich fit halten, Sport treiben wandern, spannend, wenig

---

[Handwritten box:]
Abwechslung
Vorbereitungen   wenig
bräunen   nutzen
Ausrüstung
baden   10 Luxus
sich fit halten
verbringen

Aktivitäten

A Urlaub durch das Jahr. Ergänzen Sie die Sätze mit den Wörtern im Kasten.

1. Deutsche _nutzen_ ihren Urlaub, um in die ganze Welt zu reisen.
2. Viele _verbringen_ ihre Winterferien in den Alpen, wo es immer sehr viel Schnee gibt.
3. Diejenigen, die keine eigene _Ausrüstung_ zum Skilaufen haben, können solche Sachen mieten.
4. Aber wenn man einfach wandern will, braucht man keine großen _Vorbereitungen_ zu machen.
5. Für manche Sportarten muss man nur _wenig_ Geld ausgeben.
6. Im Sommer will man lieber am Strand liegen und _bräunen_.

7. Wenn das Wasser nicht zu kalt ist, kann man natürlich auch im Meer _baden_.

8. Wer _____ will, muss das ganze Jahr Sport treiben, nicht nur wenn das Wetter schön ist.

9. Zur _____ suchen manche Menschen mehr Spannung in ihrer Freizeit.

10. Weil Extremsportarten oft sehr teuer sind, bleiben sie für viele ein _____.

B Definitionen. Lesen Sie die Sätze links und suchen Sie aus der rechten Spalte die passenden Definitionen für die kursiv gedruckten Wörter.

1. Im Urlaub suche ich beides, *Abenteuer* aber auch Ruhe.
2. Und das war mein schönster Urlaub, weil es einfach *herrlich* da war.
3. Wir werden sehen, wann und wie die *Reiselust* der Deutschen begonnen hat.
4. Eine richtige Urlaubsreise konnten *sich* vor hundert Jahren nur wenige Menschen *leisten*.
5. Für Jungen und Mädchen gab es *Ferienlager*.
6. Im Urlaub versuche ich erstmal *Entspannung* zu finden.
7. Canyoning ist eine Mischung zwischen *Klettern*, Schwimmen, Springen und Wandern.
8. Ich bin ganz schön *gespannt*, wie es wird.
9. Insgesamt war es eine tolle *Erfahrung*.

a. Relaxen
b. ein Erlebnis
c. Campingplätze mit organisierten Aktivitäten
d. voller Erwartung
e. fantastisch, super
f. Bergsteigen
g. starker Wunsch zum Reisen
h. genug Geld dafür haben
i. gefahrvolle Situation, erregendes Erlebnis

C Assoziationen. Welche Begriffe aus der rechten Spalte assoziiert man mit den Wörten links?

MODELL: Man assoziiert Familienfeste und Dekorationen mit Feiertagen.

1. Extremsportarten
2. Schiffsreise
3. Vorbereitungen
4. Urlaub
5. Ferienlager

a. Reiselust und ein Wunsch nach Abwechslung
b. Ausrüstung und feste Pläne
c. Jugendliche und organisierte Aktivitäten
d. Luxus und Entspannung
e. Gefahr und Nervenkitzel

D Was möchten Sie gern im Urlaub machen? Für welche der folgenden Freizeitaktivitäten interessieren Sie sich am meisten? Warum? Was erwarten Sie von solchen Sportarten oder Aktivitäten? Für welche interessieren Sie sich gar nicht? Warum? Was assoziieren Sie mit diesen Beschäftigungen?

1. Schluchtwandern
2. in den Alpen wandern
3. Mountainbiken
4. Klettertouren
5. River-Rafting
6. eine Schiffsreise
7. Snowboarden
8. _____

Schluchtwanderer.

STRUKTUREN

THE PRESENT PERFECT TENSE I
TALKING ABOUT THE PAST

Use the present perfect tense to talk about past events in German. As you recall, this tense consists of the present-tense form of **haben** or **sein** as the auxiliary verb plus the past participle of the main verb at the end of the clause or sentence.

Das Mädchen **hat** in Bremen eine Fahrkarte **gekauft.**

The girl bought a ticket in Bremen.

Sie **ist** nach Italien **gereist.**

She traveled to Italy.

Most past participles combine the verb stem with the prefix **ge-** and the ending **(e)t-,** as in the following examples.

INFINITIVE	STEM	AUXILIARY + PAST PARTICIPLE
arbeiten	arbeit-	hat **ge**arbeit**et**
fragen	frag-	hat **ge**frag**t**
haben	hab-	hat **ge**hab**t**
lernen	lern-	hat **ge**lern**t**
machen	mach-	hat **ge**mach**t**
wohnen	wohn-	hat **ge**wohn**t**
wandern	wander-	ist **ge**wander**t**

Some verbs show irregular stem changes in the past participle.

INFINITIVE	STEM	AUXILIARY + PAST PARTICIPLE
bringen	br**ach**-	hat gebr**ach**t
denken	d**ach**-	hat ged**ach**t
kennen	kann-	hat gek**ann**t
wissen	w**uss**-	hat gew**uss**t
rennen	r**ann**-	ist ger**ann**t

Verbs that begin with **be-** or end with **-ieren** do not add the prefix **ge-.**

INFINITIVE	STEM	AUXILIARY + PAST PARTICIPLE
besuchen	besuch-	hat besucht
studieren	studier-	hat studiert

Übungen

A Marions Kindheit. Marion erzählt, wie sie als Kind ihre Ferien verbracht hat. Schreiben Sie ihre Sätze im Perfekt um.

MODELL: Wir reisen jedes Jahr nach Mallorca. →
Wir sind jedes Jahr nach Mallorca gereist.

1. Auf Mallorca lerne ich ein bisschen Spanisch.
2. Wir machen Ausflüge auf die anderen Inseln.
3. Ich bade im Meer.
4. Meine Eltern gucken sich die kleinen Städte an.
5. Wir wohnen in unserem eigenen Ferienhaus.
6. Wir verbringen die Winterferien in Deutschland.
7. Meine Schwester baut Schneemänner.
8. Wir denken immer an die Ferien.

Winterferien mit der Familie Dyrchs.

B Reisevorbereitungen. Sie machen eine Reise mit Familienmitgliedern. Ihre Familie hat viele Bitten an Sie, aber Sie haben alles schon gemacht!

MODELL: Kauf dir einen größeren Koffer.
Ich habe mir schon einen größeren Koffer gekauft.

1. Denk an Kleider für Sommerwetter.
2. Bring deine Kamera mit.
3. Frag den Nachbarn, ob er die Katze füttern würde.
4. Hol die Reisebroschüren ab.
5. Pack deine Sachen ein!
6. Mach die Fenster und Türen zu!
7. Zeig deinem Vater die Landkarte.

C Mein Urlaub. Arbeiten Sie mit einem Partner / einer Partnerin, und stellen Sie einander die folgenden Fragen.

1. Wann hast du zum letzten Mal Urlaub gemacht?
2. Wohin bist du gereist?
3. Wo hast du da gewohnt?
4. Was hast du da alles gemacht?
5. Wie viele Tage hast du da verbracht?

Urlaub am Strand.

THE PRESENT PERFECT TENSE II
MORE ON TALKING ABOUT THE PAST

As you have learned, most German verbs form the past participle by combining the verb stem with the prefix **ge-** and the suffix **-(e)t.** These are the so-called weak verbs; irregular weak verbs have changes within the verb stem. Some verbs form the past participle with the prefix **ge-** and the ending **-en;** these are the so-called strong verbs.

INFINITIVE	STEM	AUXILIARY + PAST PARTICIPLE
fahren	fahr-	ist **ge**fahr**en**
geben	geb-	hat **ge**geb**en**
kommen	komm-	ist **ge**komm**en**
laufen	lauf-	ist **ge**lauf**en**
lesen	les-	hat **ge**les**en**
schlafen	schlaf-	hat **ge**schlaf**en**
sehen	seh-	hat **ge**seh**en**

In addition, some verbs show a stem change in the past participle.

INFINITIVE	STEM	AUXILIARY + PAST PARTICIPLE
bleiben	blieb-	ist gebl**ie**ben
finden	fund-	hat gef**u**nden
nehmen	nomm-	hat gen**omm**en
schreiben	schrieb-	hat geschr**ie**ben
sprechen	sproch-	hat gespr**o**chen
werden	word-	ist gew**o**rden
wissen	wuss-	hat gew**u**sst

The past participle of **sein** is **(ist) gewesen.** The past participle of two-part verbs, is a single word with **-ge-** between the prefix and the stem plus the **-(e)t** or **-en** ending.

INFINITIVE	STEM	AUXILIARY + PAST PARTICIPLE
an•rufen	ruf-	hat angerufen
auf•hören	hör-	hat aufgehört
auf•passen	pass-	hat aufgepasst
auf•stehen	st**and**-	ist aufgest**and**en
aus•sehen	seh-	hat ausgesehen
ein•laden	lad-	hat eingeladen
mit•kommen	komm-	ist mitgekommen

Verbs that begin with the unstressed prefixes **be-, emp-, ent-, er-, ge-, ver-,** and **zer-** do not add the prefix **ge-.**

INFINITIVE	STEM	AUXILIARY + PAST PARTICIPLE
gefallen	gefall	hat gefallen
vergessen	vergess	hat vergessen

Übungen

A Gürkans schönster Urlaub. Gürkan erzählt von seiner Reise in die Türkei. Bilden Sie Sätze im Perfekt.

1. Wir fahren in die Türkei.
2. Wir nehmen einen Rucksack mit.
3. Wir steigen in den Bus ein.
4. Ich schlage das Zelt auf.
5. Meine Freundin sitzt am Strand.
6. Wir bleiben da einige Tage.
7. Ich schreibe Postkarten an meine Familie.
8. Die Reise gefällt mir sehr.
9. Ich vergesse diese schönen Tage nie.

B Alles über Canyoning. Birgit ist gerade von ihrer Canyoning-Reise, zurückgekommen und Sie haben viele Fragen für sie. Ergänzen Sie die Verben im Perfekt.

Gürkan

> ausgeben   mitnehmen   kommen   genießen
> schlafen   sein   aufstehen   finden
> lesen   werden

1. Wie __hast__ du die Reise __gefunden__?
2. __Hast du__ vor der Reise Zeitschriftenartikel über Canyoning _____?
3. Wie __hast__ du zum Startort _____?   _bei gekommen_
4. __H_____ in einem Schlafsack _____?
5. Wie früh __seid__ ihr morgens _____?
6. __Bist__ du nicht ziemlich müde _____? _gewesen_
7. __Sind__ die anderen Teilnehmer nett _____? _geworden_
8. __Hast__ du viel Gepäck _____?
9. __Hast__ du viel Geld für deine Reise _____?
10. __Haben__ alle Teilnehmer das Erlebnis _genossen_?

C Reiseerlebnisse. Sagen Sie, ob sie das alles gemacht haben.

MODELL: nach Mallorca fahren →
        Ja, ich bin schon nach Mallorca gefahren.
    oder: Nein, ich bin <u>noch nie nach</u> Mallorca gefahren.

1. in die Türkei reisen
2. in einem Luxushotel übernachten
3. in einem Flugzeug fliegen
4. auf eine hohe Berg klettern
5. in den Alpen wandern
6. Schlittschuh laufen
7. Snowboard fahren
8. einen Schneemann bauen

MODAL VERBS IN THE PERFECT TENSE
EXPRESSING DESIRES, TALENTS, AND OBLIGATIONS IN THE PAST

Whereas German speakers use the present perfect tense in conversation or to write about unrelated events in the past, they still use the past tense—even in speaking—for **haben, sein, wissen,** and the modal verbs.

Wir **konnten** uns die Reise nicht **leisten.**	*We weren't able to afford the trip.*
Arbeiter **durften** nicht in manche Hotels **gehen.**	*Workers weren't allowed to go inside some hotels.*
Wir wollten einen schönen Urlaub.	*We wanted a nice vacation.*

However, these verbs all have past participles and do occasionally occur in the present perfect tense. You have already seen these constructions: **ist gewesen, hat gehabt, hat gewusst.** Modal verbs also take the auxiliary **haben** and form the past participle with the **ge-**prefix, no umlaut in the stem, and the ending **-(e)t: hat gedurft.** The past participle appears only when the infinitive of the main verb is not present. The construction with past participle only is a characteristic of conversational rather than written German.

Wir **haben** es nicht **gekonnt.**	*We weren't able (to do it).*
Arbeiter **haben** nicht in manche Hotels **gedurft.**	*Workers weren't allowed in many hotels.*

However, when the infinitive of the main verb is present, modal verbs may still appear in the present perfect tense but in a double infinitive construction. The present-tense form of the auxiliary **haben** appears in second position, and the infinitive of the modal verb follows that of the main verb.

Wir **haben** uns die Reise nicht **leisten können.**	*We weren't able to afford the trip.*
Arbeiter **haben** nicht in manche Hotels **gehen dürfen.**	*Workers weren't allowed to go inside some hotels.*

When such constructions stand in dependent clauses, the conjugated verb *precedes* the double infinitive construction.

Sie weiß, dass wir uns die Reise nicht **haben leisten können.**	*She knows that we weren't able to afford the trip.*
Es war früher so, dass Arbeiter nicht in manche Hotels **haben gehen dürfen.**	*It used to be that workers weren't allowed to go inside some hotels.*

p

Übungen

A So war es früher. Schreiben Sie die Sätze im Imperfekt.

> **MODELL:** Die meisten Deutschen können nicht verreisen. →
> Die meisten Deutschen konnten nicht verreisen.

1. Man darf nur ein Paar Tage im Jahr Urlaub machen.
2. DDR-Bürger dürfen nur in Länder des Ostblocks reisen.
3. Der Staat muss Ferienheime für die Arbeiter bauen.
4. Erwachsene wollen Ruhe und Erholung haben.
5. Man muss nicht viel Geld für Ausrüstung ausgeben.
6. Die Reiseindustrie soll den Touristen größere Reisemöglichkeiten anbieten.

B Frühanfänger

Ein staatliches Ferienheim aus DDR-Zeiten.

SCHRITT 1: Viele beginnen schon als kleine Kinder mit manchen Sportarten. Und Sie? Arbeiten Sie mit einem Partner / einer Partnerin, und stellen Sie einander die folgenden Fragen.

> **MODELL:** Konntest du schon als Kind Ski laufen? →
> Ja, das habe ich gekonnt.
> *oder:* Nein, das habe ich nicht gekonnt.

1. Konntest du schon als Kind Fahrrad fahren?
2. Durftest du als Kind Fußball spielen?
3. Wolltest du als Kind Sportler/Sportlerin werden?
4. Durftest du als Kind allein wandern?
5. Musstest du als Kind Sport treiben?
6. Wolltest du als Kind die Fußball-Weltmeisterschaft gewinnen?

SCHRITT 2: Anders gesagt. Schreiben Sie Ihre Antworten jetzt im Perfekt mit zwei Infinitivformen.

> **MODELL:** Konntest du schon als Kind Ski laufen? →
> Als Kind habe ich schon Ski laufen können.
> *oder:* Als Kind habe ich nicht Ski laufen können.

PERSPEKTIVEN

HÖREN SIE ZU!
CLUB NATURA

Informieren Sie sich in den aktuellen Katalogen!

Sie hören jetzt einen Informationstext des Reiseunternehmens Dr. Koch.

A Was haben Sie über Club Natura gelernt?

WORTSCHATZ ZUM HÖRTEXT

das Gleichgewicht	balance
fade	stale; dull
sich betätigen	to engage oneself
die Anlage	facility
begleitend	accompanying
das Ausflugsprogramm	excursion list
der Vordergrund	foreground
die Annehmlichkeit	comfort
die Verpflegung	board; provisions
die Vollpension	full room and board

1. Club Natura
   a. ist ein reiner Badeurlaub.
   b. ist eine Verbindung von Studienreisen und Badeurlaub.
2. Im Club Natura
   a. können Sie sich aktiv betätigen.
   b. zieht man ständig von Hotel zu Hotel um.
3. Im Club Natura
   a. können Sie alle fünfzehn Tage anreisen.
   b. können Sie an jedem Wochenende anreisen.
4. Ein weiterer Vorteil von Club Natura ist,
   a. dass alle Teilnehmer im gleichen Alter sind.
   b. dass sich die Teilnehmer schnell kennen lernen.
5. Die Anlagen von Club Natura
   a. liegen am Strand.
   b. liegen in kleinen Städten.
6. Die Größe der Reisegruppen
   a. liegt bei siebzig bis achtzig.
   b. liegt bei sieben bis achtzehn.
7. Die Verpflegung in Club Natura
   a. ist wie die klassische Art von Vollpension.
   b. ist eine neuartige Art der Vollverpflegung.

B Dr. Kochs Fachexkursionen sind in verschiedene Themen gruppiert. Welche der Reiseangebote passen am besten zu den folgenden Themen?

Geschichte und Kultur
1, 5, 7

Naturkundliches Wandern
3, 10

Ornithologisch-landschaftliche Exkursionen
9

Bergwandern
6, 8

Pflanzen
Botanische Studienreisen
2, 4

Wandern weckt die Liebe zur Natur.

1. durch die Syrische Wüste zum Euphrat
2. Siziliens Flora
3. Sardinien—ein Naturerlebnis erwartet Sie!
4. Pflanzensammeln in Südspanien
5. Persepolis und Geschichte des Perserreiches
6. im Apennin—Bergwandern im romantischen Zentralitalien
7. faszinierendes Istanbul
8. durch unbekannte Teile der Rocky Mountains
9. Italiens interessante Vogelwelt
10. Naturparadies Donaudelta

LANDESKUNDE IN KÜRZE
DIE NATURFREUNDE

Organisierte Freizeitaktivitäten und Urlaube haben eine lange Tradition in den deutschsprachigen Ländern.

Tradition: Die Naturfreunde wurden 1895 in Wien gegründet. Im Zeitalter des beginnenden Tourismus gelang es dem Verband, naturnahe Freizeit-und Reisemöglichkeiten einer breiteren Bevölkerungsschicht zugänglich zu machen. Zu den Verbandszielen gehörte schon damals,
5 Naturschönheiten kennen zu lernen, die Liebe zur Natur zu wecken und Kenntnisse über Natur und Kultur zu vermitteln. Parallel zum Aufschwung der modernen Industriegesellschaft und des kommerziellen

Kennzeichen der Naturfreunde-International

WORTSCHATZ ZUM LESEN

gelingen	to be successful
der Verband	club
die Bevölkerungsschicht	segment of the population
zugänglich	accessible
beitragen	to contribute
die Grundlage	basis
die Auffassung	assumption
das Bestehen	existence, founding
nachhaltig	long-lasting
grenzüberschreitend	across the borders
verträglich	sustainable

Tourismus haben sie ein professionelles Engagement im Natur- und Umweltschutz entwickelt und wesentlich zum Aufbau von alternativen ökologischen Tourismusformen in Theorie und Praxis beigetragen. 10

Ziele: Grundlage der Arbeit der Naturfreunde ist die Auffassung, dass die Entwicklungschancen des Menschen untrennbar mit dem Schutz der Natur und der Erhaltung der natürlichen Ressourcen verbunden sind. In diesem Zusammenhang haben sich die Naturfreunde seit ihrem Bestehen für die Erhaltung einer lebenswerten Umwelt, für Frieden und 15 Völkerverständigung, für die sozialen und demokratischen Rechte aller Menschen und für eine sinnvolle Freizeitgestaltung eingesetzt. Aufbauend auf ihrer hundertjährigen Tradition, engagieren sich die Naturfreunde heute für die Realisierung einer nachhaltigen Entwicklung, insbesondere für grenzüberschreitende Umweltschutzlösungen und für 20 einen umwelt- und sozialverträglichen Tourismus.

● Was stimmt?

	DAS STIMMT.	DAS STIMMT NICHT.
1. Die Naturfreunde wurden in Deutschland gegründet.	☐	☒
2. Umweltschutzlösungen wie Mülltrennen waren die ersten Ziele der Naturfreunde.	☐	☒
3. Die Naturfreunde beiten eine alternative Tourismusform an.	☒	☐
4. Die Naturfreunde engagieren sich auch für Politik.	☐	☐
5. Internationale Zusammenarbeit ist heute wichtig für die Naturfreunde.	☒	☐

LESEN SIE!

Zum Thema

Ⓐ Urlaub in Italien. Welche Assoziationen haben Sie mit einem Italienurlaub? Sammeln Sie Wörter und Ausdrücke, die Sie mit Land und Leuten assoziieren.

WAS ICH MIT DEM LAND ASSOZIIERE   **WAS ICH MIT DEN LEUTEN ASSOZIIERE**

Ⓑ In Italien reisen viele Menschen mit dem Zug. Benutzen Sie eine Landkarte von Italien, und stellen Sie sich eine Zugfahrt von Nord- nach Süditalien vor. Beschreiben Sie einem Mitstudenten / einer Mitstudentin, was Sie vom Zugfenster aus sehen.

Birgit steigt in den Zug ein.

Eine glückliche Nacht

Der Expreß, die »Conca d'Oro« aus Mailand—Rom—
Napoli—Villa S. Giovanni—Messina und Sant'
Agata di Militello, kam auch nach zwei Stunden
Verspätung noch nicht an. Nichts
5 Außergewöhnliches.

Die Menschen auf dem Bahnsteig, die ihre
Verwandten, ihre Freunde abholen wollten, setzten
sich unter den Schirm der riesigen, alten Pinie auf
die Zementbänke, rückten dem Schatten nach,
10 wenn die Sonne weiterwanderte, und fächelten sich
mit der Zeitung ein wenig Luft zu; oder sie holten
sich einen Becher Fruchteis; sie reinigten ihre
Fingernägel oder sahen den Flugspielen der
Schwalben zu.

15 Manchmal ging ein Mädchen den Bahnsteig auf
und ab, ein unruhiges Mädchen, dem das Kleid zu
heiß wurde. Die älteren, schwarzen Frauen seufzten.
Die Männer hoben das Kinn, wenn das Mädchen
vorbeikam, und schnippten ihre Zigarettenstummel
20 über die Geleise.

Der Bahnhofsvorsteher kam aus seinem Büro,
schob seine Mütze ins Genick und ging über den
Bahnsteig dem Mädchen nach.

»Noch vierzig Minuten, signorina« sagte er. Sein
25 Hund blieb im Schatten sitzen und schlug mit dem
Schwanz auf die Zementplatten.

Ein Soldat hielt seinen Mund über den
sprudelnden Wasserstrahl zwischen dem üppig
blühenden und verstaubten Oleander in den
30 Zementkübeln und las dann noch einmal die
»Gazetta dello Sport«. Schließlich faltete er einen
Admiralshut aus der rosafarbigen Zeitung und setzte
ihn sich statt der Mütze auf den Kopf. Er lächelte
dem Mädchen zu, aber das Mädchen antwortete
35 nicht auf das Signal und ging unruhig weiter auf
und ab.

Manchmal kam jemand aus dem Schatten,
beugte sich über das erste Geleise, sah in Richtung
Santa Stefano di Camastra und setzte sich seufzend
40 wieder auf die Einfassung eines verwelkten
Geranienbeets neben den Priester, der in seinem
Brevier las und nur gelegentlich aufsah nach Osten,

sorgfältig ein Taschentuch mit einem schwarzen
Rand aus seiner Soutane nahm und sich den
45 Nacken trocknete.

Ich blieb im scharfen Schatten des
Bahnhofsgebäudes stehen, als die »Conca d'Oro« vor
dem letzten Tunnel Signal gab, hinter den Felsen
am Meer pfiff und dröhnte und dann, fast drei
50 Stunden verspätet, einlief. Die Lokomotive kam
direkt neben mir zum Stehen, zischte fuchtig, der
Beimann im Führerstand wrang sein Unterhemd aus
und spuckte auf den Bahnsteig.

Ich sah meine Freundin mit zwei schweren
55 Koffern aus dem letzten Wagen klettern. Der Soldat,
der vor einer halben Stunde so inbrünstig Wasser
getrunken hatte und jetzt weiterfuhr nach Palermo,
half ihr, und ich beeilte mich.

Schon von weitem sah ich, daß Carolin weinte.
60 Ihr Gesicht war verquollen und schmutzig von
langen Tränen, und ich erschrak und dachte: Was
hat sie? Was ist ihr geschehen auf der langen Reise
von Bremen hierher? Ich ging schneller, und dann
lief ich auf sie zu.

65 Wir umarmten uns, aber Carolin hörte nicht auf
zu schluchzen und brachte kein Wort heraus, und
ihre Augen waren entzündet. Ihr Gesicht zuckte,
und sie schlug mir wütend gegen die Brust und
küßte mich mit zitternden Lippen und hilflos.

70 »Was ist los?« fragte ich und steckte ihr eine
Zigarette an. »Was ist passiert, Carolin?«

Sie heulte lauter und rauchte und versuchte zu
lächeln.

»Sie haben mich beklaut! Mein Portemonnaie
75 haben sie geklaut. Diese Scheißitaliener!« sagte sie
laut.

»Wo?« fragte ich und nahm ihre beiden Koffer
auf.

»In Mailand, auf dem Bahnhof! Ich will hier nicht
80 bleiben, in einem Land, wo man beklaut wird,
kaum daß man hinter der Grenze ist. Was suchst du
nur immer hier? Komm, wir fahren heute nacht
noch zurück nach Deutschland. Ich halte schon
durch, wenn ich hier nur wieder herauskomme!

85 Diese Italiener, dieser liebliche Abschaum des
Mittelmeers...«

»Hier sind wir in Sizilien.«

»Na und, klauen die etwa nicht? Vor zwei Jahren
in Palermo ...«

90 »Wir sind hier nicht in Palermo, in einer halben
Stunde sind wir in der Madonie und in Gillazza. Da
hat uns noch niemand etwas weggenommen, aber
viele haben uns viel geschenkt.«

Ich trug die Koffer auf den Ausgang zu und fuhr
95 fort:

»Darüber kommen wir doch weg, Carolin! Jetzt
mußt du erst mal schlafen, nach den sechsund-
dreißig Stunden im Zug. Dann gehen wir ans Meer,
und dann lieben wir uns.«

100 »Ich will, daß wir uns erst lieben, so dreckig, wie
ich bin! Und dann will ich mich betrinken, und
dann schmeiß mich meinetwegen ins Meer.
Jedenfalls will ich weg sein, gar nicht mehr auf
dieser Welt.«

105 Carolin lachte und fing wieder an zu heulen und
warf ihren Zigarettenstummel auf den Bahnsteig.

»Es ist schlimmer, noch viel schlimmer!« schrie sie
mich an. »In dem Portemonnaie war doch auch
meine Fahrkarte! Du mußt alles nachzahlen, von
110 Bremen bis Sizilien. Mindestens von Mailand bis
hierher. Ich bin neunmal kontrolliert worden. Sie
haben mich ohne Karte weiterfahren lassen; aber
hier mußt du alles nachzahlen, haben die Schaffner
immer wieder ...«

115 »Soviel Geld hab' ich nicht bei mir«, sagte ich,
nun selber einen Augenblick ratlos, und stellte die
beiden Koffer neben einen Tisch der Bahnhofsbar.

»Komm, jetzt trinken wir erst mal einen Espresso.
Oder willst du lieber ein Glas Wein, sizilianischen
120 Wein?«

»Hier gibt's doch kein Glas Wein in der Bar, nicht
einmal Zigaretten, und diese Kerle da vorn warten
schon auf ihr Geld!« schimpfte Carolin, und erst jetzt
sah ich, daß der Zugführer, der Schaffner und der
125 Stationsvorsteher neben der Lokomotive standen,
uns beobachteten und lebhaft miteinander redeten.

Ich schob Carolin einen Stuhl zurecht und
bestellte ihr einen Espresso und eine Grappa. Dann
ging ich auf die drei uniformierten Männer zu, die
130 mir ernst entgegensahen, ernst und plötzlich sehr
schweigsam.

»Scusate«, sagte ich, »ich habe nicht so viel Geld
in der Tasche. Es sind um die fünfzehntausend Lire,
denke ich. Oder mehr? Ich gebe das Geld noch
135 heute abend hier auf der Station ab.«

Es war der Zugführer, der zuerst die rechte Hand
an den Schirm seiner roten Dienstmütze hob,
tadellos und würdevoll; und die beiden anderen
Beamten taten es ihm nach.

140 »Signore, una felicissima notte!«

Was sagte der da: eine außerordentlich
glückliche Nacht? Ohne mit der Wimper zu zucken.
Und noch:

»Grüßen Sie Ihre schöne junge Frau von uns. Wir
145 haben sie sehr gern nach Sizilien gefahren.«

»Aber die Fahrkarte, sie hat keine ...«

Der Stationsvorsteher zog seine Trillerpfeife aus
der Brusttasche, der Zugführer und der Schaffner
sprangen auf, und die »Conca d'Oro« aus Milano—
150 Rom—Napoli—Villa San Giovanni—Messina und
Sant' Agata di Militello fuhr mit weiteren vier
Minuten Verspätung nach Palermo.

»Grazie«, sagte ich. »Tante grazie!«

Aber es war niemand mehr bei mir. Der Zug war
155 abgefahren, der Stationsvorsteher verschwunden.
Der Bahnsteig leerte sich lautlos und rasch. Nur
der Hund saß noch vor dem Büro des
Stationsvorstehers und klopfte mit dem Schwanz
die staubigen Zementplatten. Der Wasserstrahl
160 schoß in die flirrende Luft. Es wurde wieder
still.

Ich ging mit Carolin durch das
Bahnhofsgebäude, und noch bevor ich die Koffer
zu dem einzigen Taxi tragen konnte, kam der
165 Stationsvorsteher hinter uns her und übergab mir
die farbenfrohe Ansichtskarte einer Pension ganz in
der Nähe des Bahnhofs, hinter den Schienen.

»Ich vermiete ein paar Zimmer, scrittore«, sagte er
sehr sachlich. »Bescheidene Preise! Frühstück mit
170 deutschem Kaffee. Sollten Sie einmal Freunde
erwarten. Besuch aus Deutschland: Mein Haus ist
auch Ihr Haus.«

Ich nahm die Karte und steckte sie sorgfältig ein.

»Grazie!« sagte ich noch einmal.

75 Der Stationsvorsteher lächelte und nahm mir einen der schweren Koffer ab, bis ihm der Fahrer rasch entgegenkam.

Im Taxi, auf der Fahrt nach Gillazza, fragte mich Carolin:

180 »Was hast du für die Fahrkarte bezahlen müssen?«

»Nichts, nulla!«

»Aber wer sonst? Ich verstehe überhaupt nichts mehr. Non capisco più niente.«

185 Der Taxifahrer lachte laut.

»Später, Carolin! Wann will dein Bruder mit seiner Familie kommen?«

»Erst im Herbst. Warum?«

»Es sind schon Zimmer für ihn reserviert.«

90 Der Taxifahrer drehte sich um und fragte:

»Brauchen Sie noch etwas heute abend, scrittore? Wein, Brot, Salami, Käse: caciocavallo, pecorino? Sie wissen, mein Freund Nené ...«

»Danke. Ich war erst gestern bei ihm einkaufen.«

195 »Ich weiß, scrittore. Er hat mir gesagt, daß ich Sie an der Station abholen soll, weil Ihr Wagen zur Reparatur ist. Ein guter Junge, Nené. Er verschenkt noch sein letztes Olivenöl.«

»Ja. Ein guter Junge.«

200 Nené war dreiundsechzig.

Carolin lehnte sich aus dem offenen Wagen, der jetzt am Meer entlangfuhr, bevor er hinauf in die Berge der Madonie kletterte.

»Gott, ist es hier schön!« rief sie und kuschelte sich
205 an meinen Arm.

»Ja, Carolin.«

Thomas Valentin (1922–1980)

Zum Text

1. Woher kommt der Expresszug?
2. Wie lange haben die Menschen schon auf dem Zug gewartet?
3. Was machen die Wartenden?
4. Wie ist das Wetter? Woher wissen Sie das?
5. Wer ist Carolin? Warum weint sie?
6. Wo findet die Geschichte statt? Woher wissen Sie das?
7. Wer will erst im Herbst kommen?
8. Was fragt der Taxifahrer den Ich-Erzähler?
9. Warum hat der Taxifahrer das Paar am Bahnhof abgeholt?

Zur Interpretation

A Die Hauptpersonen

SCHRITT 1: Der Ich-Erzähler. Beantworten Sie die Fragen, und spekulieren Sie.

1. Wann kommt der Ich-Erzähler zum ersten Mal im Text vor?
2. Was wissen Sie von diesem Menschen?
3. Wie würden Sie ihn beschreiben? Warum?
4. Warum ist er in Sizilien? Wie lange bleibt er dort?

SCHRITT 2: Carolin. Was können Sie über Carolin sagen? Wie interpretieren Sie ihr Verhalten?

WORTSCHATZ ZUM LESEN

die Zementbank	concrete bench
sich zufächeln	to fan oneself
seufzen	to sigh
falten	to fold
verwelken	to wilt, to wither
pfeiffen	to whistle
dröhnen	to roar
auswringen	to wring out
inbrünstig	fervently
schluchzen	to sob
beklauen	to rob
der Abschaum	dregs
der Schaffner	conductor
der Zigarettenstummel	cigarette butt
würdevoll	with dignity
sich ankuscheln	to snuggle up

KULTURSPIEGEL

Thomas Valentin, geboren 1922 in Weilburg, gestorben 1980 in Lippstadt in Westfalen: Die Kurzgeschichte „Eine glückliche Nacht" ist aus seiner Sammlung „Schnee vom Ätna", 1981.

1. Wann kommt diese Frau zum ersten Mal vor?
2. Wie würden Sie sie charakterisieren? Warum?
3. Erklären Sie diesen Satz: „Ich will hier nicht bleiben, in einem Land, wo man beklaut wird, kaum dass man hinter der Grenze ist."
4. Warum sagt Carolin „Gott, ist es hier schön"? Was meint sie? Was ist passiert?

B Was können Sie über die anderen Menschen sagen? Diskutieren Sie über die folgenden Fragen.

1. Welche Menschen sind auf dem Bahnsteig? Was machen sie? Was haben sie gemeinsam?
2. Wie erklären Sie das Verhalten des Zugführers? des Schaffners? des Taxifahrers?
3. Warum sind alle diese anderen Menschen wichtig für die Geschichte?

C Am Ende. Wie hat die Geschichte geendet? Hat dieses Ende Ihnen gefallen? Warum (nicht)? Wie hätte die Geschichte anders ausgehen können? Erfinden Sie ein anderes Ende.

Zur Kommunikation

A Reaktionen. Diskutieren Sie mit Ihren Mitstudenten/Mitstudentinnen über Carolins Verhalten. Wie finden Sie es? Ist Ihnen schon einmal etwas Schlimmes passiert? Wo? Was waren die genauen Umstände? Wie haben Sie darauf reagiert?

B Rollenspiel. Wie hätten Sie an Carolins Stelle reagiert? Wie hätten Sie an der Stelle des Ich-Erzählers reagiert? Arbeiten Sie mit einem Partner / einer Partnerin, und spielen Sie so eine Szene der Klasse vor.

KULTURPROJEKT
VORURTEILE

1. **Carolins Vorurteil.** Erklären Sie den Mechanismus von Carolins Vorurteil gegen die Italiener. Wie ist es entstanden? Und wie hat es sich im Laufe des Texts verändert?
2. **Vorurteile gegen Sie.** Hat jemand schon einmal Vorurteile gegen Sie gehabt? Von wem? In welcher Situation?
3. **Vorurteile in der Welt.** Es gibt Vorurteile zwischen verschiedenen Ländern, Volksgruppen, religiösen Gemeinschaften und auch zwischen den Geschlechtern. Wie bleiben solche Vorurteile am Leben? Wie werden sie weitergegeben?

irgendwohin = somewhere (handwritten)

KAPITEL 32

WORTSCHATZ

Substantive	Nouns
die **Abwechslung, -en**	change; variety
die **Ausrüstung**	outfitting; equipment
die **Entspannung**	relaxation *relaxen*
die **Extremsportart, -en**	adventure sport
die **Gefahr, -en**	danger
die **Reiselust**	desire to travel
die **Schiffsreise, -n**	voyage, cruise
die **Vorbereitung, -en**	preparation
der **Luxus**	luxury
der **Nervenkitzel**	excitement
der **Urlaub, -e**	vacation
das **Ferienheim, -e**	vacation home *(organized)*
das **Ferienlager, -**	vacation camp
die **Ferien** (*pl.*)	holidays

Verben	Verbs
baden	to bathe
bräunen	to tan
geschehen (geschieht), geschah, ist geschehen	to happen
an•gucken	to have a look at
auf etwas an•kommen, ankam, ist angekommen	to depend upon *Es kommt darauf an,*
sich leisten	to afford
marschieren, ist marschiert	to march *schnell laufen*
nutzen	to use
springen, sprang, ist gesprungen	to jump
überwachen *<stress und Syl.*	to supervise *surveillance*
verreisen	to go on a trip

Adjektive und Adverbien	Adjectives and adverbs
aktiv	active(ly)
gespannt	excited
herrlich	wonderful(ly)

verrückt und sehr gut (handwritten)

irre	great
jeweils *per person*	respectively
normalerweise	normally; usually
persönlich	personally
sogar	as well; indeed
sowieso	in any case

Sie wissen schon	You already know
die **Mannschaft, -en**	team *das Team*
die **Sportart, -en**	type of sport
die **Verspätung, -en**	delay
der **Rucksack, ¨e**	backpack
das **Abenteuer, -e**	adventure
das **Gleis, -e**	train station platform
beginnen, begann, begonnen	to begin
besteigen, bestieg, bestiegen	to climb
gewinnen, gewann, gewonnen	to win
klettern	to climb
reiten, ritt, ist geritten	to ride - *Pferde*
rudern	to row
sich fit halten (hält), hielt, gehalten	to keep fit
Sport treiben, trieb, getrieben	to play a sport
wandern	to hike
ratlos	helpless(ly)
spannend	exciting
wenig	little; few

KAPITEL 3

GESUNDHEIT UND KRANKHEIT

In diesem Kapitel

- lernen Sie einiges über die Stadt Bad Ems, einen berühmten Kurort in Rheinland-Pfalz.
- begleiten Sie Sven Schüder beim Arztbesuch.
- diskutieren Sie, wie man sich fit und gesund hält.

Sie werden auch

- wiederholen, wie man Reflexivpronomen gebraucht.
- wiederholen, wie man zwischen Ziel und Ort unterscheidet.
- etwas über die Stadt Oberstaufen lernen.
- eine Geschichte über einen kleinen Jungen und seine kranke Mutter lesen.

Links: In einem deutschen Kurort kann man sich gut erholen und gesund werden. *Links unten:* Heute gilt Bad Ems als einer der bekanntesten Kurorte Deutschlands. *Rechts unten:* Auch damals war die Stadt sehr beliebt.

VIDEOTHEK

In diesem Kapitel erfahren Sie, wie man sich in Europa traditionell gesund hält. Sie erfahren auch, wie das Gesundheitswesen in Deutschland funktioniert. Was machen Sie, um fit und gesund zu bleiben? Was wissen Sie über das Gesundheitswesen in Ihrem Land?

I: Ein Kurort

Kurorte und Bäder haben eine lange Geschichte in Deutschland. In dieser Folge lernen Sie den historischen Kurort Bad Ems kennen.

In Bad Ems wurde auch Politik gemacht.

A Bad Ems. Was haben Sie im Video über Bad Ems gelernt?

1. Welche Leute reisten im neunzehnten Jahrhundert nach Bad Ems? Wissen Sie etwas über einige dieser Leute?
2. Warum ist der 13. Juli 1870 um zehn Minuten nach neun Uhr besonders wichtig in Bad Ems? Wer hat sich dort getroffen? Welche Konsequenzen hatte diese Begegnung?
3. Wer wurde gleich nach dem Ersten Weltkrieg in den Hotels in Bad Ems untergebracht?
4. Wer macht heutzutage Kur in Bad Ems?

B Die Kur. „Ich gehe zur Kur", sagt man, wenn man in einen Kurort fährt. Sie hören die Meinungen von Susanne und Erika zum Thema Kur. Was stimmt?

	DAS STIMMT.	DAS STIMMT NICHT.
1. Susanne kennt nur ältere Leute, die zur Kur gehen.	☐	☐
2. Susanne geht persönlich gern zur Kur.	☐	☐
3. Erikas Tante findet es schön, zur Kur zu gehen.	☐	☐
4. In Kuren darf man machen, was man will.	☐	☐
5. Kuren sind für Erika etwas langweilig.	☐	☐

C Gesund leben. Welche Person im Video macht das?

Diese Person . . . / Diese Leute . . .

1. ist etwas faul und macht nicht jeden Tag Sport.
2. schwimmen gern.
3. gehen in einen Fitnessclub.
4. treiben regelmäßig Sport.
5. fahren Rad.
6. geht jeden Tag mit dem Hund spazieren.
7. spielt Handball mit dem Bruder.
8. versucht, joggen zu gehen.
9. ging früher in einen Fitnessclub.
10. macht Aerobic.

WORTSCHATZ ZUM VIDEO

die Spielbank	casino
der/die Adelige	aristocrat
das Parteimitglied	party member
jedermann	everyone
die Nebenhöhlen	sinuses
der Weiher	fishpond
kneten	to knead
die Versichertenkarte	insurance card
die Behandlung	treatment
die Faust	fist
der Imbiss	snack

II: Ein Arztbesuch

In dieser Folge geht Sven Schüder zur Vorsorgeuntersuchung. Wie oft gehen Sie zum Arzt? Waren Sie sogar schon mal im Krankenhaus? Warum?

A Bei der Vorsorgeuntersuchung. Was stimmt? Wenn ein Satz nicht stimmt, schreiben Sie ihn neu mit der richtigen Information.

Warum geht Sven zum Arzt?

	DAS STIMMT.	DAS STIMMT NICHT.
1. Svens Arzt ist der einzige Arzt, der in diesem Haus arbeitet.	☐	☐
2. Sven muss die Vorsorgeuntersuchung selber bezahlen.	☐	☐
3. Sven wird sofort vom Arzt untersucht.	☐	☐
4. Sven hat hohen Blutdruck.	☐	☐
5. Sven bekommt das Medikament beim Arzt.	☐	☐

B Gesundes Essen. Das Essen spielt eine wichtige Rolle, wenn man sich fit halten will. Was essen Sie, um gesund zu bleiben? Wie sollen Sie essen, um gesünder zu werden?

> Brot
> kein Fleisch Salat
> Gemüse Vitamine Obst nicht allzu viel Fett

C Meinungen zur Gesundheitspflege. Lesen Sie zuerst die folgenden Erfahrungen von Gürkan, Daniela und Stefan. Beantworten Sie dann diese Fragen: Welche persönlichen Erfahrungen haben Sie mit dem Gesundheitswesen in Ihrem Land gehabt? Waren diese Erfahrungen positiv oder negativ? Warum?

GÜRKAN: Arztbesuch? Vielleicht mal alle zwei, drei Jahre, aber . . . ja, jedes Jahr gehe ich einmal zum Arzt, Zahnarzt. Das muss man bei uns tun.

DANIELA: Ich war einmal im Krankenhaus, weil ich mich sehr schlecht gefühlt habe. Ich hatte sehr hohes Fieber, und ich war alleine, und ich wusste nicht, wie ich das Fieber bekämpfen kann, und deswegen bin ich ins Spital gegangen.

STEFAN: Die Krankenkasse in der Schweiz ist sehr, sehr teuer. Es gibt leider zu wenig Leute, die dafür zahlen können. Aber die Krankenhäuser sind alle sehr, sehr gut und dementsprechend hoch sind auch die Kosten für die Gesundheitspflege.

KULTURSPIEGEL

Neunzig Prozent der Einwohner Deutschlands sind Mitglieder einer staatlichen Krankenversicherung. Die Krankenkasse bezahlt für die ärztliche Behandlung. Die Kosten der Krankenkasse werden auf den Arbeitgeber und den Arbeitnehmer verteilt: Jeder bezahlt die Hälfte des monatlichen Beitrags. Zur Zeit liegen diese Versicherungsbeiträge bei ungefähr vierzehn Prozent des Einkommens.

VOKABELN

die Gesundheitspflege	health care
die Körperpflege	personal hygiene
die Krankenkasse	wellness fund
die Kur	health spa; course of treatment
die Übung	exercise
die Untersuchung	examination
die Versicherung	insurance
die Vorsorge	preventive medicine
der Arztbesuch	visit to the doctor
der Beitrag	contribution
der Blutdruck	blood pressure
der Umstand	circumstance
das Ergebnis	result
das Fett	fat
das Heilungsmittel	remedy
das Medikament	medication
das Wartezimmer	waiting room
atmen	to breathe
erhöhen	to raise
geraten	to come upon
mahnen	to urge
messen	to measure
sich verrechnen	to miscalculate
verschreiben	to prescribe

Ärztliche Behandlungen können ziemlich teuer sein—wie bezahlt man das?

regelmäßig	regular(ly)
sinnvoll	meaningful(ly)
vegetarisch	vegetarian

Sie wissen schon
das Fieber, das Krankenhaus, das Labor, das Rezept, gesund

Aktivitäten

A Wie heißt das? Beantworten Sie die folgenden Fragen. Benutzen Sie die Vokabeln aus der Liste.

1. Was soll man täglich machen, um sich fit zu halten?
2. Wie heißt die Situation, in der man sich befindet?
3. Was macht man, wenn man nicht richtig addiert?
4. Welches Verb bedeutet „höher machen"?
5. Wie ist man, wenn man nicht krank ist?
6. Wie kann man feststellen, wie hoch oder wie lang etwas ist?
7. Wie beschreibt man etwas, was Sinn (Bedeutung) hat?
8. Wie beschreibt man eine Form oder eine Aktivität, die eine bestimmte Ordnung hat?

9. Wie isst man, wenn man kein Fleisch isst?
10. Wo bekommen kranke Menschen Gesundheitspflege, Therapie oder Chirurgie (Operationen)?

B Definitionen: Lesen Sie die Sätze links und suchen Sie die passende Definition für die kursiv gedruckten Wörter aus der rechten Spalte.

1. Ich weiß ja von meiner Tante, die immer zur *Kur* geht.
2. Jetzt *atmen* Sie ganz tief für zwei Stunden.
3. Die Vorsorgeuntersuchung wird von der *Krankenkasse* bezahlt.
4. Nehmen Sie im *Wartezimmer* bitte noch Platz.
5. Sven wartet auf die *Untersuchung* durch den Arzt.
6. Ich *verschreibe* Ihnen ein Blutdruckmittel.
7. Das *Rezept* können Sie vorne an der Anmeldung abholen.
8. Die Krankenkasse bezahlt das *Medikament*.
9. Ich hatte sehr hohes *Fieber* und war allein.

a. schriftliche Anweisung eines Arztes an den Apotheker für Medikamente
b. Institution, bei der man sich gegen die Kosten der Krankheit versichert
c. Aufenthalt unter ärztlicher Aufsicht, damit man wieder gesund wird
d. ein Rezept geben
e. hohe Körpertemperatur
f. Feststellung der Gesundheit einer Person durch einen Arzt
g. Mittel für die Heilung von Krankheiten
h. Zimmer, wo man wartet
i. Luft in die Lungen einziehen und ausstoßen

C Verwandte Wörter. Kennen Sie Wörter, die mit den folgenden Wörtern verwandt sind? Machen Sie eine Liste.

MODELL: der Arzt →
die Ärztin, ärztlich, Arztbesuch, Tierarzt, Zahnarzt

1. üben
2. sorgen
3. krank
4. pflegen
5. suchen
6. drücken
7. sicher

Beim Arztbesuch muss man die Versichertenkarte zeigen.

D Fitnessclubs

SCHRITT 1: Was halten Claudia, Gürkan und Erika von Fitnessclubs? Lesen Sie ihre Meinungen dazu.

CLAUDIA: Um fit zu bleiben, gehe ich jetzt regelmäßig seit einem Jahr in einen Fitnessclub, „Swiss Training". Ich mach dort manchmal Aerobic, manchmal Geräte, im Wechsel.

GÜRKAN: Ich habe mich jetzt im letzten Jahr in einem Fitnessclub eingeschrieben. Da habe ich pro Woche einmal, zweimal besucht.

ERIKA: Um fit zu bleiben, mache ich jetzt etwas mit meinem kleinen Hund, den ich mir gerade angeschafft habe. Früher bin ich zu einem Fitnessclub gegangen, aber jetzt ist es viel schöner, in der Natur mit dem kleinen Hund um den See zu rennen.

SCHRITT 2: Was halten Sie davon? Was kann man machen, um fit zu bleiben? Diskutieren Sie darüber mit einem Partner / einer Partnerin. Denken Sie auch an die folgenden Fragen.

1. Gehen Sie regelmäßig in einen Fitnessclub?
2. Welche Übungen machen Sie?
3. Welchen Sport treiben Sie?

STRUKTUREN

REFLEXIVE VERBS AND PRONOUNS
DOING SOMETHING FOR ONESELF

As you recall, some verbs have reflexive pronouns that refer back to the subject. Note the objects in the following sentences.

Ich ziehe **mich** an.	*I'm getting dressed.*
Ich ziehe **mir** eine Jacke an.	*I'm putting on a jacket.*

Reflexive pronouns occur in the accusative or dative case. The only distinctly different case forms are **mich/mir** and **dich/dir.** All other reflexive pronouns are identical in the accusative and dative cases.

KURZ NOTIERT

Some German verbs are always reflexive, although their English counterparts may not be.

sich erinnern an	to remember
sich interessieren für	to be interested in
sich unterhalten	to have a conversation
sich überlegen	to decide
sich aufregen	to get excited
sich entspannen	to relax
sich freuen auf (+ acc.)	to look forward to
sich freuen über (+ acc.)	to be glad about
sich vorstellen	to imagine; to introduce
sich schminken	to put on makeup

SINGULAR			PLURAL		
ACCUSATIVE		DATIVE	ACCUSATIVE		DATIVE
mich	*myself*	mir	uns	*ourselves*	uns
dich	*yourself*	dir	euch	*yourselves*	euch
sich	*yourself*	sich	sich	*yourselves*	sich
sich	*herself* *himself* *itself*	sich	sich	*themselves*	sich

Note that the verbs **legen** and **sitzen** require accusative reflexive pronouns to indicate that someone is in the process of lying or sitting down.

Ich **lege mich** ins Bett.	*I'm going to lie down in bed. (I'm going to put myself to bed.)*
Du **hast dich** an den Tisch **gesetzt.**	*You sat down at the table. (You seated yourself at the table.)*

If a sentence with a reflexive verb contains a direct object, the reflexive pronoun will be in the dative case.

| Du ziehst **dich** an. | *You're getting dressed.* |
| Du ziehst **dir** die Jacke an. | *You're putting on your jacket.* |

German has a number of reflexive verbs that refer to daily routines and that take articles of clothing or parts of the body as direct objects. In these instances, the reflexive pronoun appears in the dative case.

Übungen

A Alte Freunde. Susanne trifft sich mit Sabine im Fitnessclub. Sabine hat gerade eine alte Freundin gesehen, die vor einiger Zeit ein Zimmer bei Familie Dyrchs mieten wollte.

SABINE: Erinnerst du _____¹ an Melanie Schmidt? Wir haben _____² heute in der Stadt getroffen.

SUSANNE: Ja, sie war doch mal hier, weil sie _____³ für ein Zimmer bei uns interessiert hat.

SABINE: Ich hatte _____⁴ schon gefreut, dass sie bei uns einziehen würde.

SUSANNE: Ja, aber sie hat es _____⁵ dann doch anders überlegt.

SABINE: Schade, ich könnte es _____⁶ wirklich gut vorstellen, sie bei uns als Mitbewohnerin zu haben.

SUSANNE: Ja, ich erinnere _____⁷ noch, dass du _____⁸ vorher lange mit ihr unterhalten hast.

Susanne und ihre Schwester Sabine im Fitnessclub.

B Morgentoilette. Was machen Sie morgens und in welcher Reihenfolge? Erklären Sie Ihre Routine.

MODELL: Erst stehe ich auf, dann mache ich Tee, dann . . .

sich die Haare waschen

sich die Zähne putzen

sich duschen

sich anziehen

sich rasieren

sich die Haare kämmen

sich schminken

In Bad Ems kann man sich gut erholen.

C Gesundheit und Stress. Arbeiten Sie mit einem Partner / einer Partnerin, und stellen Sie einander die folgenden Fragen.

1. Wie hältst du dich fit?
2. Interessierst du dich für Fitness-Training?
3. Was solltest du essen, um gesund zu bleiben?
4. Was machst du, wenn du dich krank fühlst?
5. Wie viele Stunden in der Woche arbeitest du?
6. Regst du dich auf, wenn die Arbeit zu stressig ist?
7. Ärgerst du dich, wenn du zu viel Arbeit hast?
8. Wie kannst du dich in der Freizeit am besten entspannen?

TWO-WAY PREPOSITIONS
TALKING ABOUT DIRECTION AND LOCATION

German has groups of prepositions that always require objects in just one case: the accusative, dative, or genitive. However, German has also another group—called two-way prepositions—that takes either an accusative or a dative object, depending on whether the preposition refers to location or destination. This set includes the following prepositions.

an	*at, near*	über	*above, over*
auf	*on, on top of, at*	unter	*below, under, among*
hinter	*behind, in back of*	vor	*in front of*
in	*in, into*	zwischen	*between*
neben	*next to*		

In sentences that answer the question **wo** (*where*), these prepositions require the dative case to indicate location.

WO?	LOCATION
Wo ist der kleine Junge?	Er ist **auf dem** Bahnhof.
Wo ist seine Mutter?	Sie liegt **im** Krankenhaus.

In sentences that answer the question **wohin** (*where to*), they require the accusative case to indicate destination.

WOHIN?	DESTINATION
Wohin geht der Junge?	Er geht **auf den** Bahnhof.
Wohin steckt der Junge das Geld?	Er steckt das Geld **in die** Tasche.

Contractions commonly occur with the following combinations.

an dem → am	in dem → im
an das → ans	in das → ins

Übungen

A Urlaub auf Mallorca. Sie erinnern sich an eine schöne Reise. Ergänzen Sie die Lücken mit Hilfe des Wortkastens.

Letzten Sommer sind wir nach Mallorca gefahren. Wir haben da in einem Hotel gewohnt. Als wir am ersten Tag _____¹ Hotel gingen, haben wir einen Freund getroffen. Wir sind zusammen _____² Strand gegangen. Es war so schön da! Wir haben ganz schön _____³ Meer gebadet und in der Sonne gelegen. Am zweiten Tag haben wir ein Auto gemietet, und wir sind _____⁴ die andere Seite der Insel gefahren. Wir haben das Auto _____⁵ sehr alten Ferienheim geparkt. Dann sind wir _____⁶ kleinen Hügel geklettert, um die ganze Insel zu sehen. Ich habe mich richtig _____⁷ tolle Reise gefreut.

über diese

auf die

ins

auf einen

im

vor einem

an den

B Wo? Wohin? Die Eltern fahren bald zur Kur ab. Sie regen sich auf, weil sie so viel in so kurzer Zeit zu tun haben. Die Tochter hilft ihnen. Wie antwortet sie auf ihre Fragen?

MODELL: Wo ist meine Sonnenbrille? (in / die Schublade)
In der Schublade.

1. Wo ist Vatis Brieftasche? (in / seine Tasche)
2. Wo sind meine Sandalen? (vor / die Tür)
3. Wo ist unser Reiseführer? (auf / der Bücherschrank)
4. Wo ist meine liebe Katze? (unter / das Bett)
5. Wohin geht der Hund jetzt? (unter / das Bett)
6. Wohin sollen wir unser Gepäck stellen? (in / der Kofferraum)
7. Wohin wirst du unsere Post legen? (neben / der Computer)
8. Wohin fährst du uns jetzt? (auf / der Bahnhof)
9. Woran denkst du? (an / eure Abfahrt)

Vor einer Reise hat man viel zu erledigen!

C Mein Lieblingsurlaub. Arbeiten Sie mit einem Partner / einer Partnerin, und stellen Sie einander die folgenden Fragen.

1. Was möchtest du lieber im Urlaub machen, an den Strand gehen oder ins Museum?
2. Möchtest du auf einer tropischen Insel wohnen?
3. Möchtest du in einen deutschen Kurort reisen? Warum (nicht)?
4. Gehst du gern in die Disko, wenn du im Urlaub bist?
5. Reist du lieber mit Freunden oder allein?
6. Unterhältst du dich gern mit neuen Leuten, wenn du im Urlaub bist?
7. Wohnst du lieber in einem Hotel oder bei Freunden?
8. Möchtest du einen ökologischen Urlaub machen?

VERBS WITH TWO-WAY PREPOSITIONS
MORE ON CONTRASTING DIRECTION AND LOCATION

In addition to two-way prepositions, verbs also indicate direction or location. For example, you know that **gehen** and **fahren** indicate direction *toward* a place; whereas **sein, liegen,** and **treffen** designate location *at* a place. The following verbs combine with the two-way prepositions to describe an exact direction or location.

DIRECTION	LOCATION
stellen, stellte, gestellt *to stand, place in an upright position*	stehen, stand, gestanden *to stand, be in an upright position*
hängen, hängte, gehängt *to hang onto a vertical surface*	hängen, hing, gehangen *to hang on a vertical surface*
legen, legte, gelegt *to lay, place in a horizontal position*	liegen, lag, gelegen *to lie in a horizontal position*
sich legen, legte, gelegt *to lie (oneself) down*	

Note that the past forms of the verbs that indicate direction are regular, while the verbs that indicate location form their past tense with a stem change and their participles with **-en.**

Er hat seine Bücher auf den Tisch **gelegt.**	*He put his books on the table.*
Seine Bücher haben auf dem Tisch **gelegen.**	*His books were lying on the table.*

Always use reflexive pronouns to say that someone is seating himself or herself down or is laying down:

Ich **lege mich** ins Bett.	*I'm going to bed.*
Wir haben **uns** an den Tisch **gesetzt.**	*We seated ourselves at the table.*

Übungen

A Ein freier Tag. Sie haben einen schönen Tag in Bad Ems verbracht. Wählen Sie die richtige Verbform.

1. Wir _____ uns auf eine Bank. (saßen, setzten)
2. Wir _____ gemütlich da und redeten miteinander. (saßen, setzten)
3. Meine Schwester _____ sich auf den Rasen und las ein Buch. (lag, legte)
4. Dann haben wir uns alle auf den Rasen _____. (gelegen, gelegt)
5. Als wir auf dem Rasen _____, kamen unsere Freunde vorbei. (lagen, legten)
6. Sie haben da einige Minuten _____, weil sie auf den Tennisplatz gehen wollten. (gestanden, gestellt)
7. Endlich _____ sie sich aber auch neben uns. (lagen, legten)
8. Wir haben alle da den ganzen Nachmittag in der Sonne _____. (gelegen, gelegt)

B Beim Arztbesuch. Die Arzthelferin erklärt Sven, was er während der Untersuchung machen muss. Ergänzen Sie die Sätze mit Hilfe der Wörter in Klammern.

1. Herr Schüder, bitte gehen Sie (in / das Labor).
2. Sie dürfen Ihre Jacke hier (auf / dieser Haken) hängen.
3. Stellen Sie Ihre Sachen (unter / der Tisch).
4. Legen Sie Ihren Arm (auf / der Tisch), und machen Sie eine Faust.
5. Gehen Sie jetzt (in / das Sprechzimmer), und warten Sie bitte auf den Arzt.
6. Ich schreibe die Ergebnisse (auf / der Zettel).

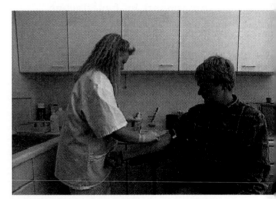

Sven mit der Arzthelferin.

C Diebstahl im Museum. Jemand hat ein berühmtes Bild aus dem Museum gestohlen—aber wie ist es passiert? Schreiben Sie die Sätze im Imperfekt.

1. Das wertvolle Bild hängt im Museum.
2. Die Diebe liegen hinter den Bäumen, bis es dunkel ist.
3. Sie stellen eine Leiter vor das Fenster.
4. Sie klettern auf die Leiter und kommen ins Museum.
5. Der Wachmann sitzt in einem Sessel und schläft.
6. Sie hängen ein falsches Bild an die Stelle des echten.
7. Sie stecken das echte Bild in den Sack.
8. Sie fahren mit dem Bild weg.

PERSPEKTIVEN

Oberstaufen, ein attraktiver Erholungsort im bayerischen Allgäu.

HÖREN SIE ZU!
LIEBER GAST

Sie hören jetzt eine Begrüßung des Kurdirektors. Er beschreibt das umfangreiche Angebot der Stadt Oberstaufen.

A Was wissen Sie jetzt über Oberstaufen? Beantworten Sie die Fragen.

1. Warum sagt der Kurdirektor, „von Umweltschutz reden wir schon lange nicht mehr"?
2. Wie ist die Luftqualität in Oberstaufen? Warum ist das so?
3. Was kann man mit einer Kurkarte machen?
4. Wo liegt Oberstaufen?

B Wie ist es bei Ihnen? Gibt es solche Kur- oder Erholungsorte in Ihrem Land? Was sind die Hauptattraktionen solcher Kurorte? Arbeiten Sie mit einem Partner / einer Partnerin, und besprechen Sie, was Sie jetzt alles über „Kur" und Kurorte in Deutschland wissen.

WORTSCHATZ ZUM HÖRTEXT

anerkannt	*recognized*
das Heilbad	*medicinal bath*
umfangreich	*extensive*
der Bereich	*area; field*
die Luftreinheit	*purity of the air*
gesperrt	*closed*
vorbildlich	*exemplary*

LANDESKUNDE IN KÜRZE
DIE SCHROTHKUR

Die Schrothkur—was ist das? Sie lesen jetzt die Geschichte dieser besonderen Kur.

Die Therapie nach Johann Schroth zählt zu den bedeutenden Naturheilverfahren, die heute wie Kneipp oder Felke als kurortgebundene Balneotherapien in anerkannten Heilbädern und Kurorten durchgeführt und von den Krankenkassen in Form von Vorsorge- und Rehabilitationskuren bezuschusst werden. 5

Der schlesische Naturarzt Johann Schroth, der im Jahre 1820 die nach ihm benannte Schrothkur „erfand", gilt als Begründer der modernen Naturheilkunde. Er war der erste, der Wasseranwendungen mit einer Diätform verknüpfte und somit von der reinen Hydrotherapie zur Naturheilkunde überleitete. 10

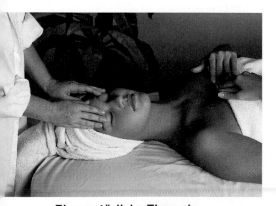

Eine natürliche Therapie.

Johann Schroth hat seine Anwendungen selbst erprobt. Er versuchte, sich von seiner schweren Verletzung, die er 1817 in seinem Beruf als Frächter (Fuhrunternehmer) erlitten hatte, zu heilen und machte sich kalte Umschläge, die er bis zur Erwärmung liegen ließ und wiederholt

15 wechselte. Zunächst behandelte er mit dieser erfolgreichen Methode Verletzungen. Der zweite Schritt war die Anwendung von Ganzpackungen, und schließlich folgte das Schroth'sche Diätsystem aus der Beobachtung heraus, dass kranke Tiere das Futter zurückweisen, also fasten. Damit war Johann Schroth intuitiv der späteren

20 wissenschaftlichen Erforschung und Bestätigung weit voraus.

In Oberstaufen im Allgäu wurde diese Therapieform im Jahre 1949 durch den Kurarzt Dr. Hermann Brosig eingeführt, nachdem im Ursprungsort Niederlindswiese (heute Tschechische Republik) keine Schrothkuren mehr durchgeführt wurden. Heute gibt es in Oberstaufen

25 einhundert Schrothkurbetriebe, die mit dem Gütesiegel „anerkannter Schrothkurbetrieb" (eingetragenes Warenzeichen) ausgezeichnet wurden.

● Die Schrothkur. Beantworten Sie die Fragen.

1. Wer bezahlt die Kosten der Schrothkur?
2. Was war Johann Schroth von Beruf?
3. Welche Therapien werden in der Schrothkur kombiniert?
4. Warum wollte Johann Schroth seine Kur selbst erproben?
5. Was wird mit den Umschlägen gemacht?
6. Seit wann gibt es in Oberstaufen die Schrothkur?
7. Woher weiß der Kunde, dass der Kurbetrieb ein anerkannter Schrothkurbetrieb ist?

WORTSCHATZ ZUM LESEN

das Naturheilverfahren	natural healing procedure
die Balneotherapie	bath therapy
bezuschussen	to subsidize
schlesisch	Silesian
die Wasseranwendung	application of water
verknüpfen	to join together; combine
erproben	to try out; test
der Umschlag	wrapping
wiederholt	repeatedly
die Beobachtung	observation
zurückweisen	reject
die Bestätigung	corroboration
das Gütesiegel	seal of quality
eingetragen	registered
das Warenzeichen	trademark

LESEN SIE!

Zum Thema

Ⓐ Erster Besuch im Krankenhaus. Wann haben Sie zum ersten Mal jemanden im Krankenhaus besucht? Erinnern Sie sich jetzt an diesen Besuch, und beantworten Sie die Fragen.

1. Wie alt waren Sie?
2. Wie sind Sie zum Krankenhaus gekommen? Waren Sie allein, oder waren Sie mit anderen Personen zusammen?
3. Wen haben Sie besucht?
4. Warum war diese Person im Krankenhaus?
5. Haben Sie mit einem Arzt / einer Ärztin oder einem Krankenpfleger / einer Krankenschwester gesprochen? Worüber haben Sie gesprochen?
6. Wie haben Sie diesen Besuch gefunden? War die Erfahrung angenehm? unangenehm? traurig? Warum?

Sven beim Arztbesuch.

B Ein Brief vom Arzt

SCHRITT 1: „Ein kleiner Junge unterwegs." Bevor Sie diese Geschichte vollständig lesen, lesen Sie den folgenden Brief.

Sehr geehrter Herr Gürtler!

Es wurde höchste Zeit, daß die Operation bei Ihrer Frau vorgenommen wurde. Sie befindet sich, den Umständen angemessen, wohl und wird, falls keine Komplikationen eintreten, in vierzehn Tagen nach Breitenbach zurückkehren können. Ich darf Sie bitten, umgehend die Kosten der Operation, die 250 Mark betragen, begleichen zu wollen.

Mit vorzüglicher Hochachtung
Ihr ergebener
Dr. Brausewetter, Pasewalker Allee 18 a

SCHRITT 2: Partnerarbeit. Arbeiten Sie mit einem Partner / einer Partnerin. Was steht in dem Brief? Was wissen Sie schon? Was möchten Sie noch wissen? Schreiben Sie zusammen mindestens fünf Fragen auf.

Ein kleiner Junge unterwegs

Bahnsteig 8 hatte sich geleert. Der Stationsvorsteher musterte gewohnheitsmäßig die Waggons und blieb überrascht bei der Lokomotive stehen. Die Lokomotive war nicht allein. Ein kleiner Junge marschierte langsam an ihr entlang, drehte sich um, marschierte ebenso langsam zurück, stellte sich dann mit durchgedrückten Knien vor dem Beamten auf und sagte: „Ich messe." 5

„Kannst du denn schon zählen?"

„Na längst. Wer sie malen will, braucht hundert Meter Papier."

„Aber man kann die Lokomotive auch kleiner zeichnen. —Aber wo willst du eigentlich hin?" 10

„Meine Mutter besuchen. Es weiß keiner. Vater denkt, ich bringe das Geld zur Post." Er schob seine Hand zwischen die Finger des anderen, zog ihn durch die Sperre, die Treppe hinab und zum Portal des Bahnhofs hinaus.

Hier besann sich der Stationsvorsteher auf seinen Dienst, blieb stehen 15 und fragte: „Warum holt dich deine Mutter nicht ab?"

„Sie ist krank und wohnt bei einem Doktor."

Der kleine Junge holte einen Zettel aus der Tasche, hielt ihn in die Höhe und sagte: „Du darfst es lesen. Gürtlers, das sind wir."

Geehrter Herr Gürtler! 20

WORTSCHATZ ZUM LESEN

sich leeren	to empty itself (of people)
mustern	to take stock of
die Sperre	barrier
zurückkehren	to come back
falten	to fold
einwickeln	to wrap up
borgen	to borrow
geizig	stingy
der Fleck	spot

Es wurde höchste Zeit, daß die Operation bei Ihrer Frau vorgenommen
wurde. Sie befindet sich, den Umständen angemessen, wohl und wird,
falls keine Komplikationen eintreten, in vierzehn Tagen nach Breitenbach
zurückkehren können. Ich darf Sie bitten, umgehend die Kosten der
25 Operation, die 250 Mark betragen, begleichen zu wollen.

Mit vorzüglicher Hochachtung

Ihr ergebener

Dr. Brausewetter, Pasewalker Allee 18 a

Der Stationsvorsteher faltete den Brief zusammen und wollte ihn
30 zurückgeben. Aber der kleine Junge war nicht da. Er stand bei einer
Blumenfrau. Die wickelte gerade einen Strauß ein und gab Geld zurück.
Der Stationsvorsteher trat hinzu und sagte: „Komm, jetzt setz' ich dich in
die Straßenbahn."
     Der Stationsvorsteher ging mit Fritz über die Straße. Dann kam auch
35 schon die richtige Straßenbahn. Er hob den Jungen hinauf und sagte
zum Schaffner: „Das ist der Fritz aus Breitenbach. Er will in die Klinik von
Dr. Brausewetter in der Pasewalker Allee. Dort liegt seine Mama."
     „Mutter", korrigierte der kleine Junge.
     „Wird besorgt", meinte der Schaffner und nahm ihn bei der Hand.
40   „Paß gut auf dein Geld auf", mahnte der Stationsvorsteher, „und grüß
deine Mutter schön—und gute Besserung!"
     Fritz rief, während die Bahn losfuhr: „Vielen Dank noch!" jungen
Mann, der angelegentlich zusah: „Wieviel ist das?"
     „245 Mark."
45   „Hast du dich nicht verrechnet?"
     „Nein."
     „Die kriegt der Doktor. Soviel Geld, was? Vater war gestern abend
gleich bei allen Bekannten und hat es geborgt. Börner hat nichts
gegeben. Börner ist geizig."
50   Fritz stand auf, steckte das Geld tief in die Hosentasche, behielt die
Hand drin und erläuterte: „Da muß man mächtig aufpassen. Manchmal
ist ein Loch in der Tasche, und man weiß es nicht, und schwupp! ist das
Geld weg."
     Er seufzte und ging im Wagen spazieren. Eine dicke Dame hielt ihm
55 ein Stück Schokolade entgegen. Er schüttelte den Kopf und sagte: „Nein,
danke. Da kriegt der Anzug Flecken. Und wenn meine Mutter das sieht,
ärgert sie sich. Seh' ich überhaupt ordentlich aus?" Er drehte sich ein
paarmal um sich selber. Die Leute nickten und lachten.
     Der Schaffner rief von draußen herein: „Fritz, setz dich anständig hin!"
60   Der kleine Junge kletterte also wieder auf seinen Sitz, schaute zum
Fenster hinaus und meinte nach einer Weile: „So ein Rummel bei euch!
Breitenbach ist viel kleiner", erzählte er zum Fenster hinaus.

„Tausendmal kleiner.“

„Pasewalker Allee!“ rief nach einer Weile der Schaffner und klingelte.

65 „Fritz, aussteigen!“

Der Schaffner hob den Jungen aus dem Wagen und zeigte ihm das Haus des Doktors Brausewetter. Dann fuhr die Straßenbahn weiter.

Der kleine Junge klingelte, putzte sich die Schuhe sauber und holte das Geld aus der Tasche. Als die Tür geöffnet wurde, hielt er das Bündel 70 weit von sich und sagte: „Hier bringe ich das Geld für Frau Gürtler.“

„Komm nur herein!“ sagte das Fräulein und nahm ihn bei der Hand. Sie gingen auf weichen Läufern und traten in ein helles, stilles Zimmer.

„Es stimmt nicht ganz“, erklärte der kleine Junge, „ich hab’ die Fahrt davon bezahlt und auch die Blumen. Hier ist der Zettel.“ Er legte Er 75 steckte ihn in die Tasche und fragte: „Wer bist du denn?“

„Ich bin die Schwester.“

„Die Schwester vom Doktor?“

„Nein. Von den Kranken.“

„Auch von meiner Mutter?“

80 „Freilich!“

„Da bist du ja eine Tante von mir.“

„Gewiß, das bin ich.“

Dann wickelte er die Blumen aus dem Papier. Die Schwester strich ihm den Kragen glatt und fragte: „Willst du deine Mama sehen?“ Der 85 kleine Junge nickte.

Sie gingen den Korridor entlang und durch eine Tür, auf der eine Fünf stand.

Er blieb im Zimmer stehen und hielt den Strauß auf dem Rücken. Zwei Betten sah er, und in jedem lag eine Frau. Sie schliefen und hatten 90 gelbe, schmale Gesichter. Langsam blickte der kleine Junge von einer zur anderen. Dann drehte er sich zur Schwester und zeigte auf das Bett, das am Fenster stand. Sie nickte.

Er hob sich auf die Zehenspitzen, ging vorsichtig hinüber, setzte sich auf die Stuhlkante und sah seiner schlafenden Mutter ins Gesicht. Die 95 Augenhöhlen schimmerten schwarzbraun, als wäre es gar keine Haut. Die Schläfen lagen tief eingesunken, und viele violette Äderchen zogen sich durch die blasse Stirn. Der Mund stand offen, der Atem ging schnell und doch mühsam, und obwohl die Augen geschlossen waren, meinte man, ihren müden und ängstlichen Blick zu spüren.

100 Der kleine Junge lächelte hilflos zu dem schlafenden Gesicht hinüber, legte die Blumen behutsam auf die Bettdecke und fuhr streichelnd mit den Händen durch die Luft. Dann lief er an der Schwester vorbei schnell aus dem Zimmer. Sie folgte ihm.

„Erst hab’ ich sie gar nicht erkannt“, sagte er draußen flüsternd zu 105 dem Fräulein. „Bleibt ihr Gesicht immer so?“

„Aber nein! In vierzehn Tagen sieht sie wieder wie früher aus. Und wenn du gut folgst, wird sie ganz gesund."

„Wenn ich bei ihr bleiben könnte, bis sie gesund wird. Sie dürfte es nicht wissen. Und bloß, wenn sie schläft, gucke ich ins Zimmer.

10   Es geht nicht. Ich weiß schon."

Die Schwester brachte ihn ins Wartezimmer zurück und ging in die Küche. Als sie zurückkam, war die Tür verriegelt, und sie hörte den kleinen Jungen weinen. Es klang ganz leise und verzweifelt. Sie blieb unschlüssig stehen und bekam feuchte Augen.

15   Ein Herr im weißen Mantel kam vorbei und fragte: „Was ist denn hier los?"

„Der kleine Gürtler aus Breitenbach ist heimlich gekommen, Herr Doktor."

„Hat er sie gesehen?"

20   „Ja, sie schlief."

„Er soll noch hierbleiben. Die Frau hat ein verteufelt schwaches Herz. Vielleicht . . ."

Der Arzt schwieg. Und beide hörten das unablässige Weinen. Dann gab sich Doktor Brausewetter einen Ruck, nickte der Schwester zu und

25 ging weiter.

Erich Kästner (1899–1974)

KULTURSPIEGEL

Der Schriftsteller Erich Kästner wurde 23. Februar 1899 in Dresden geboren. Er hat viele Bücher und Romane für Kinder geschreiben. „Fabian", sein wohl berümtester Roman, wurde in der Zeit der Weimarer Republik veröffentlicht. Er starb am 19. Juli 1974 in München.

Zum Text

● Der Junge. Beantworten Sie die Fragen. Suchen Sie im Text Beweise für Ihre Antworten.

1. Wer ist der kleine Junge? Wie alt ist er?
2. Woher kommt er?
3. Wohin ist er unterwegs?
4. Welche Stationen gibt es auf seiner Reise?
5. Welche Personen lernt er kennen?
6. Wie reagieren diese Personen auf den kleinen Jungen?

Zur Interpretation

Ⓐ Die Mutter. Wir wissen nicht, was mit Frau Gürtler passiert. Im Text gibt es Informationen darüber, was passieren könnte. Was sagt der Arzt? Was sagt die Krankenschwester? Wie beschreibt der Erzähler die Mutter? Wie reagiert Fritz, als er seine Mutter sieht?

B Wie endet die Geschichte? Kurz vor dem Ende der Geschichte sagt der Arzt, „Er soll noch hierbleiben. Die Frau hat ein verteufelt schwaches Herz. Vielleicht . . .“ Wie könnte der Arzt Ihrer Meinung nach diesen Satz beenden?

C Und dann? Wie könnte die Geschichte weitergehen? Was passiert mit der Familie?

KULTURPROJEKT
KUR

1. **Kurstädte.** In diesem Kapitel haben Sie etwas über die Kurstadt Bad Ems gelernt. In Deutschland gibt es viele andere Kurstädte. Alle haben das Wort „Bad“ als Teil ihres Namens. Suchen Sie auf einer Karte andere Kurstädte in Deutschland. Wissen Sie wofür diese Städte bekannt sind, oder was für Kuren man in diesen Städten machen kann?

2. **Was wissen Sie über Kur?** Suchen Sie im Internet, in Zeitschriften oder Büchern nach Informationen über „Kur“.
   a. Warum macht man eine Kur?
   b. Wer macht Kur?
   c. Seit wann gibt es Kur?
   d. Wer arrangiert eine Kur?
   e. Wer bezahlt die Kur?
   f. Wie lange dauert eine typische Kur?

3. **Wo Sie wohnen.** Was gibt es in ihrem Land, was man mit einer Kur vergleichen kann?

4. **Ein Bericht.** Arbeiten Sie in einer Kleingruppe, und bereiten Sie einen Bericht zum Thema Kur vor. Stellen Sie Ihren Bericht grafisch dar.

WORTSCHATZ

Substantive / Nouns

die **Begegnung, -en**	meeting; encounter
die **Gesundheitspflege**	health care
die **Körperpflege**	personal hygiene
die **Krankenkasse**	wellness fund
die **Kur, -en**	health spa; course of treatment
die **Übung, -en**	exercise
die **Untersuchung, -en**	examination
die **Versicherung, -en**	insurance
die **Vorsorge**	preventive medicine
der **Aufenthalt**	stay; visit
der **Arztbesuch, -e**	visit to the doctor
der **Beitrag, ¨e**	contribution
der **Blutdruck**	blood pressure
der **Umstand, ¨e**	circumstance
der **Zettel**	note
das **Bad, ¨er**	bath; spa
das **Ergebnis, -se**	result
das **Fett**	fat
das **Gesundheitswesen, -**	health care system
das **Heilungsmittel, -**	remedy
das **Medikament, -e**	medication
das **Wartezimmer, -**	waiting room

Verben / Verbs

achten	to respect; to take notice
atmen	to breathe
begeben, begab, begeben	to negotiate
ein•treten (tritt ein), trat ein, ist eingetreten	to occur; to enter
erhöhen	to raise
geraten (gerät), geriet, geraten	to come upon
mahnen	to urge
messen	to measure
nehmen: Zeit in Anspruch nehmen (nimmt), nahm, genommen	to take up time
riechen nach	to smell like
vergnügen	to amuse
sich verrechnen	to miscalculate
verschreiben, verschrieb, verschrieben	to prescribe
sich vor•nehmen (nimmt vor), nahm vor, vorgenommen	to undertake; to carry out

Adjektive und Adverbien / Adjectives and adverbs

gewohnheitsmäßig	in a habitual manner
heimlich	secret(ly)
regelmäßig	regular(ly)
sinnvoll	sensible
tief	deep(ly)
unschlüssig	undecided
vegetarisch	vegetarian
verzweifelt	desperate

Sie wissen schon / You already know

das **Fieber**	fever
das **Gemüse, -n**	vegetable
das **Krankenhaus, ¨er**	hospital
das **Labor, -s**	laboratory
das **Obst, -e**	fruit
das **Rezept, -e**	prescription
gesund	healthy

VIDEOTHEK

A Weiterbilden in der Freizeit. Claudia und Bärbel belegen einen Malkurs an der Volkshochschule in Potsdam. Was wissen Sie noch über Volkshochschulen?

1. Beschreiben Sie, was Sie in jedem Bild sehen. Was macht man in jedem Bild? Warum will man solche Kurse belegen? Wollen Sie auch diese Kurse belegen? Warum (nicht)?
2. Welche Vorteile gibt es an einer Volkshochschule? Denken Sie an die Preise, wann die Kurse angeboten werden und welche Kurse man belegen kann.
3. Gibt es auch eine Volkshochschule oder eine Art Volkshochschule, wo Sie wohnen? Was für Kurse kann man an dieser Volkshochschule belegen?

Der Malkurs.

Informatik.

Im Spanischkurs.

B Urlaub gestern und heute. Beschreiben Sie die Entwicklung der modernen deutschen Tourismusindustrie. Denken Sie an die folgenden Fragen.

1. Wer konnte vor hundert Jahren eine Urlaubsreise machen?
2. Wo haben die meisten Leute Spaß und Erholung gefunden?
3. Was hat sich in den zwanziger Jahren geändert?
4. Wie war der Urlaub im Nationalsozialismus organisiert?
5. Was waren die Unterschiede bezüglich Urlaub im Westen und im Osten nach dem Zweiten Weltkrieg? Wie ist es heute?

C Abenteuerurlaub. Birgit geht Canyoning. Sehen Sie sich die Bilder an, und beantworten Sie die Fragen.

a.   b.   c.

1. Beschreiben Sie jedes Bild: Was machen die Leute?
2. Was heißt eigentlich Canyoning?
3. Was sucht Birgit, wenn sie in Urlaub geht?
4. Wie findet Birgit das ganze Abenteuer?
5. Wollen Sie mal Canyoning gehen? Warum? Warum nicht?

VOKABELN

A Freizeit. Ergänzen Sie die Sätze mit den Wörtern im Kasten.

> Erholung   beschäftigen   hauptsächlich
>
> Wirkungen   verbringen   Nachweis
>
> unternehmen   unersetzlich

Wie _____¹ Sie Ihre Freizeit? Manche interessieren sich für Sport, aber andere _____² sich mit Kursen wie Malen oder Fremdsprachen. Diese Kurse sind _____³ für Erwachsene gedacht, die etwas Neues lernen wollen. Diese Kurse können schon sehr viel Arbeit machen— wie kann man das denn als _____⁴ betrachten? Weiterbilden muss nicht stressig sein—es hat auch positive _____.⁵ Man übt ein neues Hobby aus und lernt andere Menschen kennen. Für viele ist dieser Kontakt zu anderen Menschen _____.⁶ Sie wollen lieber etwas mit Freunden _____,⁷ als abends allein zu Hause bleiben. Ein wichtiger _____⁸ dafür ist, dass kontaktfreudige Menschen oft einen niedrigeren Blutdruck haben und sich besser entspannen können, also mehr aus ihrer Freizeit machen.

Die Volkshochschule bietet verschiedene Kurse an.

B Ferien und Urlaub. Kombinieren Sie!

1. die Abwechslung
2. die Erfahrung
3. die Gefahr
4. geschehen
5. sich leisten
6. nutzen
7. beliebt
8. gespannt
9. sogar
10. sowieso

a. passieren
b. auf jeden Fall
c. populär
d. gebrauchen
e. noch dazu
f. genug Geld oder Zeit haben
g. begeistert
h. das Erlebnis
i. nicht immer das Gleiche, sondern etwas anderes
j. die Möglichkeit, dass etwas schlimmes passieren könnte

C Wie ich mich fit und gesund halte. Arbeiten Sie mit einem Partner / einer Partnerin, und stellen Sie einander folgende Fragen.

1. Wie oft machst du einen Arztbesuch?
2. Hast du Angst davor, zum Arzt zu gehen?
3. Nimmst du gern natürliche Heilungsmittel?
4. Hältst du dich fit? Wie?
5. Gehst du regelmäßig ins Fitness-Center?
6. Welche Übungen machst du, wenn du ins Fitness-Center gehst?
7. Isst du vegetarisch? Warum (nicht)?

Beim Arztbesuch muss man oft lange warten.

STRUKTUREN

A Arbeit und Freizeit. Ergänzen Sie die Sätze mit den richtigen Formen der Modalverben im Präsens oder Imperfekt.

1. Im neunzehnten Jahrhundert _____ sich nur die Reichen eine Schiffsreise leisten. (können)
2. Jetzt _____ fast jeder einen langen Urlaub machen. (können)
3. Man _____ viel Geld sparen, wenn man eine Luxusreise machen will. (müssen)
4. Die Gesellschaft _____ dafür sorgen, dass jeder Arbeiter / jede Arbeiterin mindestens ein Paar Woche im Jahr Urlaub hat. (sollen)
5. Früher _____ Arbeiter fast die ganze Woche in den Fabriken arbeiten. (müssen)
6. Sie _____ nicht am Samstag zu Hause bleiben. (dürfen)
7. Die Arbeiter _____ mehr Rechte haben, wie kürzere Arbeitszeiten und Urlaub (wollen).
8. Jetzt _____ man die Arbeitszeit noch kürzer machen, damit man mehr Zeit für Freunde und Familie hat. (wollen)

Eine Schiffsreise um die Jahrhundertwende.

B Persönliche Meinungen. Arbeiten Sie mit einem Partner / einer Partnerin, und stellen Sie einander die folgenden Fragen.

1. Interessierst du dich für Extremsportarten?
2. Womit beschäftigst du dich in der Freizeit?
3. Woran denkst du, wenn du das Wort „Freizeit" hörst?
4. Macht dir deine Arbeit Spaß?
5. Hättest du Lust dazu, einen Abendkurs zu belegen? Wenn ja, welchen? Wenn nein, warum nicht?
6. Was hältst du von organisierten Freizeitaktivitäten?

C Reisen im Schwarzwald. Ergänzen Sie die Sätze mit den richtigen Formen der Verben im Kasten.

Ich bin gerade von meiner Reise zurück _____.[1] Ich habe meinen ganzen Urlaub mit Freunden im Schwarzwald _____.[2] Wir sind überall _____.[3] Einmal sind wir so gar auf einen hohen Felsen _____.[4] Das hat Spaß _____.[5] Danach sind wir zurück ins Hotel _____[6] und haben uns gemütlich _____.[7] Die Reise hat uns sehr gut _____.[8] Nächstes Jahr fahren wir bestimmt wieder hin!

gefallen
gehen
klettern
verbringen
wandern
machen
entspannen
kommen

D Meine Kindheit. Beantworten Sie die Fragen mit Hilfe der Wörter im Kasten.

MODELL: Konntest du als Kind gut zeichnen?
          Ja, ich konnte immer gut zeichnen.
      oder: Nein, ich konnte nie gut zeichnen.

1. Durftest du abends spät nach Hause kommen?
2. Musstest du den Rasen mähen?
3. Musstest du das Abendessen vorbereiten?
4. Konntest du gut kochen?
5. Durftest du viel fernsehen?
6. Durften deine Freunde bei dir übernachten?
7. Wolltest du bei dir große Partys geben?
8. Wolltest du ein Jahr im Ausland studieren?

nie
ab und zu
immer
manchmal
fast immer
fast nie

E Interessen und Pläne. Ergänzen Sie die Sätze mit dem richtigen Reflexivpronomen.

1. Susanne interessiert _____ für Sprachen und will deshalb nach Spanien reisen.
2. Klaus und Stefan beschäftigen _____ gern mit Musik. In der Freizeit gehen beide gern in Konzerte oder in die Oper.
3. Wofür interessierst du _____?
4. Ich überlege _____, was ich während des Sommers machen werde.
5. Ich kann _____ keine Luxusreise leisten, aber ich will trotzdem etwas Schönes unternehmen.
6. Kannst du _____ vorstellen, wie es damals auf den großen Luxusschiffen war?
7. Das habe ich _____ nie vorstellen können.

F Frühjahrsputz

SCHRITT 1: Sie und Ihre Freunde wollen die Wohnung endlich sauber machen. Es gibt ziemlich viel zu tun, und alle helfen mit. Aber wohin mit den ganzen Sachen? Schreiben Sie die Sätze im Präsens.

1. ich / stellen / die Bücher / auf / das Regal
2. Anja und Claudia / stellen / die Gläser / in / der Küchenschrank
3. Karsten / hängen / das Poster / an / die Wand
4. ich / legen / die Bettdecke / auf / das Bett
5. Claudia / legen / das Besteck / in / die Schublade
6. Karsten / stellen / das Auto / in / die Garage
7. Claudia / ruhen / sich / endlich / aus
8. ich / setzen / sich / auf / der Boden
9. Anja / legen / sich / in / das Bett

SCHRITT 2: Alles erledigt! Jetzt schreiben Sie die Sätze im Perfekt.

PERSPEKTIVEN

A Was machen Sie gern in Ihrer Freizeit? Bleiben Sie lieber zu Hause, oder machen Sie lieber einen Ausflug? Sind Sie gern draußen?

B Eine Umfrage. Machen Sie eine Umfrage in der Klasse zum Thema typische Freizeitaktivitäten. Welche Aktivitäten sind beliebt, wo Sie wohnen? Was ist die beliebteste Freizeitaktivität in Ihrem Land?

C Wandern als Freizeitaktivität hat eine lange Tradition in den deutschsprachigen Ländern. Warum wandert man? Wo kann man wandern? Was sieht und hört man auf einer Wanderung?

KULTURSPIEGEL

„Der frohe Wandersmann" ist ein Gedicht der deutschen Romantik. Für viele Dichter dieser Periode war die Natur eine Offenbarung (*revelation*) Gottes, ein Bereich, in dem man die verloren gegangene Harmonie finden konnte. Obwohl Eichendorff kein sentimentaler Idylliker oder Vorläufer der Wanderbewegung war, bleibt „Der frohe Wandersmann" heute noch ein beliebtes Wanderlied in Deutschland.

Beim Wandern.

Der frohe Wandersmann

Wem Gott will rechte Gunst erweisen,
Den schickt er in die weite Welt;
Dem will er seine Wunder weisen
In Berg und Wald und Strom und Feld.

5 Die Trägen, die zu Hause liegen,
Erquicket nicht das Morgenrot;
Sie wissen nur von Kinderwiegen,
Von Sorgen, Last und Not und Brot.

Die Bächlein von den Bergen springen,
10 Die Lerchen schwirren hoch vor Lust,
Was sollt' ich nicht mit ihnen singen
Aus voller Kehl und frischer Brust?

Den lieben Gott lass ich nur walten;
Der Bächlein, Lerchen, Wald und Feld
15 Und Erd' und Himmel will erhalten,
Hat auch mein Sach auf's Best' bestellt!

Joseph von Eichendorff (1788–1857)

D Zur Interpretation. Welche Beschreibung passt zu welcher Strophe?

1. Leute, die nicht wandern, kennen kein schönes Leben.
2. Gott schützt die Natur und den Wandersmann.
3. Wenn Gott jemandem helfen will, lässt er ihn wandern.
4. Der Wandersmann singt mit den Vögeln und Bächlein.

WORTSCHATZ ZUM LESEN

die Gunst	favor
erweisen	to show
weisen	here: to point out, show
der Strom	stream, river
die Trägen	the lazy ones
die Kinderwiege	cradle
die Last	burden
die Not	need
das Bächlein	small brook
die Lerche	lark
die Kehle	throat
walten	to reign; to prevail

SIND SIE WORTSCHLAU?

Das Suffix **-lein** oder **-chen** zeigt, dass etwas klein und lieb ist. Substantive mit diesen Suffixen sind alle neutral.

der Bach	**das** Bäch**lein**
der Tisch	**das** Tisch**lein**
der Mann	**das** Männ**lein**
das Kind	**das** Kind**chen**
der Bruder	**das** Brüder**chen**

KAPITEL 34 MULTI-KULTI?

In diesem Kapitel

- lernen Sie, was ein junger Türke von Deutschland und den Deutschen hält.
- erfahren Sie, wie Ausländer den Alltag in Deutschland verändert haben.
- besprechen Sie, was eine multikulturelle Gesellschaft bedeutet.

Sie werden auch

- Relativpronomen und den Gebrauch von Relativsätzen wiederholen.
- lernen, wie man Relativpronomen mit Präpositionen benutzt.
- mehr über den Gebrauch von Infinitivsätzen mit **zu** lernen.
- lesen, wie ein Brasilianer nach dem „typischen" Deutschen sucht.

Ist Deutschland wirklich
eine multikulturelle
Gesellschaft geworden?

In den Supermärkten
kauft man Produkte
aus aller Welt.

Gab es damals eine
„typisch" deutsche
Küche?

bin gelangweilt
habe Langweile

früher los gehen

Was heißt für Sie „deutsch"? In diesem Kapitel sehen Sie, was ausländische Einwohner von Deutschland und den Deutschen halten und wie Deutsche und Österreicher selbst ihre neue Gesellschaft finden.

I: Typisch deutsch?

In dieser Folge lernen Sie Ergün Çevik kennen, der schon lange in Deutschland lebt. Was heißt für ihn „deutsch"?

A Ergün erwähnt drei Eigenschaften, die ihm einfallen: Sauberkeit, Ordnung und Pünktlichkeit.

SCHRITT 1: Welche dieser drei Eigenschaften werden in den folgenden Aussagen dargestellt?

- O 1. „Bei Rot stehen, bei Grün gehen."
- P 2. „Wenn du eine Verabredung mit einem Deutschen hast, verspäte dich nie länger als fünf Minuten."
- S 3. „Samstag ist in Deutschland Putztag."
- O 4. „Damit sich alle an Regeln halten, ist alles beschildert."
- P 5. „Ein Terminkalender ist eine sehr wichtige Sache."
- 6. „Für mich zeigt sich in einem Schrebergarten die deutsche Seele."

SCHRITT 2: Wie finden Sie die „Regeln", die Ergün beschreibt? Gibt es solche Regeln auch bei Ihnen? Erklären Sie Ihre Antwort.

B Verkehrsschilder. Verbinden Sie die Beschreibung mit dem richtigen Verkehrsschild.

Ergün Çevik

WORTSCHATZ ZUM VIDEO

der Putztag	cleaning day
der Schrebergarten	small allotted garden
der Fahrplan	transit schedule
die Aufführung	performance
die Passkontrolle	passport control
die Flitterwochen	honeymoon

erwähnen: to mention
e Eigenschaft: characteristic
sich zeigen: exemplify

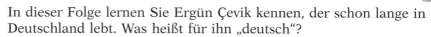

a.

b.

c.

d.

e.

f.

α 1. Das Tempolimit ist dreißig Kilometer pro Stunde.

f 2. Hier darf man Fahrrad fahren.

e 3. Fußgängerweg: Fahrradfahren verboten.

b 4. Parkplatz: Hier kann man das Auto parken.

c 5. Hier geht man über die Straße.

c 6. Das Ampelmännchen zeigt, dass man jetzt über die Straße gehen darf.

C Regeln und Ausnahmen

SCHRITT 1: Ergün spricht über Deutschland und die Deutschen. Welche Regeln erwähnt er? Er sagt: „In Deutschland sagt man auch, die Ausnahme bestätigt die Regel." Was meint er wohl mit diesem Satz? Welches Beispiel im Video illustriert diese Aussage?

SCHRITT 2: Welche Regeln sind in Ihrem Land wichtig? Arbeiten Sie mit einem Partner / einer Partnerin, und machen Sie eine Liste. Würden Sie auch sagen: „Die Ausnahme bestätigt die Regel"? Warum (nicht)? Geben Sie ein Beispiel.

Rote Ampel in Rechnung Richtiger Bahn sein

II: Vom Sauerkraut zur Pizza

In dieser Folge lernen Sie, was Ausländer zur Kultur in Deutschland und Österreich beigetragen haben. Inwiefern haben Minderheiten oder Einwanderer das Leben bei Ihnen bereichert?

A Die deutsche Küche. Welche Lebensmittel sind Ihrer Meinung nach „typisch deutsch"? Welche kommen wohl aus anderen Ländern?

1. Lammfleisch
2. Brathähnchen
3. Schnitzel
4. Zucchini
5. Bratwürste
6. Oliven
7. Schweinshaxe mit Knödeln
8. Knoblauch
9. Artischocken

B Persönliche Meinungen

Ausländische Arbeiter in den fünfziger Jahren.

SCHRITT 1: Aussagen. Drei Frauen sprechen über Ausländer und die multikulturelle Gesellschaft in Deutschland. Wer sagt was? Anja, Susanne oder Daniela?

D 1. „Die Ausländer nehmen Arbeiten an, die die Österreicher nicht annehmen würden."

A 2. „Wenn man heute in Berlin lebt und die vielen Ausländer sieht, die ausländische Restaurants eröffnen . . . denke ich, dass unser Leben nur reicher werden kann."

S 3. „Ich denke schon, dass Deutschland zu einer multikulturellen Gesellschaft geworden ist."

S 4. „Das ist ein schönes Gefühl für mich, wenn die Klassen international werden und wenn man viele Sprachen hört."

SCHRITT 2: Partnerarbeit. Wählen Sie drei von den Aussagen oben und besprechen Sie sie mit einem Partner / einer Partnerin.

1. Stimmen diese Aussagen auch in Ihrem Land? Wenn ja, inwiefern?
2. Was bedeutet eine multikulturelle Gesellschaft für diese drei Frauen? In welchen Bereichen wirken die Einflüsse am stärksten?

KULTURSPIEGEL

1973 erreichte die Ausländerbeschäftigung in Deutschland einen Höhepunkt von rund 2,6 Millionen Arbeitnehmern; 1996 gab es in Deutschland, vor allem in den alten Bundesländern, rund 2,1 Millionen. Arbeiter aus der Türkei, Italien, dem ehemaligen Jugoslawien und Griechenland stellen den größten Anteil dieser ausländischen Beschäftigten dar.

VOKABELN

[handwritten: Arzt / Termin machen]

die Essgewohnheit	*eating habit*
die Genauigkeit	*accuracy; exactness*
die Ordnung	*order*
die Pünktlichkeit	*promptness; punctuality*
die Regel	*rule*
die Sauberkeit	*cleanliness*
die Verabredung	*appointment; date*
die Verachtung	*contempt*
der Auswanderer	*emigrant*
der Einwanderer	*immigrant*
das Asyl	*political asylum*
das Bedürfnis	*necessity*
annehmen	*to accept, take on*
beachten	*to observe*
beitragen zu	*to contribute to*
darstellen	*to depict, portray; to present*
duzen	*to address someone with **du***
einfallen	*to come to mind*
einhalten	*to keep (an appointment)*
siezen	*to address someone with **Sie***
vereinbaren	*to arrange*
verfolgen	*to persecute*
sich verspäten	*to be late*
deutlich	*clear(ly)*
inzwischen	*in the meantime*

[handwritten: "be" verbs take D.O.]

Das Essen in Deutschland ist multikultureller geworden.

rechtlich	*legal(ly)*
unmittelbar	*direct(ly)*
unweigerlich	*inevitable; inevitably*

Sie wissen schon

die Ausländerfeindlichkeit, der Ausländer, beeinflussen

[handwritten: durch gehen = go through]

[handwritten box: Asyl 6 / inzwischen 2 / rechtlich 5 / Ausländer 1 / Verachtung 4 / beigetragen 8 / beeinflusst 9 / angenommen 3 / verfolgt 7]

Aktivitäten

A Ausländer in der Bundesrepublik. Ergänzen Sie die Sätze mit Wörtern aus dem Kasten.

Die fünfziger Jahren war eine Zeit des Wohlstands in Deutschland. 1950 gab es wenige _____[1] in der Bundesrepublik, aber _____[2] ist die Zahl der ausländischen Arbeiter in Deutschland enorm gestiegen. Die deutsche Wirtschaft brauchte dringend Arbeitskräfte. Viele junge Männer, besonders Türken und Griechen, kamen nach Deutschland, um zu arbeiten. Sie haben Arbeiten

[handwritten: beantragen: to ask for]

_____,³ die die Deutschen selbst nicht machen wollten. Deswegen wurden sie oft mit _____⁴ behandelt.

Obwohl man sie „Gastarbeiter" nannte, blieben viele von diesen Arbeitern ihr ganzes Leben in Deutschland. Obwohl die Kinder dieser Arbeiter in Deutschland geboren und aufgewachsen sind, werden sie _____⁵ als Bürger anderer Länder betrachtet.

In den vergangenen Jahren beantragten viele Flüchtlinge in Deutschland _____,⁶ weil sie in ihrer Heimat politisch _____⁷ wurden.

Ausländer haben zu den Kulturen der deutschsprachigen Länder viel _____.⁸ Auch haben ihre Essgewohnheiten die Küche stark _____.⁹ Jetzt können Österreicher und Deutsche Gerichte und Lebensmittel aus vielen anderen Ländern genießen.

B Definitionen. Wie kann man das anders sagen? Lesen Sie die Sätze links, und suchen Sie aus der rechten Spalte Synonyme für die kursiv gedruckten Wörter.

1. Das erste, was mir zu Deutschland einfällt, ist: Sauberkeit, Ordnung und *Pünktlichkeit.* a
2. Und diese *Genauigkeit,* Verkehrsschilder an einem solchen Ort. i
3. Die Schilder muss man unbedingt *beachten.* b
4. Die Fahrpläne werden *eingehalten.* c
5. Alles wird vorher *vereinbart,* zum Beispiel ein Friseurbesuch. h
6. Wenn du *eine Verabredung* mit einem Deutschen hast, *verspäte dich nie.* e
7. Die ausländische Küche hat auch *die Essgewohnheiten* der Deutschen verändert. g
8. Hätten Sie etwas dagegen, mich *zu siezen?* f

a. die genaue Einhaltung eines Termins
b. Acht geben
c. geplant, auf einem Stundenplan aufgeschrieben
d. genau geregelt
e. komm nie spät an
f. mit „Sie" anzureden
g. das traditionelle Essen
h. einen Termin, ein Meeting
i. Exaktheit

C Ausländer und Einwanderer

SCHRITT 1: Meinungen. Lesen Sie, was Anja zum Thema Ausländerfeindlichkeit sagt.

ANJA: Die Gründe für die Ausländerfeindlichkeit in Deutschland sehe ich vorrangig in der Nichtakzeptanz, der rechtlichen Nichtakzeptanz von Ausländern. Es kann nicht sein, dass ein Ausländer in Deutschland wohnt, sogar dort geboren ist, und gar kein Ausländer ist, doch aber den Status eines Ausländers hat. Man kann nicht dreißig Jahre in Deutschland wohnen und nicht das Recht haben, zu wählen, oder andere Rechte, die die Deutschen haben.

SCHRITT 2: Und in Ihrem Land? Arbeiten Sie mit einem Partner / einer Partnerin, und versuchen Sie, die Situation in Deutschland mit der Situation in Ihrem Land zu vergleichen. Denken Sie an die folgenden Fragen.

1. Wie bekommt man die Staatsbürgerschaft in Ihrem Land?
2. Woher kommen die meisten Ausländer bei Ihnen? Aus welchen Gründen wandern sie ein? Welche Arbeiten nehmen sie an?
3. Was bedeutet „rechtliche Nichtakzeptanz"?

Anja und Grace diskutieren über Ausländerfeindlichkeit.

KULTURSPIEGEL

Während der Nazizeit mussten viele Deutsche ihre Heimat verlassen und im Ausland Asyl suchen. Nach dem Krieg hatte man im deutschen Grundgesetz das Recht auf Asyl festgelegt. „Politisch Verfolgte genießen Asylrecht": So steht es in Artikel 16a des Grundgesetzes. In den Jahren 1989 bis 1992 kamen besonders viele Asylbewerber nach Deutschland (1992: 438 191 Menschen), die Hälfte davon aus Rumänien und dem ehemaligen Jugoslawien.

STRUKTUREN

RELATIVE CLAUSES I
DESCRIBING PEOPLE AND THINGS

Relative clauses add information about a person, place, or thing. In German, the relative pronoun is essential to the relative clause and cannot be omitted, unlike in English.

> Die Frage, **die** Sie gestellt haben, ist sehr interessant.
>
> *The question (that) you asked is very interesting.*

Note that the relative clause usually follows the noun it describes and that commas separate it from the rest of the sentence. Note also that the relative pronoun agrees in gender and number with the noun it describes, but takes the case of its function within the relative clause.

> Der Lehrer, **den** du gerade gesehen hast, ist bei seinen Studenten beliebt.
>
> *The teacher (whom) you just saw is popular with his students.*

In the preceding example, the relative pronoun is masculine and singular to agree with the noun, **der Lehrer.** However, it is in the accusative case, because it functions as the direct object of the verb within the relative clause (**du hast *den Lehrer* gerade gesehen**). As with all dependent clauses, the conjugated verb appears at the end of the relative clause (**den du gerade gesehen *hast***).

The forms of the relative pronouns are the same as those of the definite article **die, der, das,** except in the dative plural and all forms of the genitive. These forms have an extra **-en: denen, deren, dessen, dessen, deren.**

	FEMININE	MASCULINE	NEUTER	PLURAL
NOMINATIVE	die	der	das	die
ACCUSATIVE	die	den	das	die
DATIVE	der	dem	dem	**denen**
GENITIVE	**deren**	**dessen**	**dessen**	**deren**

Handwritten margin notes: Bezugswort, Kasus, Relativsatz, Subjekt, Prädikatsnomen

Übungen

A Typisch deutsch? Ein Mann schreibt einen Zeitungsartikel über die Deutschen. Er will „typische Deutsche" finden. Suchen Sie in jedem Satz das Relativpronomen, und schreiben Sie das Genus (Feminin, Maskulin, Neutrum), den Numerus (Einzahl oder Mehrzahl) und den Kasus (Nominativ, Akkusativ, Dativ oder Genitiv) des Relativpronomens auf.

MODELL: Der Mann schreibt für eine Zeitung, die sehr berühmt ist.

RELATIVPRONOMEN	GENUS	NUMERUS	KASUS
die	Feminin	Einzahl	Nominativ

Zeigen diese Schrebergärten „typisch" deutsche Eigenschaften?

1. Der Mann sucht Menschen, die typisch deutsch sind. *F/E/N*
2. Er reist mit einem Zug, der direkt von Berlin nach München fährt. *M/E/N*
3. Er kommt in München an und übernachtet in einem Hotel, das sehr alt ist. *N/E/N*
4. Im Hotel lernt er einige Menschen kennen, die er untypisch findet. *Pl/M/A*
5. Er muss Menschen finden, deren Eigenschaften typisch deutsch sind. *Pl/M/G*
6. Der Mann spricht mit seinem Freund Dieter, den er für einen typischen Deutschen hält. *M/E/A*
7. Dieter spricht mit diesem Mann, dem er helfen will. *M/E/D*
8. Der Mann, dessen Namen in Italien gut bekannt ist, dankt seinem Freund Dieter für die Informationen. *M/E/G*

B Transport und Reisen. Hier sind einige Definitionen. Ergänzen Sie die fehlenden Relativpronomen.

1. Ein Pkw ist ein Fahrzeug, _das_ man privat besitzt.
2. Flugreisende sind Menschen, _die_ mit dem Flugzeug fliegen.
3. Ein ICE ist ein sehr schneller Zug, _der_ bis zu 280 Kilometer in der Stunde fahren kann.
4. Eine Radlerin ist eine Frau, _die_ Rad fährt.
5. Ein Führerschein ist eine Lizenz, _die_ man zum Fahren braucht.
6. Ein Zollbeamter ist ein Mann, _dem_ Touristen ihre Reisepässe zeigen müssen.
7. Ein Reisepass ist ein Pass, _das_ man auf Auslandsreisen mitnehmen muss.
8. Ein Mofa ist ein Motorrad, _dessen_ Motor sehr klein ist.

*Diese sind die ?
Probleme, darüber
wir gesprochen
haben.*

RELATIVE CLAUSES II
USING PREPOSITIONS WITH RELATIVE CLAUSES

A relative pronoun may also function as the object of a preposition in a relative clause. As always, the number and gender of the relative pronoun agrees with the noun; and the case of the relative pronoun is that required by the preposition within the clause.

Ich wohne **in einer Stadt.** Sie ist sehr schön.	*I live in a city. It is very beautiful.*
Wir fahren **an den Strand.** Der Strand ist einer der schönsten hier.	*We're going to the beach. The beach is one of the nicest ones here.*
Die Stadt, **in der** ich wohne, ist sehr schön.	*The city I live in is very beautiful. / The city, in which I live, is very beautiful.*
Der Strand, **an den** wir fahren, ist einer der schönsten hier.	*The beach we're going to is one of the nicest ones here. / The beach, to which we're going, is one of the nicest ones here.*

Note that in German the preposition immediately precedes the relative pronoun at the beginning of the relative clause.

A relative clause begins with a **wo-**compound when it describes an indefinite thing or place.

Das ist etwas, **worauf** ich mich seit langem gefreut habe.	*That is something (that) I have looked forward to for a long time.*
Eines Tages werde ich auf einer tropischen Insel leben, **wovon** ich immer geträumt habe.	*One day I'll live on a tropical island, which is something I've always dreamed about.*

Note that in the first example, the relative clause refers to the word **etwas;** in the second example, the relative clause refers to the entire idea expressed in the preceding clause.

KURZ NOTIERT

Recall that **da-** and **wo-** compounds include an **-r-** before prepositions that begin with a vowel.

Ich freue mich **darauf.**
Worauf freust du dich?

Übungen

A Ausländerfeindlichkeit und Politik. Ergänzen Sie die Sätze mit den Wörtern im Kasten.

1. Die Ausländerfeindlichkeit ist ein Thema, <u>mit dem</u> wir uns alle beschäftigen.
2. Wir wohnen in einer Gesellschaft, <u>in der</u> sich viele benachteiligt fühlen.
3. Eine Lösung, <u>mit der</u> jeder einverstanden sein würde, gibt es wohl nicht.
4. Eine Änderung des Asylgesetzes, <u>auf die</u> viele Bürger warten, ist im Moment politisch nicht möglich.
5. Andere meinen, dass die Probleme, <u>von denen</u> so viel geschrieben wird, übertrieben sind.
6. In der Zukunft, <u>von der</u> wir träumen, braucht kein Mensch Angst vor Gewalt zu haben.

> mit der   auf die
> von denen
> in der
> mit dem
> von der

B Ihre Freundin Anja erzählt von ihrer Reise nach Rügen. Sie wollen wissen, wie die Orte, in denen Anja war, genau heißen. Bilden Sie Fragen mit Relativsätzen.

MODELL: Ich habe *in einem billigen Hotel* gewohnt. →
Wie heißt das Hotel, in dem du gewohnt hast?

1. Ich bin *an einen tollen Strand* gegangen. Wie heißt der Strand,
2. Ich bin *auf eine kleine Insel* gefahren. die kleine Insel auf die an dem
3. Ich bin *mit einem Zug* nach Sassnitz gefahren. Wie heißt der Zug mit dem
4. Ich habe da *in einer Jugendherberge* übernachtet. die Jugendherberge
5. Ich habe *in einem gemütlichen Restaurant* gegessen. das Restaurant, in der
6. Ich habe *mit netten Menschen* geredet. die netten Menschen, in der
7. Ich bin *in den alten Dörfern* spazieren gegangen. die alten Dörfern, mit denen denen

Auf der Insel Rügen.

C Eine multikulturelle Gesellschaft? Die Personen im Video sagen, was für sie eine multikulturelle Gesellschaft bedeutet. Ergänzen Sie die Sätze mit **wo**-Verbindungen.

1. SUSANNE: Sprachen sind etwas, <u>wofür</u> ich mich immer interessiert habe.
2. DANIELA: Die ausländischen Theater- und Musikaufführungen sind etwas, <u>worauf</u> ich mich sehr freue.
3. GRACE: Die negativen Einstellungen zu Ausländern sind etwas, <u>worüber</u> ich mich ärgere.
4. KLAUS: Die Integration von Ausländern in der Gesellschaft ist etwas, <u>womit</u> ich mich schon lange beschäftigt habe.
5. ANJA: Die menschliche und rechtliche Akzeptanz von Ausländern ist etwas, <u>wovon</u> ich immer geträumt habe.

INFINITIVE CLAUSES WITH ZU
STATING GOALS AND INTENTIONS

You have learned to use modal verbs with infinitives.

Wir **müssen** eine Lösung finden.	*We have to find a solution.*
Ausländer **wollen** mehr soziale Rechte haben.	*Foreigners want to have more social rights.*

As you recall, verbs other than the modal auxiliaries may also take infinitives. However, these infinitives occur in phrases or clauses with the word **zu.**

Ich **hoffe,** nächstes Jahr in die Schweiz **zu reisen.**	*I hope to travel to Switzerland next year.*
Meine Freundin **hilft** mir, Informationen über die Schweiz **zu finden.**	*My girlfriend is helping me find information about Switzerland.*

The verbs **brauchen** and **scheinen** frequently appear with **zu** plus an infinitive. **Brauchen** can replace **müssen** in a sentence with a negative meaning.

Hier **braucht** man keine Angst **zu** haben.	*One doesn't have to be afraid of anything here.*
Nichts **scheint** typisch deutsch **zu** sein.	*Nothing seems to be typically German.*

The combination **zu** plus infinitive may occur in a phrase by itself or in a clause that begins with a preposition such as **(an)statt, ohne,** or **um.** A comma generally sets off clauses that include more words than just **zu** plus infinitive.

Wir finden es schön **zu reisen.**	*We find it nice to travel.*
Wir fahren nach München, **anstatt in Berlin zu bleiben.**	*We're going to Munich instead of staying in Berlin.*
Wir möchten viel erfahren, **ohne viel Geld auszugeben.**	*We want to experience a lot without spending a lot of money.*
Wir versuchen alles Mögliche, **um billige Zugfahrkarten zu finden.**	*We're trying everything possible in order to find cheap train tickets.*

As you have learned, certain verbs often appear in combination with a preposition: **sich beschweren über, denken an, sich engagieren für, sich erinnern an, sich interessieren für, reagieren auf, warten auf, sich wundern über.** An infinitive clause frequently follows the combination of a verb with an "anticipatory" **da**-compound. In such instances, the infinitive clause describes the situation that the **da**-compound anticipates.

Er wartet **darauf,** einen typischen Deutschen kennen zu lernen.

He is waiting to get to know a typical German.

Such anticipatory **da**-compounds have no corresponding forms in English.

Übungen

A Was sind die Gründe dafür? Sagen Sie, warum diese Leute die folgenden Sachen machen. Benutzen Sie dabei **um . . . zu . . .**

MODELL: Heinrich geht jeden Tag zum Sport. Er will sich fit halten. →
Heinrich geht jeden Tag zum Sport, um sich fit zu halten.

1. Erika spart. Sie will ein neues Auto kaufen.
2. Richard räumt sein Zimmer auf. Er will seine Armbanduhr finden.
3. Stefan fährt mit der U-Bahn. Er will den dichten Autoverkehr vermeiden.
4. Peter liest die Kontaktanzeigen. Er will eine Freundin finden.
5. Claudia kauft eine Kinokarte. Sie will den neuen Film sehen.

B In der Freizeit. Alle müssen entscheiden, was sie in ihrer Freizeit machen wollen oder können. Bilden Sie Sätze mit dem Ausdruck **(an)statt . . . zu . . .**

MODELL: Susanne hilft dem Professor. Sie geht abends nicht aus. →
Susanne hilft dem Professor, anstatt abends auszugehen.

1. Grace geht abends ins Theater. Sie besucht keine Freunde.
2. Anja fährt nach Spanien. Sie bleibt nicht in Berlin.
3. Der Professor kocht zu Hause. Er geht nicht ins Restaurant.
4. Daniela macht Urlaub in Österreich. Sie reist nicht ins Ausland.
5. Gürkan macht abends einen Sprachkurs. Er bleibt nicht zu Hause.
6. Klaus beschäftigt sich mit seiner Arbeit. Er ruht sich nicht aus.

PERSPEKTIVEN

HÖREN SIE ZU!
AUSLÄNDISCHE STUDENTEN ZU GAST IN WÜRZBURG

Sie hören ein kurzes Interview mit zwei ausländischen Studenten in Würzburg.

A Sarah und Magnus. Welche Informationen erhalten die Zuhörer? Beantworten Sie die folgenden Fragen.

1. Woher kommen Sarah und Magnus? Was studieren sie in Würzburg?
2. Arbeiten die beiden auch an der Universität?
3. Welche Fremdsprachen lernt man in den Heimatländern der beiden Studenten? Geben Sie Gründe für diese Sprachwahl an.
4. Ist den beiden Sport in ihrer Freizeit wichtig? Erklären Sie Ihre Antwort.
5. Welche schwedischen Feste feiert Magnus mit seinen Kommilitonen?
6. Warum studieren die beiden in Würzburg?

B Das Auslandsstudium. Haben Sie schon im Ausland studiert? Welche Vor- oder Nachteile kann ein Auslandsstudium mit sich bringen? Was meinen Sie?

Die Residenz in Würzburg. Hier finden Vorlesungen der Julius-Maximilians-Universität statt.

ORTSCHATZ ZUM HÖRTEXT

außerdem	additionally
zweisprachig	bilingual
der Austauschstudent	exchange student
das Fest der Heiligen Lucia	festival of St. Lucia (a Swedish holiday)
abbrechen	to break off

LANDESKUNDE IN KÜRZE
DIE KOPFTUCH-ENTSCHEIDUNG

Ausländer und Einwanderer brachten natürlich ihre Lebensgewohnheiten und Traditionen mit nach Deutschland. Was aber, wenn diese Traditionen als negativ bewertet werden? Ein Beispiel hierfür ist das Kopftuch, das Musliminnen aus religiösen Gründen tragen.

Die deutsche Muslimin Fereshta Ludin darf nicht in den staatlichen Schuldienst, weil sie auch im Unterricht ihr Kopftuch tragen will. Dies hat die Kultusbehörde in Baden-Württemberg entschieden. Zur Begründung hieß es, im Islam sei das Kopftuch Zeichen kultureller Abgrenzung und
5 habe damit auch politische Symbolwirkung. Folglich könne die 25-Jährige nicht in wünschensweitem Maß Vorbild für die Kinder sein. Vertreter der Parteien äußerten Verständnis für die Entscheidung. Die Pädagogin möchte dagegen vorgehen.

WORTSCHATZ ZUM LESEN

das Kopftuch	head scarf
die Kultusbehörde	state education agency
die Begründung	justification
die Abgrenzung	marginalization
das Verständnis	understanding, agreement
vorgehen	to appeal

A Was stimmt? Wenn ein Satz nicht stimmt, korrigieren Sie ihn mit der richtigen Information.

	DAS STIMMT.	DAS STIMMT NICHT.
1. Fereshta Ludin ist Lehrerin.	☐	☐
2. Sie darf ihr Kopftuch nicht auf der Straße tragen.	☐	☐
3. Frau Ludin betrachtet das Kopftuch als Zeichen kultureller Abgrenzung.	☐	☐
4. Die Behörden finden, dass das Kopftuch ein negatives Vorbild für die Kinder ist.	☐	☐
5. Vertreter der politischen Parteien sprachen sich gegen die Entscheidung der Kultusbehörde aus.	☐	☐
6. Frau Ludin ist mit der Entscheidung zufrieden.	☐	☐

B Partnerarbeit. Stellen Sie sich vor, Sie arbeiten bei der Kultusbehörde in Baden-Württemberg. Arbeiten Sie mit einem Partner / einer Partnerin, und machen Sie Argumente pro und kontra diese Entscheidung.

1. Frau Ludin darf ihr Kopftuch im Klassenzimmer tragen, weil . . .
2. Frau Ludin darf ihr Kopftuch nicht im Klassenzimmer tragen, weil . . .

Das Kopftuch—ein frauenfeindliches Symbol?

C Es wurde oft von deutschen Politikern behauptet, die Bundesrepublik Deutschland sei „kein Einwanderungsland".

1. Was bedeutet diese Aussage, Ihrer Meinung nach?
2. Wie definieren Sie ein Einwanderungsland?
3. Sollen Einwanderer sich an eine neue Kultur anpassen, und Ihre Bräuche und Traditionen aufgeben?
4. Gibt es Bräuche und Traditionen, die die Bürger stören konnten, oder solche, die eine Gefahr sein könnten?

KULTURSPIEGEL

Viele Universitäten haben eine oder mehrere Partneruniversitäten im Ausland. Oft erhalten Studenten, die an einem Austauschprogramm zwischen Partneruniversitäten teilnehmen, finanzielle oder andere Unterstützung durch das Austauschprogramm.

LESEN SIE!

Zum Thema

A Was ist typisch? Oft erwarten wir von Menschen aus anderen
Ländern ein anderes Verhalten als unseres, ein anderes Aussehen,
andere Kleidung und andere Sitten. Nennen Sie Beispiele Ihrer
stereotypischen Erwartungen. Entscheiden Sie zusammen mit Ihren
Mitstudenten/Mitstudentinnen, welche dieser Gedanken am häufigsten
gehört werden.

B Was ist typisch oder stereotypisch deutsch? Welche Wörter und
Ausdrücke fallen Ihnen zu den folgenden Themen ein? Machen
Sie eine zusätzliche Liste mit anderen Eigenschaften und
Verhaltensweisen, die für Sie typisch deutsch sind.

1. Essen
2. Frisur
3. Kleidung

4. Musik
5. Feiern
6. Reisen

**In den fünfziger Jahren kamen
viele ausländische Arbeiter nach
Deutschland.**

Die Suche nach den Deutschen

Am Anfang schien es leicht. Schließlich sind wir in Deutschland, und
einen Deutschen zu treffen sollte nicht schwer sein, wir hatten sogar
gedacht, wir würden schon eine ganze Reihe kennen. Jetzt nicht mehr.
Jetzt wissen wir, daß das so einfach nicht ist, und ich habe gewisse
5 Befürchtungen, daß wir nach Brasilien zurückkehren, ohne einen
einzigen Deutschen gesehen zu haben. Das habe ich zufällig entdeckt,
als ich mit meinem Freund Dieter sprach, den ich für einen Deutschen
gehalten hatte.

„Jetzt bin ich doch wahrhaftig schon ein Jahr in Deutschland, wie die
10 Zeit vergeht", sagte ich, als wir in einer Kneipe am Savignyplatz ein
Bierchen tranken.

„Ja", sagte er. „Die Zeit vergeht schnell, und du hast Deutschland nun
gar nicht kennengelernt."

„Was heißt das, nicht kennengelernt? Ich bin doch die ganze Zeit über
15 kaum fort gewesen."

„Na eben. Berlin ist nicht Deutschland. Das hier hat mit dem
wirklichen Deutschland überhaupt nichts zu tun."

„Darauf war ich nicht gefaßt. Wenn Berlin nicht Deutschland ist, dann
weiß ich nicht mehr, was ich denken soll, dann ist alles, was ich bis
20 heute über Deutschland gelernt habe, falsch."

„Glaubst du etwa, daß eine Stadt wie Berlin, voller Menschen aus aller Herren Länder, wo nichts so schwierig ist, wie ein Restaurant zu finden, das nicht italienisch, jugoslawisch, chinesisch oder griechisch ist— alles, nur nicht deutsch—, und wo das Mittagessen für neunzig Prozent
25 der Bevölkerung aus Döner Kebab besteht, wo du dein ganzes Leben zubringen kannst, ohne ein einziges Wort Deutsch zu sprechen, wo alle sich wie Verrückte anziehen und mit Frisuren herumlaufen, die aussehen wie ein Modell der Berliner Philharmonie, da glaubst du, das sei Deutschland?"

30 „Na ja, also ich dachte immer, ist doch so, oder? Schließlich ist Berlin . . ."

„Da irrst du dich aber gewaltig. Berlin ist nicht Deutschland. Deutschland, das ist zum Beispiel die Gegend, aus der ich komme."

„Vielleicht hast du recht. Schließlich bist du Deutscher und mußt
35 wissen, wovon du redest."

„Ich bin kein Deutscher."

„Wie bitte? Entweder bin ich verrückt, oder du machst mich erst verrückt. Hast du nicht gerade gesagt, du seist in einer wirklich deutschen Gegend geboren?"

40 „Ja, aber das will in diesem Fall nichts heißen. Die Gegend ist deutsch, aber ich fühle mich nicht als Deutscher. Ich finde, die Deutschen sind ein düsteres, unbeholfenes, verschlossenes Volk . . . Nein, ich bin kein Deutscher, ich identifiziere mich viel mehr mit Völkern wie deinem, das sind fröhliche, entspannte, lachende Menschen, die offen sind . . .
45 Nein, ich bin kein Deutscher."

„Also laß mal gut sein, Dieter, natürlich bist du Deutscher, bist in Deutschland geboren, siehst aus wie ein Deutscher, deine Muttersprache ist Deutsch . . ."

„Meine Sprache ist nicht Deutsch. Ich spreche zwar deutsch, aber in
50 Wahrheit ist meine Muttersprache der Dialekt aus meiner Heimat, der ähnelt dem Deutschen, ist aber keins.

Obwohl ich jahrelang hier wohne, fühle ich mich wohler, wenn ich meinen Dialekt spreche, das ist viel unmittelbarer. Und wenn ich zu Hause nicht den Dialekt unserer Heimat spreche, dann versteht meine
55 Großmutter kein Wort."

„Halt mal, du bringst mich ja völlig durcheinander. Erst sagst du, deine Heimat sei wirklich deutsch, und jetzt sagst du, dort spricht man nicht die Sprache Deutschlands. Das verstehe ich nicht."

„Ganz einfach. Was du die Sprache Deutschlands nennst, ist
60 Hochdeutsch, und das gibt es nicht, es ist eine Erfindung, etwas Abstraktes. Niemand spricht Hochdeutsch, nur im Fernsehen und in den Kursen vom Goethe-Institut, alles gelogen. Der wirkliche Deutsche spricht zu Hause kein Hochdeutsch, die ganze Familie würde denken, er sei

KULTURSPIEGEL

João Ubaldo Ribeiro wurde 1941 in Brasilien geboren. 1991 verbrachte er ein Jahr in Berlin und schrieb für die „Frankfurter Rundschau" diese humorvollen Kolumnen über seine Eindrücke und Erlebnisse. Weitere dieser amüsanten Aufsätze erschienen in „Ein Brasilianer in Berlin". Seit 1991 lebt er in Rio de Janeiro.

verrückt geworden. Nicht einmal die Regierenden sprechen
65 Hochdeutsch, ganz im Gegenteil, du brauchst dir nur ein paar Reden
anzuhören. Es wird immer deutlicher, daß du die Deutschen wirklich
nicht kennst."

Nach dieser Entdeckung unternahmen wir verschiedene Versuche,
einen Deutschen kennenzulernen, aber alle, auch wenn wir uns noch so
70 anstrengten, schlugen unweigerlich fehl. Unter unseren Freunden in
Berlin gibt es nicht einen einzigen Deutschen. In Zahlen ausgedrückt ist
das etwa so: 40% halten sich für Berliner und meinen, die Deutschen
seien ein exotisches Volk, das weit weg wohnt; 30% fühlen sich durch die
Frage beleidigt und wollen wissen, ob wir auf irgend etwas anspielen,
75 und rufen zu einer Versammlung gegen den Nationalismus auf; 15% sind
Ex-Ossis, die sich nicht daran gewöhnen können, daß sie keine Ossis
mehr sein sollen; und die restlichen 15% fühlen sich nicht als Deutsche,
dieses düstere, unbeholfene, verschlossene Volk usw. usw.

Da uns hier nicht mehr viel Zeit bleibt, wird es langsam ernst. Wir
80 beschlossen also, bescheiden in einige Reisen zu investieren. Zunächst
wählten wir München und freuten uns schon alle über die Aussicht,
endlich einige Deutsche kennenzulernen, als Dieter uns besuchte und
uns voller Verachtung erklärte, in München würden wir keine Deutschen
finden, sondern Bayern—eine Sache sei Deutschland, eine andere
85 Bayern, es gebe keine größeren Unterschiede auf dieser Welt. Leicht
enttäuscht fuhren wir dennoch hin, es gefiel uns sehr, aber wir kamen
mit diesem dummen Eindruck zurück, daß wir Deutschland nicht
gesehen hatten—es ist nicht leicht, das zu bewerkstelligen. Noch weiß
ich nicht recht, wie ich der Schande entgehen kann, daß wir nach
90 unserer Rückkehr aus Deutschland in Brasilien gestehen müssen, wir
hätten Deutschland nicht kennengelernt. Eins ist jedoch sicher: Ich werde
mich beim DAAD wegen falscher Versprechungen beschweren und
deutlich machen, daß sie mich beim nächsten Mal gefälligst nach
Deutschland bringen sollen, sonst sind wir geschiedene Leute.

João Ubaldo Ribeiro (1941–   )

Zum Text

A Ein Brasilianer in Deutschland. Beantworten Sie die Fragen.

1. Warum denkt der Erzähler, dass sie „nach Brasilien zurückkehren
   werden, ohne einen einzigen Deutschen gesehen zu haben"?
2. Wie erklärt Dieter seine Aussage, dass Berlin nicht Deutschland
   sei? dass er kein Deutscher sei?
3. Wie werden die Deutschen in diesem Text beschrieben?

B Briefwechsel. Was hat der Brasilianer von seinen Aufenthalt in Deutschland erwartet? Waren diese Erwartungen realistisch oder unrealistisch? Warum war er am Ende des Aufenthalts enttäuscht? Was will er nämlich vom DAAD?

1. Schreiben Sie den Brief des Erzählers an den DAAD, in dem er sich über die „falschen Versprechungen" beschwert.
2. Ist die Beschwerde des Erzählers begründet oder unbegründet? Hat er wirklich keine Deutschen kennen gelernt? Schreiben Sie den Antwortbrief der Institution.

Zur Interpretation

A Nationalität. Warum sagt man, dass eine Person eine Nationalität (Deutscher, Amerikaner, Kanadier, Mexikaner und so weiter) hat? Was muss man haben, um zu einer gewissen Nationalität zu gehören?

	DAS STIMMT.	DAS STIMMT NICHT.
Man gehört zu einer gewissen Nationalgruppe,		
1. wenn man einen Pass des Landes hat.	☐	☐
2. wenn man sich mit dem Land, der Politik oder dem Volk identifiziert?	☐	☐
3. wenn man die Sprache dieses Landes ohne Akzent spricht.	☐	☐
4. wenn man dort geboren ist.	☐	☐
5. wenn man mindestens einen Dialekt des Landes spricht.	☐	☐
6. wenn man die Kultur versteht.	☐	☐
7. wenn man die Ironie des Landes versteht.	☐	☐

B Reaktionen. Diskutieren Sie den folgenden Textauszug.

„Dreißig Prozent fühlen sich durch die Frage beleidigt und wollen wissen, ob wir auf irgend etwas anspielen, und rufen zu einer Versammlung gegen den Nationalismus auf."

1. Auf welche Frage haben die Leute vielleicht so reagiert?
2. Warum rufen die Befragten zu einer „Versammlung gegen den Nationalismus auf"?

KULTURSPIEGEL

DAAD ist eine Kurzform für den Deutschen Akademischen Austauschdienst. Das ist eine Institution, die deutsche Studenten und Akademiker im Ausland und umgekehrt, ausländische Studenten und Akademiker in Deutschland, finanziell unterstützt und akademisch betreut.

TIPP ZUM SCHREIBEN

Erinnern Sie sich an die Regeln der indirekten Rede. Wenn Sie einem Dritten von einem Dialog berichten, sollten Sie die Aussagen der Personen im Konjunktiv I schreiben. Besonders dann, wenn Sie betonen wollen, dass Sie den Aussagen vielleicht gar keinen Glauben schenken, oder wenn Sie nicht wissen, ob die Dialogpartner die Wahrheit gesagt haben.

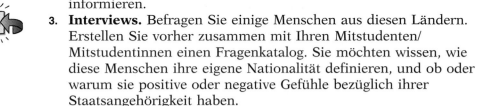

KULTURPROJEKT
NATIONALITÄT

1. **Länder.** Machen Sie sich eine Liste von Ländern, die Sie schon besucht haben, deren Sprache Sie schon studiert haben oder in denen Sie vielleicht Verwandte haben.

2. **Staatsangehörigkeit.** Sammeln Sie Informationen zu den derzeitigen Gesetzen dieser Länder: Wie bekommt man die Staatsangehörigkeit dieser Länder? Dazu können Sie sich bei Botschaften, Konsulaten und natürlich auch im Internet informieren.

3. **Interviews.** Befragen Sie einige Menschen aus diesen Ländern. Erstellen Sie vorher zusammen mit Ihren Mitstudenten/ Mitstudentinnen einen Fragenkatalog. Sie möchten wissen, wie diese Menschen ihre eigene Nationalität definieren, und ob oder warum sie positive oder negative Gefühle bezüglich ihrer Staatsangehörigkeit haben.

   Einige Beispiele für mögliche Fragen sind:
   - Wo sind Sie geboren?
   - Sind Dialekte in Ihrem Land wichtig?
   - Ist Ihr Land ein offizielles Einwanderungsland?
   - Was halten Sie von Einwanderern?

4. **Ergebnisse.** Stellen Sie Ihre Ergebnisse Ihren Kollegen und Kolleginnen vor. Die Vorstellung kann durch Bilder und Collagen erfolgen, als kleine humorvolle Kolumne (so wie im Text „Die Suche nach den Deutschen"), Audio-oder Videovorstellungen oder durch ein live vorgespieltes kleines Theaterstück.

WORTSCHATZ

Substantive / Nouns

die **Arbeitskraft**, ⸚e	labor force
die **Ausnahme**, -n	exception
die **Befürchtung**, -en	fear
die **Essgewohnheit**, -en	eating habit
die **Genauigkeit**	accuracy; exactness
die **Nichtakzeptanz**	nonacceptance
die **Ordnung**	order
die **Pünktlichkeit**	promptness, punctuality
die **Regel**, -n	rule
die **Sauberkeit**	cleanliness
die **Verabredung**, -en	appointment; date
die **Verachtung**	contempt
die **Versprechung**, -en	promise
der **Akzent**, -e	accent
der **Ärger**	annoyance; anger
der **Auswanderer**, -	emigrant
der **Eindruck**, ⸚e	impression
der **Einwanderer**, -	immigrant
das **Asyl**	political asylum
das **Bedürfnis**, -se	necessity
das **Gericht**, -e	meal; dish

Verben / Verbs

an•nehmen (nimmt an), nahm an, angenommen	to accept, take on
beachten	to observe
bei•tragen zu (trägt bei), trug bei, beigetragen	to contribute to
bestätigen	to prove
dar•stellen	to depict, portray; to present
duzen	to address someone with **du**
ein•fallen (fällt ein), fiel ein, ist eingefallen	to come to mind

einhalten (hält ein), hielt ein, eingehalten	to keep (*an appointment*)
sich entfernen	to remove oneself
gestehen, gestand, gestanden	to admit
sich halten an (+ *acc.*) (hält), hielt, gehalten	to keep to, stick to/with
siezen	to address someone with **Sie**
vereinbaren	to arrange
verfolgen	to persecute
sich verspäten	to be late
willkommen heißen, hieß, geheißen	to welcome

Adjektive und Adverbien / Adjectives and adverbs

aufgeschlossen	open-minded, receptive
beschildert	labeled
deutlich	clear(ly)
dringend	desperately
gewaltig	powerful(ly); tremendous(ly)
inzwischen	in the meantime
multikulturell	multicultural
rechtlich	legal(ly)
unmittelbar	direct(ly)
unvoreingenommen	unbiased
unweigerlich	inevitable; inevitably

Sie wissen schon / You already know

die **Ausländerfeindlichkeit**	xenophobia
der **Ausländer**, - / die **Ausländerin**, -nen	foreigner
der **Schritt**, -e	step
beeinflussen	to influence
unbedingt	absolutely

DER UMWELT ZULIEBE

In diesem Kapitel

- lernen Sie, wie sich das Umweltbewusstsein in Deutschland entwickelt hat.
- sehen Sie, wie eine Familie in Hamburg umweltfreundlich lebt.
- besprechen Sie, was man alles für die Umwelt tun kann.

Sie werden auch

- den Gebrauch des Passivs wiederholen.
- das Futur mit **werden** wiederholen.
- etwas über einen Mann mit einem ungewöhnlichen Talent lesen.

Industrielles Wachstum führte zu einer Verschmutzung der Umwelt.

Die Menschen in dieser Siedlung nehmen viel Rücksicht auf die Umwelt.

Altglas und Altpapier kann man zur Sammelstelle bringen.

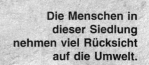

VIDEOTHEK

Früher hat man nicht so viel Rücksicht auf die Natur genommen wie heute. Was assoziieren Sie mit dem Wort „Umwelt"? Wie wird die Umwelt bei Ihnen geschützt?

I: Auf Kosten der Umwelt

A Deutschland als Industrieland. Das industrielle Wachstum nach dem Zweiten Weltkrieg führte zu einer starken Verschmutzung der Umwelt. Welcher Satz beschreibt welches Bild?

Damals war das industrielle Wachstum ein wichtigeres Ziel als Umweltschutz.

a.

b.

c.

d.

e.

f.

WORTSCHATZ ZUM VIDEO

gelungen	successful
die Ökowelle	ecology movement
der Rand	edge
die Solaranlage	solar panel
die Neonröhre	neon tube

d 1. „Verkehr in den Städten wurde zum Problem."
e 2. „Das sogenannte Waldsterben alarmierte die Menschen."
b 3. „Sie demonstrierten gegen die Verschmuztung des Wassers."
f 4. „Fabriken müssen den Rauch filtern."
a 5. „Energie wird jetzt umweltfreundlicher produziert."
c 6. „Immer mehr Menschen tun etwas für den Umweltschutz."

B Persönliche Meinungen. Wer sagt das, Anja, Tobias oder Susanne?

	ANJA	TOBIAS	SUSANNE
1. „Ich finde es gut, dass wenig chemische Rohstoffe verwendet werden."	☒	☐	☐
2. „Es gab nur mal eine Aktion, dass wir nicht mehr Einweggeschirr am Kiosk haben wollten."	☐	☐	☒

	ANJA	TOBIAS	SUSANNE
3. „Die Ökobewegung in Deutschland ist viel zu extrem und zu schnell."	☐	☒	☐
4. „Da haben wir schon ein bisschen was geleistet."	☐	☐	☒
5. „Wenn es zum Essen kommt, muss ich sagen, dass ich der Ökowelle nicht angehöre."	☒	☐	☐

II: Umweltschutz zu Hause

A Eine umweltfreundliche Siedlung. Verbinden Sie die Satzteile.

1. Die Häuser hat man so gebaut *d*
2. Mit Solaranlagen *e*
3. Dächer aus Gras *h*
4. Die Fußböden aus Holz *g*
5. Die ökologische Gestaltung der Siedlung *b*
6. Bärbel Barmbeck macht selbst Joghurt *c*
7. Energiesparlampen *f*
8. Der Abfall *a*

   a. wird sorgfältig getrennt.
   b. bringt gute Lebensqualität für die Menschen.
   c. damit keine Plastikbecher ins Haus kommen.
   d. dass viel Energie gespart wird.
   e. gewinnt man Energie aus Sonnenlicht.
   f. brauchen weniger Strom.
   g. bringen Wärme in das Haus.
   h. schützen vor Hitze und Kälte.

B Umweltschutz bei Ihnen. Familie Barmbeck lebt besonders umweltfreundlich. Welche dieser Ideen würden Sie auch umsetzen? Welche nicht? Warum?

WAS ICH SCHON MACHE	WAS ICH MACHEN WILL	WAS ICH NICHT MACHEN WILL
den Müll trennen	ein Haus mit einem Grasdach kaufen	Jogurt selbst machen

C Leben diese Leute umweltfreundlich? Sie hören, was Anett, Anja, Claudia und Dirk zum Thema Umwelt sagen. Wer sagt das, Anett, Anja, Claudia oder Dirk?

1. „Ich tue mein Bestes."
2. „Ich kaufe Umweltpapier, anstatt dieses normalen weißen Chemikalien-Papiers."
3. „Umwelt ist ein großes Thema für meine Tochter."
4. „Ich versuche, nicht so viel Strom und Wasser zu benutzen."
5. „Unsere öffentlichen Verkehrsmittel sind perfekt organisiert."
6. „Wir in der Familie recyclen. . . . also wir sortieren Müll."

KULTURSPIEGEL

Das sogenannte Waldsterben— die Schädigung der Wälder durch die Luftverschmutzung von Industrieanlagen und dem Autoverkehr—betrifft die neuen Bundesländer am stärksten. Die Schädigung ist am größten im Bundesland Thüringen, am wenigsten in Rheinland-Pfalz.

Wie finden Sie dieses Haus?

Die Familie Barmbeck wohnt besonders umweltbewusst.

VOKABELN

die Debatte	*debate*
die Einwegflasche	*nonreturnable bottle*
die Pfandflasche	*returnable bottle*
die Rücksicht	*consideration*
die Verschmutzung	*pollution*
der Rohstoff	*raw material*
der Umweltschutz	*environmental protection*
der Verbraucher / die Verbraucherin	*consumer*
der Verkehr	*traffic*
das Einweggeschirr	*disposable utensils*
das Gesetz	*law*
das Gleichgewicht	*ecological balance*
das Umweltbewusstsein	*environmental awareness*
das Verkehrsmittel	*mode of transportation*
das Verpackungsmaterial	*packaging*
das Wachstum	*growth*
das Waldsterben	*dying of the forest*
schädigen	*to damage*
sparen	*to save*
verschmutzen	*to pollute*
weg•schmeißen	*to throw away*
wieder verwerten	*to recycle*

Solche Landschaften zeigen die hohen Kosten des industriellen Wachstums deutlich auf. Aber wer soll diese Kosten jetzt bezahlen?

giftfrei	*non-toxic*
umweltfeindlich	*hostile to the environment*

Sie wissen schon
die Umwelt, der Abfall, der Lärm, der Müll, der Umweltsünder, recyceln, schützen, verzichten, trennen, öffentlich, organisch, umweltfreundlich

---

[Handwritten notes:]
³ Verschmutzung
öffentlichen 1.
²Verkehr ?⁶Umwelt
Gleichgewicht⁵ ⁴Müll
⁷verzichten
umweltfreundlicher

Aktivitäten

A Ein „sanfter Tourismus"? Die heutige Reiseindustrie hat es ermöglicht, dass man überall in der Welt Urlaub machen kann. Aber wie wirkt dieser Massentourismus auf die Umwelt? Ergänzen Sie die Sätze.

Früher hat man die Natur anders genossen als heute. Man wanderte in den Bergen, oder machte Spaziergänge im Wald. Die meisten fuhren in ihren Urlaub in der Natur nicht mit dem Auto, sondern mit den _____¹ Verkehrsmitteln, vor allem mit dem Zug. Jetzt gibt es in den Ferienmonaten viel _____² auf den Autobahnen. Die _____³ der Luft durch Autoabgase führt zu Waldsterben und Krankheit. Auch wenn man am Urlaubsort angekommen ist, geht die

Umweltzerstörung weiter. Touristen in den berühmten Nationalparks produzieren viel _____,[4] der irgendwie entfernt werden muss. Auch die hohe Zahl der Touristen in Naturschutzgebieten stört das ökologische _____.[5] Viele Touristen wollen _____[6] reisen und deswegen _____[7] sie auf Hotels und Ressorts und gehen lieber einfach zelten oder wandern, um die Natur selbst besser kennen zu lernen.

B Definitionen. Lesen Sie die Sätze links, und suchen Sie aus der rechten Spalte passende Definitionen für die kursiv gedruckten Wörter.

1. Der organische *Müll*, zum b Beispiel Essensreste oder Kartoffelschalen, kommt auf den Kompostkaufen.
2. Wir *trennen den Müll.* e
3. Wir benutzen keine *Einwegflaschen.* c
4. Wir haben darauf geachtet, dass möglichst *giftfreie* a umweltfreundliche Farben verwendet worden sind.
5. Wir in der Familie versuchen, alles wieder zu *verwerten.* d
6. Ich trage dazu bei, dass die Umwelt in Berlin nicht durch Autos und Abgase *verschmutzt* wird. g
7. Energie wird jetzt sehr viel f *umweltfreundlicher* produziert.

a. frei von Chemikalien oder andere Substanzen, die eine schädliche Wirkung auf Menschen, Tiere oder die Umwelt haben
b. Abfall, was man wegwirft
c. Flaschen, die man nicht zurückbringen kann
d. recyceln
e. stecken Papier, Glas, Aluminium und so weiter in verschiedene Tonnen
f. besser (nicht so schädlich) für die Umwelt
g. ganz schmutzig (nicht mehr sauber) gemacht

Sind Extremsportarten wie Canyoning umweltfreundlich?

KULTURSPIEGEL

Wie fahren Sie in den Urlaub? Noch in den fünfziger Jahren fuhr die Hälfte der Reisenden mit der Bahn, und ein Viertel mit Bus oder Auto. Heute stellen Zugfahrer nur zehn Prozent aller Reisenden dar. Mehr als die Hälfte fährt mit dem eigenen Pkw, und zwanzig Prozent nehmen das Flugzeug.

C Was machen Sie für die Umwelt?

SCHRITT 1: Lesen Sie, was Susanne und Iris für die Umwelt machen.

SUSANNE: Wir trennen den Müll und wir kaufen nur recyceltes Papier und bringen das Papier auch weg. Ich fahre mit dem Bus, anstatt mit dem Auto zu fahren. Und wir benutzen kein Einweggeschirr, sondern wir verzichten darauf und benutzen eher Porzellan.

IRIS: Das Thema Umwelt ist mir sehr wichtig, denn, wenn das ökologische Gleichgewicht nicht mehr besteht, dann, glaube ich, können wir auch nicht weiterleben. Und ich persönlich versuche, so wenig wie möglich mit dem Auto zu fahren und so wenig Verpackungsmaterial wie möglich wegzuschmeißen und meinen Müll zu trennen.

SCHRITT 2: Was machen Susanne und Iris für die Umwelt? Was machen Sie der Umwelt zuliebe? Schreiben Sie drei Listen. Machen Sie etwas anderes als Susanne oder Iris?

SUSANNE **IRIS** **ICH**

STRUKTUREN

THE PASSIVE VOICE I
FOCUSING ON THE EFFECT OF THE ACTION

The passive voice focuses on the effect of the action, rather than on the person performing the action. The direct object (accusative case) of the active sentence becomes the subject (nominative case) of the passive sentence; and the agent, the one performing the action, follows the preposition **von** (if the agent is a person) or **durch** (if it is a thing). Often the agent remains unnamed, because it is understood, unimportant, or unknown.

ACTIVE VOICE

Susanne trennt **den Müll.**	*Susanne is sorting the garbage.*

PASSIVE VOICE

Der Müll wird (von Susanne) getrennt.	*The garbage is being sorted (by Susanne).*

The passive voice uses the auxiliary **werden.** In the present or simple past tenses, the conjugated form of werden stands in second position and the past participle of the main verb goes at the end of the sentence. In dependent clauses, the conjugated verb follows the past participle.

PRESENT TENSE

Die Bäume **werden** (durch Luftverschmutzung) **beschädigt.**	*The trees are being damaged (by air pollution).*

SIMPLE PAST TENSE

Die Bäume **wurden** (durch Luftverschmutzung) **beschädigt.**	*The trees were damaged (by air pollution.)*
Wissen Sie, wie die Bäume **beschädigt wurden**?	*Do you know how the trees were damaged?*

The forms of **werden** in the present and simple past tenses are as follows.

PRESENT STEM: **werd-**		INFINITIVE: **werden**		PAST STEM: **wurd-**

SINGULAR	PLURAL	SINGULAR	PLURAL
ich werde	wir werden	ich wurde	wir wurden
du wirst	ihr werdet	du wurdest	ihr wurdet
Sie werden	Sie werden	Sie wurden	Sie wurdet
sie/er/es wird	sie werden	sie/er/es wurde	sie wurden

When a sentence in the passive voice contains a modal verb, the infinitive **werden** appears after the past participle of the main verb at the end of the sentence or clause. This combination of past participle plus **werden** is called the "passive infinitive."

ACTIVE VOICE

Wir **müssen** die Wäsche **waschen.**   *We have to do the laundry.*

PASSIVE VOICE

Die Wäsche **muss gewaschen werden.**   *The laundry needs to be done.*

As you recall, several German verbs require dative objects: **danken, gefallen, gehören, helfen, passen, schmecken.** The verb **schaden** (*to damage, harm*) also belongs to this category. When one of these verbs appears in a passive sentence, the dative object remains in the dative case but functions as the subject.

ACTIVE VOICE

Die Luftverschmutzung schadet **der Umwelt.**   *Air pollution damages the environment.*

PASSIVE VOICE

Der Umwelt wird geschadet.   *The environment is being damaged.*

ACTIVE VOICE

Claudia hat **mir** sehr geholfen.   *Claudia helped me a lot.*

PASSIVE VOICE

Mir wurde sehr geholfen.   *I was helped a lot.*

Übungen

A Eine umweltfreundliche Siedlung. Ergänzen Sie die fehlenden Partizipien.

Wie wurde diese Siedlung gebaut?

Die Häuser in dieser Siedlung wurden so _____,[1] dass viel Energie _____[2] wird. Zum Beispiel wird Energie aus Sonnenlicht mit Solaranlagen _____.[3] Die Einwohner werden auch durch das Grasdach von Hitze und Kälte _____.[4] Auch innerhalb der Häuser werden Energiesparlampen _____,[5] damit weniger Strom _____[6] wird. Natürlich werden Problemstoffe wie Neonröhren und Batterien _____[7] und zur Sammelstelle _____.[8] Schon viel, sagt man, aber die Einwohner sagen, dass ihre ökologische Siedlung viel Lebensqualität bringt.

gespart geschützt gewonnen

gebaut benutzt

verbraucht gebracht gesammelt

B Haushalt. Heute ist Putztag. Was muss alles für den Haushalt gemacht werden? Bilden Sie Sätze im Passiv.

MODELL: Man muss die Fenster putzen. →
             Die Fenster müssen geputzt werden.

1. Man muss das Auto waschen. *muss gewacht werden*
2. Man muss das Wohnzimmer aufräumen.
3. Man muss die Bücher ins Bücherregal stellen. *gestellt*
4. Man kann am Sonntag die Fahrräder reparieren. *repariert*
5. Man darf nicht am Samstag den Rasen mähen.
6. Man sollte den Müll sorgfältig trennen. *getrennt*
7. Man darf die Katzen nicht zu viel füttern. *füttert*
8. Man kann die andere Hausarbeit nächste Woche machen.

C Essgewohnheiten in Deutschland. Setzen Sie die folgenden Sätze ins Passiv.

1. In Bayern isst man viel Schweinefleisch.
2. In Berlin trinkt man „Berliner Weiße mit Schuss".
3. In thailändischen Restaurants probiert man Pad Thai.
4. In griechischen Restaurants serviert man Moussaka.
5. Jetzt genießt man fast jeden Tag Pizza.
6. Man sieht einen Hamburger und Pommes als typisch amerikanisch an.
7. Man bestellt nur selten Sauerkraut und Bratwurst.

THE PASSIVE VOICE II
FOCUSING ON EVENTS IN THE PAST

Like the active voice, the passive voice occurs in the perfect tenses as well as in the present and simple past tenses, which you have just reviewed. The present perfect tense of the passive voice uses the present tense of the auxiliary **sein** as the conjugated verb form. A special passive participle, **worden,** follows the past participle of the main verb at the end of the sentence.

PRESENT PERFECT TENSE

ACTIVE VOICE

Susanne hat den Müll schon getrennt.

Susanne has already sorted the garbage.

PASSIVE VOICE

Der Müll **ist** schon **getrennt worden.**

The garbage has already been sorted.

ACTIVE VOICE

Wir haben die Pfandflaschen zur Sammelstelle gebracht.

We brought the disposable bottles to the recycling center.

PASSIVE VOICE

Die Pfandpflaschen **sind** zur Sammelstelle **gebracht worden.**

The disposable bottles have been brought to the recycling center.

Similarly, the past perfect tense of the passive voice has the same construction. The only difference is that the auxiliary verb **sein** is in the simple past rather than the present tense.

PAST PERFECT TENSE

ACTIVE VOICE

Wir hatten die Flaschen schon zur Sammelstelle gebracht.

We had already brought the bottles to the recycling center.

PASSIVE VOICE

Die Flaschen **waren** schon zur Sammelstelle **gebracht worden.**

The bottles had already been brought to the recycling center.

As in the active voice, the past perfect tense describes events or conditions that took place prior to other past events. In general, the passive voice appears more frequently in the simple past than in the perfect tenses.

Hamburg—eine Kulturstadt ersten Ranges.

Bei Familie Barmbeck wird der Abfall jeden Tag sortiert.

Übungen

A Hamburg damals und heute. Schreiben Sie die Sätze im Perfekt.

MODELL: Das Rathaus wurde im neunzehnten Jahrhundert gebaut →
Das Rathaus ist im neunzehnten Jahrhundert gebaut worden.

1. Das erste deutsche Schauspielhaus wurde *ist* 1678 in Hamburg gebaut. *worden*
2. Ein Viertel der Stadt wurde in einem großen Feuer zerstört.
3. Nach dem Zweiten Weltkrieg wurde die Stadt wieder aufgebaut.
4. Die privaten Museen wurden fürs Publikum geöffnet.
5. Viele Bücher wurden über die Stadt Hamburg geschrieben.

B Umweltschutz zu Hause. Machen Sie aus den Aktivsätzen Passivsätze im Imperfekt und Perfekt.

MODELL: Man hat den Abfall sortiert. →
Der Abfall wurde sortiert.
Der Abfall ist sortiert worden.

1. Man hat den Müll getrennt.
2. Man hat sehr wenig Dosen benutzt.
3. Früher verbrauchte man zu viel Papier.
4. Man hat das Altglas zum Glascontainer gebracht.
5. Man hat alle Dosen in einen separaten Container geworfen.

THE FUTURE TENSE
TALKING ABOUT WHAT WILL HAPPEN

In German, it is possible to talk about future events by using the present tense and a word or phrase to indicate time, such as **morgen, nächste Woche, nächstes Jahr,** and so forth.

Nächstes Jahr reisen wir nach Norwegen.	*We're going to Norway next year.*

German also has a future tense, which you can use to talk about future events in general, especially in the absence of time expressions. The future tense uses **werden** as an auxiliary verb, with the meaning *will*, and the infinitive of the main verb.

Wir **werden** eine Lösung **finden.**	*We will find a solution.*

The future tense frequently occurs with the adverb **wohl** to express probability.

Wir werden wohl eine Lösung finden.	We will probably find a solution.

You can also use the future tense in the passive voice: Simply place the infinitive **werden** at the end of a passive sentence in the present tense.

ACTIVE VOICE

Die Umwelt wird geschützt.	The environment is being protected.

PASSIVE VOICE

Die Umwelt wird geschützt werden.	The environment will be protected.

You should now be able to recognize the following uses and meanings of the verb **werden.**

- As a main verb, **werden** means *to get* or *to become.*
- As an auxiliary for the future tense, **werden** means *will.*
- As an auxiliary for the passive voice in all tenses, **werden** helps express the tense of the main verb.

KURZ NOTIERT

Remember, the conjugated form of **werden** goes at the end of a dependent clause.

Ich weiß nicht, was mit der Umwelt geschehen **wird.**
I don't know what will happen to the environment.

Passive use
Es wird getanzt OK
There is dancing

Übungen

A In der fernen Zukunft. Wie sehen Sie und Ihre Mitstudenten/ Mitstudentinnen die Zukunft? Stellen Sie aneinander die folgenden Fragen, und beantworten Sie sie.

1. Wird es in der Zukunft mehr Arbeitslosigkeit geben?
2. Werden wir durch Maschinen ersetzt werden?
3. Wird es zu viele Menschen auf der Erde geben?
4. Wird es in der Zukunft nur eine Sprache geben?
5. Werden wir nur elektrische Autos fahren?
6. Werden wir bewohnbare (*inhabitable*) Planeten finden?
7. Werden wir Außerirdische (*extraterrestrials*) kennen lernen?

B Pläne. Ein Freund fragt nach Ihren Zukunftsplänen. Beantworten Sie die Fragen im Futur mit **wohl.**

MODELL: Wann reist du nach Spanien? (nächstes Jahr) →
          Ich werde wohl nächstes Jahr nach Spanien reisen.

1. Wann kommst du zu Besuch? (im Sommer)
2. Wann bist du mit dem Studium fertig? (in zwei Jahren)
3. Wann kaufst du ein Auto? (nach dem Studium)
4. Wann rufst du deine Familie an? (am Samstag)
5. Wann gehst du heute einkaufen? (erst morgen früh)

Der Arbeitsplatz der Zukunft?

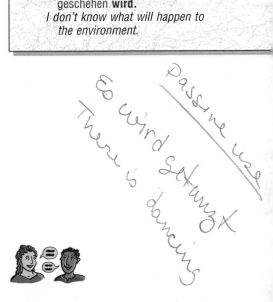

PERSPEKTIVEN

HÖREN SIE ZU!
UMWELT KENNT KEINE GRENZEN

Sie hören einen Text über junge Umweltforscher aus drei europäischen Ländern.

A Interview im Nationalpark Berchtesgaden. Ergänzen Sie die fehlenden Wörter.

1. Swetlana kommt aus _Russland_
2. Die Nachwuchsforscher interviewen _Bergbauern Touristen Geschäftsleute_
3. Die Berglandwirtschaft macht die Region für _Touristen_ attraktiv.
4. Die meisten Bergbauern können von ihrem _Hof_ nicht leben.
5. Das _einfache_ Leben hat den Nachwuchsforschern vor allem imponiert.
6. Wolfgang kommt aus _Österreich_.
7. Wolfgang sagt, dass er die _Alpen_ mit ganz anderen Augen sieht.

Tagesausflüger in den bayerischen Alpen.

B Ein Interview. Arbeiten Sie mit einem Partner / einer Partnerin, und spielen Sie zusammen ein Interview. Eine(r) spielt die Rolle des Forschers / der Forscherin, und eine(r) die des Bergbauers / der Bergbäuerin. Hier stehen einige mögliche Fragen.

1. Wie alt sind Sie?
2. Was erzeugen Sie auf Ihrem Hof?
3. Wie finden Sie das Leben in den Alpen?
4. Wie finden Sie die Touristen, die in die Alpen reisen?
5. Was tun Sie, wenn Sie Urlaub machen?

WORTSCHATZ ZUM HÖRTEXT

der Bergbauer	alpine farmer
das Ergebnis	result
die Berglandwirtschaft	alpine farming
die Alm	pasture
der Erhalt	preservation
der Hof	farm
erzeugen	to produce
nebenberuflich	on the side
die Untersuchung	investigation
imponieren	to impress
der Nachwuchsforscher	next-generation researcher
landschaftsprägend	landscape-affecting

LANDESKUNDE IN KÜRZE
WANDERN — MIT OFFENEN AUGEN

Mit offenen Augen sollte man zwar immer wandern, aber hier ist eine verstärkte Beobachtung entlang des Wanderweges und ein Nachdenken über das Gesehene während einer Rast oder am Schluss der Wanderung gemeint. Man kann während einer Fußreise einen oder mehrere

5 Themenbereiche bearbeiten. Beispielsweise kann die Zersiedelung der
Landschaft erkundet werden. Hierbei sollte die Wanderung mit alten
Karten durchgeführt werden, um so auf Veränderungen im
Landschaftsbild aufmerksam zu werden. Ratsam ist, die alte Karte mit
einer neuen Wanderkarte jeweils zu vergleichen. Eine andere Methode
10 arbeitet mit gegensätzlichen Landschaftsformen. Früh am Morgen,
wenn sich viele Tiere noch gut beobachten lassen, wird eine vielseitig
strukturierte Landschaft erwandert: eine Landschaft, wo sonnige Flächen
mit schattigen Gebüschsäumen und Baumreihen abwechseln; wo es
nach Erde, Gras und Blüten riecht; wo man von überall Vogelstimmen,
15 das Schwirren und Zirpen der Heuschrecken und Grillen hören kann; wo
an blühenden Blumen Wildbienen und Schmetterlinge summen und
gaukeln. Bei einer solchen Exkursion ist es oft ratsam, Fachleute (zum
Beispiel Vogelkundler und Biologen) zur Tierbeobachtung, Pflanzen- und
Tierbestimmung mitzunehmen. An diesen Teil der Erlebnistour, bei dem
20 es viel an Orchideen, an Lurchen, Greifvögeln und dergleichen mehr
zu entdecken gibt, wird man sich gern zurückerinnern. Doch die
Wanderung ist noch nicht zu Ende. Am Nachmittag—möglichst in der
Mittagshitze—folgt das Kontrastprogramm: Jetzt wird eine Mais-, Rüben-
oder Weizenlandschaft durchquert, bei der kilometerlang höchstens
25 Hochspannungsmasten über brettebene Äcker in den Himmel ragen.
Auf schattenlosen, geteerten Feldwegen hört man keine Vögel.
Buntblühende Wildblumen sucht man vergeblich.

Durch gezielte Fragen kann die Beobachtungsfähigkeit und
Aufmerksamkeit der Teilnehmer erhöht werden. Es empfiehlt sich
30 daher, einen Fragebogen zu erarbeiten, der vom Einzelnen oder in
Kleingruppen während der Wanderung auszufüllen ist. Die gewonnenen
Eindrücke und Beobachtungen müssen durch ein Gespräch während
oder am Ende der Wanderung bearbeitet und vertieft werden.

Wer mit offenen Augen die Heimat erwandert, dem wird schnell klar,
35 dass unsere ausgeräumte und zersiedelte Landschaft nach Veränderung
ruft. Und so ist es nicht verwunderlich, dass die Wandervereine sich in
der Landschaftspflege stark engagieren. Es sind doch die Wanderer, die
neben Flora und Fauna von der landschaftlichen Vielfalt profitieren.

Wandern mit offenen Augen fördert das ökologische Verstehen. Es
40 führt zu einer „Horizonterweiterung", und man lernt auch die gewohnten
Verhältnisse mit anderen Augen zu betrachten. Man sieht plötzlich Dinge
in der nächsten Umgebung, die man bisher gar nicht beachtet hat. Der
Blick für Zusammenhänge wird geschärft.

A Wie kann man mit offenen Augen wandern? Wenn ein Satz nicht
stimmt, korrigieren Sie ihn mit der richtigen Information.

WORTSCHATZ ZUM LESEN

die Beobachtung	observation
die Zersiedelung	settlement
erkunden	to explore
aufmerksam	attentive
ratsam	advisable
der Gebüschsaum	edge of bushes
riechen	to smell
der Schmetterling	butterfly
summen	to buzz
der Hochspannungsmast	utility pole
geteert	paved
vergeblich	in vain
schärfen	to sharpen

		DAS STIMMT.	DAS STIMMT NICHT.
1.	Man soll eine alte Landkarte mitbringen, wenn man wandert.	☑	☐
2.	Man soll nicht mit Fachleuten wandern.	☐	☒
3.	Die Tiere können am besten am Nachmittag beobachtet werden.	☐	☒
4.	Man soll Kontrastprogramme machen: das erste Programm früh am Morgen, das zweit spät am Abend.	☐	☒
5.	Man geht am besten auf geteerten Feldwegen, wenn man die Natur entdecken will.	☐	☐
6.	Nach der Wanderung soll jeder einen Fragebogen ausfüllen.	☐	☐
7.	Wandervereine engagerieren sich stark in der Landschaftspflege.	☐	☐

B Die Sinne. Wenn man wandert, braucht man nicht nur offene Augen, sondern auch offene Ohren. Der Geruchssinn wird auch beim Wandern geschärft. Was steht im Text? Was kann man in der Natur sehen? riechen? hören? Machen Sie drei Listen.

WORTSCHATZ ZUM LESEN

kauen	to chew
der Strauch	shrub
sich anstrengen	to make an effort
das Klinglein	ringing
das Geräusch	sound
lauschen	to listen
die Kahnfahrt	boat trip
das Brummen	buzzing
vernehmlich	audible; distinct
elend	miserable
meiden	to avoid
scheppern	to rattle
die Bewässerung	irrigation
die Nebeneinnahmen	supplementary income
die Absicht	intention
der Fall	(legal) case
abgeerntet	harvested

LESEN SIE!

Zum Thema

A Ihre eigene Beobachtungen

SCHRITT 1: Ein Spaziergang. Bevor Sie die Geschichte von Herrn Munzel lesen, machen Sie einen kleinen Spaziergang in der Natur. Nehmen Sie einen Notizblock mit und schreiben Sie folgende Dinge auf: alle Geräusche, die Sie hören; alle Gerüche, die Sie riechen; und alles, was in Ihr Blickfeld kommt.

SCHRITT 2: Ein Bericht. Berichten Sie der Klasse in der nächsten Unterrichtsstunde, was Sie alles gehört, gerochen und gesehen haben.

B Die Jahreszeiten und die Natur. Kombinieren Sie!

1. Im Sommer
2. Im Winter
3. Im Frühling
4. Im Herbst

a. schläft die Natur.
b. fallen die Blätter von den Bäumen.
c. bringen der warme Wind und der Sonnenschein alles zum Blühen.
d. blüht und gedeiht (*thrives*) die Natur.

Herr Munzel hört das Gras wachsen

Herr Munzel lag wieder mal auf der Wiese. Er sah den Wolken zu und kaute an einem Gänseblümchen. Es war Frühjahr und schon warm in der Sonne, die ersten Sträucher blühten, und Herr
5 Munzel war zufrieden mit sich und der Welt.

Ringsherum war alles ganz still. Ab und zu in der Ferne das Brummen eines Lastwagens, der in die Stadt fuhr. Ganz still also war es nicht, und Herr Munzel strengte sich an, alle Geräusche, die es
10 gab, zu hören.

Und es schien ihm, als höre er etwas, was ihm noch nie aufgefallen war. Ein feines Klinglein, sehr hell und sehr hoch.

Ein angenehmes Geräusch, dachte Herr Munzel
15 und strengte sich noch mehr an, schloss die Augen und lauschte. Das Klingeln wurde lauter, war um ihn herum, unüberhörbar. Und als Herr Munzel die Augen wieder öffnete, wurde das Geräusch schwächer. Als er sich schließlich aufsetzte,
20 verschwand es völlig.

Kein Wunder, dachte Herr Munzel, dass es bei mir klingelt, ich habe schlecht geschlafen. Das wird es sein.

Das war es aber keineswegs, denn es begann
25 wieder zu klingeln, als Herr Munzel sich erneut zurücklegte und die Augen schloss. Es half nichts, dass er die Wiese verließ und sich auf eine andere Rasenfläche dicht beim Wald legte. Das Klingeln änderte nur seine Klangfarbe und blieb.
30 Das alle hätte Herrn Munzel gar nicht weiter beschäftigt, wenn nicht Tage später bei einer Kahnfahrt auf dem kleinen See nahebei der Stadt ein Brummen gewesen wäre, laut und vernehmlich. Und je näher Herr Munzel dem Schiff
35 am Ufer des Sees kam, um so lauter brummte es, so wie eine dicke Hummel im Sommer.

„Verzeihung, brummt es bei Ihnen auch?" hatte er die Leute gefragt, die auf dem Weg um den See herum spazieren gingen, aber die hatten den Kopf
40 geschüttelt und ihm verständnislos nachgesehen.

„Ein klarer Fall", sagte der Arzt von Herrn Munzel und räumte seine Bestecke wieder weg. „Sie hören das Gras wachsen." Herr Munzel hatte sich elend gefühlt, weil die Geräusche, die nur er hörte,
45 sich vermehrten, sobald er das Haus verließ. Seine Blumen hatte er schon vom Balkon genommen, weil er das ständige Klopfen nicht mehr ertrug. Blumen klopfen nämlich leise, während sie wachsen.
50 Die nächste Zeit wurde schwer für Herrn Munzel. Der Frühling brachte mit warmem Wind und Sonnenschein ringsum alles zum Blühen. Das Klingeln, das Herr Munzel an jenem ersten Tag auf der Wiese gehört hatte, schwoll an zu einem
55 Geläut, wie von drei Kirchen am Samstagabend. Spaziergänge wurden ihm verleidet, und bald mied er auf dem Weg zur Arbeit alle Grünflächen, jede Blume, konnte keinen Baum ertragen, weil es rings um ihn bummerte und schepperte, klingelte
60 und brummte. So blieb Herr Munzel immer öfter zu Hause, verstopfte sich die Ohren mit Watte, und hielt auch bei Sonne die Läden geschlossen.

Eines Morgens schellte das Telefon. Es war Herr Hecke vom Gartenamt der Stadt, der Herrn Munzel
65 sprechen wollte.

„Ich habe von Ihren Fähigkeiten gehört", begann er, „und möchte, dass Sie für uns arbeiten." Und bevor Herr Munzel entrüstet ablehnen konnte, fuhr er fort: „Es ist eine gut bezahlte Stelle als
70 Wachstumsprüfer mit Arbeitskleidung, Mittagessen und Ohrenschützern."

Herr Munzel war es leid, zu Hause zu sitzen. Obwohl er die Geräusche fürchtete, die die waschsende Natur verursachte, sagte er für ein
75 paar Probetage zu.

Am nächsten Tag wurde er mit einem Auto durch die Stadt gefahren, von der Grünanlage zum nächsten Park und von dort zur Städtischen Gemüseanbauversuchsstelle, um zu hören, ob auch
80 alle Pflanzen ordnungsgemäß wüchsen. Er hatte nichts weiter zu tun, als sich auf den Boden zu legen, dem Klingeln, Pfeifen oder Brummen zu

lauschen und seine Ratschläge zu geben. Wo es
genügend brummte, ordnete er Bewässerung wie
85 bisher an, und wo das Klingeln des Rasens zu
schwach war, empfahl er, Dünger zu streuen.
Zwischendurch konnte er immer wieder seine
Ohrenklappen tragen, die eigens für ihn angefertigt
und völlig schalldicht waren. Er war recht
90 zufrieden.

Herr Munzel verdiente nicht schlecht in dieser
Zeit, gewöhnte sich auch an das Tragen der
Ohrenklappen und hatte einige gute
Nebeneinnahmen. So ließ ihn die
95 Fußballmannschaft der Stadt, die in der höchsten
Liga spielte, vor jedem Spiel rufen und den Zustand
des Rasens prüfen. Vor der ehrfürchtig
schweigenden Menge, die ungeduldig auf den
Beginn des Spiels wartete, legte sich Herr Munzel
100 rücklings auf den Rasen, und wenn er
anschließend mit erhobenem rechten Daumen den
guten Zustand der Spielfläche bestätigte, brach im
Stadion ein Jubel aus, als habe die
Heimmannschaft ein Tor geschossen.
105 Reiche Leute ließen ihn mit großen Autos
kommen und wöchentlich den Zustand der
gepflegten Gartenflächen überprüfen. Herr Munzel
befand sie jedesmal für gut, allein schon um den
ängstlich dabeistehenden Gärtnern eine Freude zu
110 machen.

Aber auch Leute mit finsteren Absichten wollten
sich Herrn Munzels Fähigkeiten bedienen. So
erschien eines abends an Herrn Munzels Tür ein
stadtbekannter Dunkelmann und bat ihn, ein Ohr
115 auf seine Gerichtsakte mit ein paar ihm

angelasteten Fällen zu haben, ob nicht schon
wenigstens etwas Gras darüber gewachsen sei.
Herr Munzel sagte dies eine Mal zu, lehnte jedoch
alle weiteren Ansinnen in dieser Richtung ab.
120 Wochenlang half er durch seine Fähigkeit,
Schonungen zu errichten und morsche Waldflächen
abzuholzen, er legte Gärten an und beriet die
Bauern der Umgebung bei der Wahl des richtigen
Zeitpunktes für die Getreideernte. Er gewöhnte sich
125 an seine neue Aufgabe. Und je mehr der Sommer
heranrückte, desto öfter konnte er seine
Ohrenklappen abnehmen. Denn die Geräusche
wurden immer weniger, weil Bäume, Sträucher und
Blumen fast aufgehört hatten, zu wachsen. Immer
130 seltener wurde Herr Munzel nun in die Gärten
gerufen, die dank seines Rates blühten und
gediehen. Fast kam er sich ein wenig überflüssig
vor.

Und als der Herbst kam und die ersten Blätter
135 von den Bäumen fielen und die grünen und die
grauen Felder abgeerntet dalagen, hörte Herr
Munzel nur noch das, was andere Menschen auch
hören. Er verbrachte im frühen Herbst zwei ruhige
Wochen an der See, wo nichts wuchs, außer
140 uraltem spirrigem Gras. Lange Spaziergänge am
Wasser ließen ihn fast vergessen, was er im
Frühjahr und Sommer gehört hatte.

Den Winter über, als draußen nichts wuchs,
arbeitete Herr Munzel in den Treibhäusern der
145 Stadt. Seine liebsten Pflanzen waren die Tomaten,
deren leises Summen angenehm im Ohr klang.

Achim Bröger / Bernd Küsters

Zum Text

A Geräusche

SCHRITT 1: Die Natur macht viele Geräusche, die Herr Munzel wahrnimmt. Welche Geräusche machen die folgenden Pflanzen?

1. die Blumen
2. das Gras
3. die Bäume

SCHRITT 2: Welche anderen Geräusche „hört" Herr Munzel? Machen Sie eine Liste.

B Umwelt und Beruf. Herr Munzel hat eine Stelle als Wachstumsprüfer beim Gartenamt der Stadt bekommen. Welche der folgenden Aufgaben gehört zu seinem Beruf?

1. Er legte sich auf den Boden, lauschte dem Gras und gab Ratschläge.
2. Er ordnete Bewässerung des Rasens an, wo es genug brummte.
3. Er pflanzte Bäume.
4. Er empfahl, Dünger zu streuen, wo das Klingeln des Rasens schwach war.
5. Er beseitigte tote Bäume.

Zur Interpretation

Was meinen Sie dazu?

1. Welches Talent entwickelte Herr Munzel? Genoss er dieses Talent völlig, oder wurde es ihm zur Last (*burden*)? Erklären Sie Ihre Antwort.
2. Herr Munzel fürchtete die Geräusche. Warum?
3. Was symbolisiert Herrn Munzels Talent, das Gras wachsen hören zu können?
4. Sie können diese Geschichte als eine Allegorie mit einer Pointe verstehen. Was ist Ihrer Meinung nach die Pointe?

Zur Kommunikation

Lesetheater. Arbeiten Sie mit einem Partner / einer Partnerin. Benutzen Sie das Diagramm, um die Geschichte von Herrn Munzel wieder zu erzählen.

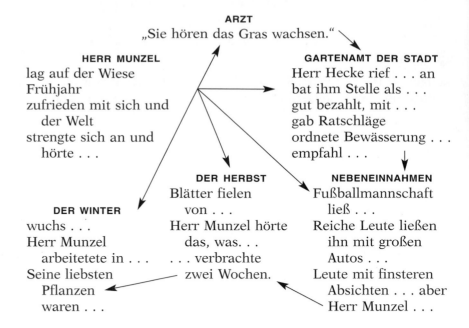

ARZT
„Sie hören das Gras wachsen.“

HERR MUNZEL
lag auf der Wiese
Frühjahr
zufrieden mit sich und
　der Welt
strengte sich an und
　hörte . . .

GARTENAMT DER STADT
Herr Hecke rief . . . an
bat ihm Stelle als . . .
gut bezahlt, mit . . .
gab Ratschläge
ordnete Bewässerung . . .
empfahl . . .

DER HERBST
Blätter fielen
　von . . .
Herr Munzel hörte
　das, was. . .
. . . verbrachte
　zwei Wochen.

NEBENEINNAHMEN
Fußballmannschaft
　ließ . . .
Reiche Leute ließen
　ihn mit großen
　Autos . . .
Leute mit finsteren
　Absichten . . . aber
　Herr Munzel . . .

DER WINTER
wuchs . . .
Herr Munzel
　arbeitetete in . . .
Seine liebsten
　Pflanzen
　waren . . .

KULTURPROJEKT
EINE INSZENIERUNG

1. **Figuren.** Arbeiten Sie mit Ihren Mitstudenten/Mitstudentinnen. Machen Sie zuerst eine Liste von den Charakteren und Schauplätzen in der Geschichte. Wählen Sie dann die Rollen und die Orte, die für Sie am wichtigsten sind. Das Gras, die Blumen, die Bäume und so weiter können zum Beispiel alle eine Rolle spielen. Oder Sie können auch wählen, einige Charaktere und Schauplätze wegzulassen.
2. **Skript.** Schreiben Sie das Skript für Ihr Theaterstück. Es kann der Geschichte genau folgen oder davon abweichen.
3. **Rollen.** Wer spielt welche Rolle? Wer macht was, um das Stück erfolgreich zu inszenieren?

4. **Aufführung.** Führen Sie und Ihre Mitstudenten/Mitstudentinnen das Stück einer anderen Klasse auf.

WORTSCHATZ

Substantive	Nouns
die **Aktion, -en**	action
die **Debatte, -n**	debate
die **Einwegflasche, -n**	nonreturnable bottle
die **Landwirtschaft**	agriculture
die **Pfandflasche, -n**	returnable bottle
die **Rücksicht**	consideration
die **Siedlung, -en**	settlement; neighborhood
die **Tonne, -n**	bin
die **Verschmutzung**	pollution
der **Anstrich, -e**	paint
der **Komposthaufen, -**	compost heap
der **Plastikbecher, -**	plastic cup
der **Rauch**	smoke
der **Rohstoff, -e**	raw material
der **Strom**	current
der **Umweltschutz**	environmental protection
der **Verbraucher, -** / die **Verbraucherin, -nen**	consumer
der **Verkehr**	traffic
der **Wäschetrockner, -**	(clothes) dryer
das **Aufsehen**	sensation
das **Einweggeschirr**	disposable utensils
das **Gesetz, -e**	law
das **Gleichgewicht**	balance
das **Umweltbewusstsein**	environmental awareness
das **Verkehrsmittel, -**	mode of transportation
das **Verpackungsmaterial**	packaging
das **Wachstum**	growth
das **Waldsterben**	dying of the forest

Verben	Verbs
begehren	to desire
schädigen	to damage
sparen	to save
in die Praxis um•setzen	to put into practice
verschmutzen	to pollute
weg•schmeißen, schmiss weg, weggeschmissen	to throw away
wieder verwerten	to recycle

Adjektive und Adverbien	Adjectives and adverbs
extrem	extreme(ly)
giftfrei	nontoxic
umweltfeindlich	hostile to the environment
zuliebe (+ *dat.*)	for the sake of

Sie wissen schon	You already know
die **Fabrik, -en**	factory
die **Umwelt**	environment
der **Abfall**	trash
der **Container, -**	container
der **Lärm**	noise
der **Müll**	trash
der **Umweltsünder, -**	polluter
bestehen, bestand, bestanden	to pass (an exam); to exist
recyceln	to recycle
schützen	to protect
trennen	to separate
verbrauchen	to consume
vergiften	to poison
verwenden	to apply
verzichten auf (+ *acc.*)	to renounce
öffentlich	public(ly)
organisch	organic
umweltfreundlich	environmentally friendly

KAPITEL 36

FOKUS AUF KULTUR

In diesem Kapitel

- sehen Sie einen Auszug aus einem Musical in einem Kindertheater in Berlin.
- erfahren Sie, wie sich die deutsche Filmindustrie entwickelt hat.
- besprechen Sie, was für Sie der Begriff „Kultur" bedeutet.

Sie werden auch

- den Gebrauch des Plusquamperfekts wiederholen.
- Alternativen zum Passiv lernen.
- die Wortstellung wiederholen.
- einen Text vor der Klasse aufführen.

Bei einer
Theateraufführung
in Berlin.

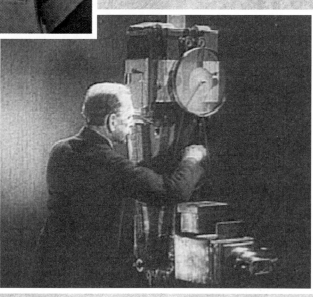

Deutsche Filme haben
eine lange Geschichte.

Straßenkünstler
erfreuen sich großer
Beliebtheit.

VIDEOTHEK

Kultur—dazu gehören Theater, Musik, Film, Literatur und noch mehr. Was assoziieren Sie mit dem Wort „Kultur"? Warum geht man ins Theater oder ins Kino?

I: Theater für Jugendliche

In dieser Folge sehen Sie Auszüge aus dem Musical, „Linie Eins". Ein Mädchen, Sunny, kommt aus Westdeutschland zum ersten Mal nach Berlin.

A Wer sagt das?

Das Grips Theater in Berlin.

a. Volker Ludwig **b. Der Schauspieler** **c. Die Schauspielerin**

c 1. „Und auf dieser Suche fährt sie mit der „Linie Eins"—der U-Bahn Linie Eins—und begegnet auf ihrer Fahrt auf den Stationen, den Menschen der Großstadt."

b 2. „Der Unterschied von einem Publikum, was nur aus Kindern besteht, und einem Erwachsenenpublikum ist tatsächlich der, dass die Kinder ganz direkt auf das reagieren, was sie sehen."

a 3. „Wir erforschen die Sehnsüchte, Probleme und Fragen unseres Publikums und machen daraus für dieses Publikum Stücke."

B In der U-Bahn. Welchen Eindruck bekommen Sie vom folgenden Lied, das die Fahrgäste singen? Wie würden Sie die Fahrgäste beschreiben? Welche Aspekte des Großstadtlebens stellen sie hier dar?

> Du sitzt mir gegenüber und schaust an mir vorbei
> Ich seh dich jeden Morgen und manchmal auch um drei.
> Du bist mir mal sympathisch und manchmal eine Qual
> Aber meistens egal, total egal.
> Aber meistens egal, total egal.

W ORTSCHATZ ZUM VIDEO

die Qual	torture
zurückbleiben	stay back (called out when a train leaves the platform)
der Schmalz	sentimentality
zwinkern	to wink
die Rechenschaft	accountability
betrübt	sad
schwermütig	melancholy
die Geige	violin

II: Hundert Jahre deutscher Film

In dieser Folge sehen Sie einen kurzen Bericht zur deutschen Filmindustrie. Was wissen Sie bereits von der Geschichte der Filmindustrie in Ihrem Land? Haben Sie einen alten Stummfilm gesehen? Kennen Sie die Namen der großen Schauspieler/ Schauspielerinnen in den ersten Jahrzehnten des zwanzigsten Jahrhunderts?

A Deutsche Filme. Welcher Film ist das? Verbinden Sie jeden Titel mit dem passenden Bild.

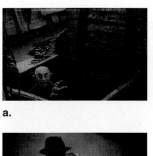

a.

b.

c.

d.

e.

f.

C **1.** „Die Blechtrommel"

b **2.** „Der blaue Engel"

d **3.** „Die Mörder sind unter uns"

e **4.** „Die Ehe der Maria Braun"

a **5.** „Nosferatu—Eine Symphonie des Grauens"

f **6.** „Das Cabinett des Dr. Caligari"

B Persönliche Meinungen

SCHRITT 1: Wer sagt das?

1. „Ich habe nicht sehr viel Zeit für längere Bücher neben dem Studium."

2. „Ich lese gern Bücher deutscher Autoren, zum Beispiel Heinrich Mann."

3. „Ich bevorzuge das Theater, weil das Kino doch manchmal sehr oberflächlich ist."

4. „Ich mag sehr gerne klassische Musik und ganz besonders die großen Violinkonzerte."

5. „Ich persönlich mag alte Filme—sie sind so schön nostalgisch."

6. „Kultur ist für mich etwas Privates."

SCHRITT 2: Und Sie? Wie reagieren Sie auf jeden Satz? Mit welchen Sätze sind Sie (nicht) einverstanden? Äußern Sie sich Ihre eigenen Meinungen zu diesen Themen.

3 Susanne
Anett
Tobias   Bob
Erika   Grace

KULTURSPIEGEL

Wegen der politischen Verfolgungen in Deutschland und Österreich in den dreißiger und vierziger Jahren wanderten viele deutsche Schauspieler und Regisseure in die USA aus. Diese Leute haben eine große Rolle in der amerikanischen Filmindustrie gespielt. Der österreichische Regisseur Billy Wilder zum Beispiel, ist immer noch wegen seiner Filme „Sunset Boulevard" und „Witness for the Prosecution" berühmt.

VOKABELN

die Bühne	*stage*
die Komödie	*comedy*
die Romanverfilmung	*filming of a novel*
die Unterhaltung	*entertainment*
der Aktionfilm	*action film*
der Film	*film*
der Höhepunkt	*high point, climax*
der Humor	*humor*
der Komponist / die Komponistin	*composer*
der Liebesfilm	*romantic film*
der Regisseur / die Regisseurin	*director*
der Stummfilm	*silent film*
der Tonfilm	*sound film*
der Untertitel	*subtitle*
das Geheimnis	*secret*
das Publikum	*public*
das Schauspiel	*play*
das Stück	*(theater) piece*
das Theater	*theater*
(einen Film) drehen	*to film (a movie)*
komponieren	*to compose*
synchronisieren	*to dub (a film)*
verfilmen	*to film*
aufmerksam	*attentive(ly)*
bekannt	*(well)known*

In deutschen Kinos kann man sich sehr unterschiedliche Filme ansehen.

künstlerisch	*artistic(ally)*
spürbar	*traceable*
ursprünglich	*orginal(ly)*

Sie wissen schon
die Stimmung, der Autor, der Künstler, der Schauspieler, oberflächlich

---

bekannt
gedreht
spürbar
Höhepunkt
komponiert
Romanverfilmung

Aktivitäten

A Deutscher Film. Ergänzen Sie die Sätze mit den Wörtern im Kasten.

1. Die Stummfilme der zwanziger Jahre waren ein künstlerischer _____ in der Geschichte des deutschen Films.

2. Die Schrecken des Ersten Weltkrieges sind in Filmen wie „Nosferatu" deutlich _Spürbar_

3. In den vierziger Jahren hat Kurt Weill Musik für Theaterstücke sowie für Filme _komponiert_

4. Der erste deutsche Nachkriegsfilm „Die Mörder sind unter uns" wurde 1946 in Berlin _gedreht_

5. Erst in den siebziger Jahren wurden deutsche Filme wieder international _bekannt_

6. Die _Romanverfilmung_ von Günter Grass' „Die Blechtrommel" hat einen Oscar als bester fremdsprachiger Film gewonnen.

B Definitionen. Lesen Sie die Sätze links und suchen Sie die passende Definition für die kursiv gedruckten Wörter aus der rechten Spalte.

1. Das heißt, eine Person intellektuell fördern, _anregen_, zum Denken animieren. b

2. Wir erforschen die Sehnsüchte, Probleme und Fragen unseres _Publikums_ und machen daraus für dieses _Publikum_ Stücke. d

3. Wir verbinden diese Leute mit Hollywood, aber sie kamen _ursprünglich_ aus Deutschland und Österreich. i

4. Die _Stummfilme_ der zwanziger Jahre sind ein erster künstlerische Höhepunkt in der Geschichte des deutschen Films. g

5. In diesen Filmen sind die Schrecken des Ersten Weltkrieges noch _spürbar_. f

6. Ja, aber wenn ich _Unterhaltung_ will, dann setze ich mich mit meinen Freunden zusammen. h

7. Wir gehen alle zwei, drei Wochen in irgendein _Schauspiel_. e

8. Also, ich bevorzuge das Theater, weil das Kino manchmal sehr _oberflächlich_ ist. c

9. Es ist ein bisschen mehr wie ein _Geheimnis_ und ich denke mit Büchern dasselbe. a

a. etwas mysteriös, was man andere Leute nicht wissen lassen will

b. zu stimulieren

c. flach, flüchtig, dilettantisch

d. Zuschauer

e. Drama, Theaterstück

f. klar, deutlich

g. Filme ohne Ton

h. Amüsement

i. zuerst, am Anfang

C Lieblingsfilme. Stefan und Daniela sprechen über Filme. Lesen Sie ihren Dialog, und beantworten Sie die Fragen.

STEFAN: Welche Kinofilme schaust du dir am liebsten an?

DANIELA: Traurige. Mit einem traurigen Ende, wo ich richtig dann melancholisch bin und in einer betrübten Stimmung. Keine Aktion.

STEFAN: Wieso magst du traurige Filme?

DANIELA: Weil ich glaube, sie sind realitätsnaher als Aktionfilme. Die kommen mir immer so surreal vor, nicht richtig.

STEFAN: Ja, Aktionfilme sind nur für Unterhaltung. Wenn ich ins Kino gehen will, dann möchte ich zwei Stunden Unterhaltung, nicht Weinen.

Stefan und Daniela

1. Mit welcher Meinung stimmen Sie überein?
2. Welche Filme sehen Sie sich am liebsten an?
3. Gehen Sie gern ins Kino? Warum (nicht)?

STRUKTUREN

The PAST PERFECT TENSE
TALKING ABOUT A SEQUENCE OF EVENTS IN THE PAST

The past perfect tense describes events that precede other events in the past. To form the past perfect, use the simple past-tense form of **haben (hatte)** or **sein (war)** as the auxiliary verb and place the past participle at the end of the sentence. Note that verbs use the same auxiliary verb in the past perfect as in the present perfect tense.

PRESENT PERFECT	PAST PERFECT
Ich **habe** mir die Bilder **angeschaut.**	Ich **hatte** mir die Bilder schon **angeschaut.**
I (have) looked at the pictures.	*I had already looked at the pictures.*
Die Jungen **sind** ins Kino **gegangen.**	Die Jungen **waren** ins Kino **gegangen.**
The boys went to the movies.	*The boys had gone to the movies.*

Dependent clauses beginning with **bevor** or **nachdem** frequently appear in sentences to clarify the sequence of events: what took place before or after something else. Notice the use of the past perfect tense in the following sentences.

Karsten **hatte** seine Arbeit schon **geschrieben,** bevor er ins Kino ging.
Karsten had already written his paper before he went to the movies.

Er hat seine Mutter angerufen, nachdem er den Film **gesehen hatte.**
He called his mother after he had seen the film.

Übungen

A Deutschland in den dreißiger Jahren. Ordnen Sie die Satzteile.

1. Als die Nazis 1933 an die Macht kamen, *e*
2. Nachdem Hitler Kanzler geworden war, *d*
3. Bevor die Kabaretts geschlossen worden waren, *b*
4. Nachdem die Verfolgung der Juden begonnen hatte, *a*
5. Als der Zweite Weltkrieg zu Ende war, *c*

a. flohen viele jüdische Künstler in die USA.
b. konnte man alles Mögliche auf der Bühne sehen— Musicals, Revues und auch satirische Stücke.
c. baute man die deutsche Filmindustrie wieder auf.
d. wollte er die kulturelle Vielfalt in Deutschland stark begrenzen.
e. war Berlin als Kulturstadt weltweit berühmt.

Viele bekannte Regisseure flohen vor den Nazis ins Ausland.

B Ein Studentenfilm. Einige Studenten erklären, wie sie einen Film gedreht haben. Kombinieren Sie die Sätze mit der Konjunktion in Klammern.

MODELL: (nachdem) Wir hatten das Drehbuch geschrieben. Wir suchten Schauspieler aus. →
Nachdem wir das Drehbuch geschrieben hatten, suchten wir Schauspieler aus.

1. (nachdem) Wir hatten eine Regisseurin gefunden. Wir konnten mit der Verfilmung anfangen.
2. (bevor) Sie hatte mit uns gearbeitet. Sie war Leiterin eines Studententheaters gewesen.
3. (nachdem) Jeder in der Klasse hatte eine Rolle geübt. Wir fingen mit den Proben an.
4. (nachdem) Unser Film war auf einem Filmfest gezeigt worden. Wir wurden ganz berühmt.
5. (nachdem) Wir hatten den Erfolg eine Weile genossen. Wir wollten einen zweiten Film drehen.

C Die Wende. Beschreiben diese Sätze das Leben in Deutschland vor oder nach der Wiedervereinigung? Schreiben Sie die Sätze im Plusquamperfekt, und benutzen Sie **vor der Wende** oder **nach der Wende**.

MODELL: Die Deutschen im Osten hatten nur begrenzte Reisefreiheit. →
Vor der Wende hatten die Deutschen im Osten nur begrenzte Reisefreiheit gehabt.

1. Tausende von DDR-Bürgern protestierten in Leipzig.
2. Viele Menschen im Osten verloren ihre Arbeit.
3. Man erwartete die schnelle Wiedervereinigung nicht.
4. Touristen aus der DDR flohen nach Ungarn.
5. Man baute die Berliner Mauer ab.
6. Die ersten gesamtdeutschen Bundeswahlen fanden statt.

ALTERNATIVES TO THE PASSIVE
FOCUSING ON ACTIONS AND STATES

The passive voice often occurs when the person or force performing the action is unknown. However, there are three different ways of turning a passive sentence into an active one. The most common alternative is to use the impersonal pronoun **man** (meaning *one, you, we, they,* or *people in general*) as the subject of an active sentence. Regardless of its intended meaning, **man** always requires a verb in the third-person singular.

Im Kino wird nicht geraucht.	*Smoking isn't done in a movie theater.*
Im Kino raucht **man** nicht.	*One doesn't smoke in a movie theater.*

A second alternative is the active construction **sich lassen** plus infinitive, which replaces a passive construction with **können** plus past participle and **werden.**

Mein Fahrrad kann nicht repariert werden.	*My bike can't be fixed.*
Mein Fahrrad **lässt sich** nicht **reparieren.**	*lit.: My bike doesn't let itself be fixed.*

[handwritten margin note: Es wird getanzt. They do dancing]

A third alternative is to use the verb **sein** with **zu** plus infinitive.

Dieses Ziel wird im Moment nicht erreicht.	*This goal isn't being attained right now.*
Dieses Ziel **ist** im Moment nicht **zu erreichen.**	*This goal isn't attainable right now.*

[handwritten margin note: more like adjective?]

Übungen

A Ein Gericht. Wie wird dieses Gericht zubereitet? Bilden Sie Aktivsätze mit **man.**

MODELL: Zuerst wird das Rezept im Kochbuch durchgelesen. →
Zuerst liest man das Rezept im Kochbuch durch.

1. Zuerst werden die Schnitzel eingekauft. *man kauft die S. ein*
2. Dann werden die Schnitzel mit Ei und Paniermehl paniert (*breaded*). *Dann paniert man*
3. Dann werden die Schnitzel in heißem Fett gebraten. *Dann brätet man*
4. Dann werden sie knusprig serviert. *Dann serviert man*
5. Die Schnitzel werden mit Zitronenscheiben garniert. *man ganiert*

B Anja in Hamburg. Anja beschreibt ihre Reise nach Hamburg. Schreiben Sie ihre Aussagen mit dem Verb **sich lassen** um.

MODELL: Hamburg kann nicht an einem Tag besichtigt werden. →
Hamburg lässt sich nicht an einem Tag besichtigen.

1. Von meinem Hotelfenster kann man das „Thalia" Theater sehen.
2. Der plattdeutsche Dialekt kann nur schwer verstanden werden.
3. Man konnte den Fischmarkt nicht leicht finden.
4. Das Essen auf dem Fischmarkt war nicht so gut. Man konnte es nicht essen.
5. In Hamburg kann man gut leben.

C Meinungen zur modernen Kultur. Bilden Sie neue Sätze mit **sein** und **zu** plus **Infinitiv.**

MODELL: Moderne Musik lässt sich schwer spielen. →
Moderne Musik ist schwer zu spielen.

1. Moderne Theaterstücke lassen sich oft nur schwer verstehen.
2. Dieser Autor lässt sich nicht leicht verstehen.
3. Im neuen Theatersaal lässt sich fast nichts hören.
4. Hinten im Theatersaal lässt sich nichts sehen.
5. Das neue Ballett lässt sich leicht genießen.

Können Sie Wiener Schnitzel machen?

Das „Thalia" Theater in Hamburg.

WORD ORDER WITH VERBS EXPRESSING ACTION

The verb is the only element in a German sentence that has a fixed position. The position of the verb depends on the type of sentence. In a simple declarative sentence, the conjugated verb occupies the second position. The first element is often the subject, but another expression, such as one of time or place, can also come first. When this happens, the subject takes the third position, immediately following the conjugated verb. The verb is also in second position after question words such as **wann, warum, was, wie, wo, woher, wohin,** and so forth.

Der Mensch **braucht** Unterhaltung.	*People need entertainment.*
In Berlin **kann** man abends viel machen.	*One can do a lot in Berlin in the evenings.*
Am Wochenende **geht** man ins Kino oder ins Theater.	*One can go to the movies or to the theater on weekends.*
Wann **reist** du nach Berlin?	*When are you going to Berlin?*

The verb appears in first position in yes/no questions.

Braucht der Mensch Unterhaltung?	*Do people need entertainment?*
Kann man abends viel in Berlin machen?	*Can one do a lot in Berlin in the evenings?*

The conjugated verb appears at the end of dependent clauses, such as relative clauses and clauses introduced by subordinating conjunctions.

Die deutschen Künstler, die nach Los Angeles **kamen,** haben zum Erfolg der amerikanischen Filmindustrie sehr viel beigetragen.	*The German artists who came to Los Angeles contributed much to the success of the American film industry.*
Weil sie von den Nazis politisch verfolgt **wurden,** mussten sie ihre Heimat verlassen.	*Because they were politically persecuted by the Nazis, they had to leave their homeland.*

Notice in the first example that the relative clause modifies the subject. Therefore, the subject and relative clause function together as the first element; and the conjugated verb of the main clause (**haben**) takes the second position in the sentence as a whole. In the second example, the dependent clause beginning with **weil** occupies the first position of the sentence, the verb of the main clause (**mussten**) occupies the second position of the sentence.

Übungen

A Kindheit. Erzählen Sie, was Sie als Kind **oft, manchmal** oder **nie** gemacht haben.

MODELL: In meiner Kindheit habe ich oft Sandburgen gebaut.

die Eltern ärgern   Kuchen backen   Geld verlieren

Schmetterlinge suchen   Schneemänner bauen

Videospiele spielen

andere Kinder ärgern   mit Buntstiften schreiben

B Meine Meinungen. Was meinen Sie zu den folgenden Aussagen?
Bilden Sie Sätze mit der Konjunktion **dass** und den angegeben
Ausdrücken.

Ich meine,
Ich finde,
Ich glaube (nicht),
Ich habe immer gedacht,
Ich bin (nicht) der Meinung,
Es ist sicher,

1. Tonfilme sind interessanter als Stummfilme.
2. man sollte fremdsprachige Filme nicht synchronisieren.
3. Aktionfilme sind meistens oberflächlich.
4. Kino soll nur Unterhaltung sein.
5. Theaterstücke sind wichtiger als Kinofilme.
6. Der Roman ist immer besser als die Romanverfilmung.
7. traurige Filme sind für schwermütige Leute.

PERSPEKTIVEN

HÖREN SIE ZU!
BIEDERMANN UND DIE BRANDSTIFTER

WORTSCHATZ ZUM HÖRTEXT

ständig	continual
der Dachkammerbrand	fire in the attic
gewähren	to allow
der Unterschlupf	accommodation
die Feigheit	cowardice
die Zündschnur	fuse
das Streichholz	match

● Sie hören jetzt eine kurze Beschreibung eines Theaterstücks. Hören Sie gut zu und beantworten Sie dann die Fragen.

1. Wovor hat Herr Biedermann Angst?
2. Warum gewährt er den zwei Obdachslosen in seiner Dachkammer Unterschlupf?
3. Was haben die zwei Männer in der Dachkammer gelagert?
4. Was hat Herr Biedermann den zwei Männern gegeben? Warum hat er das gemacht?
5. Was, glauben Sie, wird dann passieren? Erzählen Sie die Geschichte weiter.

LANDESKUNDE IN KÜRZE
DREISSIG JAHRE GRIPS THEATER

Das GRIPS Theater in Berlin inszeniert seit 1969 originelle Stücke für Kinder, Jugendliche und Erwachsene. Es folgt eine kurze Geschichte dieses Ensembles.

Das GRIPS Theater ist für Musicals wie, „Linie 1" weltweit berühmt.

Kinder bei einer GRIPS-Aufführung.

Das Wort GRIPS bedeutet in der norddeutschen Umgangssprache vor
allem „schnelle Auffassungsgabe" und „wacher Verstand". GRIPS ist
Vernunft mit Witz; es ist Denken, das Spaß macht.

    GRIPS ist auch der Name, den wir unserem Theater gegeben haben.
5 Es begann, angeregt durch die Studentenbewegung, mit einem für
(West-)Deutschland völlig neuen, nämlich in der Gegenwart spielenden,
realistischen Theater für Kinder. Nach Jahren der Anfeindung durch
Kritiker und konservative Politiker setzte es sich auf den deutschen
Bühnen durch, ist heute international verbreitet und gilt als das
10 berühmteste Kinder- und Jugendtheater der Welt.

    Heute spielt das GRIPS Theater gleichermaßen für Kinder, Jugendliche
und Erwachsene. Das GRIPS Theater hat keinen neuen ästhetischen Stil
erfunden, neu war allein seine Methode: GRIPS versucht, die Bedürfnisse,
Probleme und Sehnsüchte seines Publikums zu erkennen, sich eigen zu
15 machen und daraus sinnliche, vitale Stücke zu entwickeln, in denen die
Zuschauer sich wieder erkennen und die ihnen helfen sollen, ihre soziale
Phantasie zu entwickeln, ihre Umwelt besser zu durchschauen und zu
verändern. Inzwischen sind GRIPS-Stücke in aller Welt über 1 200 Mal
inszeniert worden und wurden in 36 Sprachen übersetzt. Im April 1996
20 hatte unser Erfolgsstück „Linie Eins" in unserem Haus zehnjähriges
Jubiläum und die 750. Vorstellung. 1994 wurde Volker Ludwig,
Hauptautor, Leiter und „Vater" des GRIPS Theaters und das Ensemble
mit der Carl-von-Ossietzky-Medaille ausgezeichnet.

    „Mutmach-Theater' ist übrigens mein Lieblingswort für GRIPS."
—Volker Ludwig.

WORTSCHATZ ZUM LESEN

die Auffassungsgabe	talent for understanding
die Vernunft	reason
die Anfeindung	hostility
das Jubiläum	anniversary celebration
übrigens	by the way

● GRIPS Theater. Was stimmt? Wenn ein Satz nicht stimmt, korrigieren Sie ihn mit der richtigen Information.

	DAS STIMMT.	DAS STIMMT NICHT.
1. Das Ensemble wurde von den Studentenbewegungen beeinflüsst.	☐	☐
2. Das Theater war schon am Anfang bei allen Kritikern beliebt.	☐	☐
3. Heute ist das Theater nur für Kinder.	☐	☐
4. Die Methode des Theaters war neu.	☐	☐
5. Das Stück „Linie Eins" wurde erst 1996 inszeniert.	☐	☐
6. Carl von Ossietzky ist der „Vater" des GRIPS Theaters.	☐	☐

LESEN SIE!

Zum Thema

Straßenkünstler erfreuen sich großer Beliebtheit.

● Haben Sie eine Lieblingserzählung oder ein Lieblingsgedicht? Wie heißt dieser Text? Wovon handelt der Text? Finden Sie einen Partner / eine Partnerin, und erzählen Sie ihm/ihr, worum der Text geht.

Zum Text

● Sie haben in Ihrem Deutschkurs schon mehrere Texte gelesen und besprochen. In diesem Kapitel werden Sie einen Text selber aufführen.

SCHRITT 1: Unten stehen einige Texte. Wählen Sie einen davon aus, den Sie vor der Klasse aufführen möchten. Bevor Sie Ihren Text aussuchen, denken Sie an folgende Fragen:

1. Wollen Sie den Text allein aufführen?
2. Möchten Sie einen ernsthaften oder einen lustigen Text aufführen?

SCHRITT 2: Wählen Sie Ihren Text. Denken Sie daran, wie der Text inszeniert werden kann. Brauchen Sie für Ihre Aufführung Kostüme, Möbel oder anderen Dinge?

SCHRITT 3: Führen Sie den Text vor der Klasse auf.

Der Tiberbiber

ein Biber
saß im Tiber
und biberte
vor Fieber
und sprach
ach wär doch lieber
mein Fieber
schon vorieber

doch kaum
war es vorieber
das Fieber
von dem Biber
da ging
der Biber lieber
doch wieder
korrekt zum Umlaut über

Nach Ihnen!

Disposition: Zwei Teilnehmer—A und B—liefern sich ein Höflichkeitsduell: Jeder will mit dem anderen den Vortritt lassen, etwa beim Treten druch eine imaginäre Tür.

A   Bitte . . .
B   Nein, bitte . . .
A   Nach Ihnen, bitte . . .
B   Nein bitte, nach Ihnen . . .
A   Aber ich bitte Sie . . .
B   Aber nicht doch, bitte . . .
A   So gehen Sie doch, bitte . . .
B   Bitte, Sie zuerst . . .
A   Warum diese Umstände . . .
B   Eben. Das muss doch nicht sein!
A   Haben wir das etwas nötig?
B   Natürlich nicht!
A   Na also! Dann—bitte!
B   Nein, bitte . . .
A   Nach Ihnen, bitte . . .

und so weiter . . .

Wer wird das Höflichkeitsduell gewinnen?

Von wo zieht es?

Von wo zieht's . . . ?

Drei Personen

Eins   Ich finde, es zieht.

Zwei   Das finde ich nicht.

Drei   Ich bin mir nicht sicher.

Eins   Und zwar zieht es von da.

Zwei   Also von da kann es gar nicht ziehen.

Drei   Das glaube ich auch. Wenn es zieht, dann zieht es eher von dort.

Eins   Nein, von dort zieht es ganz sicher nicht.

Drei   Von wo denn sonst?

Zwei   Jedenfalls nicht von oben— so viel ist sicher.

Drei   Auch nicht von unten—das steht fest.

Eins   Also zieht es von der Seite her—genau das sage ich. Und zwar von da her, also von rechts.

Zwei   Rechts? Für mich wäre das links.

Drei   Und für mich gerade aus.

Eins   Meinetwegen. Jedenfalls— ich finde, es zieht.

Zwei   Das finde ich nicht.

Drei   Ich bin mir nicht sicher.

und so weiter . . .

Der verdrehte Schmetterling

Ein Metterschling
mit flauen Blügeln
log durch die Fluft.
Er war einem Computer
entnommen, dem war was
durcheinandergekommen,
Irgendein Drähtchen
Irgendein Rädchen.
Und als man es merkte, da
war's schon zu spätchen.
da war der Metterschling
schon feit wort,
wanz geit.
Mir lut er teid.

Zur Interpretation

● Innere Bedeutung

SCHRITT 1: Welche Bedeutung hat der Text, den Sie ausgewählt haben? Gibt es eine versteckte Bedeutung? In welchen Zeilen Sie wird diese Bedeutung klar gemacht?

SCHRITT 2: Schreiben Sie zwei oder drei Sätze auf, die Ihren Text beschreiben. Dann fragen Sie Ihre Mitstudenten/MitstudentInnen, was sie von Ihrer Aufführung halten.

Zur Kommunikation

● Schreiben Sie ihre eigene Kurzgeschichte oder Gedicht. Versuchen Sie, Themen und Figuren aus Ihrem Deutschbuch zu gebrauchen. Hier sind einige Möglichkeiten.

Ulla

Karolin

Ergün Çevik

THEMEN	FIGUREN
Familie	Meta Hein, Susanne Dyrchs,
Jugend	Nora Bausch
Schule	Christian, Ulla, Ramona
Universität	Karolin
Urlaub	Guy
Multi-Kulti	Birgit
Umwelt	Ergün Çevik
	Familie Barmbeck

KULTURPROJEKT
STICHWORT „KULTUR"

1. **Was bedeutet Kultur?** Wie Sie sehen, gibt es viele Meinungen zum Thema Kultur. Manche engagieren sich für Theater oder Museen, andere wollen lieber Unterhaltung oder Entspannung. Wie definieren Sie das Wort „Kultur"? Was ist für Sie ein kulturelles Erlebnis?

2. **Ihre Meinung.** Machen Sie eine Umfrage in der Klasse. Fragen Sie Ihre Mitstudenten/Mitstudentinnen, wie sie ihre Freizeit verbringen. Was für Filme sehen sie gern? Was für Bücher lesen? Welche Autoren/Autorinnen haben sie besonders gern? Was halten sie von fremdsprachigen Filmen?

3. **Die Kunstwelt.** Suchen Sie biographische Informationen über einen deutschsprachigen Künstler / eine deutschsprachige Künstlerin. Was hat diese Person gemacht? Wie würden Sie seine/ihre Werke beschreiben? Warum finden Sie diese Person interessant? Berichten Sie der Klasse.

WORTSCHATZ

Substantive	Nouns
die **Bühne, -n**	stage
die **Komödie, -n**	comedy
die **Kultur, -en**	culture
die **Pantomime, -n**	pantomime
die **Romanverfilmung, -en**	filming of a novel
die **Unterhaltung, -en**	entertainment
der **Aktionfilm, -e**	action film
der **Film, -e**	film
der **Höhepunkt, -e**	high point, climax
der **Humor**	humor
der **Komponist (-en** *masc.***) /**	composer
die **Komponistin, -nen**	
der **Liebesfilm, -e**	romantic film
der **Regisseur, -e** / die	director
Regisseurin, -nen	
der **Stummfilm, -e**	silent film
der **Tanz, ⸚e**	dance
der **Tonfilm, -e**	sound film
der **Untertitel, -**	subtitle
der **Zweck, -e**	purpose
das **Geheimnis, -se**	secret
das **Publikum**	public
das **Schauspiel, -e**	play
das **Stück, -e**	(theater) piece
das **Theater, -**	theater

Verben	Verbs
beobachten	to observe
beziehen, bezog, bezogen	to take up
(einen Film) drehen	to film (a movie)
faszinieren	to fascinate
fördern	to promote; support

inszenieren	to stage
komponieren	to compose
locken	to attract, entice
mit•teilen	to convey
synchronisieren	to dub (*a film*)
verfilmen	to film

Adjektive und Adverbien	Adjectives and adverbs
aufmerksam	attentive(ly)
bekannt	(well-)known
fähig	capable; capably
geschickt	clever(ly)
imaginär	imaginary
intellektuell	intellectual(ly)
kulturell	cultural(ly)
künstlerisch	artistic(ally)
spürbar	traceable
ursprünglich	original(ly)

Sie wissen schon	You already know
die **Kunst, ⸚e**	art
die **Literatur, -en**	literature
die **Musik**	music
die **Stimmung, -en**	mood
der **Autor, -en** / die	author
Autorin, -nen	
der **Künstler, -** / die	artist
Künstlerin, -nen	
der **Schauspieler, -** / die	actor
Schauspielerin, -nen	
oberflächlich	superficial(ly)

Schnulze chick fim

VIDEOTHEK

A Typisch deutsch? Ergün Çevik sagt: „Für mich zeigt sich in einem Schrebergarten die deutsche Seele." Sehen Sie sich die Bilder genau an. Welche „typisch" deutsche Eigenschaften sehen Sie in diesen Bildern?

1.

2.

B Vom Sauerkraut zur Pizza. Beschreiben Sie, was Sie in diesen Bildern sehen. Wer sind diese Menschen? Was machen sie? Was haben diese Bilder mit dem Thema „multikulturelle Gesellschaft" zu tun?

1.

2.

C Umweltschutz zu Hause. Schauen Sie sich das Bild an und beantworten Sie die Fragen.

1. Wie wohnen die Leute in dieser Wohnsiedlung? Inwiefern wohnen sie umweltfreundlicher als die meisten Deutschen?
2. Warum ist Bärbel Barmbecks Waschmaschine umweltfreundlich? ihr Wäschetrockner? ihre Lampen?
3. „Viele Menschen in dieser Siedlung nehmen Rücksicht auf die Umwelt. Dadurch verbessert sich die Lebensqualität für alle." Was meinen Sie? Wie kann sich die Lebensqualität für alle in einer solchen Siedlung verbessern?

Eine umweltfreundliche Siedlung.

D Theater für Jugendliche. Wie heißt dieses Theater? Was für Stücke werden da aufgeführt? Was wissen Sie über die künstlerischen Ziele des Ensembles?

VOKABELN

A Deutsche, Ausländer und Einwanderer. Ergänzen Sie die Lücken mit den Wörtern im Kasten.

Ein Theater, das „gebraucht" wird.

verfolgt	Pünktlichkeit	Regel
beigetragen		verspäten
	duzen	
vereinbart		Sauberkeit

1. Ausländer haben kulturell sehr viel _____.
2. Die Liebe zur _____ hat natürlich Vorteile; beispielsweise werden die Fahrpläne eingehalten.
3. In Deutschland sagt man, die Ausnahme bestätigt die _____.
4. Leute, die politisch _____ werden, genießen in Deutschland das Asylrecht.
5. Wenn man eine Verabredung hat, sollte man sich nie _____.
6. Amerikaner in Deutschland wissen oft nicht, ob man jemanden _____ darf, wenn man ihn nicht kennt.
7. In Deutschland wird alles vorher _____.
8. Der wöchentliche Putztag zeigt die Liebe zu _____.

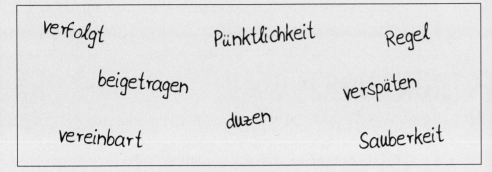

Ein Termin wird vereinbart.

B Probleme und Lösungen. Verbinden Sie das Umweltschutzproblem mit den möglichen Lösungen.

1. Wir benutzen zu viel Strom und bezahlen zu viel für Energie im Monat.
2. Die Wälder werden abgeholzt.
3. Kohlekraftwerke vergiften die Umwelt.
4. Abgase verschmutzen die Luft.
5. Plastik und andere Verpackungsmaterialien lassen sich nur schwer recyceln.
6. Viele Produkte werden in Plastikbechern verpackt.

  a. Man sollte so wenig wie möglich mit dem Auto fahren.
  b. Man sollte Verpackungsmaterial nicht wegschmeißen.
  c. Der Müll sollte sorgfältig getrennt werden.
  d. Man sollte Energie umweltfreundlicher produzieren— zum Beispiel mit Windkraft- oder Solaranlagen.
  e. Man soll recyceltes Papier kaufen.
  f. Man sollte Produkte mit umweltfreundlicheren Verpackungsmaterial kaufen.

Eine Szene aus Volker Schlöndorffs Film „Die Blechtrommel".

Im Reisebüro.

C Sind Sie Filmkenner/Filmkennerin? Arbeiten Sie mit einen Partner / eine Partnerin, und stellen Sie einander die folgenden Fragen.

1. Siehst du dich gern ausländische Filme?
2. Welche ausländischen Filme hast du gesehen?
3. Sollen ausländische Filme synchronisiert oder untertitelt werden, deiner Meinung nach? Warum?
4. Was ist für dich ein „typischer" amerikanischer Film? ein „typsicher" deutscher Film?
5. Sind traurige Filme eigentlich realitätsnäher als Aktionfilme? Was meinst du?

STRUKTUREN

A Anzeigen. Verbinden Sie die Sätze durch Relativpronomen.

MODELL: Für unser Reisebüro suchen wir Mitarbeiter. Sie müssen über Extremsportarten gut informiert sein. →
Für unser Reisebüro suchen wir Mitarbeiter, die über Extremsportarten gut informiert sind.

1. Für den ersten August suchen wir eine Verkäuferin. Sie soll mindestens zehn Jahre Erfahrung im Schuhverkauf haben.
2. Kinderreiche Familie sucht ein Einfamilienhaus. Es muss mindestens fünf Zimmer haben.
3. Junger Mann sucht nette, junge Dame. Er möchte schöne Ferien in Spanien mit ihr erleben.
4. Für die Sommerreisesaison suchen wir Studenten. Sie sollen als Reisebegleiter arbeiten.

B Bemerkungen. Ergänzen Sie die Sätze mit **zu** plus **Infinitiv**.

MODELL: Jens isst viel Fleisch. Es ist ungesund, ... →
Es ist ungesund, viel Fleisch zu essen.

1. Karin füttert ihren Hund. Katrin vergisst oft, ...
2. Thomas und Klara spielen jetzt Tennis. Aber wir haben keine Lust, ...
3. Wir gehen in den Fitnessclub. Es macht uns Spaß, ...
4. Ihr sprecht gut Russisch. Ich finde, es ist wirklich schwer, ...
5. Kannst du auf Spanisch zählen? Es ist leicht, ...
6. Ich verbringe gern etwas Zeit mit Freunden. Es ist immer schön, ...

C Festspiele in Österreich. Ergänzen Sie die Sätze mit der richtigen Form von **werden.**

1. In vielen Teilen Österreichs sind Festspiele zu einer beliebten Tradition _____.
2. Dieses Jahr _____ wir zu den Salzburger Festspielen fahren.
3. In Salzburg _____ auch Mozart geboren.
4. Vor dem Salzburger Dom _____ jedes Jahr das Drama „Jedermann" aufgeführt
5. Dieses Drama erinnert an eine Geschichte aus dem Mittelalter, es _____ jedoch erst in unserem Jahrhundert geschrieben.
6. Obwohl das Stück auf Deutsch gespielt _____, sind doch viele nicht deutschsprechende Besucher unter den Zuschauern.
7. Nach der Aufführung _____ wir noch ein bisschen in der Stadt bummeln.

D Musizieren. Schreiben Sie die Sätze ins Passiv um.

MODELL: Man singt Händels „Messias" oft zu Weihnachten. →
Händels „Messias" wird oft zu Weihnachten gesungen.

1. Viele Musiker spielen die Trompete.
2. Der Berliner Rundfunk überträgt heute Abend die „Brandenburgischen Konzerte".
3. Man führt diese Woche in Salzburg „Die Zauberflöte" auf.
4. In den neunziger Jahren bevorzugen viele Jugendliche Technomusik.
5. In unserem Laden verkauft man CD-Anlagen und Videorecorder.

E Nach München oder nach Hamburg? Sie wissen nicht, ob Sie nach München oder nach Hamburg reisen wollen. Verbinden Sie die Satzteile—für jeden Satz gibt es aber mehrere Möglichkeiten.

MODELL: Ich glaube, dass . . . →
Ich glaube, dass der Hamburger Akzent leichter zu verstehen ist.

1. Ich sollte vielleicht Hamburg besuchen, weil
2. München soll interessante Museen haben und
3. Ich will aber nicht nur Museen und Galerien besuchen, sondern
4. Man sagt, dass
5. Ich möchte gern wissen, ob
6. Ich glaube, dass
7. Ich könnte von München aus in die Alpen fahren, oder

a. Hamburg hat ausgezeichnete Theater.
b. Ich will (auch) etwas Zeit an der Nordseeküste verbringen.
c. Der Hamburger Akzent ist leichter zu verstehen.
d. Ich will mir gern Kunstwerke ansehen.
e. Die Münchner sollen sehr gastfreundlich sein.
f. Ich könnte auf der Alster segeln.
g. Ich will (auch) Spaziergänge in der Natur machen.

KULTURSPIEGEL

Georg Heym, 1887 in Hirschberg (Schlesien) geboren, lebte ab 1900 in Berlin. Er studierte Jura und promovierte 1911 in Rostock. 1912, ein Jahr nach Erscheinen seines ersten Gedichtbandes, ertrank er beim Eislaufen in der Havel. Er gehörte zum Kreis junger Lyriker, die als Ausdruck des Protests den Expressionismus schufen.

WORTSCHATZ ZUM LESEN

lagern	to camp
die Stirn	forehead
die Wut	anger
die Einsamkeit	loneliness
verirren	to get lost
die Kirchenglocken	church bells
wogen	to surge up
Korybanten	mythological dancing figures
dröhnen	to drone
die Schlote	factory chimneys
der Weihrauch	incense
betäuben	to anesthetize
der Geier	vulture
der Zorn	anger
schütteln	to shake
jagen	to hunt
der Glutqualm	fiery smoke
fressen	to eat, consume (as animals do)

PERSPEKTIVEN

A Zum Thema. Beschreiben Sie Ihre eigene Stadt.

1. Was tut man in Ihrer Stadt für die Umwelt?
2. Was tun Sie selbst für die Umwelt?
3. Welche Unterschiede gibt es zwischen einer Großstadt und einer Kleinstadt? Wo lebt man umweltfreundlicher? Warum?

Der Gott der Stadt

Auf einem Häuserblocke sitzt er breit.
Die Winde lagern schwarz um seine Stirn.
Er schaut voll Wut, wo fern in Einsamkeit
Die letzten Häuser in das Land verirrn.

5 Vom Abend glänzt der rote Bauch dem Baal.
Die großen Städte knien um ihn her.
Der Kirchenglocken ungeheure Zahl
Wogt auf ihn aus schwarzer Türme Meer.

Wie Korybanten-Tanz dröhnt die Musik
10 Der Millionen durch die Straßen laut.
Der Schlote Rauch, die Wolken der Fabrik
Ziehn auf zu ihm, wie Duft von Weihrauch blaut.

Das Wetter schwelt in seinen Augenbrauen.
Der dunkle Abend wird in Nacht betäubt.
15 Die Stürme flattern, die wie Geier schauen
Von seinem Haupthaar, das im Zorne sträubt.

Er streckt ins Dunkel seine Fleischerfaust.
Er schüttelt sie. Ein Meer von Feuer jagt
Durch eine Straße. Und der Glutqualm braust
20 Und frisst sie auf, bis spät der Morgen tagt.

Georg Heym (1887—1912)

B Zum Text. Welche Wörter im Gedicht passen zu den folgenden Kategorien? Passen Sie auf—manche Vokabeln passen vielleicht zu mehreren Kategorien.

KRIEG   RELIGION   TIERE   MENSCHLICHE EIGENSCHAFTEN

C Zur Interpretation. In einem Gedicht werden Bilder mit Wörtern „gemalt". Lesen Sie jede Strophe noch einmal genau, und versuchen Sie, einzelne Bildelemente grafisch darzustellen. Ihre Bilder können abstrakt sein, oder Sie können eine Collage erstellen.

D Die Stadt. Wie erfährt man „die Stadt" in diesem Gedicht? Ist diese Beschreibung auch Ihre Erfahrung?

APPENDIX A

Grammar Tables

1. Personal Pronouns

	SINGULAR					PLURAL		
NOMINATIVE	ich	du / Sie	sie	er	es	wir	ihr / Sie	sie
ACCUSATIVE	mich	dich / Sie	sie	ihn	es	uns	euch / Sie	sie
DATIVE	mir	dir / Ihnen	ihr	ihm	ihm	uns	euch / Ihnen	ihnen

2. Definite Articles and *der*-Words

	SINGULAR			PLURAL
	FEMININE	MASCULINE	NEUTER	
NOMINATIVE	die	der	das	die
ACCUSATIVE	die	den	das	die
DATIVE	der	dem	dem	den
GENITIVE	der	des	des	der

Words declined like the definite article: **jeder, dieser, welcher**

3. Indefinite Articles and *ein*-Words

	SINGULAR			PLURAL
	FEMININE	MASCULINE	NEUTER	
NOMINATIVE	(k)eine	(k)ein	(k)ein	keine
ACCUSATIVE	(k)eine	(k)einen	(k)ein	keine
DATIVE	(k)einer	(k)einem	(k)einem	keinen
GENITIVE	(k)einer	(k)eines	(k)eines	keiner

Words declined like the indefinite article: all possessive adjectives (**mein, dein, sein, ihr, unser, euer, Ihr**).

4. Question Pronouns

	PEOPLE	THINGS AND CONCEPTS
NOMINATIVE	wer	was
ACCUSATIVE	wen	was
DATIVE	wem	
GENITIVE	wessen	

5. Attributive Adjectives without Articles

	SINGULAR			PLURAL
	FEMININE	MASCULINE	NEUTER	
NOMINATIVE	gute	guter	gutes	gute
ACCUSATIVE	gute	guten	gutes	gute
DATIVE	guter	gutem	gutem	guten
GENITIVE	guter	guten	guten	guter

6. Attributive Adjectives with *der*-Words

	SINGULAR			PLURAL
	FEMININE	MASCULINE	NEUTER	
NOMINATIVE	die gute	der gute	das gute	die guten
ACCUSATIVE	die gute	den guten	das gute	die guten
DATIVE	der guten	dem guten	dem guten	den guten
GENITIVE	der guten	des guten	des guten	der guten

7. Attributive Adjectives with *ein*-Words

	SINGULAR			PLURAL
	FEMININE	MASCULINE	NEUTER	
NOMINATIVE	eine gute	ein guter	ein gutes	keine guten
ACCUSATIVE	eine gute	einen guten	ein gutes	keine guten
DATIVE	einer guten	einem guten	einem guten	keinen guten
GENITIVE	einer guten	eines guten	eines guten	keiner guten

8. Prepositions

ACCUSATIVE	DATIVE	ACCUSATIVE/DATIVE	GENITIVE
durch	aus	an	außerhalb
für	außer	auf	innerhalb
gegen	bei	hinter	trotz
ohne	mit	in	während
um (. . . herum)	nach	neben	wegen
	seit	über	
	von	unter	
	zu	vor	
		zwischen	

9. Relative and Demonstrative Pronouns

	SINGULAR			PLURAL
	FEMININE	MASCULINE	NEUTER	
NOMINATIVE	die	der	das	die
ACCUSATIVE	die	den	das	die
DATIVE	der	dem	dem	denen
GENITIVE	deren	dessen	dessen	deren

10. Weak Masculine Nouns

These nouns add **-(e)n** in the accusative, dative, and genitive.
A. *International nouns ending in -t denoting male persons:* Komponist, Patient, Polizist, Präsident, Soldat, Student, Tourist
B. *Nouns ending in -e denoting male persons or animals:* Drache, Junge, Neffe, Riese
C. *The following nouns:* Elefant, Herr, Mensch, Nachbar, Name

	SINGULAR	PLURAL
NOMINATIVE	der Student der Junge	die Studenten die Jungen
ACCUSATIVE	den Studenten den Jungen	die Studenten die Jungen
DATIVE	dem Studenten dem Jungen	den Studenten den Jungen
GENITIVE	des Studenten des Jungen	der Studenten der Jungen

11. Principal Parts of Irregular Verbs

The following is a list of the most important irregular verbs that are used in this book. Included in this list are the modal auxiliaries. Since the principal parts of two-part verbs follow the forms of the base verb, two-part verbs are generally not included, except for a few high-frequency verbs whose base verb is not commonly used. Thus you will find **einladen** listed, but not **zurückkommen.**

INFINITIVE	(3RD PERS. SG. PRESENT)	SIMPLE PAST	PAST PARTICIPLE	MEANING
anbieten		bot an	angeboten	*to offer*
anfangen	(fängt an)	fing an	angefangen	*to begin*
backen		backte	gebacken	*to bake*
beginnen		begann	begonnen	*to begin*
begreifen		begriff	begriffen	*to comprehend*
beißen		biss	gebissen	*to bite*
bitten		bat	gebeten	*to ask, beg*
bleiben		blieb	(ist) geblieben	*to stay*
bringen		brachte	gebracht	*to bring*
denken		dachte	gedacht	*to think*

INFINITIVE	(3RD PERS. SG. PRESENT)	SIMPLE PAST	PAST PARTICIPLE	MEANING
dürfen	(darf)	durfte	gedurft	to be allowed
einladen	(lädt ein)	lud ein	eingeladen	to invite
empfehlen	(empfiehlt)	empfahl	empfohlen	to recommend
entscheiden		entschied	entschieden	to decide
essen	(isst)	aß	gegessen	to eat
fahren	(fährt)	fuhr	(ist) gefahren	to drive
fallen	(fällt)	fiel	(ist) gefallen	to fall
finden		fand	gefunden	to find
fliegen		flog	(ist) geflogen	to fly
geben	(gibt)	gab	gegeben	to give
gefallen	(gefällt)	gefiel	gefallen	to like; to please
gehen		ging	(ist) gegangen	to go
genießen		genoss	genossen	to enjoy
geschehen	(geschieht)	geschah	ist geschehen	to happen
gewinnen		gewann	gewonnen	to win
haben	(hat)	hatte	gehabt	to have
halten	(hält)	hielt	gehalten	to hold; to stop
hängen		hing	gehangen	to hang
heißen		hieß	geheißen	to be called
helfen	(hilft)	half	geholfen	to help
kennen		kannte	gekannt	to know
kommen		kam	(ist) gekommen	to come
können	(kann)	konnte	gekonnt	can; to be able
lassen	(lässt)	ließ	gelassen	to let; to allow
laufen	(läuft)	lief	(ist) gelaufen	to run
leihen		lieh	geliehen	to lend; to borrow
lesen	(liest)	las	gelesen	to read
liegen		lag	gelegen	to lie
mögen	(mag)	mochte	gemocht	to like
müssen	(muss)	musste	gemusst	must; to have to
nehmen	(nimmt)	nahm	genommen	to take
nennen		nannte	genannt	to name
raten	(rät)	riet	geraten	to advise
reiten		ritt	(ist) geritten	to ride
scheinen		schien	geschienen	to seem; to shine
schlafen	(schläft)	schlief	geschlafen	to sleep
schließen		schloss	geschlossen	to close
schreiben		schrieb	geschrieben	to write
schwimmen		schwamm	(ist) geschwommen	to swim
sehen	(sieht)	sah	gesehen	to see
sein	(ist)	war	(ist) gewesen	to be
singen		sang	gesungen	to sing
sitzen		saß	gesessen	to sit

INFINITIVE	(3RD PERS. SG. PRESENT)	SIMPLE PAST	PAST PARTICIPLE	MEANING
sollen	(soll)	sollte	gesollt	*should, ought; to be supposed*
sprechen	(spricht)	sprach	gesprochen	*to speak*
stehen		stand	gestanden	*to stand*
steigen		stieg	ist gestiegen	*to rise; to climb*
sterben	(stirbt)	starb	(ist) gestorben	*to die*
tragen	(trägt)	trug	getragen	*to carry; to wear*
treffen	(trifft)	traf	getroffen	*to meet*
trinken		trank	getrunken	*to drink*
tun		tat	getan	*to do*
umsteigen		stieg um	(ist) umgestiegen	*to change; to transfer*
vergessen	(vergisst)	vergaß	vergessen	*to forget*
vergleichen		verglich	verglichen	*to compare*
verlieren		verlor	verloren	*to lose*
wachsen	(wächst)	wuchs	(ist) gewachsen	*to grow*
waschen	(wäscht)	wusch	gewaschen	*to wash*
werden	(wird)	wurde	(ist) geworden	*to become*
wissen	(weiß)	wusste	gewusst	*to know*
wollen	(will)	wollte	gewollt	*to want*
ziehen		zog	(ist/hat) gezogen	*to move; to pull*

12. Common Inseparable Prefixes of Verbs

be- besichtigen, besuchen, bezahlen
er- erleben, erlösen
ver- vergessen, vermieten, versprechen

13. Conjugation of Verbs

In the charts that follow, the pronoun **Sie** (*you*) is listed with the third-person plural **sie** (*they*).

Present Tense
Auxiliary Verbs

	sein	haben	werden
ich	bin	habe	werde
du	bist	hast	wirst
sie/er/es	ist	hat	wird
wir	sind	haben	werden
ihr	seid	habt	werdet
Sie/sie	sind	haben	werden

Regular Verbs, Irregular Verbs, Mixed Verbs

	REGULAR		IRREGULAR		MIXED
	fragen	**finden**	**geben**	**fahren**	**wissen**
ich	frage	finde	gebe	fahre	weiß
du	fragst	findest	gibst	fährst	weißt
sie/er/es	fragt	findet	gibt	fährt	weiß
wir	fragen	finden	geben	fahren	wissen
ihr	fragt	findet	gebt	fahrt	wisst
Sie/sie	fragen	finden	geben	fahren	wissen

Simple Past Tense

Auxiliary Verbs

	sein	**haben**	**werden**
ich	war	hatte	wurde
du	warst	hattest	wurdest
sie/er/es	war	hatte	wurde
wir	waren	hatten	wurden
ihr	wart	hattet	wurdet
Sie/sie	waren	hatten	wurden

Regular Verbs, Irregular Verbs, Mixed Verbs

	REGULAR	IRREGULAR		MIXED
	fragen	**geben**	**fahren**	**wissen**
ich	fragte	gab	fuhr	wusste
du	fragtest	gabst	fuhrst	wusstest
sie/er/es	fragte	gab	fuhr	wusste
wir	fragten	gaben	fuhren	wussten
ihr	fragtet	gabt	fuhrt	wusstet
Sie/sie	fragten	gaben	fuhren	wussten

Wissen and the Modal Verbs

	MODAL VERBS						
	wissen	**dürfen**	**können**	**müssen**	**sollen**	**wollen**	**mögen**
ich	wusste	durfte	konnte	musste	sollte	wollte	mochte
du	wusstest	durftest	konntest	musstest	solltest	wolltest	mochtest
sie/er/es	wusste	durfte	konnte	musste	sollte	wollte	mochte
wir	wussten	durften	konnten	mussten	sollten	wollten	mochten
ihr	wusstet	durftet	konntet	musstet	solltet	wolltet	mochtet
Sie/sie	wussten	durften	konnten	mussten	sollten	wollten	mochten

Present Perfect Tense

	sein	**haben**	**geben**	**fahren**
ich	bin	habe	habe	bin
du	bist	hast	hast	bist
sie/er/es	ist	hat	hat	ist
wir	sind	haben	haben	sind
ihr	seid	habt	habt	seid
Sie/sie	sind	haben	haben	sind

sein } gewesen — haben } gehabt — geben } gegeben — fahren } gefahren

Past Perfect Tense

	sein	**haben**	**geben**	**fahren**
ich	war	hatte	hatte	war
du	warst	hattest	hattest	warst
sie/er/es	war	hatte	hatte	war
wir	waren	hatten	hatten	waren
ihr	wart	hattet	hattet	wart
Sie/sie	waren	hatten	hatten	waren

sein } gewesen — haben } gehabt — geben } gegeben — fahren } gefahren

Subjunctive

Present Tense: Subjunctive I (Indirect Discourse Subjunctive)

	sein	haben	werden	fahren	wissen
ich	sei	—	—	—	wisse
du	sei(e)st	habest	—	—	—
sie/er/es	sei	habe	werde	fahre	wisse
wir	seien	—	—	—	—
ihr	sei(e)t	habet	—	—	—
Sie/sie	seien	—	—	—	—

For the forms left blank, the subjunctive II forms are preferred in indirect discourse.

Present Tense: Subjunctive II

	fragen	sein	haben	werden	fahren	wissen
ich	fragte	wäre	hätte	würde	führe	wüsste
du	fragtest	wär(e)st	hättest	würdest	führ(e)st	wüsstest
sie/er/es	fragte	wäre	hätte	würde	führe	wüsste
wir	fragten	wären	hätten	würden	führen	wüssten
ihr	fragtet	wär(e)t	hättet	würdet	führ(e)t	wüsstet
Sie/sie	fragten	wären	hätten	würden	führen	wüssten

Past Tense: Subjunctive I (Indirect Discourse)

	fahren	wissen
ich	sei	—
du	sei(e)st	habest
sie/er/es	sei	habe
wir	seien } gefahren	— } gewusst
ihr	sei(e)t	habet
Sie/sie	sei(e)n	—

Past Tense: Subjunctive II

	sein	**geben**	**fahren**
ich	wäre	hätte	wäre
du	wär(e)st	hättest	wär(e)st
sie/er/es	wäre	hätte	wäre
wir	wären	hätten	wären
ihr	wär(e)t	hättet	wär(e)t
Sie/sie	wären	hätten	wären

sein ... gewesen · geben ... gegeben · fahren ... gefahren

Passive Voice

	einladen		
	Present	*Simple Past*	*Present Perfect*
ich	werde	wurde	bin
du	wirst	wurdest	bist
sie/er/es	wird	wurde	ist
wir	werden	wurden	sind
ihr	werdet	wurdet	seid
Sie/sie	werden	wurden	sind

Present/Simple Past ... eingeladen · Present Perfect ... eingeladen worden

Imperative

	sein	**geben**	**fahren**	**arbeiten**
FAMILIAR SINGULAR	sei	gib	fahr	arbeite
FAMILIAR PLURAL	seid	gebt	fahrt	arbeitet
FORMAL	seien Sie	geben Sie	fahren Sie	arbeiten Sie

APPENDIX B

Alternate Spelling and Capitalization

With the German spelling reform, some words now have an alternate old spelling along with a new one. The vocabulary lists at the end of each chapter in this text present the new spelling. Listed here are some common words that are affected by the spelling reform, along with their traditional alternate spellings. This list is not a complete list of words affected by the spelling reform.

NEW	ALTERNATE
Abschluss (¨e)	Abschluß (Abschlüsse)
auf Deutsch	auf deutsch
dass	daß
Erdgeschoss (-e)	Erdgeschoß (Erdgeschosse)
essen (isst), aß, gegessen	essen (ißt), aß, gegessen
Esszimmer (-)	Eßzimmer (-)
Fitness	Fitneß
Fluss (¨e)	Fluß (Flüsse)
heute Abend / . . . Mittag / . . . Morgen / . . . Nachmittag / . . . Vormittag	heute abend / . . . mittag / . . . morgen / . . . nachmittag / . . . vormittag
lassen (lässt), ließ, gelassen Lass uns doch . . .	lassen (läßt), ließ, gelassen Laß uns doch . . .
morgen Abend / . . . Mittag / . . . Nachmittag / . . . Vormittag	morgen abend / . . . mittag / . . . nachmittag / vormittag
müssen (muss), musste, gemusst	müssen (muß), mußte, gemußt
passen (passt), gepasst	passen (paßt), gepaßt
Rad fahren (fährt Rad), fuhr Rad, ist Rad gefahren	radfahren (fährt Rad), fuhr Rad, ist radgefahren
Samstagabend / -mittag / -morgen / -nachmittag / -vormittag	Samstag abend / . . . mittag / . . . morgen / . . . nachmittag / . . . vormittag
Schloss (¨er)	Schloß (Schlösser)
spazieren gehen (geht spazieren), ging spazieren, ist spazieren gegangen	spazierengehen (geht spazieren), ging spazieren, ist spazierengegangen
Stress	Streß
vergessen (vergisst), vergaß, vergessen	vergessen (vergißt), vergaß, vergessen
wie viel	wieviel

VOCABULARY

GERMAN-ENGLISH

This cumulative vocabulary list contains nearly all the German words that appear in the textbook for **Fokus Deutsch** *Intermediate German*. Exceptions include identical or very close cognates with English that are not part of the active vocabulary. It also contains commonly used German words that appeared in **Fokus Deutsch** *Beginning German 1* and **Fokus Deutsch** *Beginning German 2*. Chapter numbers indicate active vocabulary items from the end-of-chapter **Wortschatz** lists. For **Sie wissen schon** vocabulary, the chapter in *Beginning German 1* or *Beginning German 2* in which the item originally appeared is provided as well.

Entries for strong and mixed verbs include all principal parts, including the third-person singular of the present tense if it is irregular: **fahren (fährt), fuhr, ist gefahren; trinken, trank, getrunken.**

The vocabulary list also includes the following abbreviations.

acc.	accusative
adj.	adjective
adv.	adverb
coll.	colloquial
coord. conj.	coordinating conjunction
dat.	dative
decl. adj.	declined adjective
fig.	figurative
form.	formal
gen.	genitive
indef. pron.	indefinite pronoun
inform.	informal
(-n *masc.*) / **(-en** *masc.*)	masculine noun ending in **-n** or **-en** in all cases but the nominative singular
pl.	plural
sg.	singular
subord. conj.	subordinating conjunction

A

ab (+ *dat.*) from; from . . . on; beginning, **Fahrverbindungen ab Kloster** connections from the monastery; **für die Kids ab zehn** for kids age ten and older; **ab 1850** from 1850 on

abbrechen (bricht ab), brach ab, abgebrochen to break up; to end

das Abc alphabet

der Abend (-e) evening; **am Abend** in the evening; **gestern Abend** last night; **guten Abend!** good evening!; **jeden Abend** every night; **heute Abend** this evening; **morgen Abend** tomorrow evening

das Abendessen (-) dinner; **zum Abendessen** for dinner

abends (in the) evenings

das Abenteuer (-) adventure (9/32)

der Abenteuerurlaub (-e) adventure vacation

aber (*coord. conj.*) but, however

abernten (erntet ab) to harvest

abfahren (fährt ab), fuhr ab, ist abgefahren to depart

die Abfahrt (-en) departure

der Abfall (¨e) trash (20/35)

abfließen (fließt ab), floss ab, ist abgeflossen to drain

das Abgas (-e) exhaust

der/die Abgeordnete (*decl. adj.*) delegate; member of parliament (30)

die Abgrenzung (-en) separation

abholen (holt ab) to pick up

abholzen (holzt ab) to deforest

das Abitur (-e) *exam at the end of secondary school (Gymnasium)*

der Abiturient (-en *masc.***) / die Abiturientin (-nen)** *person who has passed the Abitur*

ablehnen (lehnt ab) to decline, reject

abliefern (liefert ab) to deliver

abnehmen (nimmt ab), nahm ab, abgenommen to take off; to lose weight

abraten (rät ab), riet ab, abgeraten to advise against

der Absatz (¨e) paragraph

abschaffen (schafft ab) to get rid of

der Abschaum scum, dregs of society

der Abschied (-e) farewell

abschließen (schließt ab), schloss ab, abgeschlossen to finish, conclude

der Abschnitt (-e) cut; segment (28); paragraph in a text

abschreiben (schreibt ab), schrieb ab, abgeschrieben to copy (*in writing*)

die Absicht (-en) intention

absolut absolute(ly)

absolvieren to complete (*a degree*)

die Abstammung (-en) descent, origin

absteigen (steigt ab), stieg ab, ist abgestiegen to get off, dismount

absterben (stirbt ab), starb ab, ist abgestorben to die off

abstrakt abstract(ly)

die Abteilung (-en) department

die Abtreibung (-en) abortion

das Abwasser (-) sewage

sich abwechseln (wechselt ab) to take turns, alternate

die Abwechslung (-en) change; variety (32)

die Abwesenheit (-en) absence

achten to respect; to take notice (33); **achten auf** (+ *acc.*) to pay attention to

addieren to add

adelig noble, of noble birth

das Adjektiv (-e) adjective

die Adjektivendung (-en) adjective ending

der Adler (-) eagle

die Adresse (-n) address

adrett neat(ly)

das Adverb (Adverbien) adverb

der Affe (-n *masc.***)** ape, monkey

ähneln (+ *dat.*) to resemble

ahnen to foresee, know

ähnlich similar(ly)

Ahnung: keine Ahnung! I have no idea!

der Akademiker (-) / die Akademikerin (-nen) academic; college graduate

akademisch academic(ally)

der Akkusativ accusative case

die Akkusativpräposition (-en) accusative preposition

das Akkusativpronomen (-) pronoun in the accusative case

die Aktion (-en) action (35)

der Aktionfilm (-e) action movie (36)

aktiv active(ly) (32)

das Aktiv active voice

die Aktivität (-en) activity

aktuell current, topical

der Akzent (-e) accent (34)

die Akzeptanz (-en) acceptance

akzeptieren to accept

alarmieren to alarm

all, all- all; **all das** all that; **vor allem, vor allen Dingen** above all

alle (*pl.*) all, everyone; **alle zusammen!** everybody!, all together!

die Allegorie (-n) allegory

allein(e) alone

allein erziehend single parenting (30)

allein stehend single

allerdings however; to be sure

alles everything; **alles Gute!** best wishes!, all the best!; **alles klar!** everything ok!; **alles Liebe** love (*closing in letters*); **das ist alles!** that's all!

allgemein general(ly); **im Allgemeinen** in general, generally

allmählich gradual(ly) (28)

der Alltag everyday life (27)

allzu viel far too much

die Alm (-en) alpine pasture

die Alpen (*pl.*) the Alps (17); **die Alpenlandschaft** landscape in the Alps

alpin alpine

der Alptraum (-träume) nightmare (27)

als (*subord. conj.*) when; than; as; **als ich jung war** when I was young; **länger als** longer than; **als Gast** as a guest

also well; thus; therefore; so (12) **also, bis dann!** all right then, see you later; **na also!** there we go!

alt (älter, ältest-) old

das Alter (-) age

alternativ alternative(ly)

der Altersgenosse (-n *masc.***) / die Altersgenossin (-nen)** person of the same age

das Altglas recyclable glass

das Altpapier recyclable paper

die Altstadt (¨e) old part of town

am = an dem

die Ameise (-n) ant

der Amerikaner (-) / die Amerikanerin (-nen) American (*person*)

amerikanisch (*adj.*) American

die Ampel (-n) traffic lights

amüsant amusing(ly)

amüsieren to amuse

an (+ *acc./dat.*) at; near; up to; to; on

die Ananas (-) pineapple

anbei enclosed (*in letters*)

anbieten (bietet an), bot an, angeboten to offer

anbrüllen (brüllt an) to yell at

ander- other; **alles andere** everything else; **eins nach dem anderen** one thing at at time; **etwas anderes** something else; **unter anderem** among other things

der/die/das andere (*decl. adj.*) other (one), different (one)

andererseits on the other hand (26)

(sich) ändern to change (10)

andernorts somewhere else

anders different(ly) (24); **anders herum** the other way around; **ganz anders** totally different

andersartig of a different kind

aneinander to each other, to one another

die Anekdote (-n) anecdote

der Anfang (¨e) beginning, start; **am Anfang** in the beginning; **von Anfang an** from the beginning

anfangen (fängt an), fing an, angefangen to start (31)

anfangs at first (30)

anfassen (fasst an) to touch; to grasp (31)

die Anfeindung (-en) hostility

anfertigen (fertigt an) to make; to do; to prepare, draw up

anfordern (fordert an) to request, ask for

angeben (gibt an), gab an, angegeben to indicate; to give; to name, cite

das Angebot (-e) offer

angehören (gehört an) to belong to; to be associated with

der/die Angeklagte (*decl. adj.*) defendant (30)

angemessen appropriate(ly)

angenehm pleasant(ly)

angepasst conformist (26)

angestellt employed

der/die Angestellte (*decl. adj.*) employee

die Angst (¨e) fear (20); **Angst haben** to be afraid; **keine Angst!** don't be afraid!

ängstlich timid(ly), anxious(ly)

angucken (guckt an) (*coll.*) to have a look at (32)

anhalten (hält an), hielt an, angehalten to stop

der Anhänger (-) trailer

anhören (hört an) to listen to

animieren to stimulate

ankommen (kommt an), kam an, ist angekommen to arrive; **auf etwas ankommen** to depend upon (32)

ankreuzen (kreuzt an) to cross, check off

die Ankunft (¨e) arrival

die Anlage (-n) facility

anlasten (lastet an) to accuse

das Anliegen (-) concern, matter, request

(sich) anmelden (meldet an) to register

die Anmeldung (-en) registration

die Annalen (*pl.*) annals, history

annehmen (nimmt an), nahm an, angenommen to accept, take on (34)

die Annehmlichkeiten (*pl.*) comforts, convenience

anpassen (passt an) to conform (26)

anprobieren (probiert an) to try on (*clothes*)

anrechnen (rechnet an) to count; to take into account

anreden (redet an) to address

anregen (regt an) to stimulate (31)

die Anregung (-en) stimulation (31)

anreisen (reist an), reiste an, ist angereist to arrive

der Anruf (-e) phone call

anrufen (ruft an), rief an, angerufen to call up (*on the phone*) (E)

der Anrufer (-) / die Anruferin (-nen) caller

ans = an das

(sich) ansammeln (sammelt an) to accumulate

anschaffen (schafft an) to aquire, purchase

anschauen (schaut an) to look at; to watch

anschließend immediately following

der Anschluss (¨e) entry, connection, annexation

sich anschmiegen (schmiegt an) to cuddle, snuggle

ansehen (siecht an), sah an, angesehen to look at

das Ansehen reputation, recognition

ansprechen (spricht an), sprach an, angesprochen to address, speak to

der Anspruch (¨e) claim, right; **in Anspruch nehmen** to claim; to take advantage of

anstarren (starrt an) to stare at

anstatt (+ *gen.*) instead of

ansteigen (steigt an), stieg an, ist angestiegen to rise, increase

anstoßen (stößt an), stieß an, angestoßen to touch; to push, shove

anstrengend strenuous

die Anstrengung (-en) strain, effort

der Anstrich (-e) paint (35)

der Anteil (-e) part, share, portion

antisemitisch anti-Semitic

der Antisemitismus anti-Semitism

der Antrag (¨e) application, request

das Antragsformular (-e) application form

die Antwort (-en) answer

der Antwortbrief (-e) letter of response

antworten to answer

die Anweisung (-en) instruction

die Anwendung (-en) application

anwinkeln (winkelt an) to bend

die Anzeige (-n) advertisement

(sich) anziehen (zieht an), zog an, angezogen to put on (clothes) (7)

der Anzug (¨e) dress suit

der Apfel (¨) apple

die Apotheke (-n) drugstore (*for prescription drugs*)

der Apothekenhelfer (-) / die Apothekenhelferin (-nen) pharmaceutical assistant

der Apotheker (-) / die Apothekerin (-nen) pharmacist

das Appartement (-s) apartment

der Appetit appetite

die Arbeit (-en) work; exam; **an die Arbeit!** back to work!

arbeiten to work

der Arbeiter (-) / die Arbeiterin (-nen) blue collar worker

die Arbeiterfamilie (-n) blue collar family

die Arbeiterstadt (-städte) working class city

der Arbeitgeber (-) / die Arbeitgeberin (-nen) employer

der Arbeitnehmer (-) / die Arbeitnehmerin (-nen) employee

die Arbeitsbedingungen (*pl.*) working conditions

die Arbeitskraft labor force (34)

die Arbeitslage employment situation (*in a society*)

das Arbeitsleben work life, professional life

arbeitslos unemployed

der/die Arbeitslose (*decl. adj.*) unemployed (person)

die Arbeitslosenzahl (-en) number of unemployed (29)

die Arbeitslosigkeit unemployment

der Arbeitsmarkt (¨e) job market

der Arbeitsplatz (¨e) workplace (29)

die Arbeitsstelle (-n) job, position

die Arbeitsstunde (-n) work hour

der/die Arbeitssuchende (*decl. adj.*) person looking for employment

der Arbeitsvermittler (-) / die Arbeitsvermittlerin (-nen) employment agent (29)

die Arbeitswoche (-n) workweek

die Arbeitszeit (-en) work schedule

der Ärger annoyance; anger; **aus Ärger** out of anger (34)

ärgern to annoy, make angry (10); **sich ärgern** to be annoyed

das Argument (-e) argument

arm (ärmer, ärmst-) poor

der Arm (-e) arm

die Armbanduhr (-en) wristwatch

die Armut poverty

arrangieren to arrange

die Art (-en) type, sort (26)

der Artikel (-) article (*in a newspaper*)

die Artischocke (-n) artichoke

der Arzt (¨e) / die Ärztin (-nen) doctor, physician; **zum Arzt gehen** to see a doctor

der Arztbesuch (-e) visit to the doctor (33)

der Arzthelfer (-) / die Arzthelferin (-nen) medical assistant

ärztlich medical

die Asche (-n) ash

der Aspekt (-e) aspect

der Asphalt asphalt

der Assistent (-en *masc.***) / die Assistentin (-nen)** assistant

die Assoziation (-en) association (*cognitive process*)

assoziieren to associate

ästhetisch aesthetic(ally)

der Astronaut (-en *masc.***) / die Astronautin (-nen)** astronaut

der Astronom (-en *masc.***) / die Astronomin (-nen)** astronomer

das Asyl political asylum (34)

der Asylbewerber (-) / die Asylbewerberin (-nen) asylum seeker

das Asylgesetz (-e) asylum law

das Asylrecht right to asylum

atmen to breathe (33)

attraktiv attractive(ly)

auch also, as well, too

auf (+ *acc./dat.*) on, upon; onto, to; at; in, into; **auf bald** see you soon; **auf einmal** suddenly, at once; **auf Wiedersehen!** goodbye!

aufatmen (atmet auf) to take a deep breath, be relieved

aufbauen (baut auf) to build; to set up (29)

aufbauend auf based on

aufdecken (deckt auf) to uncover

der Aufenthalt (-e) stay; visit (33); layover

der Aufenthaltsort (-e) residence, whereabouts

auffallen (fällt auf), fiel auf, ist aufgefallen (+ *dat.*) to stand out; **mir ist aufgefallen** I have noticed

auffällig conspicuous(ly)

auffangen (fängt auf), fing auf, aufgefangen to catch hold of

die Auffassung (-en) opinion, view, conception

die Auffassungsgabe intelligence

aufflattern (flattert auf) to flutter (up)

aufführen (führt auf) to put on, perform

die Aufführung (-en) performance

die Aufgabe (-n) task, job, responsibility, assignment

aufgeben (gibt auf), gab auf, aufgegeben to give up (25)

aufgeregt (*adj.*) agitated

aufgeschlossen open-minded, receptive (34)

aufgrund (+ *gen.*) because of, due to

aufhören (hört auf) to stop (E)

aufmachen (macht auf) to open; **machen Sie die Bücher auf** open your books

aufmerksam attentive(ly) (36)

die Aufmerksamkeit attention

die Aufnahme (-n) exposure; reception; recording

die Aufnahmeprüfung (-en) entrance exam

aufnehmen (nimmt auf), nahm auf, aufgenommen to start, take up (28); to record (video)

aufpassen (passt auf) to watch out (E); **auf jemanden aufpassen** to keep an eye on someone

aufräumen (räumt auf) to clean up, organize

(sich) aufregen (regt auf) to be upset; to worry

die Aufregung (-en) excitement, agitation

(sich) aufrichten (richtet auf) to straighten up; to erect; to restore

aufs = auf das

der Aufsatz ("e) essay, paper

aufschlagen (schlägt auf) to open; to set up; to increase (prices)

aufschreiben (schreibt auf), schrieb auf, aufgeschrieben to write down

der Aufschwung ("e) upswing (29)

das Aufsehen sensation (35); **Aufsehen erregen** to cause a stir

die Aufsicht supervision

aufstehen (steht auf), stand auf, ist aufgestanden to get up

aufsteigen (steigt auf), stieg auf, ist aufgestiegen to climb up, advance, rise

aufstellen (stellt auf) to put up (*right side up/in a vertical position*)

der Aufstieg (-e) advancement, ascent, rise

die Aufstiegsmöglichkeit (-en) opportunity for advancement

auftauchen (taucht auf) to appear; to surface

auftauen (taut auf) to thaw, melt

aufwachen (wacht auf), wachte auf, ist aufgewacht to wake up

aufwachsen (wächst auf), wuchs auf, ist aufgewachsen to grow up (25)

aufweichen (weicht auf) to make soft, soften

aufzehren (zehrt auf) to eat up

der Aufzug ("e) elevator

das Auge (-n) eye

der Augenblick (-e) moment; **im Augenblick** at the moment

die Augenbraue (-n) eyebrow

der Augenschlitz (-e) opening of the eye

der Augenwinkel (-) corner of the eye

aus (+ dat.) out; out of; of; from; **aus Liebe** out of love; **von (Paris) aus** from (Paris) (*with a destination*); **aus vollem Herzen lachen** to laugh out loud; **es ist aus!** it's over!

ausarten (artet aus) to degenerate

ausbilden (bildet aus) to train, educate

die Ausbildung (-en) education, training

der Ausdruck ("e) expression (26)

(sich) ausdrücken (drückt aus) to express (oneself)

ausdrücklich explicitly

auseinander apart

die Auseinandersetzung (-en) dispute, argument (26)

der Ausflug ("e) trip, outing

das Ausflugsprogramm (-e) schedule of trips, outings

ausführen (führt aus) to carry out, perform

ausfüllen (füllt aus) to fill out

ausgeben (gibt aus), gab aus, ausgegeben to spend (*money*)

ausgehen (geht aus), ging aus, ist ausgegangen to go out

ausgezeichnet excellent(ly), exceptional(ly)

aushalten (hält aus), hielt aus, ausgehalten to put up with

aushelfen (hilft aus), half aus, ausgeholfen to help out

das Ausland foreign country; **im Ausland** abroad

der Ausländer (-) / die Ausländerin (-nen) foreigner (34)

die Ausländerfeindlichkeit xenophobia (34)

ausländisch foreign

das Auslandsamt ("er) immigration services

die Auslandsreise (-n) travel abroad

das Auslandsstudium (-studien) study abroad program

auslassen (lässt aus), ließ aus, ausgelassen to leave out

die Auslastung utilization at full capacity

ausleihen (leiht aus), lieh aus, ausgeliehen to lend; to borrow

ausliefern (liefert aus) to subject to, expose to

ausmachen (macht aus) to turn off

ausmessen (misst aus), maß aus, ausgemessen to measure up

die Ausnahme (-n) exception (34)

auspacken (packt aus) to unpack

ausprägen (prägt aus) to mark, impress (25)

ausprobieren (probiert aus) to try out

ausräumen (räumt aus) to clean out

die Ausrede (-n) excuse

ausreichen (reicht aus) to be enough; to suffice

der Ausruf (-e) exclamation

sich ausruhen (ruht aus) to rest; to relax

die Ausrüstung (-en) outfitting; equipment (32)

die Aussage (-n) statement

ausschreiten (schreitet aus), schritt aus, ist ausgeschritten to stride out, step out

aussehen (sieht aus), sah aus, ausgesehen to appear (E)

außer (+ dat.) except (for), besides

außerdem besides that, moreover, on top of that

außergewöhnlich exceptional(ly)

außerhalb (+ gen.) outside of

außerirdisch extraterrestrial

(sich) äußern to express (oneself) (10)

äußerst extremely

aussteigen (steigt aus), stieg aus, ist ausgestiegen to get off (*a train, car, etc.*)

aussuchen (sucht aus) to pick out

der Austausch exchange, interaction

der Austauschdienst (-e) exchange service

das Austauschprogramm (-e) exchange program

der Austauschstudent (-en masc.) / die Austauschstudentin (-nen) exchange student

ausüben (übt aus) to practice, exercise; **einen Beruf ausüben** to practice a profession; **Gewalt ausüben** to exercise power

auswählen (wählt aus) to select, choose

der Auswanderer (-) / die

Auswandererin (-nen) emigrant (34)

auswandern (wandert aus) to emigrate

der Ausweis (-e) identification, ID card

auswendig (lernen) (to learn) by heart (27)

sich auswirken auf (+ *acc.*) **(wirkt aus)** to have an effect on, influence

auswringen (wringt aus) to wring out

ausziehen (zieht aus), zog aus, ist ausgezogen to move out

die Ausziehtusche (-n) drawing ink

der/die Auszubildende (*decl. adj.*) trainee

der Auszug (¨e) excerpt, extract

das Auto (-s) car; **Auto fahren** to drive a car

die Autoabgas (-e) car exhaust; exhaust fumes

die Autobahn (-en) freeway

die Autobahnraststätte (-n) freeway rest area

der Autofahrer (-) / die Autofahrerin (-nen) driver

automatisch automatic(ally)

der Autor (-en) / die Autorin (-nen) author (36)

autoritär authoritarian

die Autorität authority

der Autoverkehr traffic

die Autowerkstatt (¨en) machine shop

die Avocado (-s) avocado

B

das Baby (-s) baby

der Bach (¨e) creek, brook

das Bächlein (-) little brook

backen (bäckt), backte, gebacken to bake

das Bad (¨er) bath; spa (33)

die Badeanstalt (-en) spa, bath

der Badeaufenthalt (-e) stay at a spa

baden to bathe (32)

der Badeurlaub (-e) beach vacation

die Badewanne (-n) bathtub

das Badezimmer (-) bathroom

die Bahn (-en) train; **mit der Bahn** by train

der Bahnhof (¨e) train station (7)

die Bahnkarte (-n) train ticket

der Bahnsteig (-e) platform

bald soon (E); **bis bald!** see you soon!

der Balkon (-s) balcony

der Ball (¨e) ball

ballen: die Faust ballen to make a fist

das Band (¨er) ribbon, band; assembly line; **vom Band rollen** to roll off the assembly line

die Band (-s) band, rock group

die Bank (-en) bank (*financial institution*); **auf die Bank** to the bank

die Bar (-s) bar

die Batterie (-n) battery

der Bauchredner (-) / die Bauchrednerin (-nen) ventriloquist

bauen to build, construct

der Bauer (-n *masc.*) **/ die Bäuerin (-nen)** farmer

der Baum (¨e) tree

baumlang very tall

die Baumreihe (-n) row of trees

die Baustelle (-n) construction site

bayerisch (*adj.*) Bavarian

(das) Bayern Bavaria

beachten to observe (34)

der Beamte (-n *masc.*) **/ die Beamtin (-nen)** civil servant, government employee

beantworten to answer

bearbeiten to work on, develop

der Becher (-) mug

bedenken, bedachte, bedacht to consider (31)

bedeuten to mean

bedeutend important, distinguished, eminent

die Bedeutung (-en) meaning

bedienen to serve (*someone*); to operate (*something*)

die Bedienung (-en) service

die Bedingung (-en) condition (29)

bedürfen (bedarf), bedurfte, bedurft to need, require

das Bedürfnis (-se) necessity (34)

sich beeilen to hurry

beeindruckend impressive

beeinflussen to influence (34)

beenden to end

sich befinden, befand, befunden to be located (28)

befolgen to follow, observe, comply with

befragen to question, interrogate

befreundet friends with someone (25)

die Befürchtung (-en) fear (34)

begabt talented

sich begegnen to meet (27)

die Begegnung (-en) meeting, encounter (33)

begehbar accessible

begehren to desire (35)

begeistern to inspire (26)

der Beginn beginning

beginnen, begann, begonnen to begin (29)

begleichen, beglich, beglichen to settle, pay

begleiten to accompany

der Begleiter (-) / die Begleiterin (-nen) companion

begreifen, begriff, begriffen to understand, grasp (29)

begrenzen to limit, restrict

der Begriff (-e) concept, idea (28)

begründen to give reasons for, justify

begrüßen to greet; to welcome

die Begrüßung (-en) greeting, welcoming

behalten (behält), behielt, behalten to keep, hold

behandeln to treat (30)

die Behandlung (-en) treatment

behaupten to claim, make a statement

beherrschen to dominate

behindert handicapped

der/die Behinderte (*decl. adj.*) handicapped person

der/die Behörde (*decl. adj.*) official

behüten to protect (30)

bei (+ *dat.*) at, at the place of; for; by; near; with; when
beide, beides both; **die beiden** the two of them
beim = bei dem
das Bein (-e) leg
beinahe almost
beiseite aside
das Beispiel (-e) example; **zum Beispiel** for example, for instance
beispielsweise for example, for instance
beißen, biss, gebissen to bite
beistehen (steht bei), stand bei, beigestanden to support (E)
der Beitrag (¨e) contribution (30)
beitragen (trägt bei), trug bei, beigetragen to contribute to (34)
bekämpfen to fight, combat
bekannt (well-)known (36)
(sich) beklagen to complain
bekommen, bekam, bekommen to receive (28)
belegen to take (*a course*) (E); **einen Kurs belegen** to take a course
beleidigen to insult (28)
beliebt popular, famous (28)
bemerken to notice; to remark
die Bemerkung (-en) observation (28); remark, comment
sich bemühen um to make an effort, try to do
benachrichtigen to notify
die Benachrichtigung (-en) notification
benachteiligen to place at a disadvantage (30)
die Benachteiligung (-en) putting at a disadvantage
sich benehmen (benimmt), benahm, benommen to behave
beneiden to envy
benennen, benannte, benannt to name, call
benötigen to need, require
benutzen to use
das Benzin gasoline, fuel
der Benzinkanister (-) gas can
beobachten to observe (36)
bequem comfortable, convenient

beraten (berät), beriet, beraten to advise
der Berater (-) / die Beraterin (-nen) consultant
die Beratung counseling, consulting
das Beratungsangebot (-e) range of advisory services
der Beratungsbedarf demand for consulting, counseling
die Beratungsstelle (-n) counseling office
der Beratungstermin (-e) appointment for counseling
berechnen to calculate
der Bereich (-e) area, field
bereit ready
der Berg (-e) mountain
der Bergbauer (-n *masc.*) / die Bergbäuerin (-nen) farmer in the mountains
der Bergführer (-) / die Bergführerin (-nen) mountain guide
die Berglandschaft (-en) alpine landscape
die Berglandwirtschaft alpine farming
das Bergwandern mountain hiking
der Bericht (-e) report, statement
berichten to report
der Beruf (-e) job (29); profession; **einen Beruf ausüben** to practice a profession (29)
beruflich occupational(ly); professional(ly) (18)
die Berufsausbildung (-en) professional training
der Berufsberater (-) / die Berufsberaterin (-nen) career counselor
die Berufsberatung career counseling
die Berufserfahrung work experience (29)
die Berufsfachschule (-n) trade school (11)
das Berufsfeld (-er) career field (29)
die Berufsmöglichkeit (-en) career opportunity

die Berufsschule (-n) professional school
berufstätig employed (25)
die Berufswahl choice of profession
der Berufswunsch (¨e) preferred choice of profession
die Berufung vocation (28)
beruhigen to comfort; **sich beruhigen** to calm oneself, relax
beruhigend calming
berühmt famous, popular
berühren to touch
beschädigt (*adj.*) damaged (27)
sich beschäftigen mit to be occupied with (27)
die Beschäftigung (-en) occupation
Bescheid: Bescheid geben to notify
bescheiden modest(ly)
die Bescheidenheit modesty (26)
beschildern to label, put up signs
beschildert (*adj.*) labeled (34)
beschimpfen to insult (30)
beschreiben, beschrieb, beschrieben to describe
die Beschreibung (-en) description
beschuldigen to accuse (30)
beschützen to protect
die Beschwerde (-n) complaint
sich beschweren (über + *acc.*) to complain (about)
besehen (besieht), besah, besehen to scrutinize
beseitigen to remove
besetzen to occupy (27)
besichtigen to visit (*as a sightseer*)
besiedeln to populate
besitzen, besaß, besessen to possess, own (30)
das Besondere (*decl. adj.*) what is special, special (thing)
besonders especially
besorgen to tend to, get done
besprechen (bespricht), besprach, besprochen to discuss
besser better
best-: am besten (the) best
der Bestandteil (-e) component
bestätigen to prove (34)
die Bestätigung (-en) confirmation

das Besteck (-e) silverware (19)
bestehen, bestand, bestanden to pass (*an exam*) (27); to overcome (35); **bestehen aus** to consist of
besteigen, bestieg, bestiegen to climb (32)
bestellen to order
bestens: es geht mir bestens I'm doing really well
bestimmen to determine (29)
bestimmt surely, certainly
bestrafen to punish
der Bestseller (-) bestseller
der Besuch (-e) visit
besuchen to visit; **die Schule besuchen** to go to school
sich betätigen to be active, involved
betäuben to numb
betonen to emphasize
betrachten to consider; to regard (30)
betragen (beträgt), betrug, betragen to amount to
betreffen (betrifft), betraf, betroffen to concern, affect (25)
betreten (betritt), betrat, betreten to step into, enter
betreuen to look after (30)
der Betrieb (-e) business operation (29)
betrüben to distress
betrügen, betrog, betrogen to betray, deceive
das Bett (-en) bed
die Bettdecke (-n) cover, comforter
die Bettwäsche bedding, sheets
beunruhigen to worry; to disturb
beurteilen to judge, assess
die Bevölkerung (-en) population
die Bevölkerungsschicht (-en) social class
bevor (*subord. conj.*) before
bevormunden to patronize
bevorzugen to prefer
bewaldet wooded
die Bewässerung irrigation
bewegen to set into motion (26)
bewegt eventful; turbulent (27)
die Bewegung (-en) movement (26)
der Beweis (-e) proof

beweisen, bewies, bewiesen to prove (25)
sich bewerben um (bewirbt), bewarb, beworben to apply for
der Bewerber (-) / die Bewerberin (-nen) job applicant (29)
die Bewerbung (-en) application
bewerkstelligen to manage
bewohnbar inhabitable
bewohnen to inhabit
bewundern to marvel at, admire
bewusst conscious(ly)
bezahlen to pay
bezeichnen to mark; to indicate; to describe; **bezeichnen als** to call
beziehen, bezog, bezogen to take up (36); **sich beziehen auf** to refer to, relate to
die Beziehung (-en) relationship, relation
beziehungsweise or, respective(ly) (28)
der Bezirk (-e) area, district
bezüglich regarding
die Bezugsperson (-en) support person
bezuschussen to subsidize
die Bibliothek (-en) library
bieder conventional, conservative
die Biene (-n) bee
bieten, bot, geboten to offer (31)
das Bild (-er) picture
das Bildelement (-e) component of an image
bilden to build, form
die Bildung education (28)
billig cheap, inexpensive
das Bindewort (-er) conjunction
die Biografie (-n) biography
die Birne (-n) pear
bis until, till, to; **bis bald** see you later; **bis dann** see you later; **bis jetzt** until now; **bis morgen** see you tomorrow
bisher until now
ein bisschen a little bit
bitte please
bitten um (+ *acc.*) to ask for
bitter bitter(ly)
blasen (bläst), blies, geblasen to blow

das Blatt (-er) leaf; **ein Blatt Papier** sheet of paper
das Blättchen (-) little leaf, plate
blau blue
blaurandig with a blue edge
das Blechblasinstrument (-e) brass instrument
die Blechtrommel (-n) tin drum
bleiben, blieb, ist geblieben to stay, remain
der Bleistift (-e) pencil (E)
der Blick (-e) look, view, eye contact
blicken to look
das Blickfeld (-er) field of vision
blind blind
blitzeblank spick and span
blitzschnell lightning quick
blöd (*coll.*) dumb, stupid
blond blonde, fair
blondiert (*adj.*) bleached/dyed blonde
bloß only
die Bluejeans (-) jeans
blühen to bloom
die Blume (-n) flower
der Blumenladen (-) flower shop
der Blumentopf (-e) flowerpot
blumig flowery
die Bluse (-n) blouse
das Blut blood
der Blutdruck blood pressure (33)
das Blutdruckmittel (-) blood pressure medication
die Blüte (-n) blossom
der Boden (-) floor
der Bogen (-) bow
die Bohne (-n) bean
das Boot (-e) boat
der Bordstein (-e) curb
borgen to borrow, lend
böse evil, mean, angry
botanisch botanical
der Brandstifter (-) / die Brandstifterin (-nen) arsonist
der Brasilianer (-) / die Brasilianerin (-nen) Brazilian (*person*)
der Bratapfel (-äpfel) baked apple
braten (brät), briet, gebraten to fry

das **Brathähnchen** (-) baked chicken

die **Bratwurst** (¨e) *type of sausage*

brauchen to need (E)

braun brown (2)

bräunen to tan (32)

brausen to roar, thunder

die **Braut** (¨e) bride

das **Brautpaar** (-e) couple, bride and groom

brav obedient, well-behaved

brechen (**bricht**), **brach**, **gebrochen** to break

breit wide

brennen, brannte, gebrannt to burn, be on fire

das **Brett** (-er) board; das **schwarze Brett** bulletin board

bretteben as flat as a board

der **Brief** (-e) letter

das **Briefchen** (-) note

die **Briefmarke** (-n) stamp

die **Brieftasche** (-n) wallet

der **Briefwechsel** (-) correspondence

die **Brille** (-n) pair of glasses

bringen, brachte, gebracht to bring

das **Brot** (-e) bread

das **Brotbröckchen** (-) bread chunks

das **Brötchen** (-) roll

der **Bruchteil** (-e) fraction

die **Brücke** (-n) bridge

der **Bruder** (¨) brother (25)

das **Brüderchen** (-n) little brother

brummen to buzz; to growl; to drone

die **Brust** (¨e) breast

das **Buch** (¨er) book

das **Bücherregal** (-e) bookshelf

der **Bücherschrank** (¨e) bookcase

der **Buchhalter** (-) / die **Buchhalterin** (-nen) accountant, bookkeeper

der **Buchhändler** (-) / die **Buchhändlerin** (-nen) bookseller

die **Buchhandlung** (-en) bookstore

der **Buchladen** (¨) bookstore

der **Buchstabe** (-n *masc.*) letter (of the alphabet)

sich bücken to bend over

die **Bühne** (-n) stage (36)

(das) Bulgarien Bulgaria

bummeln, ist gebummelt to stroll; to idle (31)

der **Bund** (¨e) federation, federal government

die **Bundeshauptstadt** (¨e) federal capital

der **Bundeskanzler** (-) / die **Bundeskanzlerin** (-nen) federal chancellor

das **Bundesland** (¨er) federal state

die **Bundesrepublik Deutschland** Federal Republic of Germany

der **Bundestag** (Lower House of Parliament)

die **Bundeswahl** (-en) federal election

der **Bunsenbrenner** (-) Bunsen burner

bunt colorful(ly), multicolored

buntblühend blooming in colors

der **Buntstift** (-e) colored pen

der **Bürger** (-) / die **Bürgerin** (-nen) citizen

das **Büro** (-s) office, study

der **Bus** (-se) bus; **mit dem Bus** by bus

der **Bustransfer** (-s) bus transfer

die **Butter** butter

das **Butterbrot** (-e) bread with butter

bzw. = beziehungsweise

C

ca. = circa

das **Café** (-s) café, coffee shop

die **Cafeszene** (-n) coffee shop scene

das **Canyoning** canyoning

das **Center** (-) center

die **Chance** (-n) chance

die **Chancengleichheit** equal opportunities

die **Chanukka** Hanukkah

das **Chaos** chaos

chaotisch chaotic(ally)

der **Charakter** (-e) character, nature

charakterisieren to characterize

der **Chef** (-s) / die **Chefin** (-nen) boss, supervisor

die **Chemie** chemistry (28)

die **Chemikalie** (-n) chemical substance

chemisch chemical(ly)

circa circa, about, approximately

der **Clown** (-s) / die **Clownin** (-nen) clown

der **Club** (-s) club

die **Collage** (-n) collage

der **Computer** (-) computer

die **Computerfirma** (-firmen) computer company

der **Container** (-) (large) container (35), dumpster

die **Couch** (-s) couch

der **Cousin** (-s) / die **Cousine** (-n) cousin

die **Currywurst** (¨e) *a sausage prepared with curry and served with ketchup*

D

da there; **da drüben** over there

DAAD = Deutscher Akademischer Austauschdienst

dabei by it/that; with it/that; **gerade dabei sein** to be in the process of doing something

dabeistehen, stand dabei, dabeigestanden to stand by

das **Dach** (¨er) roof

die **Dachkammer** (-n) attic room, garret

der **Dachkammerbrand** (¨e) fire in the attic

dadurch through it

dafür instead; in return; for it/them

dagegen against it

daheim at home

daher therefore, thus

dahin there, to it

dahinter behind it

daliegen, lag da, dagelegen to lie there

damals back then (25)

die **Dame** (-n) lady

damit with it/that; (*subord. conj.*) so that, in order that

danach after it, afterwards, later

daneben next to it, besides that

der Dank gratitude, thanks; **vielen Dank!** thanks a lot!

dankbar grateful(ly)

die Dankbarkeit gratitude

danke! thanks!

danken to thank

dann then, afterwards, later; **also dann!** all right then!; **bis dann!** see you later!

d(a)ran on it, with it, about it; at it

darauf on it; after it/that; **es kommt darauf an** it depends

daraus out of it/that

darin in it, within

darstellen (stellt dar) to depict, portray; to present (34)

darüber about it/that

darum therefore, thus, for this reason

darunter under(neath) it

dass (*subord. conj.*) that

dastehen stand da, dagestanden to stand there

der Dativ dative case, case of the indirect object (recipient or benefactive)

die Dativpräposition (-en) dative preposition

das Dativpronomen (-) dative pronoun

das Datum (Daten) date

die Dauer duration

dauerhaft permanent(ly)

dauern to last

dauernd constant(ly)

der Daumen (-) thumb

davon from it, of it

davor in front of it, before it

dazu to it, with it, for it; **und noch dazu** and also, besides

DDR = Deutsche Demokratische Republik

die Debatte (-n) debate (35)

die Decke (-n) cover, blanket

definieren to define

die Definition (-en) definition

deftig substantial(ly), solid(ly)

(sich) dehnen to expand, widen

die Dekoration (-en) decoration

der Delphin (-e) dolphin

dementsprechend corresponding(ly), according(ly), respective(ly)

Demo = Demonstration

die Demokratie (-n) democracy

demokratisch democratic(ally)

demokratisieren to democratize

die Demokratisierung (-en) democratization

der Demonstrant (-en *masc.***) / die Demonstrantin (-nen)** demonstrator

die Demonstration (-en) demonstration

demonstrieren to demonstrate

denken, dachte, gedacht to think; **denken an** (+ *acc.*) to think about

denn (*coord. conj.*) because

dennoch anyway, still

derartig such, of that kind

dergleichen of that kind, such, like that

derjenige, diejenige, dasjenige the one (who)

derselbe, dieselbe, dasselbe the same

derzeit at present, at the moment, at that time (past)

derzeitig present, current

deshalb therefore

desillusioniert disillusioned

desto: je mehr, . . . desto mehr . . . the more, . . . the more . . .

das Detail (-s) detail

deutlich clear(ly) (34)

deutsch (*adj.*) German

das Deutsch German (*language*)

das Deutschbuch (-̈er) German textbook

der/die Deutsche (*decl. adj.*) German (*person*)

der Deutsche Akademische Austauschdienst German Academic Exchange Service

die Deutsche Demokratische Republik German Democratic Republic

die Deutsche Mark (DM) German mark (*currency*)

der Deutschkurs (-e) German class

(das) Deutschland Germany

deutschsprachig German-speaking

der Deutschunterricht German instruction, German class

das Diagramm (-e) diagram, chart

der Dialekt (-e) dialect

der Dialog (-e) dialogue

der Dialogpartner (-) / die Dialogpartnerin (-nen) dialogue partner

die Diät (-en) diet (*to lose weight*)

die Diätform (-en) diet program

das Diätsystem (-e) dietsystem

dicht tight(ly), dense(ly); heavy; heavily

der Dichter (-) / die Dichterin (-nen) poet

dick fat, thick

der Dieb (-e) / die Diebin (-nen) thief

der Diebstahl (-̈e) theft

die Diele (-n) entryway, hall

dienen to serve

der Diener (-) / die Dienerin (-nen) servant

dienstags on Tuesdays

dieser, diese, dies(es) this

das Ding (-e) thing

das Diplom (-e) diploma

die Diplomarbeit (-en) thesis work (28)

die Diplomprüfung (-en) comprehensive exam

direkt direct(ly)

der Direktor (-en) / die Direktorin (-nen) director, school principal

der Discountladen (-̈) discount store

die Disko = Diskothek

die Diskothek (-en) club, disco

diskriminieren to discriminate

die Diskriminierung (-en) discrimination

die Diskussion (-en) discussion

diskutieren to discuss, debate; **diskutieren über** (+ *acc.*) to discuss (25)

die Dissertation (-en) dissertation

die Distanz (-en) distance

die Disziplin (-en) discipline

divers diverse, various

DM = Deutsche Mark
doch (*coord. conj.*) but, however; (*particle*) **nimm doch zwei Aspirin!** why don't you take two aspirin?; **das ist doch Quatsch!** that really is nonsense! (*affirmative response to negative question*) **kommst du nicht? —doch!** aren't you coming? —yes, I am!
der Doktor (-en) / die Doktorin (-nen) doctor
der Doktortitel (-) doctorate degree, academic title
dolmetschen to interpret (28)
der Dolmetscher (-) / die Dolmetscherin (-nen) interpreter
der Dom (-e) cathedral
die Doppelmonarchie double monarchy, Austro-Hungarian Empire
das Doppelzimmer (-) double room (8)
das Dorf (¨er) small town (27), village (4)
dort there; **dort drüben** over there
dorthin there
die Dose (-n) can
das Drama (Dramen) drama
dran = daran; (gut) dran sein to be (well-off)
drängen to push, press
draußen outside (31)
der Dreck dirt, filth
das Drehbuch (¨er) film script
drehen: einen Film drehen to film (a movie) (36)
die Dreiergruppe (-n) group of three
dreimal three times
drin = darin
dringend desperate(ly) (34); urgent(ly)
dritt- third; **zu dritt** in a group of three
die Droge (-n) drug
die Drogerie (-n) drugstore
drohen to threaten
dröhnen to rumble, roar (*engine*)
drüben: dort drüben, da drüben over there

der Duft (¨e) scent, fragrance
duften to smell, be fragrant
dumm (dümmer, dümmst-) stupid, dumb
der Dünger fertilizer
dunkel dark
dunkelbraun dark brown
dünn thin(ly)
durch (+ *acc.*) through, by
durchfallen (fällt durch), fiel durch, ist durchgefallen to fail; **beim Examen durchfallen** to fail the exam
durchführen (führt durch) to perform, lead through, take through
durchgeben (gibt durch), gab durch, durchgegeben to pass through, tell, let know
durchkreuzen, (kreuzt durch) to cross out; **(durchkreuzt)** to cross (*continent, sea, etc.*)
durchlesen (liest durch), las durch, durchgelesen to read through
durchqueren to cross, pass through, traverse
durchs = durch das (*coll.*)
der Durchschnitt (-e) average
durchschnittlich on average
dürfen (darf), durfte, gedurft to be allowed to; may
der Durst thirst
die Dusche (-n) shower
duschen to shower
düster gloomy, dismal, murky
duzen to address someone with **du**

E

eben (*particle*) **warum eben das?** why that of all things?; (*adj.*) flat, even; (*adv.*) just now
ebenfalls as well, likewise
ebenso the same way
echt genuine(ly), real(ly)
die Ecke (-n) corner (22)
egal equal; **das ist mir egal** it's all the same to me (18)
ehe before
die Ehe (-n) marriage (25)

die Ehefrau (-en) wife
ehelich married (25)
ehemalig former
das Ehepaar (-e) married couple (25)
der Ehepartner (-) / die Ehepartnerin (-nen) spouse
eher rather; sooner (27)
die Ehre (-n) honor
ehrfürchtig reverent(ly)
ehrgeizig ambitious(ly) (26)
ehrlich honest(ly), sincere(ly)
das Ei (-er) egg
der Eierkocher (-) egg boiler
die Eifersucht jealousy
eifersüchtig jealous(ly)
eifrig eager(ly), keen(ly)
eigen own (25), to make one's own, take over
eigenartig unique(ly) (28)
die Eigeninitiative (-n) self-initiative
eigens: eigens für (ihn) exclusively for (him)
die Eigenschaft (-en) quality, property, characteristic
eigentlich actual(ly), real(ly)
die Eigentumswohnung (-en) condominium (4)
sich eignen als to be suitable as
einander each other, one another
der Einblick (-e) insight, view
einbrocken (brockt ein) to crumble
eindeutig clear(ly), definite(ly), unambiguous(ly)
der Eindruck (¨e) impression (34)
einerseits on the one hand
einfach simple, simply; easy, easily
einfallen (fällt ein), fiel ein, ist eingefallen (+ *dat.*) to come to mind (34); **sich einfallen lassen** to think (*of something*)
das Einfamilienhaus (¨er) single-family house
einfassen (fasst ein) to set (*a gemstone*)
der Einfluss (¨e) influence (26)
die Einführung (-en) introduction
der Eingang (¨e) entrance

eingehen (geht ein), ging ein, ist eingegangen to enter

einhalten (hält ein), hielt ein, eingehalten to keep (*an appointment*) (34)

die Einhaltung (-en) keeping, following, carrying out

einheimisch local, indigenous

die Einheit (-en) unit; unification; unity

einig: sich einig sein to be in agreement

einige some

sich einigen to come to an agreement

einiges some (things); quite a bit

einkaufen (kauft ein) to shop, go shopping

der Einkaufsbummel (-s) shopping trip; **einen Einkaufsbummel machen** to go shopping (leisurely)

die Einkaufsliste (-n) shopping list (16)

Einklang: in Einklang bringen mit to bring into line with

einklemmen (klemmt ein) to jam, catch

das Einkommen (-) income

einladen (lädt ein), lud ein, eingeladen to invite (E)

die Einladung (-en) invitation

einmal once; **auf einmal** suddenly, unexpectedly; **es war einmal . . .** once upon a time; **noch einmal** once again, one more time

einmalig unique, wonderful

einpacken (packt ein) to pack; to wrap

der Einpersonenhaushalt (-e) single household

einquartieren to put up, accommodate

einreichen (reicht ein) to submit (*a form, application*)

die Einrichtung (-en) facility

einsam lonely

die Einsamkeit loneliness

einschlafen (schläft ein), schlief ein, ist eingeschlafen to fall asleep

das Einschlafen: zum Einschlafen boring

sich einschreiben (schreibt ein), schrieb ein, eingeschrieben to enroll, sign up

einsetzen (setzt ein) to put in place (29); **sich einsetzen** to show commitment

einsteigen (steigt ein), stieg ein, ist eingestiegen to get on (*a train, car, etc.*)

einstellen (stellt ein) to appoint, adjust; to cease

die Einstellung (-en) attitude

einstündig hour-long

eintauchen (taucht ein), tauchte ein, ist eingetaucht to dive in

eintragen (trägt ein), trug ein, eingetragen to enter, register, put down (*on a list*)

das Eintreffen arrival

eintreten (tritt ein), trat ein, ist eingetreten to occur; to enter (33)

der Eintritt (-e) admission

einverstanden sein to be in agreement (29)

der Einwanderer (-) / die Einwanderin (-nen) immigrant (34)

einwandern (wandert ein), wanderte ein, ist eingewandert to immigrate

das Einwanderungsland (-̈er) country of immigrants

die Einwegflasche (-n) nonreturnable bottle (35)

das Einweggeschirr disposable utensils (35), disposable dishes

einwickeln (wickelt ein) to wrap

der Einwohner (-) / die Einwohnerin (-nen) inhabitant, citizen

die Einzahl singular

die Einzelberatung (-en) individual counseling

einzeln single, singly; individual(ly)

das Einzelzimmer (-) single room

einziehen (zieht ein), zog ein, ist eingezogen to move in; to pull in

einzig only

der Einzug (-̈e) move, entry

das Eis ice, ice cream

das Eislaufen ice skating

eklatant sensational, spectacular, striking

eklig disgusting, repulsive

elegant elegant(ly)

elektrisch electric(ally)

das Elektrogerät (-e) electric appliance

der Elektromeister (-) / die Elektromeisterin (-nen) electrician (29)

elend miserable; miserably

die Eltern (*pl.*) parents (25)

der Elternteil (-e) parent

die Emanzipation emancipation (30)

emanzipieren to emancipate (30)

emanzipiert (*adj.*) emancipated

empfangen (empfängt), empfing, empfangen to receive; to conceive

empfehlen (empfiehlt), empfohl, empfohlen to recommend

die Empfehlung (-en) recommendation

empfinden, empfand, empfunden to feel, perceive

das Ende end; **zu Ende gehen** to come to an end

enden to end

endlich finally

die Endung (-en) ending (*grammatical*)

die Energie (-n) energy

die Energiesparlampe (-n) energy-saving lamp

eng narrow(ly), small, tight(ly)

das Engagement (-s) commitment

sich engagieren für to get involved in (26)

engagiert für active(ly) interested (in)

die Enge (-n) narrowing

der Engel (-) angel

der Engländer (-) / die Engländerin (-nen) English person

das Englisch English (*language*) (11); **auf Englisch** in English

der Enkel (-) / die Enkelin (-nen) grandchild (25)

enorm enormous(ly), tremendous(ly)

das Ensemble (-s) ensemble, cast

entdecken to discover

die Entdeckung (-en) discovery

(sich) entfernen to remove (oneself) (34)

entfernt away (from)

die Entfernung (-en) distance

entgegenstrecken (streckt entgegen) to hold out

enthalten (enthält), enthielt, enthalten to contain

entkräften to weaken

entlang along(side); (die Straße) entlang along (the street)

entrüstet appalled

(sich) entscheiden, entschied, entschieden to decide

die Entscheidung (-en) decision

(sich) entschuldigen to excuse (oneself); entschuldigen Sie! excuse me!

entsenden to send out

entsorgen to remove

der Entsorger (-) person or authority who removes waste

die Entsorgung (-en) removal, disposal

sich entspannen to relax (31)

die Entspannung (-en) relaxation (32)

entstehen, entstand, ist entstanden to arise (28)

enttäuschen to disappoint

entweder . . . oder . . . either . . . or . . .

entwerfen (entwirft), entwarf, entworfen to design

entwickeln to develop

die Entwicklung (-en) development (29)

sich erarbeiten to work for (something)

erbauen to build (up)

die Erde Earth

das Erdgeschoss (-e) ground floor

das Ereignis (-se) occurrence, incident, event

erfahren (erfährt), erfuhr, erfahren to learn, hear about; to experience

die Erfahrung (-en) experience (28)

der Erfahrungsaustausch exchange of experience

erfinden, erfand, erfunden to invent

der Erfinder (-) / die Erfinderin (-nen) inventor

die Erfindung (-en) invention

der Erfolg (-e) success (26)

erfolgen to follow, ensue, result

erfolgreich successful(ly)

das Erfolgsstück (-e) successful production

erfordern to require (29)

erforschen to discover; to explore; to find out

die Erforschung (-en) investigation, research, examination

erfreuen to please, delight; sich großer Beliebtheit erfreuen to enjoy popularity, be popular

erfüllen to fulfill

ergänzen to complete

das Ergebnis (-se) result (33)

ergreifen, ergriff, ergriffen to seize; to grasp, grip

erhalten (erhält), erhielt, erhalten to receive (29)

die Erhaltung conservation

erheben (erhebt), erhob, erhoben to raise, lift

erhöhen to raise (33)

sich erholen to recover, recuperate

erholsam relaxing

die Erholung (-en) rest; recuperation (31)

der Erholungsort (-e) recreational town

die Erholungsreise (-n) recreational vacation

erinnern to remind; sich erinnern an (+ acc.) to remember (26)

die Erinnerung (-en) memory

erjagen to chase; to hunt down

sich erkälten to catch a cold

erkältet sein to have a cold

die Erkältung (-en) cold, flu

erkämpfen to gain by struggle (26)

erkennen, erkannte, erkannt to recognize

die Erkenntnis (-se) insight, understanding

erklären to explain

die Erklärung (-en) explanation (29)

erkranken to become ill

erkunden to scout, reconnoiter, find out

erlauben to allow

erleben to experience (26)

das Erlebnis (-se) experience

das Erlebnisbad (¨er) spa, pool

die Erlebnisreise (-n) adventure trip

erledigen to see to, take care of, do

erleichtern to relieve

erleiden, erlitt, erlitten to suffer

erlernen to learn (29)

ermitteln to investigate, find out

ermöglichen to make possible, enable

ermüden to get tired

ermuntern to encourage

ermutigen to encourage

ernähren to nourish (25)

die Ernährung (-en) diet

ernst serious(ly)

erobern to conquer (27)

eröffnen to open

erörtern to discuss

erproben to try out

erquicken to revitalize, bring back to life

erreichen to reach (30); to achieve

erscheinen, erschien, ist erschienen to seem, appear

die Erscheinung (-en) appearance

erschöpfen to exhaust

erschrecken (erschrickt), erschrak, erschrocken to startle

ersetzen to replace, substitute

erst not until; only; erst first; erst einmal first of all

erstarren to stiffen, harden

erstaunt startled, amazed

erst- first; am ersten Juni on the first of June; zum ersten Mal for the first time

erstellen to compile; to put together
erstens first (*in a list*)
das Erstgespräch (-e) first interview
erstklassig first class
erstmal first, primarily
ertönen to sound
ertragen (erträgt), ertrug, ertragen to bear, cope with
ertrinken, ertrank, ist ertrunken to drown
erwachen to awaken
erwachsen (erwächst), erwuchs, ist erwachsen to arise (31)
der/die Erwachsene (*decl. adj.*) adult (25)
das Erwachsenenpublikum adult audience
erwähnen to mention (31)
(sich) erwandern to hike, cover ground
sich erwärmen für etwas to warm up to (develop a liking for) something
erwarten to expect; **erwarten von** to expect from (25)
die Erwartung (-en) expectation
(sich) erweisen to prove (oneself)
erzählen to tell, narrate
der Erzähler (-) / die Erzählerin (-nen) narrator
erziehen, erzog, erzogen to bring up, educate
der Erzieher (-) / die Erzieherin (-nen) educator, teacher, child care person
die Erziehung (-en) upbringing
der Erziehungsstil (-e) kind of upbringing, way of bringing up children
es it (1); **es gibt** there is/are; **es war einmal . . .** once upon a time . . .
der Esel (-) donkey
essen (isst), aß, gegessen to eat
das Essen food, meal, eating
die Essgewohnheit (-en) eating habit (34)
der Esstisch (-e) dinner table
sich etablieren to establish oneself
die Etage (-n) floor (*in a building*)
etwa about, roughly

etwaig possible
etwas something, a little, some
der Euro *European currency unit*
(das) Europa Europe
europäisch (*adj.*) European
eventuell possible; possibly
ewig eternal(ly), forever
die Ewigkeit (-en) eternity
exakt exact(ly)
die Exaktheit (-en) exactness, precision, accuracy
das Examen (-) exam
die Exkursion (-en) excursion
exotisch exotic(ally)
der Experte (-n *masc.***) / die Expertin (-nen)** expert
die Expertenhilfe (-n) expert assistance
der Expressionismus Expressionism
extra special(ly), additional(ly), extra
die Extralektion (-en) extra lecture
extrem extreme(ly) (35)
die Extremsportart (-en) extreme sport (32)

F

die Fabel (-n) fable
die Fabrik (-en) factory (35)
das Fach (¨er) (school) subject (27)
die Fachexkursion (-en) educational excursion
das Fachlehrerstudium (-studien) education program
Fachleute (*pl.*) experts
das Fädchen (-) little thread
fad(e) boring
der Faden (¨) thread
fähig capable; capably (36)
die Fähigkeit (-en) capability (29)
die Fahrbahn (-en) lane on a road
fahren (fährt), fuhr, ist gefahren to ride, drive, go
der Fahrer (-) / die Fahrerin (-nen) driver
der Fahrgast (¨e) passenger
die Fahrkarte (-n) ticket
der Fahrkartenschalter (-) ticket counter
der Fahrplan (¨e) schedule

das Fahrrad (¨er) bicycle; **Fahrrad fahren** to go by bicycle
die Fahrt (-en) trip, journey; **gute Fahrt!** have a good trip! (14)
faktisch actual, real
der Fall (¨e) case; **auf jeden Fall** in any case; **auf keinen Fall** under no circumstance
fallen (fällt), fiel, ist gefallen to fall
falls in case
falsch false(ly), wrong(ly), incorrect(ly)
falten to fold
die Familie (-n) family
die Familiengeschichte (-n) family history
das Familienleben family life
das Familienmitglied (-er) family member
der Familienname (-n *masc.***, -ns** *gen.***)** family name
der Familienstand family status (25)
die Familientradition (-en) family tradition
fantastisch fantastic(ally)
die Farbe (-n) color
die Fassade (-n) facade, front of a building
fassen to grasp; to believe
fast almost (27)
faszinieren to fascinate (36)
faszinierend fascinating
faul lazy
faulenzen to laze about, be lazy
die Faust (¨e) fist
FDJ = Freie Deutsche Jugend
fehlen (+ *dat.*) to lack; to be missing
fehlend missing
der Fehler (-) error, mistake
der Feierabend (-e) time off (work) (29)
feiern to celebrate (5)
der Feiertag (-e) holiday (31)
die Feigheit (-en) cowardliness
fein fine(ly)
feindlich hostile(ly)
die Feinheit (-en) fineness, delicateness; (*pl.*) details

das Feld (-er) field
der Feldweg (-e) road between fields
der Felsen (-) rock
feminin feminine
das Fenster (-) window
die Ferien (*pl.*) holidays (32)
die Ferienanlage (-n) vacation community
das Ferienhaus (¨er) vacation home
das Ferienheim (-e) vacation home (32)
das Ferienlager (-) vacation camp (32)
der Ferienmonat (-e) vacation month
die Ferienregion (-en) holiday region
die Ferienwohnung (-en) vacation apartment
das Ferienzentrum (-zentren) vacation center
fern far, distant
fernsehen (sieht fern), sah fern, ferngesehen to watch television/TV
das Fernsehen television
der Fernseher (-) television/TV set
fertig finished (E)
fest permanent(ly)
das Fest (-e) festival; party; celebration; holiday
festlegen (legt fest) to determine, set
das Festspiel (-e) cultural festival
feststellen (stellt fest) to ascertain, to establish
die Feststellung (-en) observation
der Festtag (-e) holiday
fett fat
das Fett fat (33)
fettgedruckt bold
feucht humid, damp, moist
das Feuer (-) fire
das Fieber (-) fever (33)
die Figur (-en) figure, shape
der Film (-e) film (36)
das Filmfest (-e) film festival
die Filmindustrie (-n) film industry

der Filmkenner (-) / die Filmkennerin (-nen) movie buff
filtern to filter
finanziell financial(ly)
das Finanzzentrum (-zentren) financial center
finden, fand, gefunden to find
der Finger (-) finger
der Fingernagel (¨) fingernail
der Finne (-n masc.) / die Finnin (-nen) Finnish (*person*)
finster dark
die Firma (Firmen) firm, company
der Fisch (-e) fish
der Fischer (-) / die Fischerin (-nen) fisherman/fisherwoman
der Fischmarkt (¨e) fish market
fit fit; **sich fit halten** to keep fit (32)
die Fitness fitness
der Fitnessclub (-s) gym, health club
fix und fertig completely exhausted
die Fläche (-n) plane, surface
die Flasche (-n) bottle
flattern to flutter
der Fleck (-e) spot, stain
das Fleisch meat
der Fleischer (-) / die Fleischerin (-nen) butcher
die Fleischwurst *kind of sausage*
fleißig industrious(ly) (1)
flexibel flexible (18); flexibly
die Fliege (-n) fly
fliegen, flog, ist geflogen to fly
fliehen, floh, ist geflohen to flee, escape
fließen, floss, ist geflossen to flow
Flitterwochen (*pl.*) honeymoon
die Flora flora
flüchtig cursory, cursorily; sketchy, sketchily
der Flüchtling (-e) refugee, fugitive
der Fluchtweg (-e) escape route
der Flug (¨e) flight (*in an airplane*)
das Flugblatt (¨er) flyer
die Flugkarte (-n) airline ticket
der/die Flugreisende (*decl. adj.*) air passenger
der Fluss (¨e) river
flüstern to whisper

der Fokus (-se) focus
folgen (+ *dat.*) to follow
folgend following
fordern to demand; to ask; to require
fördern to promote; to support (36)
die Forderung (-en) demand
die Förderung support
formal formal(ly)
formulieren to formulate
der Forscher (-) / die Forscherin (-nen) scientist, researcher
die Forschung (-en) research
das Forschungscamp (-s) research camp
(sich) fortbilden (bildet fort) to further educate (oneself)
fortbleiben (bleibt fort), blieb fort, ist fortgeblieben to stay away
fortgehen (geht fort), ging fort, ist fortgegangen to leave
fortgeschritten advanced
das Foto (-s) photo
der Fotograf (-en masc.) / die Fotografin (-nen) photographer
fotografieren to photograph
der Frachter (-) / die Frachterin (-nen) shipping manager
die Frage (-n) question
der Fragebogen (¨) questionnaire
fragen to ask; **fragen nach** to ask about
der Fragenkatalog (-e) battery of questions
die Fragestellung (-en) formulation of a question
(das) Frankreich France
der Franzose (-n masc.) / die Französin (-nen) French (*person*)
französisch (*adj.*) French
das Französisch French (*language*)
die Frau (-en) woman; wife
der/die Frauenbeauftragte (*decl. adj.*) women's spokesperson
die Frauenbewegung (-en) women's movement (30)
die Frauenbildung women's education
der Frauenbuchladen (¨) women's bookstore

frauenfeindlich misogynous(ly), anti-women

die Frauenrechtlerin (-nen) feminist

das Frauenzimmer (-) (*derogatory*) woman

frech fresh, impudent(ly)

frei free; **ist hier noch frei?** is this seat taken?; **wann sind Sie frei?** when do you have time?

die Freie Deutsche Jugend (FDJ) *a youth organization of the former GDR*

Freien: im Freien in the open air; outdoors (31)

die Freiheit (-en) freedom, liberty

die Freizeit free time (E)

die Freizeitaktivität (-en) pastime, hobby

fremd foreign, strange

die Fremdsprache (-n) foreign language

fremdsprachig in a foreign language

fressen (frisst), fraß, gefressen (*animals*) to eat up, gobble

die Freude (-n) pleasure, joy (27)

freudig joyful(ly) (26); happy; happily

sich freuen to be happy; **sich freuen auf** (+ *acc.*) to look forward to (26); **sich freuen über** (+ *acc.*) to be happy about

der Freund (-e) / die Freundin (-nen) close friend; boyfriend/girlfriend

freundlich friendly

die Freundschaft (-en) friendship

freundschaftlich friendly, as friends

der Frieden peace (26)

die Friedensbewegung peace movement

friedlich peaceful(ly) (26)

frieren, fror, gefroren to freeze, be cold

frisch fresh(ly)

der Frisör (-e) / die Frisöse hairdresser

der Frisörbesuch (-e) hair salon appointment

die Frisur (-en) hairstyle

froh glad, happy

fröhlich happy; happily, cheerful(ly), in good spirits

der Frosch (¨e) frog

die Frucht (¨e) fruit

fruchtig fruity

der Fruchtsaft (¨e) fruit juice

früh early

der Frühanfänger (-) / die Frühanfängerin (-nen) early beginner

früher earlier, before, in earlier times

das Frühjahr (-e) spring

der Frühjahrsputz spring cleaning

der Frühling (-e) spring

der Frühruhestand early retirement

das Frühstück (-e) breakfast

frühstücken to have breakfast

fühlen to feel; **sich wohl fühlen** to feel well; to be comfortable

führen to lead; **führen zu** to lead to (26)

der Führerschein (-e) driver's license

das Fuhrunternehmen (-) shipping company

fummeln to fumble

die fünfziger Jahre the Fifties

funkeln to sparkle, shine

die Funktion (-en) function

funktionieren to function

für (+ *acc.*) for

furchtbar terrible, terribly; awful(ly)

sich fürchten (vor) (+ *dat.*) to be afraid (of) (28)

fürs = für das

die Fürsorge support (25)

der Fuß (¨e) foot; **zu Fuß** on foot

der Fußball soccer; **Fußball spielen** to play soccer

die Fußballmannschaft (-en) soccer team

das Fußballspiel (-e) soccer game

der Fußboden (¨) floor

der Fußgängerweg (-e) walkway, pedestrian way

die Fußgängerzone (-n) pedestrian zone

die Fußreise (-n) travels on foot

die Fußspitze (-n) tip of the foot

das Futter feed

füttern to feed

das Futur future tense

G

die Gabel (-n) fork

gähnen to yawn

die Galerie (-n) gallery

der Gang (¨e) gear

das Gänseblümchen (-) daisy

ganz whole, complete, very; really; **ganz Deutschland** all of Germany; **ganz am Ende** at the very end; **ganz und gar (nicht)** absolutely (not)

ganzjährig through the year

die Ganzpackung (-en) full body treatment

ganztags full-time (*work*)

gar: gar kein absolutely no; **gar nicht** absolutely not, not at all; **gar nichts** absolutely nothing, nothing at all

die Garage (-n) garage

garantieren to guarantee

die Gardine (-n) curtain

die Garnele (-n) large shrimp

garnieren to garnish

der Garten (¨) garden

das Gartenamt (¨er) office of parks and recreation

die Gartenanlage (-n) garden facility

die Gartenarbeit (-en) gardening (31)

das Gartengitter (-) garden fence

der Gärtner (-) / die Gärtnerin (-nen) gardener

der Gast (¨e) guest

der Gastarbeiter (-) / die Gastarbeiterin (-nen) guest worker

gastfreundlich hospitable; hospitably

der Gastgeber (-) / die Gastgeberin (-nen) host/hostess

das Gastmahl (-e) banquet

die Gaststätte (-n) restaurant, inn

gaukeln to flutter

der **Gauner** (-) / die **Gaunerin**
(-nen) rogue, scoundrel, rascal
geben (gibt), gab, gegeben to give;
es gibt there is/are
das **Gebet** (-e) prayer
das **Gebiss** (-e) teeth, dentures
geboren born (25); **wann sind Sie
geboren?** when were you born?
(14)
gebrauchen to use
die **Gebühr** (-en) fee (E)
gebührenfrei free of charge
das **Geburtsdatum** (-daten) date of
birth
der **Geburtsort** (-e) place of birth
der **Geburtstag** (-e) birthday
der **Gedanke** (-n masc.) thought
die **Gedankenfreiheit** freedom of
thought (30)
das **Gedicht** (-e) poem
der **Gedichtband** (-̈e) volume of
poetry
die **Geduld** patience
geehrt: sehr geehrter Herr Gurtler
dear Mr. Gurtler
geeignet suitable, appropriate
die **Gefahr** (-en) danger (32)
gefährlich dangerous(ly)
gefahrvoll dangerous(ly)
gefallen (gefällt), gefiel, gefallen
(+ dat.) to please
das **Gefängnis** (-se) jail
die **Gefriertruhe** (-n) freezer
gefroren (adj.) frozen
das **Gefühl** (-e) feeling (31)
gefühlsbetont emotional, emotive
gegebenenfalls should the situation
arise
gegen (+ acc.) against;
approximately (27)
die **Gegend** (-en) vicinity,
neighborhood
gegeneinander against each other
der **Gegensatz** (-̈e) opposite,
contradiction
der **Gegenstand** (-̈e) thing,
inanimate object
das **Gegenteil** (-e) opposite
gegenüber von (+dat.) opposite of
die **Gegenwart** present time (27)
gegensätzlich opposite, opposing

das **Gehalt** (-̈er) salary
das **Geheimnis** (-se) secret
gehen, ging, ist gegangen to go,
walk
gehören (+ dat.) to belong (to)
der **Geier** (-) vulture
die **Geisteswissenschaften** (pl.)
humanities (28)
geistig mental(ly)
geistlich spiritual(ly)
geizig miserly, stingy
gelb yellow
das **Geld** (-er) money
die **Gelegenheit** (-en) opportunity
gelegentlich occasional(ly)
gelten (gilt), galt gegolten to be
valid; **gelten lassen** to approve
(of something); to agree (30)
das **Gemälde** (-) painting
gemäß (+ dat.) according to
gemein mean, malicious(ly)
die **Gemeinde** (-n) community,
town
gemeinsam common; together (28)
die **Gemeinsamkeit** (-en) common
ground, things in common
gemischt (adj.) mixed
das **Gemüse** vegetable
der **Gemüseanbauversuch** (-e)
vegetable growing experiment
das **Gemüt** (-er) mood, soul, mind
gemütlich comfortable;
comfortably; cozy, cozily
die **Gemütlichkeit** informal
atmosphere
genau exact(ly), precise(ly)
die **Genauigkeit** (-en) accuracy,
exactness (34)
genauso just as, exactly the same
die **Generation** (-en) generation
generell general(ly)
genießen, genoss, genossen to
enjoy (E)
der **Genitiv** genitive case
genug enough
genügend enough, sufficient(ly)
das **Genus** (Genera) gender
genussvoll delightful, pleasurable
geöffnet (adj.) open
geographisch geographical(ly)
geordnet ordered, in order

das **Gepäck** baggage
gepflegt (adj.) cultured; neat; well-
kept
gerade just, at the moment;
straight, even; **gerade noch** just
barely; **nicht gerade** not really
geradeaus straight ahead
das **Gerät** (-e) device (31)
geraten (gerät), geriet, ist geraten
to come upon (33)
das **Geräusch** (-e) sound, noise
gerecht fair(ly) (10), just(ly)
die **Gerechtigkeit** (-en) justice (26)
das **Gericht** (-e) meal; dish (34);
court of law
die **Gerichtsakte** (-n) file
gering small, negligible (29)
die **Germanistik** German studies
(28)
gern(e) (lieber, liebst-) gladly;
willingly, with pleasure; **ich hätte
gern . . .** I'd like . . .
der **Geruch** (-̈e) smell, scent
der **Geruchssinn** sense of smell
gesamtdeutsch pertaining to the
unified Federal Republic of
Germany
die **Gesamtschule** (-n)
comprehensive school (27)
das **Gesamtvermögen** national
savings, assets
das **Geschäft** (-e) business; store
(26)
die **Geschäftsfrau** (-en)
businesswoman
der **Geschäftsmann** (-leute)
businessman
geschehen (geschieht), geschah,
ist geschehen to happen (32)
gescheit intelligent, sensible
das **Geschenk** (-e) gift
die **Geschichte** (-n) history; story
(28)
geschichtlich historical(ly)
der **Geschichtslehrer** (-) / die
Geschichtslehrerin (-nen)
history teacher
geschickt clever(ly) (36)
das **Geschirr** (sg.) dishes (E)
die **Geschirrspülmaschine** (-n)
dishwasher

das Geschlecht (-er) gender, sex
geschlossen (*adj.*) closed
die Geschmacksfrage (-n) question of taste
die Geschwister (*pl.*) siblings (25)
die Gesellenprüfung (-en) journeyman's examination
die Gesellschaft (-en) company, society, association
das Gesetz (-e) law (35)
gesetzlich legal(ly)
das Gesicht (-er) face
gespannt excited (32)
das Gespräch (-e) conversation
gestalten to shape (26)
die Gestaltung (-en) organization; shape (31)
gestatten to allow (30)
gestehen, gestand, gestanden to admit (34)
gestern yesterday
gestorben (*adj.*) deceased
das Gesuch (-e) petition
gesund healthy (33)
die Gesundheit health
die Gesundheitspflege health care (33)
das Gesundheitswesen health care system (33)
geteert (*adj.*) tarred, covered with asphalt
das Getränk (-e) drink, beverage
die Getreideernte (-n) grain harvest
getrennt (*adj.*) separated (25)
die Gewalt (-en) force, violence
gewaltig powerful(ly); tremendous(ly) (34)
gewalttätig violent(ly) (26)
gewinnen, gewann, gewonnen to win (32)
gewiss sure(ly); certain(ly)
das Gewissen conscience
gewohnheitsmäßig in a habitual manner (33)
sich gewöhnen an (+ *acc.*) to get used to (28)
gewöhnlich usual(ly), normal(ly)
das Gift (-e) poison
giftfrei nontoxic (35)
glänzen to shine, shimmer, sparkle

das Glas (-̈er) glass
der Glascontainer (-) glass recycling bin
glatt even, smooth; **glattstreichen, strich gestrichen** to flatten, smooth out
glauben to believe
gleich immediately; equal, same
die Gleichbehandlung (-en) equal treatment
gleichberechtigt sein to have equal rights (30)
die Gleichberechtigung equality (30)
der/die/das Gleiche (*decl. adj.*) same (one/person/thing)
gleichfalls you too, as well
gleichgestellt sein to be at an equal level (30)
das Gleichgewicht (-e) balance (35)
die Gleichstellung (-en) equal rights
gleichzeitig simultaneous(ly)
das Gleis (-e) train station platform (32)
das Glück happiness, luck; **viel Glück!** good luck!
glücken (+ *dat.*) to be a success, be successful
glücklich happy
der Glückwunsch: herzlichen Glückwunsch! congratulations!
die Glut hot coals (*in the fire*)
der Glutqualm smoke from coals
der Golfplatz (-̈e) golf course
sich gönnen to allow oneself (*something*)
der Gott (-̈er) God, god
die Grafik (-en) graph, chart
grafisch graphical(ly)
die Grammatik (-en) grammar
das Gras (-̈er) grass
das Grasdach (-̈er) grass roof
die Grasspitze (-n) tip of grass
gratulieren to congratulate
grau gray
das Grauen horror
graugewaschen faded, discolored
grausam cruel(ly)
die Grazie grace

greifen, griff, gegriffen to grab; to grasp
der Greifvogel (-̈) bird of prey, raptor
die Grenze (-n) border, limit
grenzüberschreitend across the borders
der Grieche (-n *masc.*) / **die Griechin (-nen)** Greek (*person*) (18)
(das) Griechenland Greece (9)
griechisch (*adj.*) Greek
die Grille (-n) cricket
grillen to grill (31)
der Grips (*coll.*) sense
groß (größer, größt-) big, tall
die Großeltern (*pl.*) grandparents (25)
die Großmutter (-̈) grandmother
die Großstadt (-̈e) large city, metropolis
das Großstadtleben big city life
der/die/das Größte (*decl. adj.*) the biggest, tallest, largest (one)
der Großvater (-̈) grandfather
großzügig generous(ly)
grün green
die Grünanlage (-n) park, recreation area
der Grund (-̈e) reason
gründen to found (27)
das Grundgesetz Basic Law (*German constitution*)
die Grundlage (-n) foundation, basis (27)
die Grünfläche (-n) green area
die Gruppe (-n) group
das Gruppenangebot (-e) group offer, discount
die Gruppenarbeit (-en) group work
die Gruppenberatung (-en) group counseling
gruppieren to group
der Gruß (-̈e) greeting; **herzliche Grüße! liebe Grüße! schöne Grüße! viele Grüße!** best wishes!
grüßen to greet; **grüß Gott!** (*in southern Germany, Austria, and Switzerland*) hello!
gucken (*coll.*) to watch, to look

gültig valid
der Gummischuh (-e) rubber boot
die Gunst (ˉe) favor, goodwill
das Gut (ˉer) good, item, property, estate
gut (besser, best-) good, **alles Gute!** all the best!; **gute Besserung!** get well soon!; **gute Fahrt!** have a nice trip!; **guten Abend!** good evening!; **guten Morgen!** good morning!; **guten Tag!** hello!; **gute Reise!** have a nice trip!
der Güterzug (ˉe) freight train
das Gütesiegel (-) stamp of quality
gutgelaunt cheerful, in a good mood
der Gymnasiast (-en *masc.***) / die Gymnasiastin (-nen)** student at a Gymnasium (26)
das Gymnasium (Gymnasien) college preparatory high school (27)

H

das Haar (-e) hair (6)
das Haarnetz (-e) hair net
die Haarsträhne (-n) strand of hair
haben (hat), hatte, gehabt to have
der Hafen (ˉ) harbor
hager gaunt, thin
halb half; **eine halbe Stunde** half an hour; **es ist halb sechs** it's five-thirty
der Halbedelstein (-e) semi-precious gem
die Halbinsel (-n) peninsula
die Hälfte (-n) half
hallo! hello!
hallöchen! hello!
der Hals (ˉe) neck, throat (6)
die Halsschmerzen (*pl.*) sore throat (6)
halt (*particle*) **dann müsst ihr halt mit dem Bus fahren** in that case you'll have to take the bus
halten (hält), hielt, gehalten to hold (E); to stop; **sich halten an** to keep to, stick to/with (34); **halten für** to consider; to regard; **halten von** to have an opinion
die Haltung (-en) attitude, opinion

die Hand (ˉe) hand
die Handarbeit (-en) handicraft
der Handball handball
der Handel trade (27)
handeln to act; **handeln von** to deal with, be about
die Handelsstadt (ˉe) city of commerce
das Handelsunternehmen (-) commercial enterprise
die Handtasche (-n) handbag, pocketbook, purse
das Handtuch (ˉer) towel
das Handwerk (-e) craft, trade
hängen to hang (up)
hängen, hing, gehangen to hang, be in a hanging position
die Harmonie (-n) harmony
hart hard
haufenweise in heaps
häufig often, frequent(ly) (27)
das Haupt (ˉer) (*antiquated*) head
die Hauptattraktion (-en) main attraction
der Hauptautor (-en) main author
der Hauptbahnhof (ˉe) main train station
das Hauptfach (ˉer) major subject (E)
das Haupthaar hair on one's head
die Hauptinformation (-en) main information
das Hauptinteresse (-n) main interest
die Hauptperson (-en) main character
hauptsächlich primarily (31)
der Hauptschulabschluss (ˉe) *a general education degree*
die Hauptschule (-n) general education high school
die Hauptstadt (ˉe) capital
das Haus (ˉer) house; **nach Haus(e) gehen** to go home; **zu Haus(e)** at home
die Hausarbeit (-en) housework, household chore
die Hausaufgabe (-n) homework
der Häuserblock (ˉe) block of houses
die Hausfrau (-en) housewife

der Haushalt (-e) household (25)
häuslich domestic
das Haustier (-e) pet
die Haustür (-en) front door
die Haut skin
heben, hob, gehoben to lift
das Heilbad (ˉer) health spa
heilen to heal
heilig holy
heilklimatisch with a healthy climate
die Heilung (-en) healing, curing, cure
das Heilungsmittel (-) remedy (33)
das Heilverfahren (-) treatment, cure
die Heimat (-en) home, sense of belonging
der Heimathafen (ˉ) home port
das Heimatland (ˉer) home country
die Heimatstadt (ˉe) hometown
heimlich secret(ly) (33)
die Heimmannschaft (-en) home team
heiraten to marry (25)
heiß hot (5)
heißen, hieß, geheißen to be called (1)
heiter clear (*weather*)
die Heiterkeit (-en) cheerfulness
helfen (hilft), half, geholfen to help
hell light, bright
das Hemd (-en) shirt
die Hemmung (-en) inhibition
herab downwards
herabfliegen (fliegt herab), flog herab, ist herabgeflogen to fly down
heranziehen (zieht heran), zog heran, herangezogen to involve, consult with
herausfinden (findet heraus), fand heraus, herausgefunden to find out
herb sharp, tangy, bitter
herbei hither, here
der Herbst fall, autumn; **im Herbst** in the fall
der Herd (-e) stove, hearth

hereinbrechen (bricht herein), brach herein, ist hereingebrochen to break out

hergeben (gibt her), gab her, hergegeben to give away

herkommen (kommt her), kam her, ist hergekommen to come here

der Herr (-n *masc.,* **-en)** gentleman; Mr.

herrlich wonderful(ly) (32)

herrschen to rule, govern

der Herrscher (-) / die Herrscherin (-nen) ruler, sovereign

herstellen (stellt her) to produce (29)

herum around; **um (Köln) herum** around (Cologne)

herumfahren (fährt herum), fuhr herum, ist herumgefahren to drive around

sich herumprügeln (prügelt herum) to get into fights

herumschaukeln (schaukelt herum) to jiggle around

herunterkurbeln: das Fenster herunterkurbeln (kurbelt herunter) to roll down the window

hervor forth

hervortreten (tritt hervor), trat hervor, ist hervorgetreten to step forward, appear

das Herz (-en *gen.,* **-en** *pl.***)** heart; **zu Herzen gehen** to touch the heart

herzlich warm, kind

hetzen to chase, race

das Heu hay

die Heuschrecke (-n) grasshopper

heute today

heutig today's (28)

heutzutage these days, nowadays

die Hilfe help, assistance; **mit Hilfe (+** *gen.***)** with the help of

das Hilfeangebot (-e) help offer

hilflos helpless

hilfsbereit willing to help, helpful

das Hilfsverb (-en) auxiliary verb

der Himmel sky, heaven

himmlisch heavenly

hin und her back and forth

hinab (*away from speaker*) down

hinabsteigen (steigt hinab), stieg hinab, ist hinabgestiegen (*away from speaker*) to climb down

hinaus out, outside (*away from the speaker*)

hinauswollen auf (will hinaus) to imply (30)

hindurch through

hinfahren (fährt hin), fuhr hin, ist hingefahren to go there, drive there

hinkommen (kommt hin), kam hin, ist hingekommen to get there

(sich) hinlegen (legt hin) to lie down

hinlehnen (lehnt hin) to lean against

sich hinsetzen (setzt hin) to take a seat, sit down

hinstellen (stellt hin) to put

hinten in the back

hinter (+ *acc./dat.***)** behind

die Hinterbeine (*pl.*) hind legs

der Hintergrund (¨e) background (30)

der Hippie (-s) hippie

historisch historical(ly)

die Hitlerjugend Third Reich youth organization

die Hitze heat

das Hobby (-s) hobby (31)

hoch (höher, höchst-) high; **bis ins hohe Alter** to old age

die Hochachtung deep respect, admiration

der Hochbahnbogen (¨) bridge construction

das Hochdeutsch standard German, High German

hochgehen (geht hoch), ging hoch, ist hochgegangen to go up

die Hochgratbahn (-en) type of ski lift

hochklettern (klettert hoch) to climb up

hochschlagen (schlägt hoch),

schlug hoch, hochgeschlagen to flip up, fold up

die Hochschule (-n) college

der Hochschüler (-) / die Hochschülerin (-nen) student

der Hochspannungsmast (-en) electrical pole

der/die/das Höchste (*decl. adj.*) highest (one)

die Hochzeit (-en) wedding

der Hochzeitsgast (¨e) wedding guest

die Hochzeitsliste (-n) gift registry

der Hochzeitsmarsch (¨e) wedding march

die Hochzeitsreise (-n) honeymoon (trip)

der Hochzeitsservice wedding service

der Hof (¨e) (court)yard (31)

hoffen to hope

hoffentlich hopefully

die Hoffnung (-en) hope

hoffnungslos hopeless

hoffnungsvoll hopeful

höflich polite(ly), courteous(ly)

die Höflichkeit (-en) courtesy

die Höhenlage (-n) elevation

der Höhepunkt (-e) high point, climax (36)

holen to get, fetch

das Holz (¨er) wood

die Holzbrücke (-n) wooden bridge

hören to hear

der Horizont (-e) horizon

der Hörtext (-e) listening comprehension text

die Hose (-n) pants, trousers

der Hosenschlitz (-e) fly (*in a pair of pants*)

die Hosentasche (-n) pocket

das Hotel (-s) hotel

das Hotelfenster (-) hotel window

der Hotelwechsel (-) change of hotel

hübsch pretty, good-looking

der Hügel (-) hill

die Hummel (-n) bumblebee

der Humor humor (36)

humorvoll humorous(ly)

der Hund (-e) dog

hundertjährig hundred-year-old
der Hunger hunger; **hast du Hunger?** are you hungry?
die Hungersnot (¨e) famine
hungrig hungry
husten to cough
der Husten (-) cough
der Hut (¨e) hat
die Hütte (-n) cabin

I

der ICE = Intercityexpresszug
ideal ideal(ly)
das Ideal (-e) ideal (26)
die Idee (-n) idea
(sich) identifizieren (mit) to identify (with)
die Identität (-en) identity (26)
die Identitätskrise (-n) identity crisis
der Idiot (-en masc.**) / die Idiotin (-nen)** idiot
ihrerseits on her part, herself; on their part, themselves
illegal illegal(ly)
die Illustration (-en) illustration
imaginär imaginary (36)
der Imbiss (-e) snack, fast food
immer always (E)
der Imperativ (-e) imperative
das Imperfekt imperfect
impliziert implied
imponieren to impress
imposant impressive
in (+ acc./dat.) in, into; **in der Nähe** in the vicinity
inbrünstig fervent, ardent
indem (subord. conj.) in that, by
indirekt indirect(ly)
individuell individual(ly)
die Industrialisierung industrialization (31)
das Industrieland (¨er) industrial country
die Industrie (-n) industry
die Industrieanlage (-n) industrial facility
die Industriegesellschaft (-en) industrial society
industriell industrial(ly)
der Infinitiv (-e) infinitive

die Inflation (-en) inflation
die Info (-s) info
infolge (+ gen.) due to
die Informatik computer science
die Information (-en) information
informieren to inform; **sich informieren** to get information
der Inhalt (-e) content
innen within, inside
die Innenstadt (¨e) inner city, downtown area
die Innentemperatur (-en) inside temperature
das Innere (decl. adj.) interior, inside
innerhalb (+ gen.) within, inside
insbesondere in particular
die Insel (-n) island
insgesamt altogether
inspirieren to inspire
das Institut (-e) institute
die Institution (-en) institution
das Instrument (-e) instrument, device
inszenieren to stage (36)
intakt intact
die Integration (-en) integration
intellektuell intellectual(ly) (36)
intelligent intelligent(ly)
die Intelligenz intelligence
intensiv intensive(ly)
interessant interesting
das Interesse (-n) interest; **Interesse haben an** (+ dat.) to be interested in, to have interest in
interessieren to interest; **sich interessieren für** to be interested in (31)
die Interpretation (-en) interpretation
interpretieren to interpret
das Interview (-s) interview
interviewen to interview
intuitiv intuitive(ly)
inwiefern to what extent, in what way
inzwischen in the meantime (34)
irgendein(e) some, any
irgendetwas something, anything
irgendwann sometime
irgendwas = irgendetwas

irgendwie somehow, some way
irgendwo somewhere, anywhere
die Ironie (-n) irony
irre (coll.) great (32)
der Islam Islam
das Island Iceland
(das) Italien Italy
der Italiener (-) / die Italienerin (-nen) Italian (person)
italienisch (adj.) Italian
der Italienurlaub (-e) vacation in Italy

J

ja yes; **ja, gern!** yes, please!; (particle) **ist ja echt super** that's really great; **wir wissen ja, wie schwer du arbeitest** we do know, after all, how hard you work
die Jacke (-n) jacket
jagen to hunt
das Jahr (-e) year; **im kommenden Jahr** next year, **im Jahr(e) 1750** in 1750; **jedes Jahr** every year; **mit sechs Jahren** when (s)he was six years old; **vor einem Jahr** a year ago
die Jahreszeit (-en) season
das Jahrhundert (-e) century (27)
die Jahrhundertwende turn of the century
jährlich annual(ly)
das Jahrzehnt (-e) decade (26)
(das) Jamaika Jamaica
der Jammerlaut (-e) wailing
jammern to wail, lament
jauchzen to rejoice, exult
je ever
die Jeans (-) jeans
jeder, jede, jedes each, every, any; **auf jeden Fall** in any case
jedenfalls in any case (30)
jedermann everyone
jedesmal every time
jedoch however
jeglicher, jegliche, jegliches any
jemals ever
jemand someone, anyone
jener, jede, jedes that, that one
jenseits on the other side of, beyond

jetzig current, present
jetzt now; **erst jetzt** not until now
jeweilig respective
jeweils respectively (32)
das Jobinterview (-s) job interview
joggen to jog
der Jogginganzug (¨e) jogging suit
der Joghurt (-s) yogurt
der Jongleur (-e) / die Jongleurin (-nen) juggler
der Journalist (-en *masc.***) / die Journalistin (-nen)** journalist
der Jubel jubilation, cheering
das Jubiläum (Jubiläen) anniversary
der Jude (-n *masc.***) / die Jüdin (-nen)** Jew
jüdisch Jewish
die Jugend (-en) youth (25)
die Jugendbewegung (-en) youth movement
die Jugendforschung (-en) youth research
die Jugendherberge (-n) youth hostel
der/die Jugendliche (*decl. adj.*) young person, teenager (26)
die Jugendpolitik youth politics
das Jugendporträt (-s) youth portraits
die Jugendstudie (-n) youth study
das Jugendtheater (-) youth theater
(das) Jugoslawien Yugoslavia
jung (jünger, jüngst-) young
der Junge (-n *masc.***)** boy
die Jungsozialisten Young Sozialist (*youth organization of the German Social Democratic Party*)
Jura law (28)
der Juwelier (-e) / die Juwelierin (-nen) jeweler

K

das Kabarett (-s) cabaret
der Kaffee (-s) coffee
die Kaffeemaschine (-n) coffeemaker
das Kaffeewasser water for coffee
die Kahnfahrt (-en) boat ride

der Kaiser (-) / die Kaiserin (-nen) emperor/empress
die Kaiserzeit imperial era
kalt (kälter, kältest-) cold
(das) Kamerun Cameroon
der Kamin (-e) chimney
das Kaminfeuer (-) fire in the fireplace
der Kampf (¨e) fight, struggle, combat
kämpfen to struggle; to fight (30)
der Kampfgenosse (-n *masc.***) / die Kampfgenossin (-nen)** fellow soldier
der Kampfhund (-e) attack dog
der Kanadier (-) / die Kanadierin (-nen) Canadian (*person*)
der Kandidat (-en *masc.***) / die Kandidatin (-nen)** candidate
der Kanzler (-) / die Kanzlerin (-nen) chancellor
das Kapital capital
der Kapitän (-e) captain
das Kapitel (-) chapter
kaputt broken, out of order
der Karneval carnival, Mardi Gras
die Karriere (-n) career
die Karte (-n) card; ticket; menu; map; **Karten spielen** to play cards
die Kartoffel (-n) potato
die Kartoffelschale (-n) potato skin
der Käse cheese
das Kasino (-s) casino
die Kasse (-n) cashier, cash register
der Kasten (¨) box
der Kasus case (*grammatical*)
die Kasusform (-en) case ending
der Katalog (-e) catalogue
die Kategorie (-n) category
der Kater (-) tomcat
das Katerleben (-) cat's life
das Kätzchen (-) little cat, kitten
die Katze (-n) cat
die Katzentoilette (-n) cat litter box
kauen to chew
kaufen to buy, purchase
das Kaufhaus (¨er) department store
der Kaufmann (-leute) / die

Kauffrau (-en) salesperson, businessperson, manager
kaum hardly; barely
die Kehle (-n) throat
kein no, not a, not any
kein(e)s none
keineswegs! by no means!
der Keller (-) cellar, basement
der Kellner (-) / die Kellnerin (-nen) waitperson
kennen, kannte, gekannt to know, be acquainted with
kennen lernen (lernt kennen) to get to know
die Kenntnis (-se) knowledge (29)
das Kennzeichen (-) logo, symbol, registration number
der Kerl (-e) fellow, guy
das Kerlchen (-) little fellow
die Kette (-n) chain
das Kettenglied (-er) link in a chain
die Kettenreaktion (-en) chain reaction
der Kilometer (-) kilometer
kilometerlang miles long
das Kind (-er) child; **als Kind** as a child
das Kindchen (-) little child
der Kindergarten (¨) kindergarten
die Kinderkrippe (-n) day care center (30)
kinderreich with many children
das Kinderspiel (-e) child's game
das Kindertheater (-) children's theater
der Kinderwagen (-) stroller
die Kindheit (-en) childhood
das Kinn (-e) chin
das Kino (-s) movie theater; **ins Kino gehen** to go see a movie
der Kinofilm (-e) movie
der Kiosk (-s) kiosk
die Kirche (-n) church
die Kirchenglocke (-n) church bell
die Kirsche (-n) cherry
das Kissen (-) pillow
das Kistenbrett (-er) cheap boards (*from boxes*)
kläglich pitiful, wretched, miserable

Klammern (*pl.*) parentheses
die Klangfarbe (-n) tone color
klappen to work out
das Klappmesser (-) flick knife
klar clear; **alles klar?** everything clear?
die Klärung (-en) clarification
die Klasse (-n) class, grade
die Klassenarbeit (-en) exam
der Klassenlehrer (-) / die Klassenlehrerin (-nen) homeroom teacher
das Klassenzimmer (-) classroom
klassisch classical, classic
klauen (*coll.*) to steal
die Klausur (-en) exam
das Klavier (-e) piano
der Klavierlehrer (-) / die Klavierlehrerin (-nen) piano instructor
das Kleid (-er) dress
der Kleiderschrank (-̈e) closet, dresser
die Kleidung clothes
das Kleidungsstück (-e) piece of clothing
klein small, little
die Kleinanzeige (-n) small ad
die Kleinfamilie (-n) small family
der Kleingarten (-̈) small garden
die Kleingruppe (-n) small group
die Kleinstadt (-̈e) small town
klettern to climb (32)
die Klettertour (-en) mountain climbing tour
das Klima climate
klingeln to ring
klingen to sound
das Klinglein (-) little bell
klopfen to knock
die Klosterpforte (-n) gate to the monastery
der Klub (-s) club
klug (klüger, klügst-) smart
km = der Kilometer
knabbern to nibble
das Knabengesicht (-er) boy's face
das Knabenpensionat (-e) boarding school for boys
knapp short; tight; barely, shy of
die Kneipe (-n) pub

kneten to knead
das Knie (-) knee
knistern to crackle, rustle
der Knochen (-) bone
der Knödel (-) dumpling
Knopfdruck: per Knopfdruck by pushing a button
knusprig crunchy
der Koch (-̈e) / die Köchin (-nen) chef, cook
kochen to cook
der Kochtopf (-̈e) pot
der Koffer (-) suitcase
der Kofferraum (-̈e) trunk of a car
das Kohlekraftwerk (-e) coal power plant
der Kollege (-n *masc.*) / die Kollegin (-nen) colleague
das Kollegheft (-e) booklet
das Kollegium (-ien) faculty
(das) Köln Cologne
die Kolumne (-n) column
der Kolumnist (-en *masc.*) / die Kolumnistin (-nen) columnist
die Kombination (-en) combination
kombinieren to combine
der Komiker (-) / die Komikerin (-nen) comedian
komisch funny, comical, strange
kommen, kam, ist gekommen to come
kommentieren to comment
kommerziell commercial(ly)
der Kommilitone (-n *masc.*) / die Kommilitonin (-nen) classmate (28)
die Kommode (-n) dresser, chest of drawers
die Kommodenschublade (-n) drawer in a chest
kommunal communal, public
die Kommunikation (-nen) communication
die Komödie (-n) comedy (36)
der Komparativ (-e) comparative
kompetent competent(ly)
die Komplikation (-en) complication
kompliziert (*adj.*) complicated
komponieren to compose (36)

der Komponist (-en *masc.*) / die Komponistin (-nen) composer (36)
der Komposthaufen (-) compost heap (35)
die Konditorei (-en) pastry shop, bakery
die Konfitüre (-n) preserves
der Konflikt (-e) conflict
konfrontieren to confront
der König (-e) / die Königin (-nen) king/queen
die Konjugation (-en) conjugation
konjugieren to conjugate
die Konjunktion (-en) conjunction
der Konjunktiv subjunctive
konkret concrete
konkurrieren to compete
können (kann), konnte, gekonnt to be able to
die Konsequenz (-en) consequence
konservativ conservative(ly)
die Konstruktion (-en) construction
das Konsulat (-e) consulate
das Konsumgut (-̈er) consumer item
der Kontakt (-e) contact
kontaktbereit personable, sociable
der Kontext (-e) context
kontra against; **pro und kontra** pro and con, for and against
der Kontrast (-e) contrast
das Kontrastprogramm (-e) side program, alternative program
kontrollieren to control
die Konzentrationsschwäche (-n) attention deficit
sich konzentrieren to concentrate
das Konzept (-e) concept
das Konzert (-e) concert; **ins Konzert gehen** to go to a concert
koordinieren to coordinate
der Kopf (-̈e) head
das Kopftuch (-̈er) scarf, head cover
das Kopfweh headache
die Kopie (-n) copy
kopieren to copy
der Korb (-̈e) basket
der Koreakrieg Korean War

das Korn (¨er) grain
der Körper (-) body
körperlich physical(ly)
die Körperpflege personal hygiene (33)
der Körperteil (-e) body part
die Körpertemperatur (-en) body temperature
korrekt correct(ly)
die Korrespondenz (-en) correspondence
korrespondieren to correspond
korrigieren to correct
die Kost diet, board
kosten to cost
kostenfrei free of charge
kräftig powerful(ly)
der Kragen (¨) collar
krähen to crow
die Kralle (-n) claw
krank sick, ill
der Krankenbesuch (-e) visit with a sick person
das Krankenhaus (¨er) hospital (33)
die Krankenkasse (-n) wellness fund
der Krankenpfleger (-) / die Krankenpflegerin (-nen) nurse
die Krankenversicherung (-en) health insurance
der Krankenwagen (-) ambulance
das Krankenzimmer (-) hospital room
die Krankheit (-en) illness, disease
das Krankheitssymptom (-e) symptom of a disease
kratzen to scratch
kreativ creative(ly)
die Kreativität creativity
das Krebsforschungszentrum (-zentren) cancer research center
die Kreide chalk
der Kreis (-e) circle (28)
die Kreuzung (-en) intersection
der Krieg (-e) war
kriegen (*coll.*) to get
das Kriegsende (-n) end of the war
der/die Kriminelle (*decl. adj.*) criminal

der Kringel (-) ring
die Krippe (-n) day care center
die Krise (-n) crisis
die Kritik (-en) criticism
der Kritiker (-) / die Kritikerin (-nen) critic
kritisch critical(ly) (29)
kritisieren to criticize
(das) Kroatien Croatia
kroatisch Croatian
krumm crooked, bent
die Küche (-n) kitchen; cuisine
der Kuchen (-) cake
die Küchenfliese (-n) kitchen tile
der Küchentisch (-e) kitchen table
der Kugelschreiber (-) ballpoint pen
kühl cool
der Kühlschrank (¨e) refrigerator
kulinarisch culinary
die Kultur (-en) culture (36)
kulturell cultural(ly) (36)
die Kulturgeschichte cultural history
die Kulturgruppe (-n) cultural group
die Kulturhauptstadt (¨e) cultural capital
das Kulturprojekt (-e) cultural project
der Kulturspiegel (-) culture mirror
die Kulturstadt (¨e) cultural metropolis
die Kultusbehörde (-n) ministry for culture and education
sich kümmern um to concern oneself with (30)
der Kumpel (-) buddy, friend
der Kunde (-n *masc.*) / die Kundin (-nen) customer (26)
der Kundenberater (-) / die Kundenberaterin (-nen) customer service representative
künftig future (29)
die Kunst (¨e) art (36)
der Künstler (-) / die Künstlerin (-nen) artist (36)
künstlerisch artistic(ally) (36)
das Kunstwerk (-e) work of art
die Kur (-en) health spa, course of

treatment (33); **eine Kur machen** to go to a spa
der Kurarzt (¨e) / die Kurärztin (-nen) spa physician
der Kurbetrieb (-e) spa therapy organization
der Kurdirektor (-en) / die Kurdirektorin (-nen) spa director
die Kurkarte (-n) ID card for spa therapy participant
der Kurort (-e) health spa, resort (E)
der Kurpark (-s) park at a health resort
der Kurs (-e) (academic) course; class (E)
kursiv in italics
das Kursprojekt (-e) course project
die Kurstadt (¨e) town with therapy programs
der Kursteilnehmer (-) / die Kursteilnehmerin (-nen) course participant
kurz (kürzer, kürzest-) short
die Kurzform (-en) short form
die Kurzgeschichte (-n) short story
kuscheln to snuggle
die Kusine (-n) (*female*) cousin (25)
der Kuss (¨e) kiss
küssen to kiss
die Küste (-n) coast

L

das Labor (-s) laboratory (33)
lächeln to smile
lachen to laugh
lächerlich ridiculous(ly)
laden (lädt), lud, geladen to load
der Laden (¨) store
die Lage (-n) situation; location
das Lagerfeuer (-) campfire (31)
lagern to store
das Lammfleisch mutton
die Lampe (-n) lamp
das Lampenlicht light from a lamp
das Land (¨er) country, countryside; **auf dem Land** in the country
das Landesexamen (-) state board exam
die Landeskunde regional studies

das Landestheater (-) state theater
die Landkarte (-n) map
die Landschaft (-en) countryside, landscape
landschaftlich regional
die Landschaftsform (-en) kind of landscape
die Landschaftspflege environmental preservation
die Landsleute (*pl.*) compatriots
die Landwirtschaft agriculture (35)
lang (länger, längst-) long
langsam slow(ly)
langweilen to bore; **sich langweilen** to be bored (31)
langweilig boring (27)
der Lärm noise (35)
lassen (lässt), ließ, gelassen to let; to have (*something done*)
lästig tiresome, annoying
der Lastwagen (-) truck
(das) Latein Latin (*language*)
die Laterne (-n) lantern
die Laube (-n) garden cabin, gazebo
die Laubenkolonie (-n) area of privately owned gardens with cabins
laufen (läuft), lief, ist gelaufen to run
lauschen to listen
laut loud(ly)
lauten to sound; **wie lautet die Frage?** what's the question?
lautlos without a sound
leben to live
das Leben (-) life
lebendig alive, living
die Lebensgemeinschaft (-en) lifetime relationship
Lebensgewohnheiten (*pl.*) lifestyle, way of life
der Lebenslauf (ːe) résumé, curriculum vitae, CV
das Lebensmittel (-) (*pl.*) groceries
die Lebensqualität quality of life
der Lebensstil (-e) lifestyle (26)
lebenswert worth living
das Lebenszeichen (-) vital sign, sign of life
das Lebensziel (-e) lifetime goal

lebhaft lively
lecker (*coll.*) delicious, tasty
die Lederjacke (-n) leather jacket
ledig single (25); unmarried
lediglich only
legen to lay (down); **sich ins Bett legen** to lie down, go to bed; **Wert legen auf** to insist (27)
legendenhaft legendary
die Lehre (-n) traineeship, apprenticeship
lehren to teach (27)
der Lehrer (-) / die Lehrerin (-nen) teacher (E)
die Lehrergruppe (-n) teacher group
die Lehrkraft (ːe) teacher, instructor
der Lehrling (-e) apprentice
leicht light, easy
das Leid (-en) sorrow, grief; **es tut mir Leid!** I'm sorry!
die Leidenschaft (-en) passion
leider unfortunately
leihen, lieh, geliehen (+ *dat.*) to borrow (E); to lend
die Leine (-n) leash
leise quiet(ly) (26)
leisten to achieve; **sich leisten** to afford (32)
leiten to lead (30)
leitend leading
der Leiter (-) / die Leiterin (-nen) leader; director (31)
das Leitungswasser tap water
die Lektion (-en) lesson
lenken to steer, guide
der Lenz (*poetic*) spring (season)
lernen to learn
lesen (liest), las, gelesen to read
das Lesetheater (-) reading theater
letzt- last; **in der letzten Folge . . .** in the last episode . . .
leuchten to shine
die Leute (*pl.*) people
libanesisch Lebanese
das Licht (-er) light
lichterloh brennen to burn like wildfire
lieb lovely, nice; **liebe Daniela!** dear Daniela; **lieber Lars!** dear Lars

lieben to love
lieber rather; preferably
der Liebesfilm (-e) romantic movie (36)
Lieblings- favorite
liebsten: am liebsten favorite, most preferred
das Lied (-er) song
liegen, lag, hat gelegen to lie, be situated
lila purple
die Lilie (-n) lily
die Linie (-n) track, line
link- left
links to the left
die Liste (-n) list
die Litanei (-en) litany
literarisch literary
die Literatur (-en) literature (36)
die Lizenz (-en) licence
das Loch (ːer) hole
locken to attract, entice (36)
lockern to loosen
der Löffel (-) spoon
logisch logical(ly)
der Lohn (ːe) wages
los: was ist los? What's up? What's wrong?; **ich muss los** I have to be off
das Löschblatt (ːer) blotting paper
lösen to loosen (30); to solve
losfahren (fährt los), fuhr los, ist losgefahren to depart
losgehen, ging los, ist losgegangen to leave
die Lösung (-en) solution
die Lösungssuche search for a solution
loswerden (wird los), wurde los, ist losgeworden to get rid of
der Lotse (-n *masc.***)** pilot, navigator, guide
die Lotterie (-n) lottery
der Löwe (-n *masc.***)** lion
die Lücke (-n) gap, blank
die Luft air
die Luftqualität air quality
die Luftreinheit purity of the air, air quality
die Luftverschmutzung air pollution

die Lüge (-n) lie
lügen to lie, tell an untruth
die Lunge (-n) lung
die Lungenentzündung (-en)
   pneumonia
der Lurch (-e) salamander
die Lust (¨e) pleasure; **Lust haben**
   to feel like
lustig fun (27); cheerful
der Luxus luxury (32)
das Luxushotel (-s) luxury hotel
die Luxusreise (-n) luxury vacation
das Luxusschiff (-e) luxury ship
der Lyriker (-) / die Lyrikerin
   (-nen) poet

M

machen to do, make
machtlos powerless, helpless
das Mädchen (-) girl
der Magen (¨) stomach; **mit leerem**
   Magen on an empty stomach
mähen to mow; **Rasen mähen** to
   mow the lawn
mahnen to urge (33)
die Mahnung (-en) warning
(das) Mailand Milan
der Mais corn
mal = einmal; (*particle*) **schreib**
   mal wieder! come on, write
   again!; (*adv.*) ever
das Mal (-e) point in time (31);
   zum ersten Mal for the first time
   (31)
malen to paint
der Malkurs (-e) painting class
die Mama (-s) momma
mancher, manche, manches some,
   a few
manchmal sometimes
die Mandel (-n) almond
der Mangel (-) an (+ *dat.*) lack of
die Mango (-s) mango
der Mann (¨er) man; husband
die Männerwelt (-en) man's world
die Mannigfaltigkeit (-en) variety
das Männlein (-) little man
männlich masculine, male
die Mannschaft (-en) team (32)
der Mantel (¨) coat
die Manteltasche (-n) coat pocket

das Märchen (-) fairy tale
die Margarine margarine
die Mark mark (*German currency*)
markieren to mark
der Markt (¨e) market
der Marktplatz (¨e) marketplace
marschieren, ist marschiert to
   march (32)
die Marschkolonne (-n) marching
   column
die Maschine (-n) machine
der Maschinenbau mechanical
   engineering (28)
das Maschinenschreiben typing
maskulin masculine
das Maß (-e) measure,
   measurement; **mit Maß** in
   moderation
der Massentourismus mass
   tourism
die Massenuniversität (-en) mass
   university
maßlos immoderate, excessive
das Material (Materialien)
   material
die Mathematik mathematics
der Mathematiklehrer math
   teacher
mathematisch mathematical(ly)
der Matrose (-n *masc.***)** sailor,
   seaman
matschig slushy, muddy
die Mauer (-n) wall; **der Berliner**
   Mauer the Berlin Wall
das Maul (¨er) (*animals*) mouth
maunzen to meow
der Maurer (-) / die Maurerin
   (-nen) bricklayer, mason
die Maus (¨e) mouse
das Mäusefiepen mouse squeak
die Mäusenahrung mouse food
das Mäusetier (-e) rodent
maximal maximal(ly)
der Mechaniker (-) / die
   Mechanikerin (-nen) mechanic
der Mechanismus (Mechanismen)
   mechanism
die Medaille (-n) medal
die Medien (*pl.*) media
das Medikament (-e) medication
   (33)

die Medizin medicine (28)
medizinisch medicinal(ly)
der Medizinstudiengang (¨e)
   medical school, program in
   medicine
das Meer (-e) ocean, sea; **das**
   Schwarze Meer Black Sea
die Meeresbiologie marine biology
mehr more; **nicht mehr** not
   anymore
mehren to augment; to increase
mehrere several, various
die Mehrfachbelastung (-en)
   multiple responsibilities
die Mehrheit (-en) majority
mehrmals several times, often
der Mehrpersonenhaushalt (-e)
   household with several persons
die Mehrzahl (-en) plural
meiden to avoid
meinen to think; to mean (E)
die Meinung (-en) opinion
der Meinungsaustausch exchange
   of opinions, discussion
die Meinungsfreiheit freedom of
   speech
meist most(ly)
meisten: am meisten most(ly)
meistens most of the time, most
   often
die Meisterprüfung (-en) exam for
   the master craftsman's certificate
das Meisterwerk (-e) masterpiece
melancholisch melancholic(ally)
sich melden bei to go to, report to
die Meldung (-en) report
die Menge (-n) amount, quantity;
   eine Menge a lot
die Mensa (Mensen) university
   cafeteria (19)
der Mensch (-en *masc.***)** person;
   human being
der Menschenauflauf (¨e) crowd
das Menschenrecht (-e) human
   right (30)
menschlich human(ly)
merken to notice
merklich noticable
merkwürdig remarkable; peculiar;
   odd (28)
messen to measure (33)

das Messer (-) knife
der Messias Messiah
der Meter meter
die Methode (-n) method
die Metropole (-n) metropolis
die Metzgerei (-en) butcher's shop
der Mexikaner (-) / die Mexikanerin (-nen) Mexican (*person*)
(das) Mexiko Mexico
die Miene (-n) demeanor (29)
mieten to rent
der Mietpreis (-e) rent
die Milch milk
der Milchteller (-) milk bowl
die Milliarde (-n) billion
die Million (-en) million
die Minderheit (-en) minority (30)
mindestens at least
die Miniaturtrompete (-n) miniature trumpet
die Minute (-n) minute
die Minze mint
die Mischung (-en) mixture
missverstehen, missverstand, missverstanden to misunderstand
mit (+ *dat.*) with; by; **mit meiner Mutter** with my mother; **mit der Bahn fahren** to go by train, **mit dem Schiff** by ship, **mit dem Auto** by car
mitarbeiten (arbeitet mit) to work together with
der Mitarbeiter (-) / die Mitarbeiterin (-nen) co-worker
mitbestimmen (bestimmt mit) to have a say (27)
die Mitbestimmung codetermination
der Mitbewohner (-) / die Mitbewohnerin (-nen) roommate
mitbringen (bringt mit), brachte mit, mitgebracht (+ *dat.*) to bring along, take along
miteinander with each other, together
mitfahren (fährt mit), fuhr mit, ist mitgefahren to ride with, ride together
mitkommen (kommt mit), kam

mit, ist mitgekommen to come along (E)
mitmachen (macht mit) to participate
mitnehmen (nimmt mit), nahm mit, mitgenommen to take along (23)
mitspielen (spielt mit) to participate (*in a game*), play with
der Mitstudent (-en *masc.*) / die Mitstudentin (-nen) fellow student (*at a university*)
der Mittag (-e) noon; **zu Mittag essen** to have lunch
das Mittagessen (-) lunch
mittags in the afternoon
die Mittagshitze midday heat
die Mitte middle
mitteilen (teilt mit) to convey (36)
die Mittel (*pl.*) means; funds
das Mittelalter Middle Ages (28)
mittelalterlich medieval
der Mittelpunkt center
mitten in right in the middle of
Ein Mittsommernachtstraum *A Midsummer Night's Dream*
mitwirken (wirkt mit) to participate
die Möbel (*pl.*) furniture
möblieren to furnish
möchte: ich möchte I would like
das Modalverb (-en) modal verb
das Modell (-e) model
die Moderation (-en) mediation, direction
modern modern
die Modernisierung (-en) modernization
modisch stylish(ly)
das Mofa (-s) moped
mögen (mag), mochte, gemocht to like
möglich possible
die Möglichkeit (-en) possibility (29)
möglichst as much as possible
der Moment (-e) moment; **im Moment** at the moment
der Monat (-e) month
monatlich monthly
der Mond (-e) moon

morgen tomorrow; **bis morgen** until tomorrow; **morgen Abend** tomorrow evening; **morgen früh** tomorrow morning
der Morgen morning; **am Morgen** in the morning; **guten Morgen!** good morning!; **heute Morgen** this morning; **jeden Morgen** every morning; **eines Morgens** one morning
das Morgenrot dawn
die Morgenroutine (-n) morning routine
morgens in the morning(s)
die Motivation (-en) motivation
motivieren to motivate
der Motor (-en) engine
das Mountainbiken mountain biking
müde tired
die Mühe (-n) trouble (29)
der Müll trash (35)
die Mülltrennung garbage sorting
multi-kulti (*coll.*) multicultural
multikulturell multicultural(ly) (34)
der Mund (¨er) mouth
das Museum (Museen) museum (22)
die Musik music (36)
musikalisch musical(ly)
der Musikant (-en *masc.*) die Musikantin (-nen) musician
das Musikantenland *area where music plays an important role*
die Musikaufführung (-en) musical performance
der Musiker (-) / die Musikerin (-nen) (*professional*) musician
das Musikgeschäft (-e) music store
die Musikwissenschaft (-en) musicology
musizieren to play music (31)
das Müsli muesli
der Muslim (-e) / die Muslimin (-nen) Muslim
die Muße leisure
müssen (muss), musste, gemusst to have to, must
die Mußestunde (-n) leisure hour
das Musterkind (-er) model child
mustern to scrutinize

der Musterschüler (-) / die Musterschülerin (-nen) model student
mutig courageous(ly)
Mut machen (macht Mut) to encourage
die Mutter (˙) mother (25)
der Muttersprachler (-) / die Muttersprachlerin (-nen) native speaker

N

nach (+ *dat.*) after; according to; to (*place*); **nach Hause** (*going*) home; **von . . . nach . . .** from . . . to . . .
der Nachbar (-n *masc.***) / die Nachbarin (-nen)** neighbor
nachdem (*subord. conj.*) after
nachdenken (denkt nach), dachte nach, nachgedacht to reflect, contemplate
nachforschen (forscht nach) to research into
nachhaltig lasting(ly), effective(ly)
nachher afterwards, later
die Nachhilfe tutoring
nachinszenieren (inszeniert nach) to reenact
der Nachkriegsfilm (-e) postwar movie
der Nachkriegsroman (-e) postwar novel
nachlassen (lässt nach), ließ nach, nachgelassen to recede, drop
der Nachmittag (-e) afternoon; **am Nachmittag** in the afternoon
nachmittags in the afternoon(s)
die Nachricht (-en) news
nachschlagen (schlägt nach), schlug nach, nachgeschlagen to look up
nachsehen (sieht nach), sah nach, nachgesehen to look, check into
nachspüren (spürt nach) to track, trace, spy on
nächst- next
nachstehen (steht nach) to be second to
nächstfolgend next, following
die Nacht (˙e) night

der Nachteil (-e) disadvantage
die Nachtigall (-en) nightingale
der Nachtisch (-e) dessert
der Nachtklub (-s) nightclub
das Nachtleben nightlife
nachts at night
der Nachttisch (-e) nightstand
der Nachweis (-e) proof (31)
der Nachwuchsforscher (-) / die Nachwuchsforscherin (-nen) junior scientist
der Nacken (-) back of the neck
nah(e) (näher, nächst-) near, close by; **jemandem nah stehen** to be close to someone (25)
die Nähe vicinity (27); **in der Nähe** in the vicinity
sich nähern to approach, draw near
der Name (-n *masc.***, -ns** *gen.***)** name
namentlich by name
nämlich namely
narkotisch narcotic
der Narr (-en *masc.***) / die Närrin (-nen)** fool
die Nase (-n) nose
nass wet
die Nationalgruppe (-n) national group
der Nationalismus nationalism
die Nationalität (-en) nationality
der Nationalsozialist (-en *masc.***) / die Nationalsozialistin (-nen)** National Socialist
die Natur nature
der Naturarzt (˙e) / die Naturärztin (-nen) physician with a focus on natural medicine
das Naturerlebnis (-se) nature experience
die Naturfreunde (*pl.*) *name of nature organization*
die Naturheilkunde natural medicine, homeopathic medicine
das Naturheilverfahren (-) homeopathic treatment
naturkundlich natural-history
natürlich natural(ly)
naturnahe close to nature, nature friendly
das Naturparadies (-e) paradise

die Naturschönheit (-en) natural beauty
das Naturschutzgebiet (-e) nature reserve
die Naturwissenschaft (-en) natural science
der Nazi = Nationalsozialist
die Nazizeit Nazi era, Third Reich
der Nebel (-) fog
die Nebelfreiheit lack of fog, no fog
neben (+ *acc./dat.*) next to
nebenan next door
nebenbei on the side
nebenberuflich on the side
nebeneinander next to each other
das Nebenfach (˙er) minor subject (E)
das Nebenzimmer (-) side room
der Neffe (-n *masc.***)** nephew (25)
negativ negative(ly)
nehmen (nimmt), nahm, genommen to take; **Zeit in Anspruch nehmen** to take up time (33)
nein no
nennen, nannte, genannt to name, call, mention
die Neonröhre (-n) neon light
der Nervenkitzel excitement (32)
nervös nervous(ly)
die Nervosität nervousness, tension
nesteln to fiddle with
nett nice(ly)
das Netz (-e) net
neu new
neuartig new
neugierig curious(ly)
der/die Neugierige (*decl. adj.*) curious person
das Neujahr New Year's Day
die neunziger Jahre the Nineties
neutral neutral
das Neutrum (*grammatical*) neuter
nicht not (3)
die Nichtakzeptanz (-en) nonacceptance (34)
die Nichte (-n) niece (25)
nichts nothing

nicken to nod
nie never
nieder low; down
niederknien (kniet nieder) to kneel down
die Niederlande the Netherlands
der Niederländer (-) / die Niederländerin (-nen) Dutch (*person*)
niedlich cute
niedrig low
niemals never
niemand nobody, no one
nimmermehr never again
nirgends nowhere
das Niveau (-s) level, niveau
noch still; **immer noch** still; **ist hier noch frei?** is this seat taken?; **noch (ein)mal** one more time, once again; **wissen Sie noch?** do you remember?
das Nomen (-) noun
der Nominativ nominative
(das) Nordamerika North America
nordamerikanisch North American
(das) Norddeutschland northern Germany
der Norden north; **im Norden** in the North; **nach Norden** north
das Nordkap North Cape
nördlich (von) north of
die Nordseeküste North Sea coast
normalerweise normally; usually (32)
nostalgisch nostalgic(ally)
die Not (¨e) despair, misery
die Note (-n) grade
notieren to note, write down; **kurz notiert** briefly noted
nötig necessary
die Notiz (-en) note
der Notizblock (¨e) notepad
notwendig necessary
die Notwendigkeit (-en) necessity
nüchtern sober
die Nummer (-n) number
der Numerus (*grammatical*) number
nun now
nutzen to use (32)
nützlich helpful, practical

O

ob (*subord. conj.*) whether, if
der/die Obdachlose (*decl. adj.*) homeless person
die Obdachlosigkeit homelessness
oben above; upstairs; **da oben** up there; **obengenannt** above-mentioned
oberflächlich superficial(ly) (36)
oberhalb (*+ gen.*) above
obig above
das Objekt (-e) object
das Obst fruit (33)
die Obstschale (-n) skin of fruit
obwohl (*subord. conj.*) although (30)
der Ochse (-n *masc.***)** bull, ox
oder (*coord. conj.*) or
der Ofen (¨) stove, furnace
offen open
die Offenbarung (-en) revelation
öffentlich public(ly) (35); open(ly)
die Öffentlichkeit public
die Öffentlichkeitsarbeit public relations work
offiziell official(ly)
öffnen to open
oft (öfter, öftest-) often
oftmals often
ohne (*+ acc.*) without
ohnehin anyway
das Ohr (-en) ear
die Ohrenklappen (*pl.*) ear covers
die Ohrenschützer (*pl.*) ear muffs
die Ökobewegung environmental movement
ökologisch ecological(ly), environmental(ly)
der Ökonom (-en *masc.***) / die Ökonomin (-nen)** economist
ökonomisch economic(al)
die Ökowelle environmental wave, movement
das Oktoberfest *autumn festival in southern Germany*
die Olive (-n) olive
der Ölverbrauch oil consumption
die Oma (-s) (*coll.*) grandma
der Onkel (-) uncle (25)
der Opa (-s) (*coll.*) grandpa

die Operation (-en) operation, surgery
operieren to operate, perform surgery
optimistisch optimistic(ally)
orange orange
die Orange (-n) orange
die Orchidee (-n) orchid
ordentlich neat, orderly
ordnen to order
die Ordnung (-en) order (34)
ordnungsgemäß in due order, orderly
die Organisation (-en) organization
organisch organic(ally) (35)
sich organisieren to organize oneself (30)
orientalisch Oriental
originell original(ly)
der Ort (-e) place, town
der Ortskern (-e) center of town
die Ortslage (-n) location
der Ortsteil (-e) part of town
der Ostblock Eastern Europe
das Ostblockland (¨er) Eastern European countries
ostdeutsch East German
(das) Ostdeutschland East Germany
der Osten East; **im Osten** in the East
das Osterfest Easter
der Osterhase (-n *masc.***)** Easter bunny
das Ostern Easter
(das) Österreich Austria
der Österreicher (-) / die Österreicherin (-nen) Austrian (person)
österreichisch (*adj.*) Austrian
der Ostersonntag Easter Sunday
östlich (von) east (of)
die Ostsee Baltic Sea

P

paar: ein paar some, a few, a couple; **ein paar Mal** a few times
das Paar (-e) couple
das Päckchen (-) package
der Packen stack

die **Packung** (-en) pack, packaging, box, bag
der **Pädagoge** (-n *masc.*) / die **Pädagogin** (-nen) teacher, instructor
das **Paket** (-e) package
das **Paniermehl** bread crumbs
paniert breaded, with a batter
das **Panorama** (-s) panorama
der **Pantoffel** (-n) slipper
die **Pantomime** (-n) pantomime (36)
der **Papa** (-s) daddy
das **Papier** (-e) paper
das **Papierknäuel** (-) ball of paper
der **Papierkorb** (¨e) wastepaper basket
paradiesisch paradisical
die **Parallele** (-n) parallel
der **Park** (-s) park
der **Parkplatz** (¨e) parking space, parking lot
das **Parlament** (-e) parliament
die **Partei** (-en) (*political*) party
das **Parteimitglied** (-er) party member
der **Partikel** (-n) particle
das **Partizip** (-ien) participle
der **Partner** (-) / die **Partnerin** (-nen) partner
die **Partnerarbeit** (-en) partner work
die **Partneraufgabe** (-n) partner exercise
partnerschaftlich as partners
die **Partneruniversität** (-en) partner university
die **Party** (-s) party
passen (+ *dat.*) to fit
passend matching, fitting, appropriate
passieren, ist passiert to happen
das **Passiv** passive voice
die **Passivität** passiveness
die **Passkontrolle** (-n) passport control
das **Patentamt** (¨er) patent office
der **Patient** (-en *masc.*) / die **Patientin** (-nen) patient
patriotisch patriotic
die **Pause** (-n) break

pausenlos constant(ly)
das **Pedal** (-e) pedal
peinlich embarrassing
die **Pension** (-en) bed-and-breakfast inn
perfekt perfect(ly)
permanent permanent(ly)
das **Perserreich** Persian Empire
die **Person** (-en) person
die **Personalanzeige** (-n) personal ad
persönlich personal(ly) (32)
die **Persönlichkeit** (-en) personality
die **Perspektive** (-n) perspective
der **Pfadfinder** (-) / die **Pfadfinderin** (-nen) pathfinder, scout
das **Pfand** (¨er) pledge, security, deposit
die **Pfandflasche** (-n) returnable bottle (35)
die **Pfanne** (-n) pan
der **Pfarrer** (-) priest, minister
pfeffrig peppery
pfeifen, pfiff, gepfiffen to whistle
der **Pfennig** (-e) pfennig (*German currency*)
das **Pferd** (-e) horse
die **Pflanze** (-n) plant
pflanzen to plant
die **Pflanzenart** (-en) plant family
das **Pflanzensammeln** collecting plants
das **Pflaster** (-) bandage
pflegen to look after (31)
die **Pflicht** (-en) duty (14)
das **Pflichtfach** (¨er) required course (27)
die **Pfote** (-n) paw
die **Pfütze** (-n) puddle
die **Phantasie** (-n) imagination, fantasy
die **Philosophie** philosophy
die **Physik** physics (28)
physikalisch physical(ly)
der **Physiker** (-) / die **Physikerin** (-nen) physicist
das **Picknick** picnic
pieksig prickly
der **Pilz** (-e) mushroom

die **Pizza** (-s) pizza
Pkw = Personenkraftwagen
der **Plan** (¨e) plan
planen to plan
der **Planet** (-en *masc.*) planet
das **Plastik** plastic
der **Plastikbecher** (-) plastic cup (35)
das **Plattdeutsch** Low German (*language*)
der **Platz** (¨e) place, space, seat; **viel Platz** lots of space, room
plötzlich suddenly
das **Plusquamperfekt** past perfect
das **Podium** (Podien) podium
die **Pointe** (-n) point, gist, joke
die **Politik** politics
der **Politiker** (-) / die **Politikerin** (-nen) politician
politisch political(ly)
die **Politologie** political science
die **Polizei** police
der **Polizist** (-en *masc.*) / die **Polizistin** (-nen) police officer
das **Polster** (-) cushion, upholstery
die **Pommes frites** (*pl.*) french fries
populär popular
das **Portemonnaie** wallet
die **Portion** (-en) portion
das **Porträt** (-s) portrait
porträtieren to portray
das **Porzellan** porcelain
die **Position** (-en) position
positiv positive(ly)
die **Post** post office
der **Postempfang** (¨e) receipt of mail
das **Poster** (-) poster
die **Postkarte** (-n) postcard
die **PR-Abteilung** (-en) PR (public relations) department
prägen to emboss; to impress; to mint
prahlen to boast
praktisch practical(ly)
praktizieren to practice
präparieren to prepare
die **Präposition** (-en) preposition
das **Präsens** present tense
präsentieren to present

der Präsident (-en *masc.***) / die Präsidentin (-nen)** president
das Präteritum preterite, past tense
die Praxis (Praxen) practice; **in die Praxis umsetzen** to put into practice (35)
der Preis (-e) price
preisgünstig fairly priced (31)
preußisch (*adj.*) Prussian
prima (*coll.*) great, excellent (27)
die Priorität (-en) priority
privat private(ly)
das Privatleben private life
pro per; every; for
die Probe (-n) rehearsal
der Probetag (-e) trial day
probieren to try
das Problem (-e) problem
problemlos without problem
der Problemstoff (-e) problematic substance
das Produkt (-e) product
die Produktionsgesellschaft (-en) manufacturing society
professionell professional(ly)
der Professor (-en) / die Professorin (-nen) professor
profitieren to benefit, profit
progressiv progressive(ly)
die Promotion (-en) obtainment of a doctorate degree
promovieren to get a doctorate degree
das Pronomen (-) pronoun
prosodisch prosodic
der Protest (-e) protest
protestieren to protest
das Prozent (-e) percent
der Prozentanteil (-e) percentage
prüfen to test (28)
die Prüfung (-en) exam
die Prüfungsangst (¨e) anxiety before an exam
der Psychologe (-n *masc.***) / die Psychologin (-nen)** psychologist
die Psychologie psychology
psychologisch psychological(ly)
das Publikum audience (36); public
der Publikumssport entertainment sport

der Pulli (-s) sweater
der Pullover (-) sweater
pumpen to pump
der Punkt (-e) point
pünktlich punctual(ly)
die Pünktlichkeit promptness, punctuality (34)
die Puppe (-n) doll, puppet
das Puppentheater (-) puppet show
putzen to clean
der Putztag (-e) cleaning day

Q

quaken to quack
die Qual (-en) pain, agony
die Qualität (-en) quality
quatschen to talk, gossip (28)
die Quelle (-n) source
die Quotierungsfrage (-n) question of quotation

R

das Rad (¨er) wheel, bicycle; **mit dem Rad fahren** to go by bike; **Rad fahren** to bicycle
der Radfahrer (-) / die Radfahrerin (-nen) bicyclist
radikal radical(ly)
das Radio (-s) radio
die Radiosendung (-en) radio show
der Radler (-) / die Radlerin (-nen) (*coll.*) cyclist
das Rafting rafting
ragen to rise, tower, loom
der Rahmen (-) frame
die Rahmenbedingung (-en) basic condition
der Rand (¨er) edge, top rim, brim
der Rang (¨e) rank, position
die Ranke (-n) tendril, branch, stalk
rar rare
rasch quick(ly)
der Rasen (-) lawn (E); **der Rasen mähen** to mow the lawn (16)
die Rasenfläche (-n) lawn area
sich rasieren to shave
der Rassismus racism

die Rast (-en) rest
die Raststätte (-n) rest area, restaurant
der Rat advice
raten (rät), riet, geraten (+ *dat.*) to advise; to guess
das Ratespiel (-e) guessing game
das Rathaus (¨er) city hall
ratlos helpless(ly) (32)
ratsam advisable
der Ratschlag (¨e) advice (27)
der/die Ratsuchende (*decl. adj.*) person who seeks advice
der Rauch smoke (35)
rauchen to smoke
der Raum (¨e) room, space, area
räumlich spacial(ly), physical(ly)
rauskommen (kommt raus), kam raus, ist rausgekommen to come out
reagieren auf (+ *acc.*) to react to (26)
die Realien (*pl.*) realities, facts
die Realisierung (-en) realization
realistisch realistic(ally)
realitätsnah close to reality, realistic
die Realschule (-n) vocational school (27)
die Rechenmaschine (-n) calculator
die Rechenschaft account
rechnen to calculate (27)
die Rechnung (-en) bill
das Recht (-e) right; **das Recht auf Asyl** right to asylum; **Recht haben** to be right
recht right
rechtlich legal(ly) (34)
rechts to the right, on the right; **nach rechts** to the right
das Rechtschreiben spelling
rechtsgerichtet right-oriented
die Rechtswissenschaft jurisprudence (28)
recyceln to recycle (35)
die Rede (-n) speech
die Redefreiheit (-en) freedom of speech (30)
reden über (+ *acc.*) **/ von** to talk about/of

die Redewendung (-en) figure of speech
reduzieren to reduce
das Referat (-e) term paper
das Reflexivpronomen (-) reflexive pronoun
die Reform (-en) reform
die Reformation Reformation
das Reformhaus (¨er) health food store
reformieren to reform
das Regal (-e) shelf
die Regel (-n) rule (34)
regelmäßig regular(ly) (33)
die Regelmäßigkeit (-en) regularity
regeln to regulate (25)
der Regen rain
der Regenwald (¨er) rain forest
die Region (-en) region
die Regionalstadt (¨e) regional cities
der Regisseur (-e) / die Regisseurin director (*of a movie or play*) (36)
registrieren to register
regnen to rain
die Rehabilitationsklinik (-en) rehab clinic
reich rich(ly)
die Reihe (-n) row; series (30)
die Reihenfolge (-n) order, sequence
rein pure(ly)
der Reis rice
die Reise (-n) trip, journey
das Reiseangebot (-e) travel offer
der Reisebegleiter (-) / die Reisebegleiterin (-nen) travel guide
der Reisebericht (-e) travel report
der Reisebrief (-e) letter from a trip
das Reisebüro (-s) travel agency
das Reiseerlebnis (-se) travel experience
die Reisefamilie (-n) traveling family
die Reisefreiheit freedom to travel

der Reiseführer (-) / die Reiseführerin (-nen) courier; (*masc.*) guidebook
die Reisegewohnheiten (*pl.*) travel habits
die Reisegruppe (-n) tourist group
die Reiseindustrie travel industry, tourist industry
die Reiselust desire to travel (32)
die Reisemöglichkeit (-en) travel opportunity
reisen to travel (9)
der/die Reisende (*decl. adj.*) traveler
der Reisepass (¨e) passport
die Reisequalität travel quality
die Reisetasche (-n) travel bag
das Reiseunternehmen (-) travel company
die Reisevorbereitung (-en) vacation preparation
das Reiseziel (-e) destination
reißen, riss, gerissen to rip, tear; **an sich reißen** to seize
der Reißnagel (¨) thumbtack
reiten, ritt, ist geritten to ride (on horseback) (32)
rekonstruieren to reconstruct
der Rektor (-en) / die Rektorin (-nen) principal
das Relativpronomen (-) relative pronoun
der Relativsatz (¨e) relative clause
relevant relevant
die Religion (-en) religion
religiös religious(ly)
rennen, rannte, ist gerannt to run
renovieren to renovate
die Rente (-n) pension (29)
der Rentner (-) / die Rentnerin (-nen) pensioner (29)
reparieren to repair
repetieren to learn by repetition; to repeat (*a grade*)
die Repetitionsstunde (-n) detention
der Reporter (-) / die Reporterin (-nen) reporter
die Republik (-en) republic
reservieren to reserve
die Reservierung (-en) reservation

die Residenz (-en) residence; (royal) capital
die Resort (-s) resort
respektieren to respect (25)
respektvoll respectful
die Ressource (-n) resource
der Rest (-e) rest, remnant
das Restaurant (-s) restaurant
das Resultat (-e) result
retten to save, rescue
das Revier (-e) police station
das Rezept (-e) prescription (33); **auf Rezept** by prescription
sich richten nach to orientate oneself
der Richter (-) / die Richterin (-nen) judge (30)
richtig correct, right
die Richtung (-en) direction
riechen nach to smell like (33)
riesengroß enormous (28)
der Ring (-e) ring
ringsum / ringsherum (all) around
der Rinnstein (-e) gutter
der Riss (-e) tear, rip, crevice, fissure
der Roboter (-) robot
der Rock (¨e) skirt
der Rock 'n' Roll Rock 'n' Roll
der Rohstoff (-e) raw material (35)
die Rolle (-n) roll
rollen to roll
das Rollenspiel (-e) role play
der Roman (-e) novel
die Romantik Romantic period (*in German art and literature*)
romantisch romantic(ally)
die Romanverfilmung (-en) filming of a novel
rosa pink
rot red
die Rübe (-n) beet
ruckartig jerky
der Rücken (-) back
rücklings backwards, from behind
der Rucksack (¨e) backpack (32)
die Rücksicht consideration (35)
rücksichtsvoll considerate (29)
der Rückstand: im Rückstand to be behind

rückwärts backwards
rudern to row (*a boat*) (32)
der Ruf (-e) reputation (28)
rufen, rief, gerufen to call, shout
die Ruhe peace, silence, stillness
der Ruhestand retirement
ruhig peaceful(ly) (28)
rühren to move; to stir (31)
rührend touching
das Ruhrgebiet Ruhr Basin
ruinieren to ruin
rumbummeln (bummelt rum) (*coll.*) to stroll
rumrennen (rennt rum) (*coll.*) to run around
rund round; around, about
der Rundfunk radio
runter down here, downward
russisch (*adj.*) Russian
(das) Russland Russia

S

die Sache (-n) thing, object
sachkundig well-informed
der Sack (¨e) sack, bag
der Saft (¨e) juice
sagen to say
der Salat (-e) salad
der Salon (-s) salon
das Salz salt
sammeln to collect, gather
die Sammelstelle (-n) collecting station
die Sammlung (-en) collection
der Samstagabend (-e) Saturday evening
samstags on Saturdays
die Sandale (-n) sandal
die Sandburg (-en) sand castle
sanft soft(ly)
der Sänger (-) / die Sängerin (-nen) singer
satirisch satirical(ly)
der Sattel (¨) saddle
der Satz (¨e) sentence
der Satzteil (-e) part of a sentence
die Satzverknüpfung (-en) combination of sentences
sauber clean
sauber machen (macht sauber) to clean

die Sauberkeit cleanliness (34)
sauer sour
das Sauerkraut sauerkraut
sausen to buzz, whistle, roar
die S-Bahn (-en) urban train
schade! too bad!
schädigen to damage (35)
die Schädigung (-en) damage, damaging
schaffen (schuf, geschaffen) to make; to accomplish (28)
der Schaffner (-) / die Schaffnerin (-nen) conductor, ticket collector (*on public transportation*)
schalldicht soundproof
scharf (schärfer, schärfst-) spicy, sharp (19); sharp(ly)
schattenlos without shade
die Schattenseite (-n) shady side; downside
schattig shady
schauen to look, watch
der Schauplatz (¨e) scene
das Schauspiel (-e) drama (36)
der Schauspieler (-) / die Schauspielerin (-nen) actor (36)
das Schauspielhaus (¨er) theater
die Scheibe (-n) (window)pane
die Scheidung (-en) divorce (25)
scheinbar apparent(ly), seeming(ly)
scheinen, schien, geschienen to shine; to appear, seem
schellen to ring
der Schenkel (-) thigh
schenken to give (*as a present*)
scheppern to rattle
scheren to cut, crop
Schi laufen (läuft), lief, ist gelaufen to ski
schicken to send
das Schicksal (-e) fate, destiny
schieben, schob, geschoben to push
die Schiebermütze (-n) flat cap
schief crooked; **schief gehen** to go wrong
schießen, schoss, geschossen to shoot
das Schiff (-e) ship
die Schiffsreise (-n) voyage, cruise (32)

das Schild (-er) shield, sign
schimpfen to moan, grumble; to scold
der Schinken (-) ham
der Schlafanzug (-züge) pajama
die Schlafcouch (-s) sofa bed
schlafen (schläft), schlief, geschlafen to sleep
der Schlafsack (¨e) sleeping bag
das Schlafzimmer (-) bedroom
schlagen (schlägt), schlug, geschlagen to hit, beat
der Schlamm mud
die Schlange (-n) snake; **Schlange stehen** to stand in line
schlappen to lap
schlau clever, smart
die Schlauheit (-en) cleverness, smartness
schlecht bad(ly)
schleppen to lug, drag, haul
(das) Schlesien Silesia
schlesisch (*adj.*) Silesian
schleudern to hurl, sling, fling
die Schleuse (-n) lock, floodgate
schließen, schloss, geschlossen to lock, shut
schließlich finally, eventually
der Schlittschuh (-e) ice skate
das Schlittschuhlaufen ice skating
das Schloss (¨er) castle
der Schlot (-e) chimney
die Schlucht (-en) gorge
das Schluchtwandern hiking through a gorge, ravine
schluchzen to sob
der Schluss (¨e) end, conclusion
der Schlüssel (-) key
die Schlussrechnung (-en) final calculation
schmackhaft palatable, tasty
schmal narrow
das Schmalz lard
schmatzen to smack
schmecken (+ *dat.*) to taste
schmeißen, schmiss, geschmissen (*coll.*) to throw
das Schmelzwasser melted snow and ice
der Schmerz (-en) pain
schmerzend painful

der Schmetterling (-e) butterfly
sich schminken to put on make-up
der Schmuck jewelry
schmücken to decorate
schmutzig dirty, soiled
der Schnabel (¨) beak
schnalzen to click one's tongue
das Schnäuzchen little snout
die Schnecke (-n) snail
der Schnee snow
der Schneemann (¨er) snowman
das Schneewittchen Snow White
schneiden, schnitt, geschnitten to cut, slice
schneien: es schneit it's snowing
schnell quick(ly), fast
der Schnippel (-) scrap (of paper)
schnuppern to sniff
die Schnur (¨e) rope
schnurren to purr
das Schokoladenei (-er) chocolate egg
schön beautiful(ly)
die Schonung (-en) forest plantation area
der Schoss (¨e) lap
schräg sloping, slanted
der Schrank (¨e) closet, wardrobe
die Schranke (-n) barrier
der Schrebergarten (¨) garden plot
der Schrecken (-) horror
schrecklich terrible, horrible
schreiben, schrieb, geschrieben to write
der Schreiber (-) / die Schreiberin (-nen) writer
der Schreibtisch (-e) desk
die Schreibunterlage (-n) writing pad
schreien, schrie, geschrieen to scream, shout
die Schrift (-en) (hand)writing; script
schriftlich written, in writing
der Schriftsteller (-) / die Schriftstellerin (-nen) author, writer
der Schritt (-e) step (34)
die Schrothkur Schroth Therapy
der Schrott junk
der Schubkasten (¨) drawer

die Schublade (-n) drawer
der Schuh (-e) shoe
der Schuhverkauf (¨e) shoe sale
der Schulablauf (¨e) school routine
der Schulalltag everyday school routine
die Schularbeit (-en) schoolwork
der Schulbus (-se) school bus
die Schuld (-en) guilt, debt
der Schuldienst teaching
die Schule (-n) school
der Schüler (-) / die Schülerin (-nen) student (*not in university*) (E)
das Schulfach (¨er) school subject
die Schulferien (*pl.*) school holidays, vacation
der Schulfreund (-e) / die Schulfreundin (-nen) schoolmate, school friend
das Schulhaus (¨er) school building
schulisch scholastic
der Schuljunge (-n *masc.*) schoolboy
die Schulklasse (-n) school class
das Schulleben school life
der Schullkamerad (-en *masc.*) / die Schullkamaradin (-nen) fellow student, school friend
der Schulpsychologe (-n *masc.*) / die Schulpsychologin (-nen) school psychologist
die Schulreise (-n) school trip
der Schulrektor (-en) / die Schulrektorin (-nen) school principal
die Schulstunde (-n) school lesson
das Schulsystem (-e) school system
der Schultag (-e) school day
die Schulter (-n) shoulder
die Schulzeit (-en) time in school
die Schulzeiterinnerung (-en) school memory
die Schürzentasche (-n) apron pocket
schütteln to shake
schütten to pour
der Schutz protection (26)
schützen to protect (35)

schwach (schwächer, schwächst-) weak
der Schwager (-) brother-in-law (25)
die Schwägerin (-nen) sister-in-law (25)
der Schwamm (¨e) blackboard eraser
schwanken to sway, roll, rock
der Schwanz (¨e) tail
schwarz black (2); **das schwarze Brett (-er)** bulletin board
der Schwarzwald Black Forest
(das) Schweden Sweden
schwedisch (*adj.*) Swedish
schweigen (schwieg, geschwiegen) to be silent
die Schweigsamkeit (-en) silence, not speaking
das Schwein (-e) pig
der Schweinebraten (-) pork roast
das Schweinefleisch pork
die Schweinshaxe (-n) pork knuckle
die Schweiz Switzerland
der Schweizer (-) / die Schweizerin (-nen) Swiss (*person*)
schweizerisch (*adj.*) Swiss
schwellen (schwillt), schwoll, ist geschwollen to swell
schwer heavy; difficult, hard
die Schwerindustrie (-n) heavy industry
schwermütig melancholic(ally)
die Schwester (-n) sister
die Schwestersprache (-n) related language
die Schwiegermutter (¨) mother-in-law (25)
der Schwiegervater (¨) father-in-law (25)
schwierig difficult
die Schwierigkeit (-en) difficulty (30)
schwimmen, schwamm, ist geschwommen to swim
schwirren to buzz, whizz
schwitzen to sweat
die sechziger Jahre the Sixties
der See (-n) lake

die Seele (-n) soul
segeln to sail
segensreich beneficial
sehen (sieht), sah, gesehen to see
die Sehenswürdigkeit (-en) sight, attraction
sich sehnen nach to long for (28)
die Sehnsucht (-̈e) yearning, longing
das Seifenpulver soap powder, detergent
der Seiltänzer (-) / die Seiltänzerin (-nen) tightrope walker
sein (ist), war, ist gewesen to be; **was darf's sein?** what will you have?
seit (+ *dat.*) since, for
seitdem since then
die Seite (-n) page; side; **auf Seite 15** on page 15
das Seitental (-̈er) side valley
das Sekretariat (-e) secretarial office
selber (one)self
(sich) selbst (one)self
selbstständig independent(ly); self-employed (29)
der/die Selbstständige (*decl. adj.*) self-employed person
das Selbstbewusstsein self-confidence
selbstverständlich natural(ly), self-evident(ly)
die Selbstverwirklichung ego-fulfillment
selten seldom, rare(ly)
seltsam strange(ly), peculiar(ly)
das Semester (-) semester (E)
das Seminar (-e) seminar
senden, sandte, gesendet to send
senkrecht perpendicular; vertical
sensibel sensitive
sentimental sentimental
separat separate
die Serie (-n) series
der Service service
servieren to serve (*food*)
der Sessel (-) recliner, armchair
setzen to put; **sich setzen** to sit down, to take a seat

seufzen to sigh
der Seufzer (-) sigh
sich (one)self
sicher secure(ly), safe(ly)
sicherlich surely (29)
sich sichern to secure for oneself
sichtbar visible; visibly
die siebziger Jahre the Seventies
die Siedlung (-en) settlement; neighborhood (35)
siegen to win, defeat
siezen to call someone **Sie** (34)
das Signal (-e) signal
silbern (*adj.*) silver
die Sinfonie (-n) symphony
singen, sang, gesungen to sing
single single (25)
der Singular singular
sinken, sank, ist gesunken to sink
der Sinn (-e) sense (29)
das Sinneserlebnis (-se) sense experience
sinnlich sensual
sinnvoll sensible (33)
die Sitte (-n) custom, practice
die Situation (-en) situation
der Sitz (-e) seat; headquarters
sitzen, saß, gesessen to sit
(das) Sizilien Sicily
der Skandal (-e) scandal
der Ski (-er) ski
die Skiarena (-arenen) ski arena
der Skikurs (-e) skiing lessons
die Skikurswoche (-n) skiing instruction week
das Skilaufen skiing
das Skiresort (-s) ski resort
die Slawistik Slavic language and culture
das Snowboarden snowboarding
so so; as; thus; **sogenannt** so-called
sobald as soon as
die Socke (-n) sock
das Sofa (-s) sofa
sofern in so far as, if
sofort immediately
die Softballmannschaft (-en) softball team
sogar as well; indeed (32)
der Sohn (-̈e) son (1) (25)
solange as long as

die Solaranlage (-n) solar generator
solcher, solche, solches such
der Soldat (-en *masc.*) / die Soldatin (-nen) soldier
solidarisch in solidarity
die Solidarität solidarity
sollen (soll), sollte, gesollt to be supposed to (*do something*), should
somit therefore
der Sommer (-) summer
die Sommerferien (*pl.*) summer vacation
die Sommerferiensaison summer vacation season
das Sommersemester (-) summer semester
das Sommerwetter summer weather
das Sonderangebot (-e) special offer
sondern (*coord. conj.*) but (rather)
die Sonderschule (-n) special education school
der Sonnabend Saturday
die Sonne (-n) sun
die Sonnenbrille (-n) sunglasses
das Sonnenlicht sunlight
sonnenlos sunless
der Sonnenschein sunshine
die Sonnenseite (-n) sunny side
der Sonnenstrahl (-en) sun beam
sonnig sunny
sonst else, besides that, apart from that
sonstig miscellaneous, other
die Sorge (-n) worry (24); **sich Sorgen machen (um)** to worry (about)
sorgen für to care for (25)
sorgfältig careful(ly) (31)
sortieren to sort
soweit is as far as; thus far
sowie as well as
sowieso in any case (32)
sowohl . . . als auch . . . as well as
sozial social(ly)
die Sozialkunde social science
die Sozialleistung (-en) social support (29)

die Sozialverträglichkeit social acceptability

die Spalte (-n) column (*of written text*)

der Spanischkurs (-e) Spanish class

spannend exciting (32); tense

das Sparbuch (¨er) savings account book

sparen to save (35)

das Sparkonto (-konten) savings account

der Spaß fun; **Spaß machen (+ dat.)** to be fun; **das macht mir Spaß** that is fun (5); **viel Spaß!** have fun!

spät late

spätestens at the latest

spazieren gehen, ging spazieren, ist spazieren gegangen to go for a walk

der Spaziergang (¨e) walk

die SPD = Sozialdemokratische Partei Deutschlands

die Speisekarte (-n) menu

spekulieren to speculate

die Spezialität (-en) speciality

speziell special(ly)

spezifisch specific(ally)

der Spiegel (-) mirror

das Spieglein (-) little mirror

das Spiel (-e) game

die Spielbank (-en) casino

spielen to play

das Spielfeld (-er) playing field

die Spielfläche (-n) playing area

das Spielkasino (-s) casino

der Spinner (-) crazy person

das Spital (¨er) hospital

spitz pointy, sharp

der Splitter (-) splinter, fragment

der Sport sports, exercise; **Sport treiben** to play a sport (32)

die Sportart (-en) type of sport (32)

die Sporthalle (-n) sport center

der Sportler (-) / die Sportlerin (-nen) athlete

die Sportwissenschaft physical education

die Sprache (-n) language

der Sprachkurs (-e) language course

das Sprachlabor (-s) language lab

sprachlich linguistic(ally)

der Sprachspiegel (-) language mirror

die Sprachwahl (-en) choice of language

die Sprachwissenschaft linguistics

sprechen (spricht), sprach, gesprochen to speak

sprechend speaking

der Sprechfunk radio-telephone system

die Sprechstunde (-n) office hour

das Sprechzimmer (-) office

das Sprichwort (¨er) proverb

springen, sprang, ist gesprungen to jump (32)

spröd(e) aloof; austere

spürbar traceable (36)

der Staat (-en) state

staatlich (*adj.*) state-owned, state-run; **staatlich anerkannt** state-approved

der Staatsbürger (-) / die Staatsbürgerin (-nen) citizen (26)

die Staatsbürgerschaft (-en) citizenship

das Stadion (Stadien) stadium

das Stadium (Stadien) phase, stage

die Stadt (¨e) city

stadtbekannt popular

das Städtchen (-) little town

der Stadtführer (-) city guidebook

städtisch municipal

das Städtlein (-) little town

der Stadtpfarrer (-) city priest

die Stadtrundfahrt (-en) city tour (*by bus*)

das Stadtzentrum (-zentren) downtown

der Stammbaum (¨e) family tree

stammen aus to be from

der Standard (-s) standard

ständig constant(ly)

die Standuhr (-en) grandfather clock

der Stapel (-) stack (*of something*)

stark (stärker, stärkst-) strong(ly)

starren to stare

der Startort (-e) starting point

die Station (-en) station

statt (+ gen.) instead of

stattfinden (findet statt), fand statt, stattgefunden to take place (27)

der Status status

der Staub dust; **Staub saugen** to vacuum

stauen to dam, stem the flow

der Steckbrief (-e) personal description, wanted poster

stecken to put; to stick; to be located

stehen, stand, gestanden to stand (16); (+ *dat.*) to suit (21)

steigen, stieg, ist gestiegen to climb

steigend rising, increasing

steigern to increase; to raise (29)

die Steinzeit Stone Age

die Stelle (-n) place; position (29)

stellen to put, place (*upright*)

sterben (stirbt), starb, ist gestorben to die

stereotyp stereotypical

das Steuer (-) steering wheel (*in a car*)

die Steuer (-n) tax (29)

das Stichwort (¨er) key word

der Stiefbruder (¨) stepbrother (25)

der Stiefel (-) boot

der Stierkämpfer (-) bullfighter

der Stift (-e) pen

der Stil (-e) style (27)

still quiet, calm, silent

die Stille silence

die Stimme (-n) voice

stimmen to be correct, be true

die Stimmung (-en) mood, atmosphere

die Stirn (-e) forehead

der Stock (¨e) floor, story (*above the ground floor*); **im dritten Stock** on the fourth floor

der Stoff (-e) material (28)

stolpern to trip

stolz proud(ly)

der Stolz pride

stopfen to stuff

stoppen to stop
stören to disturb
störend disturbing
störungsfrei undisturbed
der Strand (¨e) beach
der Strandabschnitt (-e) beach section
der Strandkorb (¨e) covered beach chair
die Straße (-n) street; **sie wohnt in der Schiller-Straße** she lives on Schiller Street
die Straßenbahn (-en) streetcar
der Straßenköter (-) mutt
der Straßenkünstler (-) / die Straßenkünstlerin (-nen) street artist
das Straßentheater street theater
sich sträuben to resist; **die Haare sträuben** to stand on end (*hair, fur*)
der Strauch (¨er) bush, shrub
streben nach to strive for
sich strecken to stretch
streicheln to stroke, caress
streichen, strich, gestrichen to paint; to strike, cross out
das Streichholz (¨er) match
der Streifenpolizist (-en *masc.*) / die Streifenpolizistin (-nen) patrol officer, police officer on the beat
der Streifenwagen (-) police car
der Streit (-e) argument, confrontation
streiten, stritt, gestritten to argue
streng strict(ly) (27)
der Stress stress
stressig stressful(ly)
streuen to scatter; to spread
das Strichmännchen (-) stick figure
stricken to knit
der Strom current (35); electricity
die Strophe (-n) verse, line
die Struktur (-en) structure
stubenrein housebroken
das Stück (-e) (theater) piece (36)
der Student (-en *masc.*) / die Studentin (-nen) (university) student (E)

die Studentenbewegung (-en) student movement
der Studentenfilm (-e) student film
das Studentenleben student life
der Studentenprotest (-e) student protest
das Studententheater (-) student theater
das Studentenwerk (-e) student union
das Studentenwohnheim (-e) dormitory (E)
der Studienablauf (¨e) course of one's studies, program
der Studienabschnitt (-e) part of a program of study
das Studienfach (¨er) subject of study
die Studiengebühren (*pl.*) tuition
die Studienreise (-n) student excursion, educational excursion
studieren to study, to be a student
der/die Studierende (*decl. adj.*) student
das Studium (Studien) course of study (*at a university*) (E)
die Stufe (-n) step
der Stuhl (¨e) chair
der Stummfilm (-e) silent movie (36)
die Stunde (-n) hour, lesson
der Stundenplan (¨e) lesson plan, schedule
stur stubborn
der Sturm (¨e) storm
stürmisch passionate, ardent
stutzen to trim
das Subjekt (-e) subject
das Substantiv (-e) noun
subtil subtle; subtly
die Suche (-n) search (26)
suchen to search, seek
der Süden South; **im Süden** in the south
der Südwesten southwest
das Suffix (-e) suffix
summen to hum, buzz
super super
der Superlativ (-e) superlative
der Supermarkt (¨e) supermarket
die Suppe (-n) soup

surfen to surf
surreal surreal
süß sweet; **etwas Süßes** something sweet
der Swimmingpool (-s) swimming pool
das Symbol (-e) symbol
symbolisieren to symbolize
die Symbolwirkung (-en) symbolism
sympathisch nice, congenial
die Synagoge (-n) synagogue
synchronisieren to dub (*a film*) (36)
das Synonym (-e) synonym
syrisch Syrian
die Szene (-n) scene

T

die Tabelle (-n) table
tabu taboo (26)
die Tafel (-n) blackboard
der Tag (-e) day; **eines Tages** one day, someday
der Tagebucheintrag (¨e) diary entry
der Tagesausflügler (-) / die Tagesausflüglerin (-nen) daytripper
tageweise per day, for a day
täglich daily
tagsüber during the day
das Talent (-e) talent
die Tante (-n) aunt (25)
der Tanz (¨e) dance (36)
tanzen to dance
die Tasche (-n) bag, pocket
das Taschengeld (-er) pocket money
die Tasse (-n) cup
tätig active
die Tatsache (-n) fact
tatsächlich really, indeed, as a matter of fact
der Taubenschwarm (¨e) flock of pigeons
taumeln to stagger, sway
tauschen to change, switch
der Taxifahrer (-) / die Taxifahrerin (-nen) cabdriver
das Team (-s) team

die Teamberatung (-en) team counseling

die Technik (-en) technique, technology

technisch technical(ly)

die Technomusik techno music

der Tee (-s) tea

das Teeglas (¨er) tea glass

teeren to tar

der Teil (-e) part; **zum Teil** partly, in part

teilen to divide (31)

die Teilnahme (-n) participation

teilnehmen (nimmt teil), nahm teil, teilgenommen to participate; **teilnehmen an (+ dat.)** to take part in (26)

der Teilnehmer (-) / die Teilnehmerin (-nen) participant

das Telefon (-e) telephone

telefonieren (mit) to be on the phone (with), call

telefonisch by phone

die Telefonnummer (-n) phone number

die Telefonsprechstunde (-n) office hours (by phone)

der Teller (-) plate

das Tempolimit (-s) speed limit

die Tendenz (-en) tendency

das Tennis tennis; **Tennis spielen** to play tennis

der Tennisplatz (¨e) tennis court

der Tennisschläger (-) tennis racket

der Teppich (-e) rug, carpet

der Teppichboden (¨) wall-to-wall carpet

der Teppichfaden (¨) carpet thread

der Teppichrand (¨er) edge of the carpet

der Termin (-e) appointment (29)

der Terminkalender (-) date book

der Test (-s) test

testen to test

teuer (teurer, teuerst-) expensive

der Text (-e) text

der Textauszug (¨e) excerpt from a text

das Textbeispiel (-e) example from a text

die Textstelle (-n) quote from a text

thailändisch (*adj.*) Thai

das Theater (-) theater (36); **ins Theater gehen** to go to the theater

die Theateraufführung (-en) theater play, production

der Theatersaal (-säle) theater hall

das Theaterstück (-e) play

das Thema (Themen) topic; **zum Thema** on the topic (of)

der Themenbereich (-e) topic area

die Theologie theology

der Theoretiker (-) / die Theoretikerin (-nen) theorist

die Theorie (-n) theory

die Therapie (-n) therapy

die Therapieform (-en) kind of therapy

das Thermometer (-) thermometer

tief deep(ly) (33)

tiefliegend deep-set (*eyes*)

das Tier (-e) animal

der Tierarzt (¨e) / die Tierärztin (-nen) veterinarian

die Tierbeobachtung (-en) animal observation

die Tierbestimmung identification of animals

der Tiergarten (¨) zoo

der Tierschützer (-) / die Tierschützerin (-nen) animal conservationist

der Tiger (-) tiger

der Tipp (-s) tip, hint

der Tisch (-e) table

die Tischdecke (-n) tablecloth

das Tischlein (-) little table

der Tischler (-) / die Tischlerin (-nen) carpenter

der Titel (-) titel

der Toaster (-) toaster

die Tochter (¨) daughter (25)

der Tod (-e) death

die Toilette (-n) bathroom

toll (*coll.*) great

die Tomate (-n) tomato

der Ton (¨e) sound

der Tonfilm (-e) sound film (36)

die Tonne (-n) bin (35)

der Topf (¨e) pot

töpfern to make pottery (31)

das Tor (-e) (*sport*) goal; gate

tot dead

total total(ly)

töten to kill

die Tour (-en) tour

der Tourismus tourism

der Tourist (-en *masc.*) / die Touristin (-nen) tourist

die Tradition (-en) tradition

traditionell traditional(ly)

das Traditionsbewusstsein consciousness of traditions

tragen (trägt), trug, getragen to carry; to wear

trainieren to train; to exercise

das Training training; exercise

der Transport (-e) transport

transportieren to transport

die Trauer mourning, grief

traulich cozy

der Traum (¨e) dream

träumen to dream

der Traumurlaub (-e) dream vacation

traurig sad

treffen (trifft), traf, getroffen to meet

treffend fitting

treiben, trieb, getrieben: Sport treiben to exercise

das Treibhaus (¨er) hothouse

der Trenchcoat (-s) trenchcoat

trennbar separable

trennen to separate (35); to divide

die Trennung (-en) separation (25)

die Treppe (-n) stairs

treten (tritt), trat, ist getreten to kick, step

trinken, trank, getrunken to drink

das Trinkwasser drinking water

trippeln to toddle

trocken dry

trocknen to dry

die Trompete (-n) trumpet

der Tropfen (-) drop

tropisch tropical

trotz (+ *gen.*) in spite of

trotzdem anyway, in spite of that

trüb(e) blurry, foggy

trunken (*poetic*) intoxicated
tschcchisch (*adj.*) Czech
tschüss! (*inform.*) bye!
das T-Shirt (-s) T-shirt
die Tuba (Tuben) tuba
tüchtig capable, competent
tun, tat, getan to do
die Tür (-en) door
der Türke (-n *masc.***) / die Türkin (-nen)** Turk
die Türkei Turkey
der Turm (:e) tower
der Turmalinsplitter (-) splinter of tormaline
das Tuten: von Tuten und Blasen keine Ahnung haben to have no clue
typisch typical(ly)

U

die U-Bahn (-en) subway
üben to practice
über (+ *acc./dat.*) above; about; over
überall everywhere
übereinstimmen mit (stimmt überein) (mit etwas) to agree (with something) (E)
überflussig superfluous
übergeben (übergibt), übergab, übergeben to hand over
überhaupt (nicht) (not) at all
die Überlastung (-en) burden, overload (27)
überleben to survive (25)
(sich) überlegen to consider (29)
überleiten to lead to
übermorgen day after tomorrow
übernachten to spend the night (E)
die Übernachtung (-en) overnight stay
überprüfen to check
überragen to stand out
überraschen to surprise
überrascht (*adj.*) surprised
die Überraschung (-en) surprise
überreden to persuade, convince
übers = über das
die Überschrift (-en) heading
übersetzen to translate (28)
überstehen, überstand, überstanden to overcome

die Überstunde (-n) overtime hour
übertragen (überträgt), übertrug, übertragen to transmit
übertreiben, übertrieb, übertrieben to exaggerate (29)
überwachen to supervise (32)
überwinden, überwand, überwunden to overcome
überzeugen to convince
die Überzeugungskraft (:e) power of persuasion
übrig left over
übrigens by the way
die Übung (-en) exercise (33)
die Uhr (-en) clock; **um acht Uhr** at eight o'clock
die Uhrzeit (-en) time
um (. . . **herum**) (+ *acc.*) around; at (*time*); **um die Ecke** around the corner; **um acht Uhr** at eight o'clock
umarmen to embrace, hug
umfangreich extensive
die Umfrage (-n) survey, opinion poll
die Umgangssprache colloquial language
umgeben von surrounded by
die Umgebung (-en) surroundings, vicinity
umgehen (geht um), ging um, ist umgegangen to go round; **mit etwas umgehen** to deal with, handle (26)
umgehend immediately
umgekehrt vice versa, the other way around
umhegen to care for
der Umkreis surroundings, vicinity
umreißen (reißt um), riss um, umgerissen to tear down
ums = um das
der Umschlag (:e) envelope
sich umsehen (sieht um), sah um, umgesehen to look around
umsetzen (setzt um) to convert; **in die Praxis umsetzen** to put into practice (35)
umsonst for nothing, free
der Umstand (:e) circumstance
umsteigen (steigt um), stieg um,

ist umgestiegen to change (*trains*)
die Umstellung (-en) adjustment (25)
umwechseln (wechselt um) to change (28)
die Umwelt environment (35)
die Umweltbeschädigung (-en) environmental damage
umweltbewusst environmentally conscious
das Umweltbewusstsein environmental awareness (35)
umweltfeindlich hostile to the environment (35)
der Umweltforscher (-) / die Umweltforscherin (-nen) environmental scientist
umweltfreundlich environmentally friendly (35)
das Umweltpapier (-e) recycled paper
der Umweltschutz environmental protection (35)
die Umweltschutzbewegung (-en) environmental protection movement
der Umweltsünder (-) / die Umweltsünderin (-nen) polluter (35)
umziehen (zieht um), zog um, ist umgezogen to move
der Umzug (:e) parade (17); move
unabhängig independent(ly) (25)
die Unabhängigkeit (-en) independence (25)
unangenehm unpleasant(ly)
unaufhörlich uninterrupted
unausgepackt unopened
unbedingt absolutely (34)
unbegrenzt unlimited
unbegründet unfounded
unbeholfen clumsy; clumsily
unbekannt unknown
unbequem uncomfortable; uncomfortably
unbeschreiblich indescribable; indescribably (31)
und (*coord. conj.*) and
undankbar ungrateful(ly)
unecht fake

unentbehrlich essential (29)
unentschlossen undecided
unersetzlich irreplaceable (31)
unerträglich unbearable;
  unbearably
unfair unfair(ly)
der Unfall (ˉe) accident
unfreundlich unfriendly
(das) Ungarn Hungary
ungeduldig impatient(ly)
ungefähr approximately (29)
ungeheuer extreme(ly)
ungerecht unfair(ly)
ungesund unhealthy; unhealthily
ungewöhnlich unusual(ly)
unglaublich unbelievable;
  unbelievably
unglücklich unhappy; unhappily
unheilbar incurable; incurably
unheimlich scary, spooky, eerie;
  eerily, uncanny; uncannily
unhöflich impolite(ly)
die Uniform (-en) uniform
uninteressant uninteresting
die Union (-en) union
die Universität (-en) university
unkritisch uncritical(ly)
unmittelbar direct(ly) (34)
unmöglich impossible; impossibly
unnötig unnecessary;
  unnecessarily
unpersönlich impersonal(ly)
unpraktisch impractical(ly)
unregelmäßig irregular(ly),
  uneven(ly)
die Unruhe restlessness, agitation
unruhig restless(ly)
unschlüssig undecided (33)
unsicher insecure(ly), uncertain(ly)
die Unsicherheit (-en) insecurity
  (27)
der Unsinn nonsense
untätig idle, idly
unten below, down there
unter (+ *acc./dat.*) under(neath)
unterbreiten to tell, inform, present
  with
unterbringen (bringt unter),
  brachte unter, untergebracht to
  accommodate
unterdrücken to suppress (30)

die Unterdrückung (-en)
  suppression, oppression
sich unterhalten (unterhält),
  unterhielt, unterhalten to
  converse; entertain (28)
die Unterhaltung (-en)
  entertainment (36)
die Unterkunft (ˉe)
  accommodation
das Unternehmen (-) business
  enterprise (29)
unternehmen (unternimmt),
  unternahm, unternommen to
  undertake, do (31)
der Unterricht instruction
unterrichten to teach (27); instruct
die Unterrichtsmethode (-n)
  teaching method (27)
der Unterrichtsstil (-e) teaching
  style
sich unterscheiden von,
  unterschied, unterschieden to
  differ from (27)
der Unterschied (-e) difference
unterschiedlich various (26)
der Unterschlupf shelter
unterschreiben, unterschrieb,
  unterschrieben to sign
die Unterschrift (-en) signature,
  autograph
unterstreichen, unterstrich,
  unterstrichen to underline
unterstützen to support
die Unterstützung support
untersuchen to examine
die Untersuchung (-en)
  examination (33)
der Untertitel (-) subtitle (36)
unterwegs underway, on the road
die Unterweisung (-en) instruction
untrennbar inseparable;
  inseparably
untypisch atypical(ly)
unüberhörbar loud(ly), obvious(ly)
unvoreingenommen unbiased (34)
unweigerlich inevitable; inevitably
  (34)
unzufrieden unsatisfied (29)
uralt very old
die Urenkel (*pl.*) great-
  grandchildren (25)

die Urgroßeltern (*pl.*) great-
  grandparents (25)
die Urgroßmutter (ˉ) great-
  grandmother
der Urgroßvater (ˉ) great-
  grandfather
der Urlaub (-e) vacation (32);
  Urlaub machen to go on vacation
  (32)
der Urlauber (-) / die Urlauberin
  (-nen) vacationer
der Urlaubsort (-e) vacation spot
die Urlaubsreise (-n) vacation
die Urlaubszeit (-en) vacation time
die Ursache (-n) cause
ursprünglich original(ly) (36)
der Ursprungsort (-e) origin

V

die Vanille vanilla
die Variante (-n) variety, alternative
die Variation (-en) variation
die Vase (-n) vase
der Vater (ˉ) father (25)
das Vaterland (ˉer) home country
vegetarisch (*adj.*) vegetarian (33)
die Verabredung (-en)
  appointment; date (34)
sich verabschieden to take leave
die Verachtung (-en) contempt (34)
sich verändern to change (27)
die Veränderung (-en) change (25)
veranstalten to organize, arrange,
  produce
die Verantwortung (-en)
  responsibility
verarbeiten to use, work, finish
das Verb (-en) verb
der Verband (ˉe) union, association
das Verbandsziel (-e) goal of the
  union
verbessern to improve
die Verbesserung (-en)
  improvement
die Verbform (-en) verb form
verbieten, verbot, verboten to
  forbid (27)
verbinden, verband, verbunden to
  unite (29)
die Verbindung (-en) connection,
  combination

sich verbitten, verbat, verbeten to refuse to tolerate

verboten (*adj.*) not allowed; **Rauchen verboten!** no smoking!

verbrauchen to consume (35)

der Verbraucher (-) / die Verbraucherin (-nen) consumer (35)

verbringen, verbrachte, verbracht to spend (*time*) (E)

verdauen to digest

verdienen to earn (25)

verdreckt dirty

verehrt honorable, dear; **verehrtes Brautpaar!** dear bride and groom!

vereinbaren to arrange (34)

vereinigen to unite, combine

vereinigt (*adj.*) united; **die Vereinigten Staaten von Amerika** United States of America

die Vereinigung (-en) uniting, organization, union

verfassen to write, compose

verfehlen to defeat, miss

verfestigen to reinforce, strengthen

verfilmen to film (36)

die Verfilmung (-en) film adaptation (*of a novel, play, etc.*)

verfolgen to persecute (34)

die Verfolgung (-en) persecution

Verfügung: jemandem zur Verfügung stehen to be at one's disposal

vergangen past; preceding (26)

die Vergangenheit past (27)

vergeblich futile(ly)

vergeistigt cerebral, spiritual

die Vergeistigung (-en) spiritualization

vergessen (vergisst), vergaß, vergessen to forget

vergesslich forgetful(ly)

vergiften to poison (35)

der Vergleich (-e) comparison

vergleichen, verglich, verglichen to compare

vergnügen to amuse (33)

vergnügt happy, happily

der Vergnügungspark (-s) amusement park

das Verhalten attitude (31)

die Verhaltensweise (-n) behavioral pattern

das Verhältnis (-se) relationship; circumstance; proportion

verharren to pause, remain

sich verheiraten mit to get married to

verheiratet married (25)

sich verirren to get lost

verkaufen to sell

der Verkäufer (-) / die Verkäuferin (-nen) vendor, salesperson

der Verkehr traffic (35)

das Verkehrsmittel (-) mode of transportation (35)

das Verkehrsschild (-er) traffic sign

verknüpfen to connect, combine

verlangen to demand (28)

verlassen (verlässt), verließ, verlassen to leave (27)

verlegen (*adj.*) embarrassed

die Verlegenheit (-en) embarrassment (29)

der Verleger (-) / die Verlegerin (-nen) publisher

verleiden, verlitt, verlitten (+ *dat.*) to spoil

verlernen to forget how to

die Verletzung (-en) injury

verliebt in love (25)

verlieren, verlor, verloren to lose

verlobt (*adj.*) engaged (25)

die Verlobung (-en) engagement (25)

verloren gegangen (*adj.*) lost

vermehren to multiply

vermeiden, vermied, vermieden to avoid

vermieten to rent out

vermindern to reduce

vermissen to miss, lack

vermitteln to convey, impart (26)

vernehmlich clear(ly), audible; audibly

verneinen to negate

die Vernunft reason

vernünftig reasonable; reasonably

veröffentlichen to publish

verpacken to wrap; to package

die Verpackung (-en) packaging

das Verpackungsmaterial (-ien) packaging (material) (35)

die Verpflegung (-en) catering, full board

verraten (verrät), verriet, verraten to tell, reveal

sich verrechnen to miscalculate (33)

verreisen to go on a trip (32)

verrückt crazy, mad

die Versagensangst (-̈e) fear of failure

(sich) versammeln to assemble, gather together

die Versammlung (-en) meeting

verscheuchen to scare away

verschieben, verschob, verschoben to move, change, reschedule

verschieden different(ly)

verschlossen closed

verschmutzen to pollute (35)

die Verschmutzung (-en) pollution (35)

verschränken: die Hände verschränken to cross one's hands

verschreiben, verschrieb, verschrieben to prescribe (33)

verschwinden, verschwand, verschwunden to disappear

versichert (*adj.*) insured

die Versichertenkarte (-n) insurance card

die Versicherung (-en) insurance (33)

der Versicherungsbeitrag (-̈e) insurance premium

sich verspäten to be late (34)

die Verspätung (-en) delay (32)

versperren to block

das Versprechen (-) promise

versprechen (verspricht), versprach, versprochen to promise

die Versprechung (-en) promise (34)

der **Verstand** reason
das **Verständnis** understanding
verständnislos without understanding
verstärken to reinforce
das **Versteck (-e)** hiding place
verstecken to hide
verstehen, verstand, verstanden to understand
verstopfen to stuff
der **Versuch (-e)** attempt, experiment, try
versuchen to try, attempt
verteilen to distribute
verteufelt tricky, darned
vertiefen to deepen
der **Vertrag (¨e)** contract (25)
verträglich amicable; amicably; tolerable; tolerably
das **Vertrauen** trust
vertreten (vertritt), vertrat, vertreten to appear; to represent (27); **vertreten sein** to be represented
die **Vertretung (-en)** substitute
der **Vertrieb** sales
verursachen to cause
verwalten to manage, run
verwandeln (*adj.*) (**in** + *acc.*) to turn (into)
verwandelt (*adj.*) transformed
verwandt (*adj.*) related
der/die **Verwandte** (*decl. adj.*) relative, relation
die **Verwandtschaft (-en)** relatives, relations, family
verwelken to wilt
verwenden to apply (35); to use (20)
verwerten to use
verwirklichen to realize (26)
verwunderlich surprising(ly), astonishing(ly)
die **Verzeihung (-en)** forgiveness, pardon
verzichten (auf + *acc.*) to renounce (35); to do without
verzweifelt desperate(ly) (33)
der **Vetter (-n)** (*male*) cousin (25)
das **Video (-s)** video
der **Videorekorder (-)** video recorder

das **Videospiel (-e)** video game
die **Videothek (-en)** video store
die **Videovorstellung (-en)** video show
viel (mehr, meist-) a lot, much
viele many
die **Vielfalt** variety
vielleicht perhaps, maybe
vielseitig manifold
der **Vierbeiner (-)** four-legged animal
vierbeinig four-legged
das **Viertel (-)** quarter
die **vierziger Jahre** the Forties
der **Vietnamkrieg** Vietnam War
das **Violinkonzert (-e)** violin concerto
visuell visual(ly)
vital vigorous, energetic
das **Vitamin (-e)** vitamin
der **Vogel (¨)** bird
der **Vogelkundler (-) / die Vogelkundlerin (-nen)** ornithologist
die **Vogelmutter (¨)** bird mother
die **Vogelstimme (-n)** bird song
die **Vogelwelt (-en)** world of birds
die **Vokabel (-n)** vocabulary item
die **Vokabelarbeit** vocabulary work
die **Vokabelliste (-n)** vocabulary list
das **Vokabular (-e)** vocabulary
das **Volk (¨er)** people
die **Völkerverständigung** intercultural communication
die **Volksgruppe (-n)** group of peoples
die **Volkshochschule (-n)** extension school, adult education center (31)
voll full(y); **aus voller Kehle** at the top of one's lungs
völlig completely
vollkommen perfect(ly), complete(ly)
die **Vollpension (-en)** full board
vollständig complete(ly), total(ly)
die **Vollverpflegung** full board
vom = von dem
von (+ *dat.*) from, of
vor (+ *acc./dat.*) before, in front of

voranbringen (bringt voran), brachte voran, vorangebracht to bring forth, promote
voraus ahead
die **voraussetzung (-en)** prerequisite, condition
vorbeifahren (fährt vorbei), fuhr vorbei, ist vorbeigefahren to drive past
vorbeikommen (kommt vorbei), kam vorbei, ist vorbeigekommen to come by (E)
(sich) vorbereiten (bereitet vor) to prepare (27)
die **Vorbereitung (-en)** preparation
das **Vorbild (-er)** example, idol, model
vorbildlich exemplary
der **Vordergrund (¨e)** foreground
die **Vorderpfote (-n)** front paw
vorerst for now, as of now
der **Vorfahre (-n** *masc.*) / die **Vorfahrin (-nen)** ancestor
vorgehen (geht vor), ging vor, ist vorgegangen to go ahead, go first
vorhaben (hat vor), hatte vor, vorgehabt to plan, intend
vorher before, beforehand; **am Abend vorher** the night before
vorkommen (kommt vor), kam vor, ist vorgekommen to occur, happen
der **Vorläufer (-) / die Vorläuferin (-nen)** precursor
vorlesen (liest vor), las vor, vorgelesen to read (aloud)
die **Vorlesung (-en)** lecture (E)
sich vornehmen (nimmt vor), nahm vor, vorgenommen to undertake; to carry out (33)
der **Vorort (-e)** suburb
vorrangig primarily, as a priority
der **Vorrat (¨e)** stock, supply
die **Vorrede (-n)** preface, prologue
der **Vorschlag (¨e)** suggestion
vorschlagen (schlägt vor), schlug vor, vorgeschlagen to suggest (E)
vorsichtig cautious(ly) (31)
vorsichtshalber as a precaution
die **Vorsorge** preventive medicine (33)

die Vorsorgeuntersuchung (-en) medical check-up

vorspielen (spielt vor) to act out, perform

sich (*dat.*) **etwas vorstellen (stellt vor)** to imagine something; **sich** (*acc.*) **vorstellen** to introduce oneself

die Vorstellung (-en) performance; imagination

der Vorteil (-e) advantage

vorteilhaft advantageous

der Vortrag (̈e) lecture, talk; **einen Vortrag halten** to give a lecture (E)

das Vorurteil (-e) prejudice (24)

der Vorwurf (̈e) reproach, accusation

vorziehen (zieht vor), zog vor, vorgezogen to prefer

vorzüglich excellent(ly), superb(ly)

W

der Wachdienst (-e) guard (duty)

wachen to wake; to guard

wachsam watchful, vigilant

wachsen (wächst), wuchs, ist gewachsen to grow

das Wachstum growth (35)

der Wachstumsprüfer (-) / die Wachstumsprüferin (-nen) gardener

die Waffe (-n) weapon

der Wagen (-) car

die Wahl (-en) election; choice

wählen to choose; to elect (26)

das Wahlfach (̈er) elective (27)

das Wahlrecht right to vote, suffrage (30)

wahnsinnig crazy; crazily

wahr true

während (+ *gen.*) during

die Wahrheit (-en) truth

wahrnehmen (nimmt wahr), nahm wahr, wahrgenommen to perceive

wahrscheinlich probable; probably

der Wal (-e) whale

der Wald (̈er) forest

die Waldarbeit (-en) forestry work

der Waldeinsatz (̈e) forest clean-up

die Waldfläche (-n) forest area

das Waldsterben dying of the forests (35)

walten to prevail, reign

sich wälzen to roll

die Wand (̈e) wall

der Wandel change (26)

die Wanderbewegung (-en) hiking movement, rambling

der Wanderer (-) / die Wanderin (-nen) hiker

die Wanderkarte (-n) hiking map

das Wanderlied (-er) hiking song

wandern to hike (32)

die Wanderreise (-n) hiking vacation

der Wandersmann (-leute) traveler, wayfarer

die Wanderung (-en) hike, walk

der Wanderverein (-e) rambling club

der Wanderweg (-e) hiking trail

das Wandposter (-) wall poster

die Wange (-n) check

wann when

die Waren (*pl.*) goods (22)

das Warenhaus (̈er) warehouse

das Warenzeichen (-) trademark; **das eingetragene Warenzeichen** registered trademark

warm (wärmer, wärmst-) warm

die Wärme warmth

warten auf (+ *acc.*) to wait for

die Wartezeit (-en) waiting period

das Wartezimmer (-) waiting room (33)

was what

die Wäsche laundry (E)

waschen (wäscht), wusch, gewaschen to wash

der Wäschetrockner (-) (clothes) dryer (35)

die Waschmaschine (-n) washing machine

das Wasser (-) water

die Wasseranwendung (-en) water treatment

der Wasserkessel (-) hot water heater

die Watte cotton wool, wadding

die Web-Seite (-n) web page

der Wechsel (-) change

wechseln to exchange, switch

wecken to waken

der Wecker (-) alarm clock

weder . . . noch . . . neither . . . nor . . .

weg away

der Weg (-e) way

wegen (+ *gen.*) because of

weggehen (geht weg), ging weg, ist weggegangen to go away

wegsausen (saust weg), sauste weg, ist weggesaust to buzz off

wegschmeißen (schmeißt weg), schmiss weg, weggeschmissen (*coll.*) to throw away (35)

wegwerfen (wirft weg), warf weg, weggeworfen to throw away

wehen to blow in the wind

sich wehren gegen to defend oneself against (26)

weiblich feminine (25)

weich soft(ly)

die Weide (-n) pasture

sich weigern to resist; to refuse

weihen (+ *dat.*) to dedicate (27)

der Weiher (-) pond

(das) Weihnachten Christmas

der Weihrauch incense

weil (*subord. conj.*) because

die Weile while; **nach einer Weile** after a while

der Wein (-e) wine; **eine Flasche Wein** a bottle of wine

der Weinbrand (̈e) brandy

weinen to cry, weep

weise wise(ly)

die Weisheit (-en) wisdom

weiß white

weit far

weiter farther, further

sich weiterbilden (bildet weiter) to continue one's education (31)

die Weiterbildung continuing education, further education

weitergeben (gibt weiter), gab weiter, weitergegeben to pass on

weitergehen (geht weiter), ging

weiter, ist weitergegangen to go further

weiterhin furthermore

weiterleben (lebt weiter) to live on, survive

weitgehend extensive(ly) (27)

die Weizenlandschaft (-en) wheat land

welche, welcher, welches which

die Welt (-en) world; **die Neue Welt** the New World

der Weltkrieg (-e) world war

die Weltmeisterschaft (-en) world championship

die Weltstadt (¨e) cosmopolitan city

weltweit worldwide

wenden to turn, flip around

wenig little; few (32)

wenige few

wenigstens at least

wenn (*subord. conj.*) whenever, when, if

wer who

werden (wird), wurde, ist geworden to become

werfen (wirft), warf, geworfen to throw

das Werk (-e) manufacturing plant (16); work (in literature, art, music)

die Werkstatt (¨en) workshop

das Werkzeug (-e) tool

der Wert (-e) value; **Wert legen auf** (+ *acc.*) to value (*something*) (27)

wertvoll valuable

im Wesentlichen essentially; fundamentally (31)

westdeutsch West German

(das) Westdeutschland West Germany

der Westen (-) west; **im Westen** in the west

westlich (von) west (of)

der Wettbewerb (-e) competition (27)

das Wetter (-) weather

wetzen to sharpen

WG = Wohngemeinschaft

wichtig important

die Wicke (-n) sweet pea

wickeln to wrap

widersprechen (widerspricht), widersprach, widersprochen to contradict

wie how; **um wie viel Uhr?** at what time?; **wie viel** how much; **wie viele** how many

wieder again; **immer wieder** again and again

der Wiederaufbau reconstruction (29)

sich wieder erkennen (erkennt wieder), erkannte wieder, wieder erkannt to recognize oneself, identify with

wiederholen to repeat (28)

die Wiederholung (-en) repetition

das Wiederhören: auf Wiederhören! (*phone*) good-bye!

wiederkommen (kommt wieder), kam wieder, ist wiedergekommen to come again

wiedermal once again

auf Wiedersehen! good-bye!

die Wiedervereinigung (-en) reunification

wieder verwerten to recycle (35)

die Wiege (-n) cradle

das Wiener Schnitzel veal cutlet

die Wiese (-n) meadow

wieso why

wild wild(ly)

die Wildbiene (-n) wild bee

die Wildblume (-n) wildflower

der Wille will

willkommen welcome; **willkommen heißen** to welcome (34)

der Wind (-e) wind (5)

windgeschützt (*adj.*) protected from the wind

die Windmühle (-n) windmill

der Winter (-) winter (5)

die Winterferien (*pl.*) winter holidays

das Wintersemester (-) winter semester

wirken to work, have an effect, act

wirklich real(ly) (10)

die Wirklichkeit reality (14)

die Wirkung (-en) result; effect (27)

die Wirtschaft (-en) economy (29)

wirtschaftlich economical

wirtschaftspolitisch economic-political

die Wirtschaftswissenschaften (*pl.*) economics

das Wirtschaftswunder economic miracle

das Wirtshaus (¨er) inn, restaurant

wissen (weiß), wusste, gewusst to know (a fact)

das Wissen knowledge

die Wissenschaft (-en) science (27)

der Wissenschaftler (-) / die Wissenschaftlerin (-nen) scientist, scholar

wissenschaftlich scientific(ally), scholarly

der Witz (-e) joke

wo where

wobei where, in which

die Woche (-n) week

das Wochenende (-n) weekend

wochenlang for weeks

der Wochentag (-e) weekday

wöchentlich weekly

wofür for what

wogen to surge, wave

woher from where

wohin (to) where; **wohin?** where to?

wohl (*particle*) probably; (*adv.*) well

sich wohl fühlen (fühlt wohl) to feel well, be comfortable

wohlgefällig pleasing, well-pleased

der Wohlgeruch (¨e) scent, fragrance

wohlig pleasant(ly), cozy; cozily

wohlriechend fragrant

der Wohlstand prosperity (26)

das Wohlwollen goodwill

wohlwollend benevolent(ly)

wohnen to live (*in a place*)

die Wohngemeinschaft (-en) shared housing, commune

das Wohnheim (-e) dormitory

der Wohnheimplatz (¨e) place in a dormitory

das Wohnheimzimmer (-) dorm room

die Wohnmöglichkeit (-en) housing option

der Wohnort (-e) place of residence

der **Wohnraum** (ˑe) living space
die **Wohnsiedlung** (-en) housing development
die **Wohnung** (-en) apartment
das **Wohnzimmer** (-) living room
die **Wohnzimmertür** (-en) living room door
die **Wolke** (-n) cloud
wolkig cloudy
die **Wolle** wool
wollen (**will**), **wollte**, **gewollt** to want; **auf etwas hinaus wollen** to imply something; to have a certain goal (30)
das **Wort** (ˑer) word
das **Wörterbuch** (ˑer) dictionary
der **Wortkasten** (ˑ) word box
wörtlich literal(ly)
die **Wortliste** (-n) word list
der **Wortschatz** (ˑe) vocabulary
wortschlau clever with words
die **Wortstellung** (-en) word order
wühlen to dig, burrow
das **Wunder** (-) wonder
wunderbar wonderful(ly)
sich wundern über (+ *acc.*) to be surprised at (28)
wunderschön very beautiful(ly)
der **Wunsch** (ˑe) wish
wünschen to wish; **sich** (*dat.*) **wünschen** (+ *acc.*) to desire
wünschenswert desirable
das **Wunschgeschenk** (-e) desired present
der **Wunschsatz** (ˑe) wish sentence
würdevoll dignified
würdig dignified
die **Wurst** (ˑe) sausage
das **Wurstbrot** (-e) sausage sandwich
würzig tasty, spicy, tangy
die **Wüste** (-n) desert
die **Wut** anger
wütend angry; angrily

Z

z.B. = zum Beispiel
die **Zahl** (-en) number
zahlen to pay for
zählen to count
zahlreich numerous(ly)

das **Zahlwort** (ˑer) word for a number
der **Zahn** (ˑe) tooth (6)
die **Zange** (-n) pliers
zart tender(ly)
die **Zärtlichkeit** (-en) tenderness
der **Zauberberg** *Magic Mountain* (novel by Thomas Mann)
die **Zauberflöte** *Magic Flute* (opera by Mozart)
zaubern to do magic
der **Zaun** (ˑe) fence
das **Zeichen** (-) sign, token (26)
zeichnen to draw
die **Zeichnung** (-en) drawing
der **Zeigefinger** (-) index finger
zeigen to show
die **Zeile** (-n) (*written*) line
die **Zeit** (-en) time
das **Zeitalter** (-) era
die **Zeitangabe** (-n) time expression
der **Zeitpunkt** (-e) point in time
der **Zeitraum** (ˑe) time period
die **Zeitschrift** (-en) magazine, periodical
die **Zeitung** (-en) newspaper
der **Zeitungsartikel** (-) newspaper article
der **Zeitvertreib** (-e) pastime
das **Zeitwort** (ˑer) time expression
das **Zelt** (-e) tent
zelten to camp (31)
das **Zeltlager** (-) camp
der **Zement** concrete
zentral central(ly)
die **Zentralbank** (-en) central bank
das **Zentralinstitut** (-e) central institution
das **Zentrum** (Zentren) center
die **Zeremonie** (-n) ceremony
die **Zeremonietradition** (-en) ceremonial tradition
zerlegen to dismantle, take apart
zersiedeln to spoil by development
die **Zersiedelung** (-en) spoiling by development
zerstören to destroy (27)
die **Zerstörung** (-en) destruction
zerstreuen to scatter, disperse; **sich zerstreuen** to take one's mind off things

der **Zettel** (-) note (33)
das **Zeug** gear, junk, stuff
das **Zeugnis** (-se) grade report
ziehen, zog, gezogen to pull; to move (31)
das **Ziel** (-e) goal, aim (26)
ziemlich rather, pretty
der **Ziertabak** tobacco plant
die **Zigarette** (-n) cigarette
die **Zigarettenfabrik** (-en) cigarette factory
der **Zigarettenstummel** (-) cigarette butt
die **Zigarre** (-n) cigar
der **Zigarrenrauch** cigar smoke
das **Zimmer** (-) room (3)
der **Zirkuskünstler** (-) / die **Zirkuskünstlerin** (-nen) circus artist
zirpen to chirp
das **Zitat** (-e) quote, quotation
zitieren to quote
die **Zitrone** (-n) lemon
die **Zitronenscheibe** (-n) slice of lemon
die **Zitrusfrucht** (ˑe) citrus fruit
der **Zollbeamte** (-n *masc.*) / die **Zollbeamtin** (-nen) customs officer
der **Zorn** anger
zu closed; **zu** (*prep.* + *dat.*) to; **zu** (*adv.*) too; **zu Fuß** on foot; **zu Hause** (at) home
zucken to twitch, flinch
der **Zucker** sugar
zueinander to each other
zuerst first; **zuerst einmal** first of all
zufrieden satisfied (29)
zufügen (**fügt zu**) to add
der **Zug** (ˑe) train
der **Zugang** (ˑe) entrance
zugänglich available, approachable
zugeben (**gibt zu**), **gab zu**, **zugegeben** to admit
zugehören (**gehört zu**) to belong to
die **Zugfahrkarte** (-n) train ticket
das **Zugfenster** (-) window in a train
der **Zugführer** (-) / die

Zugführerin (-nen) train conductor

zugreifen (greift zu), griff zu, zugegriffen to grab

zuhören (hört zu) to listen; **hör gut zu!** listen carefully!

die Zukunft (¨e) future (26)

der Zukunftstraum (¨e) future dream

das Zukunftsziel (-e) future goal

zulassen (lässt zu), ließ zu, zugelassen to allow, admit

die Zulassung (-en) admission

zuliebe (+ *dat.*) for the sake of (35)

zum = zu dem

zumachen (macht zu) to close

zunächst first

die Zündschnur (¨e) fuse

zunehmen (nimmt zu), nahm zu, zugenommen to increase (28); to gain (*weight*)

die Zunge (-n) tongue

zur = zu der

zurück back; **hin und zurück** round trip

zurückbekommen (bekommt zurück), bekam zurück, zurückbekommen to get back

zurückbleiben (bleibt zurück), blieb zurück, zurückgeblieben to stay behind, remain

zurückbringen (bringt zurück), brachte zurück, zurückgebracht to bring back

sich zurückerinnern an (+ *acc.*) (erinnert zurück) to remember

zurückfallen (fällt zurück), fiel zurück, ist zurückgefallen to fall behind

zurückgehen (geht zurück), ging zurück, ist zurückgegangen to go back

zurückgewinnen (gewinnt zurück), gewann zurück, zurückgewonnen to win back

zurückkehren (kehrt zurück), ist zurückgekehrt to return

zurückkommen (kommt zurück), kam zurück, ist zurückgekommen to come back (E)

sich zurücklegen (legt zurück) to lie back

zurückschrecken vor (schreckt zurück) to shy away from

zurückweisen (weist zurück) to reject

zusammen together

zusammenfassen (fasst zusammen) to summarize

die Zusammenfassung (-en) summary

der Zusammenhang (¨e) connection, correlation

zusammenklappen (klappt zusammen) to collapse

zusammenleben (lebt zusammen) to cohabitate, live together

zusammenstellen (stellt zusammen) to put together

zusätzlich additional(ly)

zuschauen (schaut zu) to watch

der Zuschauer (-) / die Zuschauerin (-nen) spectator

zuschließen (schließt zu), schloss zu, zugeschlossen to close, shut, lock

zusehen (sieht zu), sah zu, zugesehen to watch

zusprechen (spricht zu), sprach zu, zugesprochen to speak to, grant

der Zustand (¨e) state, condition

zustimmen (stimmt zu) (+ *dat.*) to agree with

zutraulich friendly, trusting

zuvor before, earlier

die zwanziger Jahre the Twenties

zwar in fact, actually

der Zweck (-e) purpose (36)

der Zweifel (-) doubt

zweimal twice

zweisprachig bilingual

zweit: zu zweit by twos, in pairs

zweiwöchig two-week-long

zwingen, zwang, gezwungen to force (29)

zwinkern to blink

zwischen (+ *acc./dat.*) between

zwischendurch in between

die Zwischenprüfung (-en) mid-diploma exam

ENGLISH-GERMAN

This vocabulary list contains all the words from the end-of-chapter **Wortschatz** lists in *Fokus Deutsch* Intermediate German.

A

absolutely unbedingt (34)
accent der Akzent (-e) (34)
to accept annehmen (nimmt an), nahm an, angenommen (34)
to accomplish schaffen (28)
accuracy die Genauigkeit (34)
to accuse beschuldigen (30)
to achieve erreichen (25)
action die Aktion (-en) (35)
action film der Aktionfilm (-e) (36)
active(ly) aktiv (32)
actor der Schauspieler (-) / die Schauspielerin (-nen) (36)
to address someone with *Sie* siezen (34)
to address someone with *du* duzen (34)
adjustment die Umstellung (-en) (25)
to admit gestehen, gestand, gestanden (34)
adult der/die Erwachsene (*decl. adj.*) (25)
adventure das Abenteuer (-e) (32)
advice der Ratschlag (¨e) (27)
to affect betreffen (betrifft), betraf, betroffen (25)
to afford sich leisten (32)
to be afraid of sich fürchten vor (+ *dat.*) (28)
to agree gelten lassen (lässt), ließ, gelassen (30); **to agree (with something)** übereinstimmen (mit etwas) (stimmt überein) (E)
in agreement einverstanden (29)
agriculture die Landwirtschaft (35)
aim das Ziel (-e) (26)
to allow gestatten (30)
almost fast (27)
although obwohl (30)
always immer (E)
ambitious(ly) ehrgeizig (26)

to amuse vergnügen (33)
anger der Ärger (34)
annoyance der Ärger (34)
to appear aussehen (sieht aus), sah aus, ausgesehen (E); vertreten (vertritt), vertrat, vertreten (27)
applicant (*for a job*) der Bewerber (-) / die Bewerberin (-nen) (29)
to apply verwenden (35)
appointment der Termin (-e) (29); die Verabredung (-en) (34)
to approve gelten lassen (lässt), ließ, gelassen (30)
approximate(ly) gegen (27); ungefähr (29)
argument die Auseinandersetzung (-en) (26)
to arise entstehen, entstand, ist entstanden (28); erwachsen (erwächst), erwuchs, ist erwachsen (31)
to arrange vereinbaren (34)
art die Kunst (¨e) (36)
artist der Künstler (-) / die Künstlerin (-nen) (36)
artistic(ally) künstlerisch (36)
as well sogar (32)
asylum: political asylum das Asyl (34)
at first anfangs (30)
attentive(ly) aufmerksam (36)
attitude das Verhalten (31)
to attract locken (36)
aunt die Tante (-n) (25)
author der Autor (-en) / die Autorin (-nen) (36)

B

back then damals (25)
background der Hintergrund (¨e) (30)
backpack der Rucksack (¨e) (32)
balance das Gleichgewicht (35)
basis die Grundlage (-n) (27)

bath das Bad (¨er) (33)
to bathe baden (32)
to be: to be close to (+ *dat.*) nah stehen stand nah, nah gestanden (25); **to be occupied with** sich beschäftigen mit (27)
to begin beginnen, begann, begonnen (29)
bin die Tonne (-n) (35)
blood pressure der Blutdruck (33)
to be bored sich langweilen (31)
boring langweilig (27)
born geboren (25)
to borrow leihen, lieh, geliehen (E)
to breathe atmen (33)
brother der Bruder (¨) (25)
brother-in-law der Schwager (-) (25)
to build aufbauen (baut auf) (29)
burden die Überlastung (-en) (27)
business das Geschäft (-e) (29)
business enterprise das Unternehmen (-) (29)
business operation der Betrieb (-e) (29)
by heart auswendig (27)

C

to calculate rechnen (27)
to call up anrufen (ruft an), rief an, angerufen (E)
to camp zelten (31)
campfire das Lagerfeuer (-) (31)
capability die Fähigkeit (-en) (29)
capable; capably fähig (36)
to care for sorgen für (25)
career field das Berufsfeld (-er) (29)
careful(ly) sorgfältig (31)
to carry out sich vornehmen (nimmt vor), nahm vor, vorgenommen (33)
cautious(ly) vorsichtig (31)
century das Jahrhundert (-e) (27)

change die Abwechslung (-en) (32); die Veränderung (-en) (25)

to change sich verändern (27); umwechseln (wechselt um) (28)

change der Wandel (26)

chemistry die Chemie (28)

to choose wählen (26)

circle der Kreis (-e) (28)

circumstance der Umstand (¨e) (33)

citizen der Staatsbürger (-) / die Staatsbürgerin (-nen) (26)

class der Kurs (-e) (27)

classmate der Kommilitone (-n *masc.*) / die Kommilitonin (-nen) (28)

cleanliness die Sauberkeit (34)

clear(ly) deutlich (34)

clever(ly) geschickt (36)

climax der Höhepunkt (-e) (36)

to climb besteigen, bestieg, bestiegen, klettern (32)

clothes dryer der Wäschetrockner (-) (35)

college preparatory high school das Gymnasium (Gymnasien) (27)

to come: to come along mitkommen (kommt mit), kam mit, ist mitgekommen (E); **to come back** zurückkommen (kommt zurück), kam zurück, ist zurückgekommen (E); **to come by** vorbeikommen (kommt vorbei), kam vorbei, ist vorbeigekommen (E); **to come to mind** einfallen (fällt ein), fiel ein, ist eingefallen (+ *dat.*) (34); **to come upon** geraten (gerät), geriet, geraten (33)

comedy die Komödie (-n) (36)

common gemeinsam (28)

competition der Wettbewerb (-e) (27)

to compose komponieren (36)

composer der Komponist (-en *masc.*) / die Komponistin (-nen) (36)

compost heap der Komposthaufen (-) (35)

comprehensive school die Gesamtschule (-n) (27)

concept der Begriff (-e) (28)

to concern oneself with sich kümmern um (30)

to concern betreffen (betrifft), betraf, betroffen (25)

condition die Bedingung (-en) (29)

to conform anpassen (passt an) (26)

conformist (*adj.*) angepasst (26)

to conquer erobern (27)

to consider bedenken, bedachte, bedacht (31); betrachten (30); überlegen (29)

considerate rücksichtsvoll (29)

consideration die Rücksicht (35)

to consume verbrauchen (35)

consumer der Verbraucher (-) / die Verbraucherin (-nen) (35)

container der Container (-) (35)

contempt die Verachtung (34)

to continue one's education weiterbilden (bildet weiter) (31)

contract der Vertrag (¨e) (25)

contribution der Beitrag (¨e) (33)

to contribute to beitragen zu (trägt bei), trug bei, beigetragen (34)

contribution der Beitrag (¨e) (30)

to converse unterhalten (unterhält), unterhielt, unterhalten (28)

to convey mitteilen (teilt mit) (36); vermitteln (26)

course (academic) der Kurs (-e) (E/27); **required course** das Pflichtfach (¨er)

course of study (*at a university*) das Studium (Studien) (E)

courtyard der Hof (¨e) (31)

cousin (*male*) der Vetter (-n) / (*female*) die Cousine (-n) (25)

critical(ly) kritisch (29)

cruise die Schiffsreise (-n) (32)

cultural(ly) kulturell (36)

culture die Kultur (-en) (36)

current der Strom (35)

customer der Kunde (-n *masc.*) / die Kundin (-nen) (26)

D

to damage schädigen (35)

damaged beschädigt (27)

dance der Tanz (¨e) (36)

danger die Gefahr (-en) (32)

date die Verabredung (-en) (34)

daughter die Tochter (¨) (25)

day care center die Kinderkrippe (-n) (30)

to deal with something mit etwas umgehen (geht um), ging um, ist umgegangen (26)

debate die Debatte (-n) (35)

decade das Jahrzehnt (-e) (26)

to dedicate weihen (+ *dat.*) (27)

deep(ly) tief (33)

to defend oneself against sich wehren gegen (26)

defendant der/die Angeklagte (*decl. adj.*) (30)

delay die Verspätung (-en) (32)

delegate der/die Abgeordnete (*decl. adj.*) (30)

to demand verlangen (28)

demeanor die Miene (-n) (29)

to depend upon auf etwas ankommen (kommt an), kam an, ist angekommen (32)

to depict darstellen (stellt dar) (34)

to desire begehren (35)

desire to travel die Reiselust (32)

desperate verzweifelt (33)

desperately dringend (34)

to destroy zerstören (27)

to determine bestimmen (29)

development die Entwicklung (-en) (29)

device das Gerät (-e) (31)

to differ from sich unterscheiden von, unterschied, unterschieden (27)

difficulty die Schwierigkeit (-en) (30)

direct(ly) unmittelbar (34)

director der Leiter (-) / die Leiterin (-nen) (31); der Regisseur (-e) / die Regisseurin (-nen) (36)

to discuss diskutieren über (+ *acc.*) (26)

dish (meal) das Gericht (-e) (34)

dishes das Geschirr (E)

disposable utensils das Einweggeschirr (35)

dispute die Auseinandersetzung (-en) (26)

to divide teilen (31)

divorce die Scheidung (-en) (25)
doctor: visit to the doctor der Arztbesuch (-e) (33)
dormitory das Studentenwohnheim (-e) (E)
dryer (*for clothes*) der Wäschetrockner (-) (35)
to dub (*a film*) synchronisieren (36)
dying of the forest das Waldsterben (35)

E

to earn verdienen (25)
eating habit die Essgewohnheit (-en) (34)
economy die Wirtschaft (29)
education die Bildung (28)
effect die Wirkung (-en) (27)
elective das Wahlfach (¨er) (27)
electrician der Elektromeister (-) / die Elektromeisterin (-nen) (29)
to emancipate emanzipieren (30)
emancipation die Emanzipation (30)
embarrassment die Verlegenheit (-en) (29)
emigrant der Auswanderer (-) / die Auswanderin (-nen) (34)
employed berufstätig (25)
employment agent der Arbeitsvermittler (-) / die Arbeitsvermittlerin (-nen) (29)
encounter die Begegnung (-en) (33)
engaged verlobt (25)
engagement die Verlobung (-en) (25)
engineering der Maschinenbau (28)
to enjoy genießen, genoss, genossen (E)
enormous riesengroß (28)
to enter eintreten (tritt ein), trat ein, ist eingetreten (33)
to entertain unterhalten (28)
entertainment die Unterhaltung (-en) (36)
to entice locken (36)
environment die Umwelt (35); **hostile to the environment** umweltfeindlich (35)

environmental awareness das Umweltbewusstsein (35)
environmental protection der Umweltschutz (35)
environmentally friendly umweltfreundlich (35)
to be at an equal level gleichgestellt sein (30)
to have equal rights gleichberchtigt sein (30)
equality die Gleichberechtigung (30)
equipment die Ausrüstung (-en) (32)
essential unentbehrlich (29)
essentially im Wesentlichen (31)
eventful bewegt (27)
everyday life der Alltag (27)
exactness die Genauigkeit (34)
to exaggerate übertreiben, übertrieb, übertrieben (29)
examination die Untersuchung (-en) (33)
excellent excellent (27)
exception die Ausnahme (-n) (34)
excited gespannt (32)
excitement der Nervenkitzel (32)
exciting spannend (32)
exercise die Übung (-en) (33)
to expect from erwarten von (25)
experience die Erfahrung (-en) (28); **work experience** die Berufserfahrung (-en) (29)
to experience erleben (26)
explanation die Erklärung (-en) (29)
expression der Ausdruck (¨e) (26)
extension school die Volkshochschule (-n) (31)
extensive weitgehend (27)
extreme sport die Extremsportart (-en) (32)
extreme(ly) extrem (35)

F

factory die Fabrik (-en) (35)
fairly priced preisgünstig (31)
family status der Familienstand (25)
to fascinate faszinieren (36)
fat das Fett (33)

father der Vater (¨) (25)
father-in-law der Schwiegervater (¨) (25)
fear die Befürchtung (-en) (34)
fee die Gebühr (-en) (E)
feeling das Gefühl (-e) (31)
female weiblich (25)
feminine weiblich (25)
fever das Fieber (33)
few wenig (32)
to fight kämpfen
film der Film (-e) (36)
to film verfilmen (36); **to film (*a movie*)** (einen Film) drehen (36)
filming of a novel die Romanverfilmung (-en) (36)
finished fertig (E)
to forbid verbieten, verbot, verboten (27)
to force zwingen, zwang, gezwungen (29)
foreigner der Ausländer (-) / die Ausländerin (-nen) (34)
for it/them dafür (26)
to found gründen (27)
foundation die Grundlage (-n) (27)
free time die Freizeit (E)
freedom of speech die Redefreiheit (30)
freedom of thought die Gedankenfreiheit (30)
frequent(ly) häufig (27)
friends with someone befreundet (25)
fruit das Obst (33)
fun lustig (27)
fundamentally im Wesentlichen (31)
future (*adj.*) künftig (29)
future die Zukunft (26)

G

to gain by struggle erkämpfen (26)
garden: small garden der Kleingarten (-gärten) (31)
gardening die Gartenarbeit (31)
German Studies die Germanistik (28)
to get used to sich gewöhnen an (+ *acc.*) (28)
to give: to give a talk einen Vortrag

halten (E); **to give up** aufgeben (gibt auf), gab auf, aufgegeben (25)
to go on a trip verreisen (32)
goal das Ziel (-e) (26)
to gossip quatschen (28)
gradual(ly) allmählich (28)
granddaughter die Enkelin (-nen) (25)
grandparents die Großeltern (*pl.*) (25)
grandson der Enkel (-) (25)
to grasp anfassen (fasst an) (31); begreifen, begriff, begriffen (29)
great irre (32); prima (27)
great-grandchildren die Urenkel (*pl.*) (25)
great-grandparents die Urgroßeltern (*pl.*) (25)
to grill grillen (31)
to grow up aufwachsen (wächst auf), wuchs auf, ist aufgewachsen (25)
growth das Wachstum (35)

H

habitual: in a habitual manner gewohnheitsmäßig (33)
to handle something mit etwas umgehen (geht um), ging um, ist umgegangen (26)
to happen geschehen (geschieht), geschah, geschehen (32)
to have a certain goal auf etwas hinaus wollen (30); **to have a look at** angucken (guckt an) (32); **to have a say** mitbestimmen (bestimmt mit) (27)
health care die Gesundheitspflege (33)
health care system das Gesundheitswesen (-) (33)
health spa der Kurort (-e) (E)
healthy gesund (33)
heart: by heart auswendig (27)
helpless(ly) ratlos (32)
high point der Höhepunkt (-e) (36)
to hike wandern (32)
history die Geschichte (-n) (28)
hobby das Hobby (-s) (31)
to hold halten (hält), hielt, gehalten (E)

holiday der Feiertag (-e) (31); **holidays** die Ferien (*pl.*) (32)
hospital das Krankenhaus (¨er) (33)
hostile to the environment umweltfeindlich (35)
household der Haushalt (-e) (25)
human right das Menschenrecht (-e) (30)
humanities die Geisteswissenschaften (*pl.*) (28)
humor der Humor (36)

I

idea der Begriff (-e) (28)
ideal das Ideal (-e) (26)
identity die Identität (-en) (26)
to idle bummeln (31)
imaginary imaginär (36)
immigrant der Einwanderer (-) / die Einwanderin (-nen) (34)
to impart vermitteln (26)
to imply something auf etwas hinaus wollen (30)
to impress ausprägen (prägt aus) (25)
impression der Eindruck (¨e) (34)
in: in agreement einverstanden (29); **in any case** jedenfalls (30); **in return** dafür (26); **in the open air** im Freien (31)
to increase steigern (29); zunehmen (nimmt zu), nahm zu, zugenommen (28)
indeed sogar (32)
independence die Unabhängigkeit (25)
independent(ly) unabhängig (25); selbstständig (29)
indescribable; indescribably unbeschreiblich (31)
industrialization die Industrialisierung (31)
inevitable; inevitably unweigerlich (34)
influence der Einfluss (¨e) (26)
to influence beeinflussen (34)
insecurity die Unsicherheit (-en) (27)
to inspire begeistern (26)
instead dafür (26)
to insult beleidigen (28)

insurance die Versicherung (-en) (33)
intellectual(ly) intellektuell (36)
to be interested in sich interessieren für (31)
to interpret (*languages*) dolmetschen (28)
to invite einladen (lädt ein), lud ein, eingeladen (E)
to get involved in sich engagieren für (26)
irreplaceable; irreplaceably unersetzlich (31)

J

job der Beruf (-e) (29)
job applicant der Bewerber (-) / die Bewerberin (-nen) (29)
joy die Freude (-n) (27)
joyful(ly) freudig (26)
judge der Richter (-) / die Richterin (-nen) (30)
to jump springen, sprang, ist gesprungen (32)
jurisprudence die Rechtswissenschaft (28)
justice die Gerechtigkeit (-en) (26)

K

to keep (*an appointment*) einhalten (hält ein), hielt ein, eingehalten (34)
to keep fit sich fit halten (hält), hielt, gehalten (32)
to keep to sich halten an (+ *acc.*) (hält), hielt, gehalten (34)
knowledge die Kenntnis (-se) (29); das Wissen (26)
known: well-known bekannt (36)

L

labeled beschildert (34)
labor force die Arbeitskraft (¨e) (34)
laboratory das Labor (-s) (33)
to be late sich verspäten (34)
laundry die Wäsche (E)
law das Gesetz (-e) (35)
law (*as field or course of study*) Jura (28)
lawn der Rasen (E)

to lead führen (29); leiten (30); **to lead to** führen zu (26)
leader der Leiter (-) / die Leiterin (-nen) (31)
to learn erlernen (29); **to learn by heart** auswendig lernen (27)
to leave verlassen (verlässt), verließ, verlassen (27)
lecture die Vorlesung (-en) (E/28); der Vortrag (¨e) (E)
legal(ly) rechtlich (34)
lifestyle der Lebensstil (-e) (26)
literature die Literatur (-en) (36)
little wenig (32)
to be located sich befinden, befand, befunden (28)
to long for sich sehnen nach (28)
to look: to look after betreuen (30); pflegen (31); **to look at** angucken (guckt an) (32); **to look forward to** sich freuen auf (+ *acc.*) (26)
to loosen lösen (30)
love: in love verliebt (25)
luxury der Luxus (32)

M

major subject das Hauptfach (¨er) (E)
to make schaffen (28)
to make music musizieren (31)
to make pottery töpfen (31)
male männlich (25)
to march marschieren, marschierte, ist marschiert (32)
marriage die Ehe (-n) (25)
married verheiratet, ehelich (25)
married couple das Ehepaar (-) (25)
to marry heiraten (25)
masculine männlich (25)
material der Stoff (-e) (28)
meal das Gericht (-e) (34)
to mean meinen (E)
meantime: in the meantime inzwischen (34)
to measure messen (misst), maß, gemessen (33)
medication das Medikament (-e) (33)
medicine die Medizin (28)

to meet sich begegnen (27)
meeting die Begegnung (-en) (33)
member of parliament der/die Abgeordnete (*decl. adj.*) (30)
to mention erwähnen (31)
Middle Ages das Mittelalter (28)
minor subject das Nebenfach (¨er) (E)
minority die Minderheit (-en) (30)
to miscalculate sich verrechnen (33)
mode of transportation das Verkehrsmittel (-) (35)
modesty die Bescheidenheit (-en) (26)
mood die Stimmung (-en) (36)
mother die Mutter (¨) (25)
mother-in-law die Schwiegermutter (¨) (25)
motion: to set into motion bewegen (26)
to move rühren (31)
movement die Bewegung (-en) (26)
multicultural multikulturell (34)
music die Musik (36)

N

necessity das Bedürfnis (-se) (34)
to need brauchen (E)
negligible gering (29)
neighborhood die Siedlung (-en) (35)
nephew der Neffe (-n *masc.*) (25)
niece die Nichte (-n) (25)
nightmare der Alptraum (¨e) (27)
noise der Lärm (35)
nonacceptance die Nichtakzeptanz (34)
nonreturnable bottle die Einwegflasche (-n) (35)
nontoxic giftfrei (35)
normally normalerweise (32)
note der Zettel (33)
to nourish ernähren (25)
number of unemployed die Arbeitslosenzahl (-en) (29)

O

observation die Bemerkung (-en) (28)
to observe beobachten (36)

to occupy besetzen (27)
to occur eintreten (tritt ein), trat ein, ist eingetreten (33)
odd werkwürdig (28)
to offer bieten, bot, geboten (31)
often häufig (27)
on the other hand andererseits (26)
open-minded aufgeschlossen (34)
operation: business operation der Betrieb (-e) (29)
order die Ordnung (34)
organic organisch (35)
organization die Gestaltung (-en) (31)
to organize oneself sich organisieren (30)
original(ly) ursprünglich (36)
outdoors im Freien (31)
outfitting die Ausrüstung (32)
outside draußen (31)
to overcome bestehen, bestand, bestanden (35)
overload die Überlastung (-en) (27)
own eigen (25)
to own besitzen, besass, besessen (30)

P

packaging das Verpackungsmaterial (35)
paint der Anstrich (-e) (35)
pantomime die Pantomime (-n) (36)
parenting: single parenting alleinerziehend (30)
parents die Eltern (*pl.*) (25)
part der Abschnitt (-e) (28); **to take part in** teilnehmen an (+ *dat.*) (nimmt teil), nahm teil, teilgenommen (26)
to pass (*a test*) bestehen, bestand, bestanden (27)
past (*adj.*) vergangen (26)
past die Vergangenheit (27)
peace der Frieden (26)
peaceful(ly) friedlich (26); ruhig (28)
peculiar merkwürdig (28)
pension die Rente (-n) (29)

pensioner der Rentner (-) / die Rentnerin (-nen) (29)

to persecute verfolgen (34)

personal hygiene die Körperpflege (33)

personal(ly) persönlich (32)

physics die Physik (28)

place die Stelle (-n) (29)

to place at a disadvantage benachteiligen (30)

plastic cup der Plastikbecher (-) (35)

platform (*in a train station*) das Gleis (-e) (32)

play das Schauspiel (-e) (36)

to play a sport Sport treiben, trieb, getrieben (32)

play (*theater*) das Stück (-e) (36)

to please gefallen (+ *dat.*) (31)

pleasure die Freude (-n) (27)

to poison vergiften (35)

political asylum das Asyl (34)

to pollute verschmutzen (35)

polluter der Umweltsünder (-) (35)

pollution die Verschmutzung (35)

popular beliebt (28)

to portray darstellen (stellt dar) (34)

position die Stelle (-n) (29)

to possess besitzen, besaß, besessen (30)

possibility die Möglichkeit (-en) (29)

powerful(ly) gewaltig (34)

practice: to put into practice in die Praxis umsetzen (35)

to practice a profession einen Beruf ausüben (übt aus) (29)

preceding vergangen (26)

preparation die Vorbereitung (-en) (32)

to prepare sich vorbereiten (bereitet vor) (27)

to prescribe verschreiben, verschrieb, verschrieben (33)

prescription das Rezept (33)

to present darstellen (stellt dar) (34)

present time die Gegenwart (27)

preventive medicine die Vorsorge (33)

primarily hauptsächlich (31)

to produce herstellen (stellt her) (29)

profession: to practice a profession einen Beruf ausüben (29)

promise die Versprechung (-en) (34)

to promote fördern (36)

promptness die Pünktlichkeit (34)

proof der Nachweis (-e) (31)

prosperity der Wohlstand (26)

to protect behüten (30); schützen (35)

protection der Schutz (¨e) (26)

to prove beweisen, bewies, bewiesen (25); bestätigen (34)

public das Publikum (36)

public(ly) öffentlich (35)

to pull ziehen, zog, gezogen (31)

punctuality die Pünktlichkeit (34)

purpose der Zweck (-e) (36)

to put in place einsetzen (setzt ein) (29)

to put into practice in die Praxis umsetzen (35)

Q

quiet(ly) leise (26)

R

to raise erhöhen (33); steigern (29)

rather eher (27)

raw material der Rohstoff (-e) (35)

to reach erreichen (30)

to react to reagieren auf (+ *acc.*) (26)

to realize verwirklichen (26)

to receive bekommen, bekam, bekommen (28); erhalten (erhält), erhielt, erhalten (29)

receptive aufgeschlossen (34)

reconstruction der Wiederaufbau (29)

recuperation die Erholung (31)

to recycle wieder verwerten, recyceln (35)

to regard betrachten (30)

regular(ly) regelmäßig (33)

to regulate regeln (25)

to relax sich entspannen (31)

relaxation die Entspannung (32)

remarkable merkwürdig (28)

remedy das Heilungsmittel (-) (33)

to remember sich erinnern an (+ *acc.*) (26)

to remove oneself sich entfernen (34)

to renounce verzichten auf (+ *acc.*) (35)

to repeat wiederholen (E)

to represent vertreten (vertritt), vertrat, vertreten (27)

reputation der Ruf (-e) (28)

to require erfordern (29)

required course das Pflichtfach (¨er) (27)

resort der Kurort (-e)

to respect respektieren (25)

to respect achten (33)

respective(ly) beziehungsweise, jeweils (28)

rest die Erholung (-en) (31)

result das Ergebnis (-se) (33); die Wirkung (-en) (27)

return: in return dafür (26)

returnable bottle die Pfandflasche (-n) (35)

to ride (*a horse*) reiten, ritt, ist geritten (32)

right to vote das Wahlrecht (30)

romantic film der Liebesfilm (-e) (36)

to row rudern (32)

row die Reihe (-n) (30)

rule die Regel (-n) (34)

S

sake: for the sake of zuliebe (+ *dat.*) (35)

satisfied zufrieden (29)

to save sparen (35)

say: to have a say mitbestimmen (bestimmt mit) (27)

science die Wissenschaft (-en) (27)

school: college preparatory high school das Gymnasium (Gymnasien) (27); **comprehensive school** die Gesamtschule (-n) (27); **extension school** die Volkshochschule (-n); **vocational school** die Realschule (-n) (27)

search die Suche (-n) (26)

secret das Geheimnis (-se) (36)
secret(ly) heimlich (33)
segment der Abschnitt (-e) (28)
semester das Semester (-) (E)
sensation das Aufsehen (35)
sense der Sinn (29)
sensible; sensibly sinnvoll (33)
to separate trennen (35)
separated (*adj.*) getrennt (25)
separation die Trennung (-en) (25)
series die Reihe (-n) (30)
to set into motion bewegen (26); **to set up** aufbauen (baut auf) (29)
settlement die Siedlung (-en) (35)
shape die Gestaltung (-en) (31)
to shape gestalten (26)
siblings die Geschwister (*pl.*) (25)
sign das Zeichen (-) (26)
silent film der Stummfilm (-e) (36)
single ledig (25); **single parenting** allein erziehend (30)
sister-in-law die Schwägerin (-nen) (25)
small gering (29); **small garden** der Kleingarten (¨); **small town** das Dorf (¨er) (27)
to smell like riechen nach, roch, gerochen (33)
smoke der Rauch (35)
social support die Sozialleistung (-en) (29)
son der Sohn (¨e) (25)
sort die Art (-en) (26)
soon bald (E)
sooner eher (27)
sound film der Tonfilm (-e) (36)
spa: health spa die Kur (-en) (33)
to spend (*time*) verbringen, verbrachte, verbracht (E); **to spend the night** übernachten (E)
sports: type of sports die Sportart (-en) (32)
stage die Bühne (-n) (36)
to stage inszenieren (36)
to start anfangen (fängt an), fing an, angefangen (31); **to start** aufnehmen (nimmt auf), nahm auf, aufgenommen (28)
stay der Aufenthalt (33)
step der Schritt (-e) (34)
stepbrother der Stiefbruder (¨) (25)

to stimulate anregen (regt an) (31)
stimulation die Anregung (31)
to stir rühren (31)
to stop aufhören (hört auf) (E)
store das Geschäft (-e) (26)
story die Geschichte (-n) (28)
to stick with sich halten an (+ *acc.*) (hält), hielt, gehalten (34)
strict(ly) streng (27)
to stroll bummeln (31)
to struggle kämpfen (30)
student (*at a Gymnasium*) der Gymnasiast (-en *masc.*) / die Gymnasiastin (-nen) (26); (**not in a university**) der Schüler (-) / die Schülerin (-nen) (E); (**university**) der Student (-en *masc.*) / die Studentin (-nen) (E)
style der Stil (-e) (27)
subject das Fach (¨er) (27)
subtitle der Untertitel (-) (36)
success der Erfolg (-e) (26)
suffrage das Wahlrecht (30)
to suggest vorschlagen (schlägt vor), schlug vor, vorgeschlagen (E)
superficial(ly) oberflächlich (36)
to supervise überwachen (32)
to support beistehen (steht bei), stand bei, beigestanden (+ *dat.*) (E); fördern (36)
support die Fürsorge (-n) (25)
to suppress unterdrücken (30)
surely sicherlich (29)
to be surpised at sich wundern über (+ *acc.*) (28)
to survive überleben (25)

T

taboo tabu (26)
to take: to take (*a course*) belegen (E); **to take notice** achten (33); **to take place** stattfinden (findet statt), fand statt, stattgefunden (27); **to take up** beziehen, bezog, bezogen (36); **to take up time** Zeit in Anspruch nehmen (nimmt), nahm, genommen (33)
talk der Vortrag (¨e) (E); **to give a talk** einen Vortrag halten
to talk quatschen (28); **to talk**

about diskutieren über (+ *acc.*) (26)
to tan sich bräunen (32)
tax die Steuer (-n) (29)
to teach lehren, unterrichten (27)
teaching method die Unterrichtsmethode (-n) (27)
team die Mannschaft (-en) (32)
teenager der/die Jugendliche (*decl. adj.*) (26)
to test prüfen (28)
theater das Theater (-) (36)
thesis work die Diplomarbeit (-en) (28)
to think about denken an (+ *acc.*) (26); (**to have an opinion**) meinen (E)
to throw away wegschmeißen, schmiss weg, weggeschmissen
time: point in time das Mal (-e) (31); **time off (work)** der Feierabend (29)
today's heutig (28)
together gemeinsam (28)
token das Zeichen (-) (26)
to touch anfassen (fasst an) (31)
town: small town das Dorf (¨er) (27)
traceable spürbar (36)
trade der Handel (27)
traffic der Verkehr (35)
train station platform das Gleis (-e) (32)
to translate übersetzen (28)
trash der Abfall; der Müll (35)
to treat behandeln (30)
treatment: course of treatment die Kur (-en) (33)
tremendous(ly) gewaltig (34)
trouble die Mühe (-n) (29)
turbulent bewegt (27)
type die Art (-en) (26)

U

unbiased unvoreingenommen (34)
uncle der Onkel (-) (25)
undecided(ly) unschlüssig (33)
to understand begreifen, begriff, begriffen (29)
to undertake unternehmen (unternimmt), unternahm,

unternommen (31); sich
vornehmen (nimmt vor), nahm
vor, vorgenommen (33)

**unemployed: number of
unemployed** die Arbeitslosenzahl
(-en) (29)

unique(ly) eigenartig (28)

to unite verbinden, verband,
verbunden (29)

university study das Studium
(Studien) (28)

unsatisfied unzufrieden (29)

upswing der Aufschwung (¨e) (29)

to urge mahnen (33)

to use nutzen (32)

usually normalerweise (32)

V

vacation der Urlaub (-e) (32)

vacation camp das Ferienlager (-)
(32)

vacation home das Ferienheim (-e)
(32)

to value Wert legen auf (+ *acc.*)
(27)

variety die Abwechslung (-en) (32)

various unterschiedlich (26)

vegetable das Gemüse (33)

vegetarian vegetarisch (33)

vicinity die Nähe (27)

violent(ly) gewalttätig (26)

visit der Aufenthalt (33)

vocation die Berufung (-en) (28)

vocational school die Realschule
(-n) (27)

voyage die Schiffsreise (-n) (32)

W

waiting room das Wartezimmer (-)
(33)

to watch out aufpassen (passt auf)
(E)

to welcome wilkommen heißen,
hieß, geheißen (34)

wellness fund die Krankenkasse
(33)

to win gewinnen, gewann,
gewonnen (32)

women's movement die
Frauenbewegung (-en) (30)

wonderful(ly) herrlich (32)

work experience die
Berufserfahrung (-en) (29)

workplace der Arbeitsplatz (¨e) (29)

X

xenophobia die
Ausländerfeindlichkeit (34)

Y

yard der Hof (¨e) (31)

young person der/die Jugendliche
(*decl. adj.*) (26)

youth die Jugend (25)

INDEX

This index consists of two parts—Part 1: Grammar; Part 2: Topics. Everything related to grammar—terms, structure, usage, pronunciation, and so forth—appears in the first part. Topical subsections in the second part include Culture, Functions, Reading Strategies, Vocabulary, and Writing Strategies. Page numbers in italics refer to photos.

Part 1: Grammar

A

active voice. *See* voice, active
adjectives,
    attributive, 58–59, 61, 103, 104, 105, 106
    comparison of, 102–3, 104–5
    indefinite numerals as, 61
    and **nicht,** 21
    possessive, 57
    predicate, 58
    verbs as, 106–7
adverbs,
    comparison of, 102–3, 104–5
    and **nicht,** 21
    as prefix in two-part verbs, 7
agent, 234
agreement,
    of adjective endings with nouns, 59
    of pronouns with nouns, 37
    of relative pronouns with nouns, 214, 216
alle, 61
als, 87
    in comparisons, 102, 103
    with subjunctive verb, 87
    as subordinating conjunction, 19, 20
als ob, 87
alternatives to the passive voice, 256
am, with superlative, 104, 105
an deiner Stelle, 84
articles,
    definite, 3, 36, 39, 56, 58, 59, 214
    indefinite, 21, 36, 57
    negative, 57

B

bevor, 254

C

case,
    accusative, 3, 36, 37, 38, 41, 56, 57, 58, 59, 188, 190, 214, 234
    dative, 36, 38, 41, 42, 56, 57, 58, 59, 188, 190, 214
    genitive, 38–40, 56, 57, 58, 59, 190, 214
    nominative, 3, 36, 37, 38, 56, 57, 58, 59, 214, 234
clauses,
    dependent, 19, 172, 214, 234, 239, 254, 258
    infinitive with **zu,** 218–19
    introductory, 44
    main, 42, 258
    relative, 107, 214, 216, 258
    subordinate, 44
commas, 19, 214
comparison of adjectives and adverbs, 102–3, 104–5
conjunctions,
    coordinating, 19
    subordinating, 19, 20, 258
contractions, 190

D

da-compounds, 216, 219
der-words, 39, 56–57, 58, 59, 61
discourse, direct /indirect, 122–23
doch (mal), with imperatives, 126
doch nur, with the subjunctive, 86
durch, in passive voice, 234

E

ein-words, 39, 56–57, 59, 61
es gibt, 3
etwas, and **wo-**compounds, 216
extended modifiers. *See* modifiers, extended

F

Familie (Dyrchs), 12

H

haben,
    as auxiliary verb, 5, 87, 123, 168, 172, 254
    subjunctive forms of, 82, 83

I

immer, in comparisons, 103
imperatives, 125–127
infinitives,
    double, 172
    passive, 235
    and past-tense forms, 16, 17
    and the present perfect tense, 168, 170
    and present-tense forms, 4–5
    sein with **zu** plus, 256
    and subjunctive forms, 83, 85, 87, 122
    of two-part verbs, 7
    in **würde** constructions, 82
    with **zu,** 218–19

J

je (mehr) . . . je/desto/umso (mehr), 103

K
kein (mehr), 20–21

M
mal, with imperatives, 126
man, 256
modifiers, extended, 106–7
mood,
 imperative, 125
 indicative, 82, 122, 125
 subjunctive, 82, 85, 86–87, 125

N
nachdem, 254
nicht, 20–21, 258
nicht mehr, 21
nicht so . . . wie, 102
noch nicht, 21
nouns,
 and agreement with pronouns, 37
 attributive adjectives with, 58–59
 in comparison, 102
 in the genitive case, 39, 40
 with indefinite numerals, 61
 -n and **-en** masculine, 3, 36, 39
 as objects of prepositions, 41
 and **nicht,** 21
 plural, 3, 56
 and relative clauses, 214
 singular, 3
 with **was für,** 61
numerals, indefinite, 61
nur, 126

O
ob, 124
objects,
 accusative, 37, 190
 dative, 37, 190
 direct, 3, 36, 37, 61, 87, 188, 189, 234, 258
 indirect, 36, 37, 61
 of prepositions, 61, 190, 216

P
participles,
 passive, 237
 past, 7, 87, 106, 123, 168, 170, 172, 234, 235, 254, 256
 present, 106

passive voice. *See* voice, passive
prepositions,
 with accusative case, 41
 with accusative/dative case, 41
 at beginning of infinitive clauses, 218
 with dative case, 39, 41, 42
 of destination/location, 190
 with genitive case, 39–40
 as prefix of two-part verbs, 7, 42
 with relative clauses, 216
 two-way, 190, 192
pronouns,
 in comparison, 102
 impersonal **man,** 256
 interrogative, 38, 61
 personal, 36, 37
 reflexive, 188–89, 192
 relative, 214, 216

Q
questions,
 direct/indirect, 124, 125
 yes/no, 124, 126, 258

S
schon, in questions, 21
sein,
 as auxiliary verb, 87, 122, 123, 168, 237
 imperative forms of, 127
 past participle of, 170
 subjunctive forms of, 82, 83
 with **zu** plus infinitive, 256
sich lassen plus infinitive, 256
so . . . wie, in comparisons, 102
subjects, 3, 36, 37, 61 234, 256, 257, 258
subjunctive, 82–83, 84–85. *See also* mood, subjunctive
Subjunctive I/II, 122–23, 124
superlatives. *See* comparison of adjectives and adverbs

T
tense,
 future, 238–39
 past perfect, 87, 237, 254
 present perfect, 7, 123, 168, 170, 172, 237, 254

present, 4, 6, 123, 234, 237, 238
 simple past, 16, 17, 85, 122, 172, 234, 237, 254
 subjunctive past, 86–87
 subjunctive present, 84–85
time, expressions of specific, 57

U
umlaut, 82, 83, 85, 102, 104, 172

V
verbs,
 as adjectives, 106–7
 with accusative and dative objects, 37
 auxiliary, 5, 87, 122, 123, 168, 170, 172, 234, 237, 238, 239, 254
 beginning with **be-,** 168
 of direction, 192
 double infinitives of, 172
 ending with **-ieren,** 168
 with the genitive case, 40
 imperative forms of, 126
 infinitives of. *See* infinitives
 irregular weak, 170
 of location, 42, 192
 main, 82, 87, 123, 168, 172, 238, 239
 mixed, 16, 17
 modal, 17, 82, 172, 218, 235
 of motion, 42, 170
 and **nicht,** 21
 past participles of, 123, 168, 170, 172, 192, 234, 235, 254
 with prepositions, 41, 42, 192, 219
 present participles of, 106
 principle parts of, 122
 reflexive, 188–89
 regular, 4
 stem-vowel changing, 5, 16, 17, 85, 126
 strong, 16, 17, 84–85, 170
 subjunctive forms of, 83, 85, 122
 tenses of. *See* tense
 two-part, 7, 42, 170
 with unstressed prefixes, 170
 weak, 16, 17, 84–85, 170
 word order with, 256–57
voice, active/passive 234, 235, 237, 239, 256

von,
  to show relationship, 38
  in passive voice, 234

W

was für (ein), 61
wenn, 19, 20
wer, wen, wem, 38
werden,
  as auxiliary in passive voice, 234
  as auxiliary in future tense, 238–39

subjunctive forms of, 83
uses of, 239
wie, in comparisons, 103
wo?/wohin?, 190
wo-compounds, 216
wohl, with future tense, 238
wollte, expressions with, 85
word order,
  of direct/indirect objects, 36
  in imperative sentences, 126
  in indirect discourse, 124

in passive voice sentences, 234, 235, 237
in past perfect tense, 254
of subjects, verbs, direct objects, 3
and two-part verbs, 42
with **nicht,** 21
with verbs, 257–58
wünschte, expressions with, 85
würde construction, 85

Z

zu plus infinitive, 218

Part 2: Topics

Culture

Anders, Günter, 92
Arbeitsleben, *97*
Arbeitslosigkeit, 99, 119
Asylrecht, 213
Ausländerbeschäftigung, 211
Austauschprogramm, 221
Autobahn, *97*
Bad Ems, 7, 182, *183*, 184, *190*
Bayern, *163*
Beratung,
  im Arbeitsamt, 108–9
  in der Schule, 63–64
Berlin-Kreuzberg, *143*
„Biedermann und die Brandstifter", 260
„Der blaue Engel", *251*
„Die Blechtrommel", *251, 270*
Bogner, Franz Josef, 141
Böll, Heinrich, 112
Bremen, *61, 73*
Bröger, Achim, 244
Club Natura, 174
das Deutsche Museum, *6*
Demonstration, *30–31*
Deutscher Akademischer Austauschdienst (DAAD), 225
Dietrich, Marlene, *251*
„Die Ehe der Maria Braun", *251*
Eichendorff, Joseph von, 206–7
Einstein, Albert, 61
„Emanzipation", 131–32
Erziehungsstil in Österreich, 44

Europa, 8
Familie, *10–11, 14*, 24, 70
Ferienheim aus DDR-Zeiten, *173*
Film, 251
Frauenbewegung, 118–19, 129–30
Frauenbuchladen, 128
„Die Freiheitspost", 91–92
Friedrich der Große, 23–24
„Der frohe Wandersmann", 206–7
Gesamtschule, 53
Gymnasium, Geschichte eines, 52
Gleichberechtigung der Frauen, 121
„Eine glückliche Nacht", 177–79
„Der Gott der Stadt", 272
GRIPS Theater, *250*, 260–61
Grundgesetz, 121, 213
„grüne Lunge", *143*
„Gruppe 47", 112
Hamburg, *238*
Haus mit Grasdach, *231*
Haushalt, 24
Heidelberg, *77, 78, 105, 137*
„Herr Munzel hört das Gras wachsen", 243–44
Hesse, Hermann, 66
Heym, Georg, 272
Industrie, *229, 230, 232*
Jugend, 32–33, 44–45
Kamerun, 88
„Das Kabinett des Dr. Caligari", *251*
Kanstein, Ingeburg, 132
Kästner, Erich, 199
Kinderkrippen, 119

Klassenzimmer, *50–51*
„Ein kleiner Junge unterwegs", 196–99
Kölner Dom, *8*
Kopftuch, 220–21
Krankenkasse, 185
Kurort, 7, 182, *183*, 184
Küsters, Bernd, 244
„Der Lacher", 111–12
Lehrlinge, 101
Ludwig, Volker, *250*, 261
Mackenbach, 108
Massentourismus, 233
„meine grossmutter hatte kein gesicht", 26
Mendelssohn-Bartholdy, Felix, 22–24
„Die Mörder sind unter uns", *251*
München, *6*
Naturfreunde, 175–76
„Nosferatu—Eine Symphonie des Grauens", *251*
Oberstaufen, *194, 195*
Rheinland-Pfalz, 108
Ribeiro, João Ubaldo, 223–24
Romantik, 206
Rügen, *217*
Sammelstelle, *229*
Schiffsreise, *164*
Schlöndorff, Volker, 270
Schroth, Johann, 194–95
Schrothkur, 194–95
Schule, 64–66

Sichrovsky, Peter, 46
Sport, *146, 163, 167, 175,* 233
Städte, 8
Studentenprotest, *32*
Studienfächer, 81
„Die Suche nach den Deutschen",
    222–24
Supermarkt, *209*
Süssmuth, Rita, 121
Theater, 250
Umwelt, 230
Universität Heidelberg, *78,* 89–90
„Unterm Rad", 65–66
Urlaub, 165
Valentin, Thomas, 179, 180
„Ein Vater, 36", 45–46
Verkehrschilder, *210*
Volkshochschule, 203
Volkswagen, *98*
Waldsterben, 231
Wandern—mit offenen Augen,
    240–41
Wiedervereinigung, 33
Wilder, Billy, 251
Wirtschaft, 99
Wohnen an der Uni, 89–90
Würzburg, *220*
Zornack, Annemarie, 26

Functions

asking about things, 61
combining words, 41
comparing people and things, 102–3
connecting
    ideas, 41
    words, sentences, and ideas, 19
contrasting direction and location,
    192
describing
    people and things, 106–7, 213
    people, objects, places, and ideas,
        58
doing
    something for oneself, 188–89
    things, 7
expressing
    action, 256–57
    desires, talents, and obligations in
        the past, 172
    polite requests and unreal
        situations, 82–83
    unreal events, 84
focusing
    on actions and states, 256
    on the effect of the action, 234–35
    on events in the past, 237
making direct requests, 125
marking
    direct and indirect objects, 36–37
    marking subjects and direct
        objects, 3
negating words, sentences, and
    concepts, 20–21
referring to specific or general
    persons or things, 56–57
reporting
    what other people ask, 124–25
    what others say, 122–23
showing relationships and
    possession, 38–40
stating goals and intentions, 218–19
talking
    about amounts, 61
    about direction and location, 190
    about doing things, 4
    about the past, 168, 170
    about a sequence of events in the
        past, 254
about unreal events in the past,
    86–87
about what will happen, 238–39
telling about past events, 16–17

Reading Strategies

Hauptinformationen in jedem Satz,
    64
-heit/-keit, 111
-lein/-chen, 207
Wörter aus dem Lateinischen, 65

Vocabulary

Arbeit, 100, 115
Begrüßungen, 2
Familie, 12, 14, 15, 29, 71
Film, 252, 267
Gesundheit, 186, 201
Gleichberechtigung, 120, 135
Jugend, 34, 49, 71
Lebensstile, 13, 14, 15, 29
multikulturelle Gesellschaft, 212,
    227
Schule, 54, 69
Studentenleben, 2, 80, 95
Theater, 252, 267
Umwelt, 232, 247
Urlaub, 166, 181
Wirtschaft, 100, 115

Writing Strategies

indirekte Rede, 225
Konjunktiv I, 225
Tagebucheintrag, 67
Zeitadverbien und Zeitangaben, 67

Grateful acknowledgment is made for use of the following:

Photographs: *Page 1* © Owen Franken/Stock Boston; *10* © Edgar Zippel/DAS Fotoarchiv; *14* © Knut Muller/DAS Fotoarchiv; *22* © Culver Pictures, Inc.; *30–31* © Adam Turner/The Image Works; *34* © Owen Franken/Stock Boston/PNI; *51* (*top*) © Stuart Cohen/The Image Works; *54* © Mike Mazzaschi/Stock Boston/PNI; *62* © California Institute of Technology and courtesy Hebrew University of Jerusalem; *73* © Verlag Jochen Kallhardt/Blue Box; *76–77* © D. & J. Heaton/Stock Boston; *80* © Dave Bartruff/Corbis Images; *88* © Michael & Patricia Fogden/Corbis Images; *91* © Wolfgang Kaehler; *97* (*top*) © Mike Mazzaschi/Stock Boston; *100* © Bundesbildstelle; *117* (*bottom*) © Adam Woolfit/Corbis Images; *120* © Bundesbildstelle; *121* Culver Pictures, Inc.; *143* (*bottom*) © Toma Babovic/DAS Fotoarchiv; *146* © Stuart Cohen/The Image Works; *154* © Ullstein BilderDienst/Gabriele Fromm; *162–163* © Robert E. Schwerzel/Stock Boston; *166* © Dagmar Fabricius/Stock Boston; *175* © Andreas Riedmiller/DAS Fotoarchiv; *183* (*top*) © M. Granitsas/The Image Works; *186* © Owen Franken/Stock Boston; *190* © Sven Martson/The Image Works; *194* (*bottom*) © Willie L. Hill/Stock Boston; *208–209* © M. Pawlowski/images.de; *212* © Steve Raymer/Corbis; *220* © Gunter Peschel/Blue Box; *221* © Theo Heimann/images.de.; *228–229* © D. Konnerth/Lichtblick/images.de; *232* © Martin Fejer/images.de.; *248–249* © Adam Woolfitt/Corbis; *252* © David Simson/Stock Boston; *262* © A. Bastian/CARO/images.de.

Readings: *Page 23* from "Mendelssohn und Friedrich der Große," *Anekdoten und Erzählungen,* edited by Peter Hagboldt (Boston: D.C. Heath, 1933); *25* "Haushalte im Wandel", © Globus. Reprinted with permission of Globus Infografik GmbH; *26* "meine grossmutter hatte kein gesicht" by Annemarie Zornack from *Stolperherz.* © Verlag Eremiten-Presse 1988; *44* from *Tip,* 3/91; *45* from *Ein Vater, 36,* by Peter Sichrovsky, *Unheilbar Deutsch.* © 1993 Verlag Kiepenheuer & Witsch, Köln; *63* Stadt Münster, Presse-und Informationsamt, Germany; *65* "Erstes Kapitel" by Hermann Hesse from *Unterm Rad.* Reprinted with permission of Suhrkamp Verlag; *88* from *World Travel Guide,* http://german.travel-guides.com Copyright © Columbus Press, London; *91* "Die Freiheitspost" by Günther Anders; *108* reprinted with permission of *Leo Freizeitmagazin;* *108* Bundesanstalt für Arbeit, http://www.arbeitsamt.de, Nürnberg; *111* "Der Lacher" by Heinrich Böll from *Erzählungen, Hörspiele, Aufsätze.* © 1994 Verlag Kiepenheuer & Witsch, Köln; *131* "Emanzipation" by Ingeburg Kanstein from *Papa, Charly hat gesagt* (Munich: Langenscheidt 1983); *141* from *Memoiren eines Clowns* by F.J. Bogner (Bern: Zytglogge, 1993), page 140. Reprinted with permission of the author; *154* http://www.yorkie.ch/cats/rat498.htw; *155* http://www.mvhs.de/historie.htn; *157* from *Nero Corleone* by Elke Heidenreich (Munich, Carl Hanser Verlag, 1995); *174* Ho Ga Tours; *175* reprinted with permission of Naturfreunde Internationale; *177* "Eine

About the Authors

Daniela R. Dosch Fritz is receiving her Ph.D. in German Literature and Culture from the University of California at Berkeley. Her dissertation combines literary studies and second language acquisition research by employing theories of language and culture from both fields. She has taught German language and literature at the University of California at Berkeley, the University of Arizona in Tucson, and the Goethe-Institut in San Francisco.

Stephen L. Newton received his Ph.D. from the University of California at Berkeley in 1992. Since then he has been the Language Program Coordinator in the German Department at Berkeley. He has made contributions to various textbooks and conducted a variety of workshops to language teachers.

Lida Daves-Schneider received her Ph.D. from Rutgers, the State University of New Jersey. She has taught at the University of Georgia, the University of Arkansas at Little Rock, Rutgers, Riverside Community College, and Washington College where she taught German language and literature, film and teacher education courses, and served as language lab coordinator. She spent a year in Berlin on the Fulbright Teaching Exchange Program. She is presently teaching German at Ayala High School in Chino Hills, California. She has given numerous presentations and workshops, both in the United States and abroad, about foreign language methods and materials. She co-authored ancillary materials for *Deutsch: Na klar!* and was a contributing writer for the main text of the third edition.

Karl Schneider is a native of Germany. He has been a teacher for 22 years in the Chino Valley Unified School District. He has taught Reading, German, and English as a Second Language. From 1985 to 1990 he worked as Curriculum Coordinator for Foreign Languages. He has served several terms as Mentor teacher in his district. Mr. Schneider has participated in several statewide foreign language curriculum development projects. He has reviewed textbooks as well as national exams. Mr. Schneider has also been a presenter at local, state, and national conferences. He was co-founder of the Inland Empire Foreign Language Association and served as President of that organization.

About the Chief Academic and Series Developer

Robert Di Donato is professor of German and Chair of the German, Russian, and East Asian Languages Department at Miami University in Oxford, Ohio. He received his Ph.D. from the Ohio State University. He is lead author of *Deutsch: Na klar!*, a first-year German text, and has written articles about foreign language methodology. In addition, he has given numerous keynote speeches, workshops, and presentations, both in the United States and abroad, about foreign language methods and teacher education. He has also been a consultant for a number of college-level textbooks on foreign language pedagogy.